PEARSON

Sunyo Translation Series in Accounting Classics

Stephen Foerster
Western University

FINANCIAL MANAGEMENT

Concepts and Applications

三友会计名著译丛
“十二五”国家重点图书出版规划项目

财务管理

概念与应用

（加）斯蒂芬·福斯特 ◉ 著
（西部大学）
池国华 主译

东北财经大学出版社
Dongbei University of Finance & Economics Press
大连

辽宁省版权局著作权合同登记号：图字06-2015-34号

图书在版编目（CIP）数据

财务管理：概念与应用 / （加）福斯特（Foerster，S.）著；池国华主译.—大连：
东北财经大学出版社，2016.1
（三友会计名著译丛）
ISBN 978-7-5654-2142-6

Ⅰ.财… Ⅱ.①福… ②池… Ⅲ.财务管理-教材 Ⅳ.F275

中国版本图书馆CIP数据核字（2015）第260646号

东北财经大学出版社出版发行
大连市黑石礁尖山街217号 邮政编码 116025
教学支持：（0411）84710309
营 销 部：（0411）84710711
总 编 室：（0411）84710523
网 址：http：//www. dufep. cn
读者信箱：dufep @ dufe. edu. cn
大连图腾彩色印刷有限公司印刷

幅面尺寸：185mm×260mm 字数：426千字 印张：20
2016年1月第1版 2016年1月第1次印刷
责任编辑：刘东威 王 玲 责任校对：贺 欣
封面设计：冀贵收 版式设计：钟福建
定价：48.00元

本书属于国家自然科学基金面上项目“内部控制、EVA考核与国有企业非效率投资治理”（71372069）和东北财经大学学科建设支持计划项目“中国特色管理控制实践应用与理论创新研究”（XKT-201407）的阶段性研究成果

译者前言

记得很早以前就有人说过，企业管理应该以财务管理为核心。确实如此，财务管理就像血液一样，通过对资金运动的管理渗透、贯通到企业的研发、销售、采购、生产等所有的业务领域。倘若将企业比作一辆汽车，那么财务管理就相当于汽车的发动机，一旦发动机出现故障，那么汽车也就无法前行。在实际当中，越来越多的企业投资人、股东、管理者甚至是普通的员工开始意识到财务管理的重要性，并迫切了解财务管理的相关知识。然而，现在市场上出现的一些财务管理教材要么充斥大量的理论解说以至于令人感觉枯燥无味，要么是满篇满页的复杂公式推演让人望而却步，要么是洋洋洒洒动辄超过上千页使人无从下手或无法坚持。而现在呈现在你面前的西安大略大学斯蒂芬·福斯特（Stephen Foerster）教授所编著的《财务管理：概念与应用》一书可以说是一部充满活力和趣味却不失结构严谨和理论逻辑性的财务管理教材。它的优点在于以下几个方面：

第一，本书以财务管理的三大主要职能，即融资、投资和经营为主体，为读者搭建了一个独特的财务管理框架，并贯穿全书的每一章，使读者能够从整体的角度来审视本书的主题以及每一部分的内容，为读者理清了学习目的和思路，不至于盲目地阅读而不知所云。

第二，本书视角独特，与多数教材仅仅关注财务管理内容本身不同，本书尝试着从财务与非财务的整合视角审视企业的经营管理，这主要体现在两个方面：一方面本书在每章末尾都会归纳本章所介绍的财务管理概念与原理对管理者（实际上主要针对非财务管理者）的重要价值；另一方面专门用一章的篇幅从非财务视角介绍了如何对企业进行评估，以及非财务因素是如何影响财务管理的，以帮助读者更好地识别企业的机会与风险。

第三，本书内容极具生动性，这主要得益于作者通过大量的实际案例来展现财务管理基本概念与原理的实际应用。书中具有两个大的案例：一个是选取全球最大的家居装饰零售商——家得宝公司作为贯穿全书的案例公司，另一个是安排在本书最后的沃尔玛公司综合案例。这种做法起到了穿针引线的作用，不仅有助于读者巩固此前所学习的知识，而且有助于读者建立起有关财务管理的知识框架体系。

第四，本书形式活泼，不仅篇幅精悍，内容精炼，更体现在它的表现手法上，书中利用了大量的可视性的图表来展示丰富的财务管理知识信息。

第五，本书实用性极强，一方面它从非财务视角简直是相当于“傻瓜式”相机那样手把手地指导读者如何掌握财务管理一些应用技能；另一方面它也介绍了一些诸如营运资金缺口（working capital gap，WCG）、经济增加值（economic value added，EVA）、基于价值的管理（value-based management，VBM）等极具实用性的财务管理工具方法。

总之，《财务管理：概念与应用》一书通过清晰的思路、生动的讲解以及财务与非财务的视角的转换，帮助财务管理者明确学习目标、克服对财务管理学习的抵触情绪，实现财务与非财务知识的整合，使得财务管理的学习更加生动有趣；同时通过扎实的理论阐释和翔实的案例分析让非财务管理者对财务运作体系有基本的认识，特别是对财务上的资产负债表、现金流量表、利润表等进行了深入的解读；而且增强实际工作中与财务部门沟通的能力，学会从财务管理的角度全方面地考虑企业的运作，从而制订更加合理有效的商业计划并加以实施。综上所述，《财务管理：概念与应用》一书是有志于掌握财务管理这门课程的所有专业本科学生、非财务专业的硕士研究生的最佳选择之一，同时也是企业财务管理人员和企业中有志于与财务管理者实现良好合作的非财务管理人员的首选读物。

本书的翻译工作是在东北财经大学会计学院财务管理专业博士生导师池国华教授的主持下，由池国华教授与博士研究生李昕潼（澳大利亚维多利亚大学会计学专业本科毕业，悉尼大学金融学专业硕士）、邹威（东北财经大学国际商务外语学院商务英语本科毕业，通过英语八级考试）、杨金和硕士研究生郭菁晶（通过英语八级考试）共同完成的。在翻译过程中，东北财经大学出版社国际合作部编辑刘东威老师对授权、翻译、审核以及出版方面做了大量细致的组织与协调工作，在此表示由衷的感谢！

由于译者的翻译水平有限，书中难免存在疏漏或不妥之处，在此敬请业界专家和读者批评指正，并提出建设性的修订意见。我的邮箱是 cgh_lnhz@163.com。

池国华

2015年10月

序言

欢迎来到精彩的财务世界！当有人提到公司理财或财务管理时，你首先会想到什么？与许多学生和非财务管理者一样，你的第一反应可能是“我不是很了解”，“听起来很复杂，会涉及很多数字运算”或“可能会很无趣”等。但基于对本科生、MBA和企业管理人员的教学实践，我可以告诉你，实际上每个人都可以通过学习以下内容来克服对这门课的抵触情绪：

◆ 财务职能与其他职能的整合。

◆ 财务的实践方面，而不仅仅是理论层面的介绍。

◆ 财务管理是一个充满活力的和有趣的学习课程。

学习好财务学的关键在于从整体上把握企业的各项经济活动，因为财务是经济活动的关键驱动因素。对财务概念的透彻掌握可以帮助你理解财经媒体每天播报的实时新闻。

本书特点

《财务管理：概念与应用》具有以下特点：

◆ 本书构建了一个独特的财务管理框架，并作为贯穿全书的统一主题。在每章的开头，我们都将阐释各章内容与全书主题之间的关系。这种做法的好处是帮助读者从整体的角度审视每章的内容，不至于迷失在每章知识的“丛林”中，而是时刻对全书知识的“森林”有一个全景式的“俯瞰”。

◆ 本书强调通过实际案例来展现理论知识与概念的实践应用。我们选取全球最大的家居装饰零售商——家得宝公司作为贯穿全书的案例公司。例如，在介绍完资本成本的相关知识之后，我们会展示如何计算家得宝的资本成本。当然，除此之外，本书还会包含与内容相关的其他案例公司。这些信息很多都将通过具有可视性的图表来展示。

◆ 本书从财务与非财务的整合视角来审视企业。作为一本财务管理教科书，本书的一大特色就是专门拿出一章从非财务视角介绍财务管理，从而帮助读者识别企业的机会与风险并理解相应的财务内涵。

◆ 本书突出了财务管理对管理者的重要性。无论你是一个非财务还是财务方面的管理者，都想了解本书的内容对你的实际工作有何重要性。本书在每章末尾都会归纳各章所介绍的概念、思想与要点及对管理者的重要性。

◆ 本书的最后一章为综合案例分析，借助著名的零售巨头——沃尔玛公司，总结了全书的主要内容并展示了贯穿全书的主题。案例分析主要介绍了如何通过应用本书介绍的概念来评估沃尔玛公司的绩效并识别创造股东价值的途径。

◆ 就财务管理教科书动辄超过1 200页而言，本书篇幅相对短小，内容精炼。

本教材的首要目标读者人群是有志于与财务管理者、会计人员和控制人员实现良好合作的非财务的中高级管理者以及MBA和本科生。本书旨在为那些从未正式涉入财务领域的人提供学习财务管理的指导，我们的重点在于理解各项工具的运用，以更好地评价和分析公司的财务状况。

本书主要有三个目标：

◆ 为非财务管理者提供理解与现金流有关的公司活动的指导。

◆ 帮助管理者培养从财务视角评估企业的问题与机会所必需的分析技能。

◆ 帮助非财务管理者更好地理解与财务决策相关的关键概念。

全书组织结构

《财务管理：概念与应用》共分为四个部分。第一部分为绩效的评估与管理，包括第1～5章。其中，第1章为财务学与财务管理的概论部分。第2～5章主要从财务和非财务视角评估企业当前的状况。这项评估对于理解企业的财务状况和管理企业的绩效而言都是至关重要的。其中，第2章通过考察宏观经济和所处行业等外部因素来评估企业，并评价了企业内部的市场营销、运营和人力资源管理等非财务领域的优劣势。第3、4章从财务视角来评估企业。其中第3章介绍了关键的财务报表，第4章介绍了由财务报表数据所计算的各种绩效评价指标，主要涉及盈利能力、营运能力、流动性和杠杆水平方面的指标。最后，第5章介绍了日常现金流的管理，包括对存货、应收账款以及应付账款的管理。

第二部分为评估未来财务需求，包括第6～8章。其中，第6章介绍了预计财务报表，包括预计利润表、预计资产负债表和现金预算。此外，还介绍了电子数据表分析的重要性。第7章介绍了货币时间价值的概念，它是债券和股票估值的基础。第8章主要考察了投资决策。

第三部分为长期融资需求，包括第9～12章。其中，第9章简要介绍了资本市场以及债券和权益的发行形式，这实现了从短期到长期融资需求的过渡。第10章介绍了债务成本、股权成本和资本成本的计算。第11章介绍了公司的融资政策和股利政策。第12章主要关注如何设计最优资本结构，涉及成本、风险与弹性之间的权衡。

第四部分为价值创造，包括第13～14章。其中，第13章考察了价值的衡量与创造，并介绍了现金流量折现法等传统的估值方法，以及经济增加值等价值管理的理念。最终，第14章整合了之前所有的内容，并将之应用在沃尔玛公司中，形成了一个综合案例分析。

每章所涉及的关键术语详见脚注。每章的开头都以提问的方式列示了各章的学习目标，这些目标涵盖了本章的主要内容。问题的答案详见MyFinanceLab。

教师资源

本书在网站（pearsonhighered.com）上配套了丰富的教师资源，主要包括：

◆ 由本书作者斯蒂芬·福斯特制作的每章幻灯片课件，其中还包含例题。

◆ 由美国南俄勒冈大学的柯蒂斯·培根制作的电脑化题库，在TestGen上可以找到，Windows或Macintosh系统都可使用。教师可以利用题库中的例题改编成不同长度和难度的试题。题库在MyFinanceLab上也有提供。

◆ 由本书作者斯蒂芬·福斯特编写的每章章后练习题的答案。

学习资源

MyFinanceLab是一个高端的、具有良好适应性的学习系统，它可以根据每位学生的独特需求来提供学习资料。它通过视频、交互型测试题和其他学习教具来帮助学生学习知识；同时还具有自动阅卷和评分功能，可以为教师减轻负担。

《财务管理：概念与应用》可以作为公司理财课程以及财务管理案例分析课程的部分教材，也可以作为财务理论课程的一个补充教材。

本书并没有包含先备知识，但它可以为你带来很多增量知识，衷心地希望购买本书是你最佳的投资之一！

斯蒂芬·福斯特

目录

第一部分

绩效的评估与管理

第1章　财务管理概述

学习目标

目标1.1　解释公司的主要现金活动和现金流动循环。

目标1.2　描述财务经理的主要责任、任务和关键问题。

目标1.3　描述非财务经理需要了解的基本概念。

目标1.4　描述财务管理与会计、运营、市场营销、信息技术和人力资源之间的关系。

目标1.5　解释个人独资企业、普通合伙企业、有限责任公司、S类公司和C类公司之间的区别。

目标1.6　解释财务管理框架的组成部分。

目标1.7　解释财务管理对管理者的重要性。

欢迎来到财务世界。本章作为财务管理的导论部分，不仅着重介绍了现金在商业运行中的重要作用，还描绘了财务经理所面临的关键问题以及与财务管理相关的基本概念。此外，本章也考察了财务管理和会计之间的关系，描绘了不同类型的公司结构。最后，本章提出一个财务管理框架，该框架给出了贯穿全书的统一主题，并且显示了公司存续的首要目标是价值创造，它受两个关键因素驱动：增长与风险。

1.1　财务管理和现金流动循环

目标1.1　解释公司的主要现金活动和现金流动循环。

你可能听过一种说法叫作“现金为王”。这句话突出了财务管理这个职业的重要性。财务管理的核心在于现金管理，而现金是一家公司的“血脉”。

现金之所以重要，是因为它对于企业必须面对的三种活动而言都是至关重要的。第一，一个公司想要正常运转需要投入**实体资产**（real assets）[①]，即那些用于生产商品或帮助提供劳务的资产。另外，还需要投入**营运资本**（working capital）[②]。这些实体资产可能是有形的，如工厂车间和机器设备；也可能是无形的，如研究与专利开发方面的投入。而营运资本投入代表着存货积压和顾客赊购所占用的那部分现金。第二，公司必须筹资或支付它的实体资产，意味着公司必须留有现金或可以从银行或投资者等外部渠道取得资金。公司进行外源融资是以承担某些义务为代价的，如为贷款支付年息以及在若干年后偿还本金。第三，公司需要从其运营活动中赚取资金。

如图表1-1所示，财务经理位于三个领域的现金管理的中心。换言之，尽管财务经理不直接参与企业的经营活动——那是运营经理、营销经理、人力资源经理和其他部门经理的工作——但他为运营活动提供充足资金而发挥了间接的作用。同时，财务经理还要确保经营活动赚取的资金能够被有效利用，用于继续购买更多的实体资产或者回报给投资者或债权人。

---

① 实体资产：用于生产商品和提供服务的资产。

② 营运资本：资产负债表中流动资产与流动负债之间的差额。

图表 1-1　　现金相关活动与财务经理

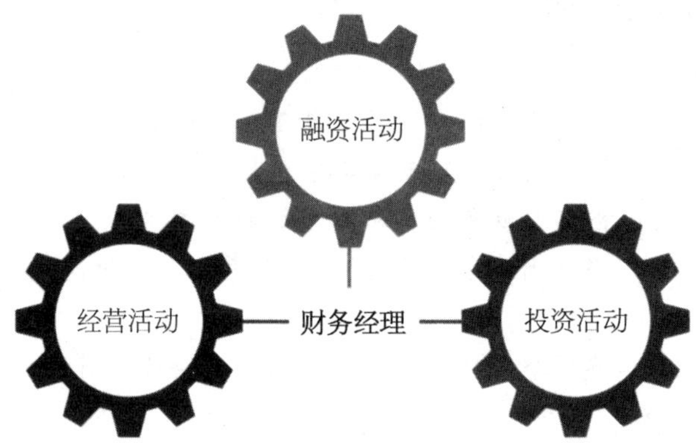

仔细观察图表 1-2 所示的**现金流动循环**（cash flow cycle 或 cash conversion cycle）[①]，搞清楚资金的来源和使用情况。为此，我们将以案例的形式介绍三种主要的资金活动：融资活动、投资活动和经营活动，并考察三种活动之间的紧密关系。同时，也会涉及一些财务术语，在后面章节中将会详细阐释。在阅读案例的时候请记住两点：第一，如果一个公司没有资金，其就无法运转；第二，公司的利润并不等同于现金流。

图表 1-2　　现金流动循环

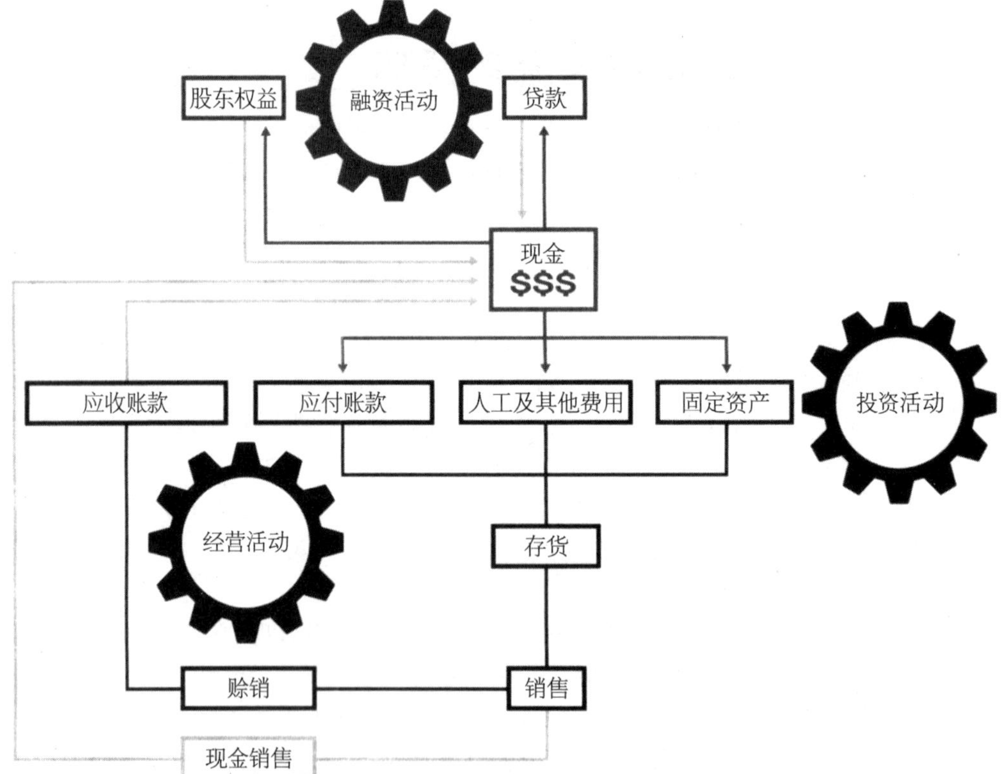

我们的案例介绍始于融资活动。以 Ace 制造公司为例，它是一家新创办的企业，

① 现金流动循环（现金转换周期）：企业在经营中从付出现金到收到现金所需的平均时间。

需要购置新机器设备来生产加工电子元件。为了完成采购，Ace确认了很多潜在的资金提供者，他们现在愿意提供资金，是以未来获取一定收益为条件的，这些条件都规定在一个简要的合同中（虽然合同的措辞谨慎并且十分重要）。在Ace与资金提供者所签订的合同中，规定了他们的预期回报，比如，对于贷款来说如何支付利息，对于发行股份来说股东可以分享Ace未来收益的多少份额。如此之类的合同被称为**金融资产**或**金融工具**（financial instruments 或 financial assets）[①]。

现在，假设Ace决定从Solid银行获取贷款来购买新机器设备。为此，就像申请住房抵押那样，Ace必须严格按照合同中支付条款的规定，向Solid银行定期支付利息并偿还本金。如果Ace到期无力偿还，合同规定Solid银行可以索要机器设备的所有权并卖掉它来弥补损失。这项贷款构成了Ace的一项**负债**（liabilities）[②]，或者说是公司需要偿付的一项义务。除了贷款之外，负债还有很多形式，如**债券**（bond）[③]（在第7、9章将详细介绍），它是另外一种代表长期债务的金融工具。

另外，除了借款，Ace也可以发行**普通股**（Common equity 或 common stock）[④]（也将在第7、9章详细介绍），它是资金投资所换取的公司所有权的份额。**普通股股东**（common shareholders）[⑤]，或称作股份的购买者，将会向Ace提供资金，因而被称作剩余索取者。他们会因此收到一份被称作股票凭证的"合同"，这份合同规定了满足了Solid银行等其他索取者权利之后对公司**净收入**（profits 或 net earnings，net income，net profits）[⑥]（收益与费用的差额）的剩余索取权。因此，股东构成了公司的最终所有者，他们相信包括财务经理在内的公司的管理者能够按照他们的利益行事。

既然案例公司有了资金，让我们开始介绍投资活动。前文提到Ace需要购买新机器设备用来生产加工电子元件，把这项活动看作是对固定资产的投入。在机器设备报废之前预期可以使用很多年，因此，Ace在运营之初将会有大量现金流出，但如果假设它可以生产出适销对路的产品，那么将会在未来收获利润回报。请注意在图表1–2中Ace用其在固定资产的投入来生产存货。

接下来考察Ace的经营活动。为了生产电子元件，Ace需要从供应商订购零件。我们将在第5章中考察与供应商（和顾客）交易中关于现金流的更多细节。现在只需注意的是，通常来讲，供应商应立即提供物资，并以一个特定的期限要求偿还——例如30天，这是图表1–2中所指的应付账款。因此，Ace需要确保与其供应商保持良好关系。Ace还需要为劳动力支付报酬，以及其他与经营相关的费用。接下来，一旦Ace建立了电子元件的存货，它就可以向客户进行销售，这些客户为电脑制造商。与大多数公司一样，Ace将允许赊销，其客户承诺在30天内进行支付——就如同与其供应商的关系一样。因此，从现金流管理的角度来讲，Ace需要确保其客户能够及时偿还货款。在图表1–2中也包含了客户支付现金的可能性。

现在，我们的现金流动循环已经完成了闭环。当Ace收到客户的支付款项时，它

---

① 金融工具（金融资产）：一种代表索取实物资产的无形的权利的有价证券，如债券和股票。
② 负债：支付制定金额或执行特定服务的义务。
③ 债券：由企业向投资者发行，同时承诺按一定利率支付利息并按约定条件偿还本金的债权债务凭证。
④ 普通股：代表对公司直接所有权的有价证券，代表对企业盈利和剩余财产的索取权。
⑤ 普通股股东：普通股的所有者。
⑥ 净收入（净收益、利润、净利润）：在一个特定时期内，收入与所有相关费用之间的差额。

能够使用现金支付贷款的利息甚至偿还部分贷款。它也可能支付**股利**(dividends)[①]——现金支付——给其普通股股东。随着现金的循环，Ace可能投资于更多的资产和购买更多的物资来生产更多的存货来补充由于之前销售而消耗的存货。

案例分析：AMD公司的现金危机

在2012年的秋天，美国先进微电子器件公司（AMD公司）正面临着一场财务危机。公司主要经营个人电脑处理器的半导体，与规模更大的英特尔公司是竞争对手。在2012年的10月18日，公司发布了第三季度财务报告，显示公司的收入为12.7亿美元，净损失为1.57亿美元。在第三季度，公司的现金存量从18亿美元下降到15亿美元，并预计在未来12个月之内下降到6亿美元甚至更低的水平，这与公司需求的11亿美元的存量存在巨大差距。季度的营业费用大约是4.5亿美元，债务则超过20亿美元。为控制危机，公司宣布重组，以降低营业费用，提升竞争地位。AMD如何在如此的压力下进行融资呢?

AMD陷入困境的原因很简单，即现金流入太少而现金流出过多。在现金流入方面，宏观经济的恶化以及客户偏好的变化导致收入下降。公司收入中有85%来自个人电脑市场，然而市场需求正趋于饱和。另外，AMD已经拥有一个更强大的对手英特尔公司了，但还需要面对新进入者的威胁。在现金流出方面，AMD需要在新市场拓展方面投入资金，但分析师表明公司很有可能在实现收入盈利之前就耗光所有投入。公司正与一个芯片供应商谈判以削减采购约定额和与之相关的费用。信用评级机构正在考虑降低AMD公司的信用等级，这将增加公司的借款成本。公司的股票和债券价格都有所下降，限制了对新资本的获取。由于上述因素，AMD正在经历一场现金危机。这个例子凸显了现金流管理的重要性。为了避免现金危机的发生，公司需要提前预计现金流需求并保障融资的可获取性。

来源：AMD news release “AMD Reports Third Quarter Results and Announces Restructuring,” October 18, 2013; and Bloomberg Businessweek “AMD Faces Looming Cash Crunch Amid Quest for New Markets,” lan King, October 25 2012, http://www.businessweek.com/news/2012-10-25/amd-faces-looming-cash-crunch-amid-quest-for-new-markets-tech#p1 (accessed December 10, 2012)

1.2 财务经理的作用

目标1.2 描述财务经理的主要责任、任务和关键问题。

考察一下在整个现金流动循环中财务经理的作用。财务管理代表了公司的实体资产和财务承诺之间的桥梁——换言之，在公司已投资的资产（其被期望产生现金）和公司已对供应商作出的现金承诺之间的桥梁。因此，财务经理主要有四项责任：评估企业当前的整体状况，评估未来的融资需求，制定长期的融资策略，评估未来的投资。详细地讲，财务经理的职责主要有：

- 了解公司目前的商业状况和评估当前的业绩。
- 评估公司短期和中期的（即未来的一至五年）财务需求。

① 股利：股份公司按发行的股份分配给股东的利润。

◆ 确定用于支付实体资产而获得现金的最好方式（简称**融资**（financing）[①]）并评估其他融资策略，包括如何最好地管理企业经营所产生的现金。例如，财务经理必须决定在支付费用和税费之后是否有可用的收入以股利的形式直接支付给股东或以**留存收益**（retained earnings）[②]的形式再投资于公司的经营活动。

◆ 将资金投资于各种业务的经营中（简称**资本预算**（capital budgeting）[③]或**投资**（investing）[④]）和通过不断增长现金流同时降低风险寻求最大化公司价值的方法。

财务经理关注的是短期和中长期的决策。短期决策的重点是日常现金流和**营运资本管理**（working capital management）[⑤]，也就是公司短期**资产**（assets）[⑥]（公司拥有什么）和负债（公司所欠什么）之间的关系。中期决策影响公司的整体**资本结构**（capital structure）[⑦]，或债务和股权的组合。财务经理的最终任务是确保股东价值的最大化。价值是通过增加现金流和提供与包含在增长活动中的风险相称的回报而产生的。当然，公司还有其他重要的利益相关者——包括债权人、雇员、客户以及公司经营所在的社区——但是普通股股东是主要的利益相关者，因为他们本质上是企业的所有者。

图表1-3总结了一些关键问题，着重介绍了财务经理面临的问题。稍后，我们将会看到这些问题与财务管理框架的聚焦点是如何相关的。

图表1-3　　**财务经理面临的关键问题**

问题：我的财务决策如何能够帮助公司为股东创造价值？

为创造价值：

公司需要的融资额是多少？

公司该如何选择融资方式？

公司应该投资于什么样的项目？

深入讨论：股东价值最大化是一项道德责任吗？

财务学教授经常受到伦理学教授的批判，因为他们告诉学生公司的目标是股东价值最大化。安然、世通等财务丑闻常常归咎于对股东价值最大化目标的过多关注。

INSEAD的财务学教授Theo Vermaelen认为这样的批评有失偏颇，反映出批评者对财务学的内容缺少认识。

“股东价值是指公司预期未来的价值按照其加权平均资本成本折现的现值。所以股东价值最大化的目标与短期利润、每股收益最大化以及通过财务欺诈操纵股价并不是一回事。以安然丑闻为例，在事件中，公司的所有股东都遭受了损失，因此，安然丑闻与对股东价值最大化目标的过度关注并无关系。”

① 融资：一个企业的资金筹集的行为与过程。
② 留存收益：留存下的收益或再投资于企业而没有用于支付股利的累积金额。
③ 资本预算：选择投资项目的过程。
④ 投资：为了在一个特定时期内获得回报而支出资金的过程。
⑤ 营运资本管理：管理有关流动资产与流动负债的短期决策的过程。
⑥ 资产：由企业过去经营交易或各项事项形成的，由企业拥有或控制的，预期会给企业带来经济利益的资源。
⑦ 资本结构：企业各种资本的价值构成及其比例关系，是企业一定时期筹资组合的结果。

关于该目标的另一种误解是认为对该目标的强调就意味着不关心其他利益相关者的利益。

“在计算折现现金流量时，需要计算收入，然后在从中扣除人工成本、高管薪酬、利息和税费。剩余的部分归属于所有利益相关者，而不单单是股东。公司能像利益相关者理论说的那样去“平衡”利益相关者之间的利益。例如，该理论可能要求公司用股东的钱向职工支付高于竞争工资水平的报酬。如果在一个竞争性市场，这样做会产生的问题是，在长期内公司将会经营失败，最近通用公司的破产就证明了这一点。当然，在短期内公司可能还会获得非经常性利润，但这将会吸引大量竞争者，以至于在长期内，股东也会失去竞争性回报。”

虽然经济学家多从经济效率的角度证明股东价值最大化目标的合理性，但Vermaelen想要从道德的角度，另辟蹊径地解释这一目标。他对商业环境中的道德行为提出了一个新的、极少受高度个人价值化观念束缚的定义：尊重隐性合约。一旦按照这个定义的逻辑思考，那么股东价值最大化目标也可以理解为一项道德责任了。

Vermaelen认同这一观点：公司是各类利益相关者之间的一系列契约的联结。所有的契约都有隐性部分和显性部分。例如，债务契约有很多显性条款，如到期日、利率、特权和保证条款等。然而，与股东相关的契约则更多的是隐性部分。除了对很多小股东来说无甚意义的投票权之外，股东就似乎没有其他显性权力了。股东没有获得股利和收回本金的权力。但由于现代公司的存续与发展都需要股东，尤其是对于那些股权极度分散的公司来说，契约的隐性部分就显得尤为重要。

“在资本主义经济中，股东拥有管理层以其利益最大化为目标的这一隐性契约是一个合理的假设。所以，我相信对这一隐性契约的尊重是一项道德责任。因此，蓄意损害股东价值的政策都是不道德的。当然，除非公司事先声明它们的目标与之不同。例如，一家权益融资的公司宣布将其利润的5%捐献给穷人，它这样做就是遵守了企业道德，因为投资者可以把较低的利润并入到股票的发行价中。但是如果在执行这样的政策之前公司没有事先声明，那么在我看来，其就没有遵守企业道德。”

企业社会责任理论的拥趸者认为这些政策实际上创造了股东价值。例如，给穷人捐助会激发公众对企业的同情心，从而会增加企业收入或降低人工成本，最终会增加股东价值。

“显然，如果这些社会责任政策仅是一种公共关系的处理或市场营销手段，那么它们与股东价值最大化目标和企业道德是背道而驰的。但是这种营销手段能否起作用，取决于企业的实际状况。”

代理问题是指管理者可能不以股东价值最大化为目标进行经营决策。为了解决这一问题，传统的经济学家试图通过设计薪酬契约来协调股东和管理者之间利益的一致性。或者，股东也可以通过任命具有信托责任的董事会来确保管理者按照股东价值最大化目标行事。

"鉴于当前的信贷危机，以短期收益为基础发放的红利会引导银行为那些短期收益增加和股价上升而不是在长期内创造价值的公司提供贷款。所以，除了通过设计薪酬契约来协调股东和管理者之间利益的一致性，还需要从道德责任的角度来阐明公司的长期目标是股东价值最大化"，Vermaelen教授如是说。

来源：This article is republished courtesy of INSEAD Knowledge（http://knowledge.insead.edu）Copyright INSEAD 2008

1.3 财务管理的非财务视角

目标1.3 描述非财务经理需要了解的基本概念。

不幸的是，或许并不是每一个人都能够获得来自于财务管理的挑战和回报。所以现在，让我们从一些非财务经理的视角来看待财务管理。在本书的最后一章将以沃尔玛公司（Walmart）为例作一个综合案例研究。现在，让我们考虑关心沃尔玛财务业绩的非财务经理。

◆ 假设你在沃尔玛的运营部门工作，想要知道如何能够提升公司的财务业绩。

◆ 假设你考虑投资于沃尔玛的普通股股票，并且想要了解这是否是一个投资的好时机。

◆ 假设你是一个分析师，被指派对沃尔玛的股票提供投资建议。

◆ 假设你在一家信用评级机构工作，被指派对沃尔玛债券的信用进行评级。

◆ 假设你是沃尔玛的主要竞争者，想要了解你所面临的威胁。

你需要从每一个视角来审查沃尔玛的财务状况。你需要搜集信息，例如沃尔玛的财务报表，分析信息并且评估沃尔玛的财务优势和劣势。

图表1-4总结了一些非财务经理需要了解的基本概念。这些概念将在之后的章节中详细讲解。

图表1-4 **与财务管理相关的基本概念**

企业当前状况的评估

商业分析（经济状况、行业关键成功要素、机会和风险、优势和劣势）

业绩评价（财务报表分析）

日常现金管理

未来财务需求的评估

财务报表预测

了解投资决策

与长期融资决策相关的问题

了解资本市场

确定资本成本

筹集长期资本

与投资相关的问题

价值评估

价值创造

时事新闻：沃尔玛面临的财务挑战

在2012年的春天，沃尔玛发布了2011年11月到2012年1月这一季度的财务报告。宏观经济尚在从衰退中缓慢复苏，但沃尔玛希望能够尽快刺激消费。为此，为了扭转其同店销售额下降的颓势，沃尔玛向顾客保证，所有商品都会以最低价格出售。沃尔玛强调降价范围的全覆盖，而不是有选择性、暂时的大减价。虽然公司努力挽回销售额下降的局面，但其整体的毛利率水平（毛利为销售额减去销售成本）仍旧在下降。

"它们正在十分努力地增加销售额，但为此付出的代价是利润的削减"，议价独立研究公司的首席股票分析师Brian Sozzi如是说。

沃尔玛的高管说公司正在寻求各种渠道降价。"你可以期望我们会进一步降价"，公司CEO Duke如是说。

公司的CFO Charles Holley在最近与媒体的电话采访中说到，这一季度中1月的业绩最好，反映了折扣商店的收入增长势头。"我认为消费者的心理已经发生了变化。整个市场的波动性更强。天然气价格也更加不稳定。顾客都在寻找新的方式储蓄，因为他们不知道未来会发生什么。"

来源："Sales Up，Quarterly Profits Down，at Wal-Mart，" by Anne D'lnnocenzio，Associated Press reporter，February 21，2012，http：//www.theledger.com/article/20120221/NEWS/120229897?p=1&tc=pg（accessed December 11，2012）

1.4 财务管理与会计以及其他职能的关系

目标1.4 描述财务管理与会计、运营、市场营销、信息技术和人力资源之间的关系。

许多刚刚进入财务领域的人都有一个错误的印象，认为一家公司的财务和会计的职能在本质上是相同的（尽量不要在财务教授和会计教授面前表达这一观点）。在现实当中，尽管一个公司的财务部门在很大程度上依赖于会计部门提供的数据，但它们两个的职能是不同的。

让我们详细考察财务管理与会计之间的关系。为了制定资本预算和融资决策，财务经理需要一些关键的财务数据，例如关于公司现金流入和流出的信息。财务经理依靠公司的会计人员以系统化、规范化的方式提供上述信息。会计人员通过确认与公司经济活动有关的数据来提供给财务经理，然后以公认的、标准化的形式（被称为公认会计准则）将该信息表述出来，发挥这种作用的会计被称为财务会计。会计不仅将该信息传达给公司内部的管理者，还传达给外部的股东、债权人、分析师和其他利益相关者。

为了交流财务数据，会计人员会提供总结公司经济活动的计分卡。这些计分卡有几种形式。例如，**资产负债表（balance sheet）**[①]提供了在某一特定时刻对公司资产以及这些资产的融资来源的"快照"。**利润表（income statement）**[②]提供了在某特定期间

① 资产负债表：表示企业在一定日期的财务状况（即资产、负债和所有者权益的状况）的会计报表。
② 利润表：反映企业在一定会计期间的收入、费用和最终收益等经营成果的报表。

内对公司盈利能力的衡量，如一年。类似地，**现金流量表（cash flow statement）**[①]提供了在某一特定期间内公司的现金流入和流出的整体情况，并将现金按照来源方式分为经营、投资和融资活动产生的现金等三类，即图表1-1显示的公司的三种主要活动。

除了财务会计，会计人员所扮演的第二个重要角色是成本会计。在这里，他们对生产产品的成本进行适当地归集与分配，并且帮助制定有助于财务规划的预算。他们也为管理决策提供信息支持，如是否要获取新资产。例如，会计信息可以揭示公司创造一定水平的经营利润的能力与产生这些利润所耗用的资产的关系。该信息有助于对一项潜在的新投资进行成本-收益分析。因此，财务经理和非财务经理都高度依赖会计人员所提供的这类信息。

财务经理与除会计之外的职能部门的管理者之间相互影响，包括运营、营销、技术和人力资源。所有这些职能部门的管理者都需要为他们的经济活动筹资，这使得他们与财务经理之间的互动成为必然。例如，运营部门职能允许公司开发即将出售的产品或服务。运营经理既需要为小额资本支出（例如设备购置）也需要为大额资本支出（例如厂房购置）筹集资金。此外，大多数不是服务相关行业的公司都需要投资于存货。另外，公司与供应商的交易方式以及能够商定的支付条件都会对财务管理产生重要影响。

市场营销为企业产生收入发挥了至关重要的作用。营销经理需要资金来进行营销和销售活动，以及开拓国内和国外市场。此外，与市场营销的相关政策，如为客户所提供的信用条件都会对财务管理产生重要影响，因为它们会影响应收账款的管理。

技术往往是企业竞争力的核心组成部分。尤其是信息技术，使得员工、管理者和客户之间的有效沟通成为可能。许多公司都不断地投资于新技术和信息系统的开发。

人力资源部门管理着帮助企业实现成功的广大员工。每个组织都需要对他的员工进行投资，不仅要通过有竞争力的薪酬和福利，也要通过培训和提供理想的工作环境来留住人才。因此，雇佣、培训和留住人才也会耗用资金。

每个职能部门都会在一定程度上涉及现金的产生与耗用。了解现金流入和流出的影响因素将帮助这些非财务部门的管理者与财务经理更好地进行沟通。当然，为了避免制定一个看起来明智但实际上却不利于公司的经营与营销活动的财务决策，财务经理也需要了解其他职能部门以及它们在公司经营活动所扮演的角色。在第2章，随着对公司优劣势和财务影响因素的考察，我们将进一步探究财务管理和每一个职能部门之间的关系。在第5章，我们将考察与供应商和客户相关的现金管理的影响因素。

1.5 公司的组织形式

目标1.5 解释个人独资企业、普通合伙企业、有限责任公司、S类公司和C类公司之间的区别。

① 现金流量表：报告一定期间内与经营活动、投资活动和融资活动相关的现金增减变动情况的财务报表。

既然我们已经了解了财务管理的内涵以及财务经理与其他职能部门管理者之间的相互影响，现在回过头来考察所有管理者进行工作的整体环境，即公司[①]或企业。由于所有权形式的不同，公司可以采用多种组织形式。按照从简单到复杂的顺序，具体可以可分为个人独资企业、普通合伙企业、有限责任公司、S类公司或C类公司。图表1-5列举了每类公司的关键特征的简单对比情况，下文将对其附加的信息和定义进行讨论。尽管各有不同，但是健全的财务管理对每类公司的成功都是必不可少的。

图表1-5 **企业组织形式的比较（美国）**

	个人独资企业	普通合伙企业	有限责任公司	S类公司	C类公司
所有者人数	一人	一人以上	一人或一人以上（根据各州法律规定）	至多100人	无限制
存续期	直到所有者死亡或解散企业	直到其中一位合伙人死亡或撤出	永续（根据各州法律规定）	永续	永续
债务	无限连带责任	普通合伙人共同对债务承担无限连带责任	有限责任	有限责任	有限责任
所有权与管理权	由所有人所有和管理企业	普通合伙人共享企业的所有权和管理权	根据有限责任公司的协定	由专业的管理团队管理公司，股东选举董事会对管理者进行监管	由专业的管理团队管理公司，股东选举董事会对管理者进行监管
征税次数	一次	一次	一次	一次	两次：公司和股东双重课税
例子	个人咨询，夫妻店	牙医诊所，家人或好朋友合开的企业	房地产投资，物产	小型企业，家族企业	上市公司

如前所述，最简单的企业组织形式是**个人独资企业**（sole proprietorship）[②]，是由一人创立并所有的企业。这种结构的优势是简单，因为没有关于税收申报或记录保持的特殊要求。主要劣势是个体所有者要对企业承担无限连带责任。因此，所有者必须谨慎地管理现金流。

稍微复杂一些的企业组织形式是**普通合伙企业**（general partnership）[③]，是由两个或两个以上的个体共同所有的企业。例如，几位牙医可能创建一家合伙企业，共同分担日常的管理费用。普通合伙企业的优势相对简单，没有昂贵的注册费用，没有繁重的税负。主要的弊端是所有合伙人都要为企业承担无限连带责任。因此，企业必须

① 尽管本书关注的重点为营利类组织，但很多概念同样适用于非营利组织，但需要不同的解释。
② 个人独资企业：企业的所有者和与管理者同为一人的企业组织形式。
③ 普通合伙企业：一种由两个或两个以上个体所有者组成的、共同承担企业债务责任的企业组织形式。

严密地控制成本费用。

有限责任公司（limited liability company，LLC）[①]类似于普通合伙企业和公司的混合。它就像拥有一个普通合伙人的合伙企业，但是其他合伙人不参与企业的日常管理并且只投入资本。有限责任公司的所有者被称为成员。这种类型的企业普遍存在于房地产业。与普通合伙企业相比，其主要优势为有限的责任。缺点是这种结构在一定程度上比普通合伙企业更复杂，并且如银行和保险公司的一些企业不能采用有限责任的组织形式。

S类公司（S corporation）[②]与C类公司是美国特有的、基于缴税模式的不同的一种公司分类。具体来讲，S类公司是指出于联邦税收目的而将公司的收入、损失和抵减全部以“透过型”的方式直接以公司成员的个人名义申报缴税的公司。S类公司的股东不得超过100名。其主要优势是有限责任——意味着投资者能损失的最大金额等于他们投资于企业的资本，这点与有限责任公司相似。另一个好处是税收形式简单，将公司的应纳税所得额转移至股东，以股东个人名义征税，不会像C类公司那样既要向公司征税，又要对得到分红的投资者征税，出现双重征税的情况。它的缺点是与C类公司相比，税收减免较少，并且股东的人数受限。

最后，最常见的企业组织形式——也是本书的重点——是普通的公司，也被称为**C类公司（C corporation）**[③]。C类公司是在董事会的监督下运行的，董事会成员由公司的股东选出。董事会再任命管理团队来管理公司的日常经营运作。C类公司的优点同样是有限责任，并且拥有分离于其所有者的独立法人地位，且可以永续存在。C类公司可以由其股东私人所有，也可以是公众所有，其股份可以在股票交易所交易。它的主要劣势就是双重征税。鉴于C类公司的复杂性，健全的财务管理是公司走向成功的关键。

1.6 财务管理框架

目标1.6　解释财务管理框架的组成部分。

如图表1-1所示，无论何种类型的公司，财务经理所扮演的角色都与三大类与现金相关的活动紧密相关：融资活动、投资活动和经营活动。这三类活动是贯穿本书的财务管理框架的主体部分。我们先介绍简化的财务管理框架，其中的内容会在本书中反复出现，如图表1-6所示。

◆ 在理解公司的三大类活动和进行企业评估之前，我们需要了解企业经营的外部环境——尤其是宏观经济环境和行业状况。

◆ 我们需要理解企业决策对三大类活动（融资活动、投资活动和经营活动）的财务影响。

◆ 我们需要了解公司为了创造价值，如何增加利润、股利支付和现金流，并如何同时管理风险。

---

① 有限责任公司（LLC）：所有者或成员对公司的债务不承担个人责任的企业组织形式。

② S类公司：美国的一种公司组织形式，是指出于联邦税收目的而将公司的收入、损失和抵减全部以“透过型”的方式直接以公司成员的个人名义申报缴税的公司。

③ 股份有限公司：美国的C类公司，拥有分离于股东的法律和税收结构，股东选举董事会，再由董事会任命经理人来运营公司。

图表1-6　**简化的财务管理框架**

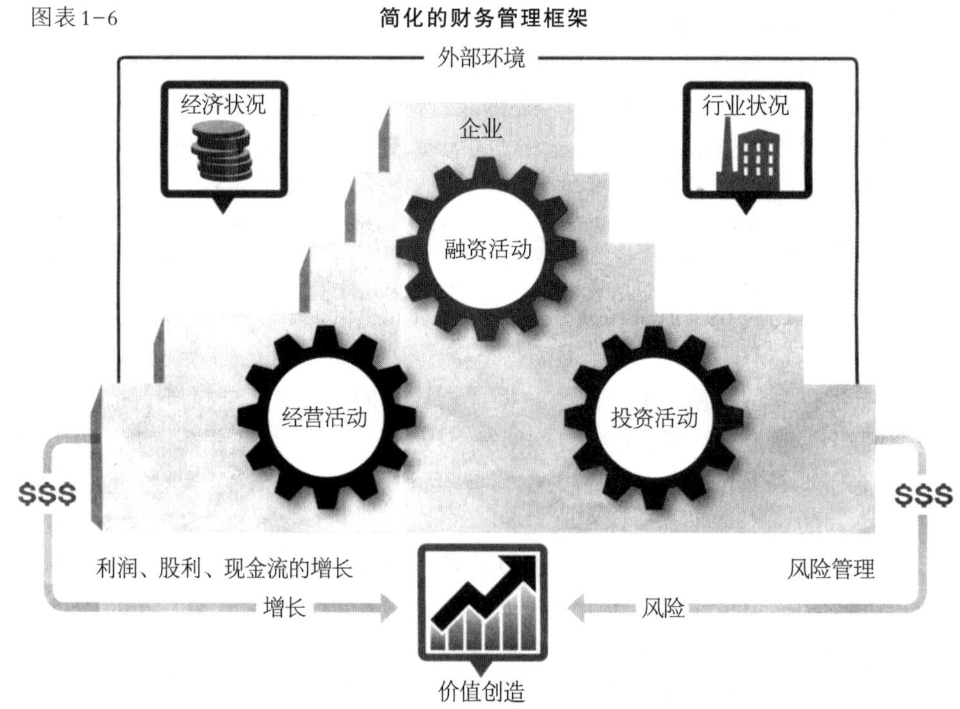

接下来，在简化版的基础上添加一些附加细节，以形成整体的财务管理框架，如图表1-7所示。

图表1-7　**财务管理框架**

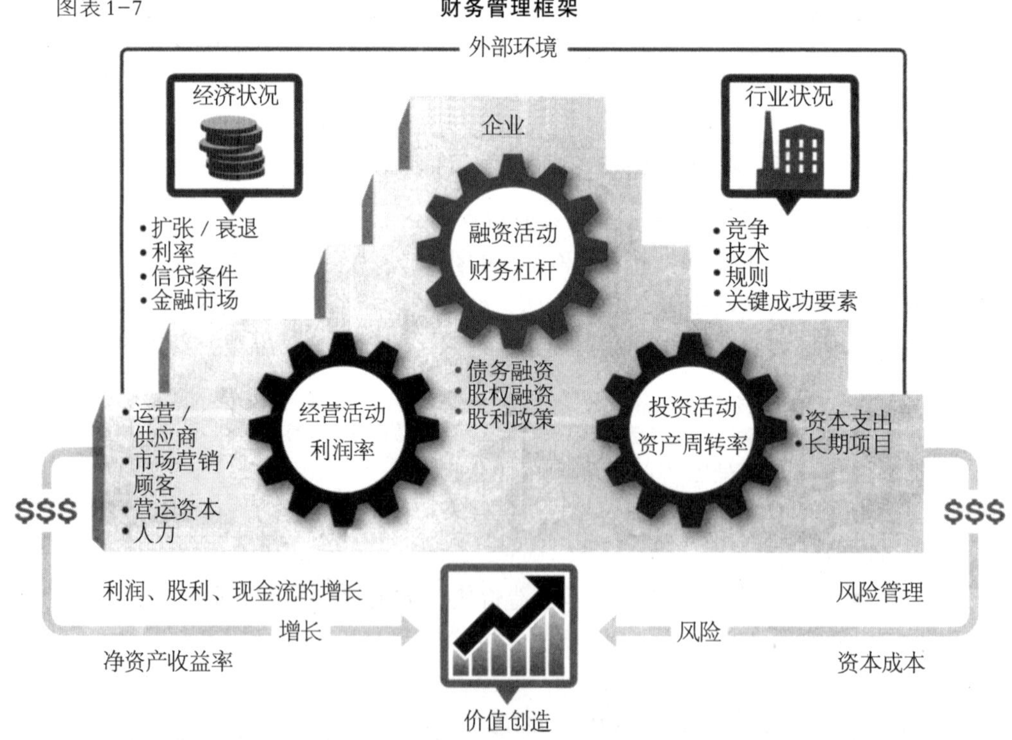

下面是后面各章内容与财务管理框架内容的对应关系。

第2章介绍了公司经营所处的外部环境。我们将从多种角度考察宏观经济环境，考虑经济扩张和衰退的驱动因素；考察利率在不同商业周期的变化趋势；确定如何衡量信贷条件；以及考察金融市场所起到的作用。我们还会识别行业的关键成功要素并强调评估竞争环境的重要性。另外，我们也会分析科技与监管的重要性。

在第3章和第4章，我们将从整体角度分析公司和三大类活动：投资活动、融资活动和经营活动，以及财务绩效评价。具体地，第3章介绍了三个关键的财务报表：利润表、资产负债表和现金流量表。我们将会考察公司创造利润的能力，它的资产与负债，与三类活动相关的现金的流入与流出情况。第4章将会介绍绩效评价指标，包括在图表1-7中的指标：利润率、资产周转率以及财务杠杆。我们还会考察这三项指标与净资产收益率之间的关系，而该指标又与公司的成长性相关。

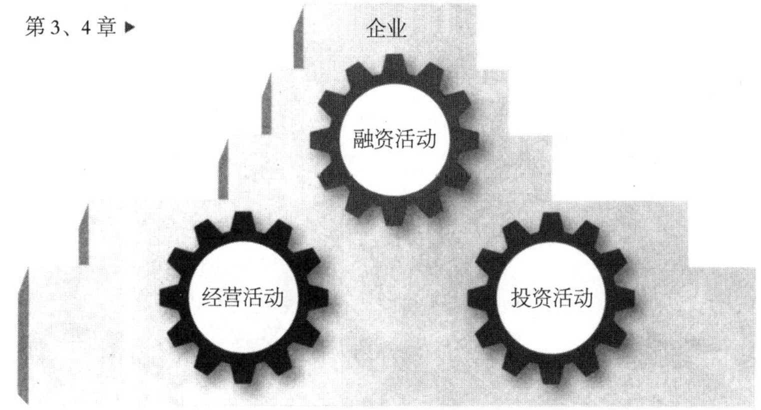

在第5章和第6章，我们将会关注公司的经营活动及其对成长的影响。具体地，第5章介绍了营运资本管理——与供应商和客户的信用条件。第6章介绍如何预测经营活动的利润与未来融资需求。

第7章和第8章将会介绍公司的投资活动。第7章介绍了货币时间价值的概念，为理解投资活动的现金流量的影响奠定基础。第8章介绍了几个评估投资决策的方法。

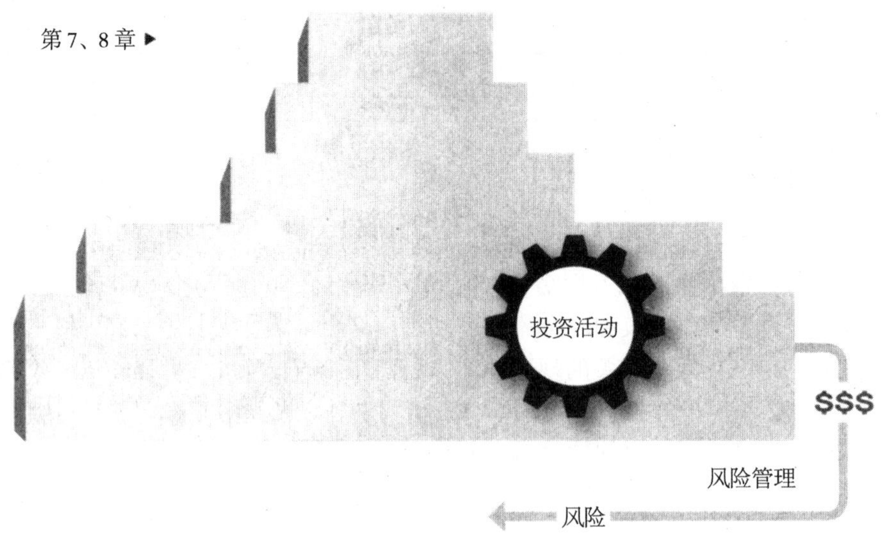

第9章到第12章介绍了公司的融资活动及其对公司风险的影响。第9章介绍了公司进行外源融资的资本市场。第10章介绍了如何衡量公司的资本成本。第11章介绍了公司的融资决策和股利政策。第12章则专注于设计一个最优资本结构。

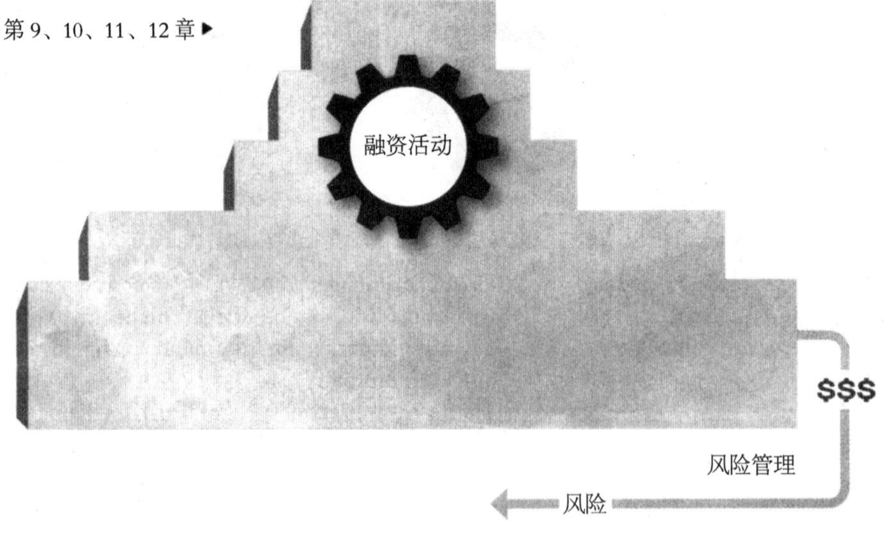

第13章和第14章共同讨论增长与风险的话题。第13章考察了价值的衡量与创造。我们将会看到，现金流的增长会对整体价值产生正的影响，而风险则会产生负的影响。第14章整合了全书的所有内容，并以沃尔玛为案例公司进行了综合的应用与分析。

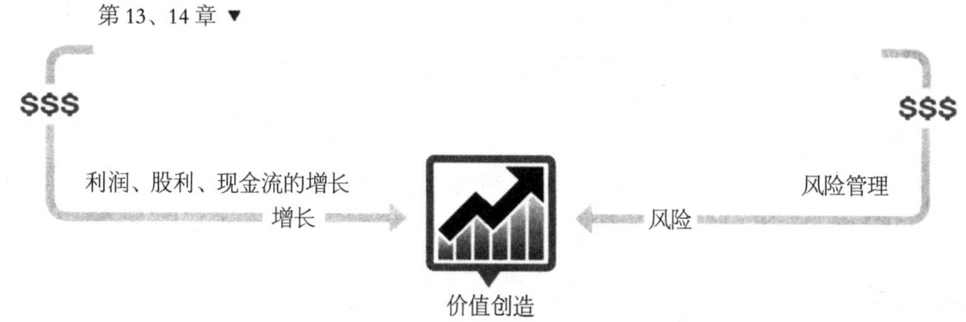

1.7 对管理者的重要性

目标1.7 解释财务管理对管理者的重要性。

无论他的专业或部门是什么，每个管理者都需要理解财务管理的概念，因为每一个业务单元都会涉及现金的流入与流出。非财务经理不会参与关键的财务决策，如确定债务和权益比例等，但是非财务经理会受到这些财务决策的影响。

所有管理者的根本目标就是为公司创造价值。价值创造包括很多财务方面的内容，如增加现金流，并同时降低现金流所带来的风险。

小结

1. 现金是三大主要活动（经营活动、投资活动和融资活动）的关键组成部分。
2. 现金流动循环表明了现金的来源和使用。
3. 利润与现金流并不一样。
4. 资产是企业拥有的部分，负债是企业需要偿付的，股东权益与二者并不一样。
5. 财务经理需要作出可以创造企业价值的决策。
6. 非财务经理需要理解财务管理的基本概念，如企业评估、未来融资需求、长期融资决策和投资决策等。
7. 财务经理需要与会计以及其他部门经理进行配合和沟通，如运营部门、市场营销部门、信息技术部门以及人力资源部门。
8. 公司的组织形式可以分为几种：个人独资企业、普通合伙企业、有限责任公司、S类公司和C类公司。
9. 增长与风险是价值的两大关键驱动因素。

附加读物与信息

1. 公司理财方面的其他教材（1 000页左右）请见：Berk，Jonathan，and Peter DeMarzo，*Corporate Finance*：*Global Edition*.3rd ed.Boston：pearson Education & Professional Group，2014.

2. 上述书籍的简短版本（800页左右）请见：Berk，Jonathan，Peter DeMarzo，and Jarrad Harford.*Fundamentals of Corporate Finance*.2nd ed.Boston：Pearson Prentice Hall，2010.

3. 更简化的版本（少于500页）请见：Higgins，Robert.*Financial Analysis for*

Financial Management.10th ed.Boston McGraw-Hill Irwin，2011.

4.论述公司本质以及股东和管理者作用的文献请见：Jensen，Michael，and William Meckling. "Theory of the Firm：Managerial Behavior，Agency Costs and Ownership Structure." *Journal of Financial Economics* 3（1976）:305–360.

5.关于不同企业实体和税收制度的信息请见美国国税局网站：www.irs.gov/Businesses/Small-Businesses-&-Self-Employed/

练习题

1.解释实体资产与金融资产之间的区别。

2.描述与现金相关的三大类活动。

3.描述现金流动循环。

4.描述财务管理与会计之间的关系。

5.解释企业的不同组织形式：个人独资企业、合伙企业、有限责任公司、S类公司与C类公司之间的区别。

6.假设三个验光师打算创立一家企业，一直运营到他们全部退休。他们三个人是大学同学，彼此非常要好并互相信任。那么他们创建的这家企业属于哪一种组织形式?

7.企业存续的首要目标是什么?

8.价值的两大驱动因素是什么?

第2章　企业评估：非财务视角

学习目标

目标2.1　描述宏观经济分析的过程。

目标2.2　描述行业分析的过程。

目标2.3　描述运营管理评估的过程。

目标2.4　描述市场营销管理评估的过程。

目标2.5　描述人力资源管理和战略评估的过程。

目标2.6　理解如何将企业评估应用到家得宝的案例中。

目标2.7　解释企业评估对管理者的重要性。

知己知彼，百战不殆。

——孙子兵法

财务管理常常和与现金管理相关的数学运算和定量分析直接相连。因此，财务管理的非财务方面往往被忽视。尽管财务管理包含着现金管理，但现金既不会从财务总监（CFO）的办公桌抽屉中产生也不会从那里消失。相反，它是企业的另一部分，涉及现金的产生和需求。因此，了解影响公司现金产生和使用的外部因素，以及公司不同职能部门对现金流的影响对财务经理来说至关重要。换言之，如果我们想要了解公司当前的财务状况和预期的财务需求，首先必须对企业进行**评估（size-up）**[①]，包括对宏观经济环境、公司所在行业以及公司自身的优势和劣势的分析。普遍意义上的商业评估与**SWOT分析（SWOT analysis）**[②]相似，它包含对企业优势、劣势、机会和威胁的考察。

本章是介绍企业整体评估的4个章节中的第1章。第3章和第4章介绍了财务报表分析和企业财务状况的评估，第5章则讨论了日常现金流的管理。本章着重从非财务视角评估企业。财务管理框架包含了许多评估过程中的关键元素，我们将首先通过重新考察财务管理框架开始这一章的学习。接下来，我们将通过分析外部因素（例如宏观经济环境和企业所处行业）以及企业自身非财务方面（例如市场营销、经营和人力资源管理）的优势和劣势来识别公司关键成功要素。这种全面的非财务评估是分析企业的机会和风险以及它们可能对现金流产生的影响的重要组成部分。

企业评估可以帮助财务经理了解公司的历史状况和预期未来的财务需求。因此，企业评估应该以年度为单位进行分析。企业评估对于潜在的投资者等企业外部的人而言也是十分重要的工具。

在第1章，我们引入了财务管理框架，作为整书统一的主题。为了突出非财务评估与整体财务管理框架之间的关系，我们在这里重温这一框架。图表2-1展示了整体框架的一部分。它表明，本章的重点是了解公司外部环境及其对公司经营决策的影响。

如图表2-1所示，评估一个企业需要关注两点：（1）分析公司的外部环境；（2）分析企业的内部因素。正如图表2-1所示，影响公司现金流的两个关键的外部因

① 评估：估计公司外部和内部因素以及优势和劣势的过程。

② SWOT分析：评估公司的优势、劣势、机会和威胁的过程。

图表2-1　　**财务管理框架：外部环境和经营决策**

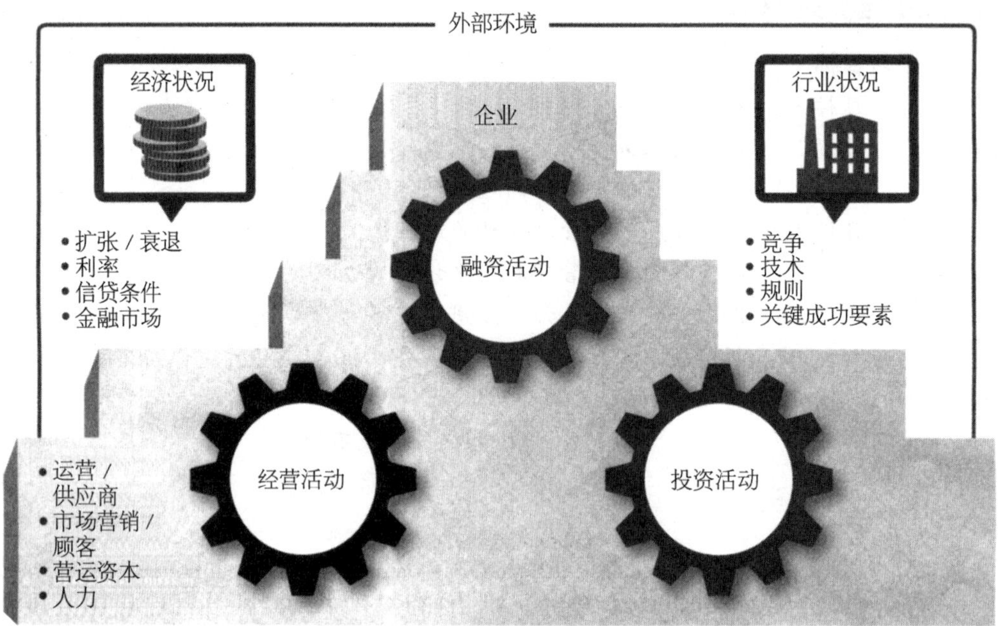

素是整体经济环境和公司所处行业的结构和性质。理解宏观经济环境与某一特定行业之间的关系可以帮助我们明确经济变量的变化对行业整体盈利能力的影响。进而，理解某一特定行业的关键成功要素（将在2.2.4中介绍）可以为我们评估企业在行业中的优势和弱势提供标准。

图表2-1表明，财务管理框架主要关注企业内部决策制定的三个领域：经营决策、投资决策和融资决策。在后面的章节中，我们将会看到，这三个领域与企业的现金流量表中的三个关键组成部分一一对应。然而，本章将主要关注运营决策相关的元素，正如图表2-1中的“经营”部分所显示的。特别地，我们将会看到由若干个职能部门结合起来形成一个特定的企业，它们都与公司的经营决策相关。除了财务部门，一些重要的职能部门还包括运营、市场营销和人力资源管理部门。了解每一个部门——包括它们的优势和劣势——可以帮助我们评估企业短期和长期的融资需求。

深入讨论：为评估搜集信息

评估过程的第一步是搜集信息。对于公开上市的公司，主要的信息来源包括公司的年度报告和证券交易委员会的10-K报表（可以通过证券交易委员会的电子数据搜集、分析和检索系统EDGAR获得）。关于行业分析，咨询公司通常会提供免费的行业分析报告，讨论特定行业面临的关键问题、挑战和机会以及对未来的展望。投资银行会提供特定企业的调查报告，用以为公司股票设定目标价格，同时也提供定性和定量的分析。这些报告可以从投资银行直接获取，但是许多需要从第三方数据提供者那获取，如Thomson One基本的财务信息和额外的数据资源可以从许多财务和信息收集网站获取，包括reuters.com，bloomberg.com和finance.yahoo.com。最后，宏观经济信息可以通过像Bureau of Economic Analysis和the Federal Reserve这样的网站获得。

值得注意的是，评估外部和内部因素的总体目标是为企业创造价值——我们可以通过制定正确的决策来做到这一点。企业评估是关于识别机会和风险，了解其对公司财务状况的影响以及运用这些信息制定决策来增加价值的活动。此外，完善的企业评估可以帮助我们更好地理解和分析财务报表，这部分内容将在下一章介绍。我们不能精确地评估一家企业的状况，除非我们可以掌握这些报表所处的情景。例如，如果我们知道企业处在衰退阶段或者所在行业正经历重大变动，那么可能会从不同的角度评价业绩。

2.1 宏观经济分析

目标 2.1　*描述宏观经济分析的过程。*

当被问及经济的走向时，经济学家的回答常常十分模糊。公平地讲，预测经济活动对于经济学家而言是一个艰巨的挑战。然而，了解整体经济活动与特定企业的收益和利润之间的关系能够为预测公司的财务需求提供重要的参考。许多企业严重依赖宏观经济环境，这意味着它们的盈利能力会直接随着经济走向而变化（尽管这种关系对一些类型的企业会比其他企业表现得更明显）。因此，经济活动的变化将会直接影响企业收入。同时，成本也会随着经济活动的变化而变化。此外，根据公司对贷款的依赖程度或者是它的资本需求，经济环境的变化将直接影响公司的财务业绩。例如，假如一家公司再次融资借入1亿美元的贷款，并且当前的利率比已到期的贷款的利率高1%，那么公司每年的利息支出将会增加100万美元。

图表2-2　　**商业周期**

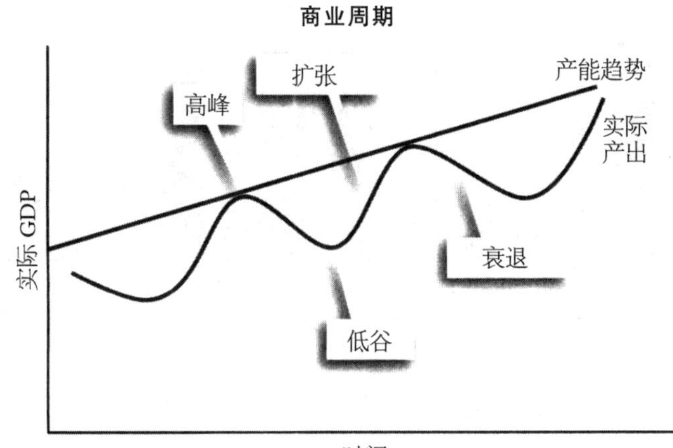

一个国家的经济活动通常用在特定时间内（如一年）生产的产品或服务的总量来衡量，这就是国内生产总值（gross domestic product，GDP）[①]。经济学家往往通过以年度或季度为基准的实际（经过通货膨胀调整）GDP的变化来追踪经济活动。长期来看，无论是通过雇佣更多的劳动力还是建立更多的厂房和设备，国家都倾向于加大投资力度以促进经济发展。然而，一个国家商品和服务的实际产出在短期内的增长比率不可能与国家产能的增长比率相同。如此一来，产能和实际产出之间便产生了缺口。这个缺口大小的周期性改变就构成了商业周期。图表2-2显示了典型的**商业周期**

---

① 国内生产总值：在一段时间内一个国家生产商品和提供服务的输出总值。

（business cycle）[①]。

如图表2-2所示，商业周期的高峰往往出现在产能和产出缺口最小的时期，而低谷往往发生在缺口最大的时期。当GDP的实际变化为正时，处于经济扩张阶段。相反，当实际GDP连续两个季度都下降时，被认为是**经济衰退**（recession）[②]阶段[③]。

在过去的160年，美国企业平均扩张阶段持续了约3年半，平均衰退阶段约持续了16个月。如果仅考虑二战之后，那么平均扩张阶段已增长到大约5年，平均衰退阶段则降低到小于一年。当然，在这些平均值之间也是存在显著变化的。图表2-3显示了1948—2011年美国逐年的实际GDP增长率，以季度为时间单位。阴影中的淡蓝色表示经济衰退。如图表2-3所示，20世纪80年代中期以前，美国的实际GDP增长率经常超过7%，如1950年的增长率超过了13%。然而，自1985年以来，实际GDP增长率仅在2000年超过了5%。图表2-3显示了2007—2009经济衰退的严重程度。若考虑图表2-3中的所有数据，就会发现1948—2011年美国逐年的平均GDP增长率约为3.3%，尽管自1985年以来，年平均增长率一直稳定在适中的2.7%的水平。

图表2-3　**1948—2011年美国实际GDP的年变化率**

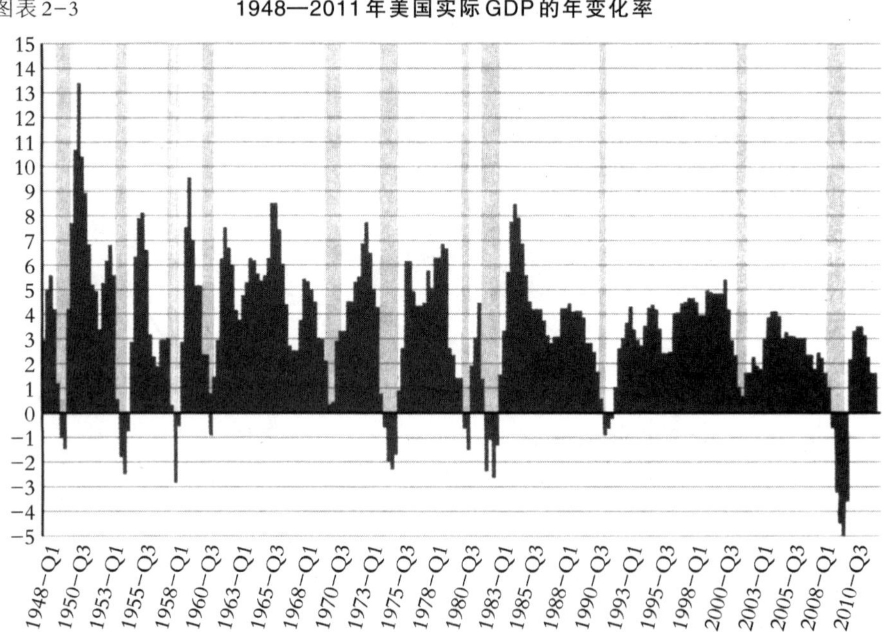

注：基于四个季度的平均趋势；阴影部分是由美国经济调查局绘制的经济衰退时期

来源：U.S.Bureau of Economic Analysis，http：//www.bea.gov/national/（accessed March 1，2012）

---

① 商业周期：国民总产出、总收入和总就业的波动，发生在实际GDP相对于潜在GDP上升（扩张）或下降（收缩或衰退）的时候。

② 经济衰退：一个国家的经济活动的低迷，通常用连续两个季度实际下降的（或通货膨胀调整后的）国内生产总值来衡量。

③ 注意，美国经济调查局的商业周期委员会并没有给出经济衰退的固定定义。相反，它将经济衰退描述成“全国范围内经济活动出现大幅下调”的阶段，其持续时间可以是几个月到一年以上。参见：http：//www.nber.org.cycles/recessions.html（2013年1月3日）。

2.1.1 GDP的组成

一个国家的GDP由四部分组成。对于发达国家而言，GDP的最大组成部分是消费，受个人消费模式所驱动。第二大组成部分是企业投资，如厂房、设备和研发的投资，同时也包括个人的房地产投资。第三大组成部分是政府支出，包括对个人的转账付款。最后，第四大组成部分是净出口，通过将国内进口总额从出口总额中扣除来计算。如果一个国家的出口额大于进口额，那么这个国家被称为净出口国家，这部分GDP将会是正值。相反，若一个国家的进口额大于出口额，则它被称为净进口国家，那么净出口部分的GDP将为负值。

图表2-4显示了在2011年这四个组成部分占美国GDP的比重情况。其中，消费占GDP的比重超过70%，政府消费的比重稍微超过20%，企业投资的比重则小于13%。由于美国在2011年是一个净进口国家，净出口部分的GDP为负值，因此其他三个组成部分的所占比重加起来超过了100%。

图表2-4 **2011年各组成部分占美国GDP的比重（十亿美元）**

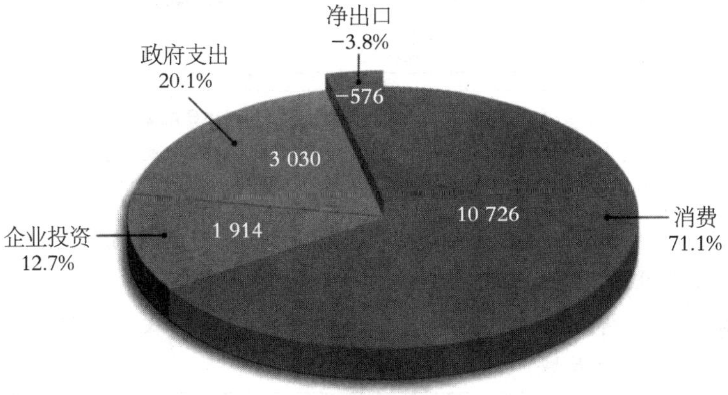

来源：Bureau of Economic Analysis，http://www.bea.gov/national/（accessed March 1，2012）

2.1.2 行业相关的波动

在商业周期的各个阶段，不同行业在收益增长或股票市场表现方面可能会以不同的比率增长或萎缩。例如，基础材料行业（包括采矿业和林业）在扩张的早期阶段的股票市场表现往往比其他行业好，而公用事业和金融行业往往在衰退的早期阶段表现较好。商业周期可能肇始于某一行业的产品和服务需求的下降。

图表2-5显示了行业股票的市场表现与商业周期之间的关系。需要注意的是，股票市场表现说明即将到来盈利周期，这也是股票曲线引领商业周期曲线的原因。

有些行业会对整体GDP产生巨大影响。房地产行业就是其中之一，因为如果有人买了新房子，那么他将需要为新房购置家具——购置家具将会刺激家具和家电行业的增长。此外，还存在所谓的“财富效应”，即房价上涨的住户会感到自己更富有——即使他们不打算出售住房——因此可能会购买更多的商品和服务。对GDP更直接的影响可能与拥有住房抵押贷款的住户有关。由于房价被高估，银行可能会允许其以房屋为抵押物，增加住房拥有者的信用额度或贷款额度。

图表 2-5　　行业股票的市场表现与商业周期

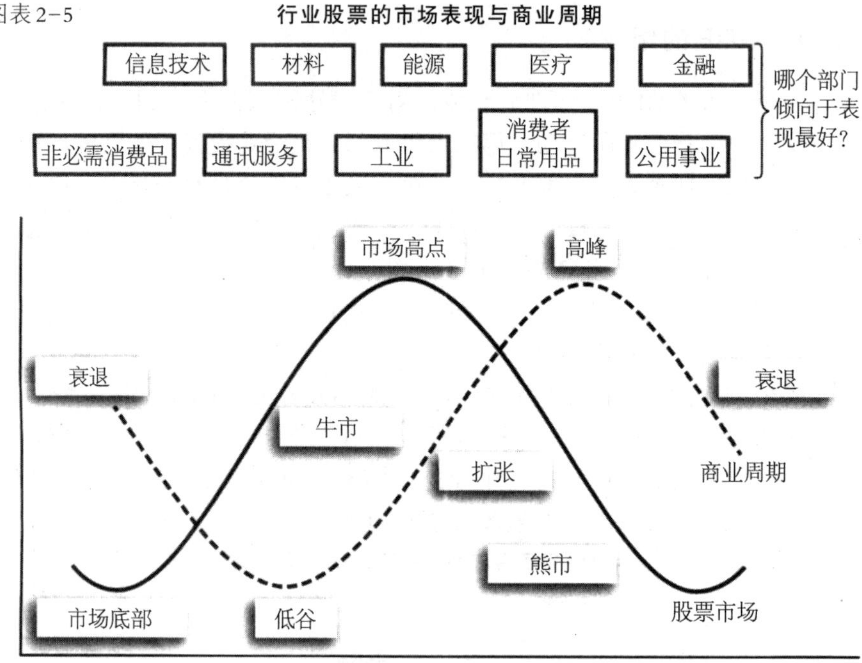

案例分析：行业表现与商业周期：Duke能源公司与Tiffany公司

考察两家处于不同行业的公司在2007—2009年经济衰退时期的行业表现。Duke能源是美国最大的跨国能源和电力供应公司。Tiffany公司是一家国际高端珠宝零售商，处于非必须销售品行业。可以预期，在经济衰退期，Tiffany公司的日子会比Duke公司难过，因为在经济衰退期，消费者可能会放弃对奢侈品的购买，但却离不开电力供应。事实上，两家公司2008年到2011年的收入趋势也反映了这个预期。它们的股票收益也反映了这种趋势。

年份	收入变化		股票收益（相对于每1美元的初始投入）	
	Duke	Tiffany	Duke	Tiffany
2007			1.00	1.00
2008	3.8%	-2.7%	0.78	0.52
2009	-3.6%	-5.2%	0.96	0.97
2010	12.1%	13.8%	1.05	1.44
2011	1.8%	18.1%	1.36	1.56

根据上表中的数据，Tiffany的收入在2007年和2008年之间有所下降，2008年和2009年之间亦是如此。2007年末投资者对Tiffany公司每1美元的初始投入，到2008年末只剩下52美分。相较而言，Duke公司的收入在2009年的小幅下降之前，即2008年有所增加。Duke公司的股票回报虽然在2008年有所下降，但仍好于Tiffany公司的表现。

有趣的是，尽管在经济衰退期Tiffany公司的收入有所下降，股票表现也不佳，但随着宏观经济的复苏和非必需销售品行业的复苏，Tiffany公司强力反弹，表现要好于Duke公司。其在2010年和2011年的收入增长幅度大于Duke公司，其在2007年和2011年的股票回报的整体表现也要好于Duke公司。

2.1.3 通货膨胀和利率

商业周期也与财务变量相关，如商品和服务的价格变动以及利率的浮动，利率会受中央银行的影响。这些财务变量反映了公司的整体信用状况或借款能力。

联邦储备系统（通常被称为美联储（Fed））是美国的中央银行系统，其理事会负责推行各种货币政策，例如设置商业银行向其借款的利率（这个关键的借款利率即为折现率）。联邦储备系统的首要目标是维持物价稳定、维持通货膨胀率的低水平与稳定、增加就业以及维持长期利率的稳定。**通货膨胀**（inflation）[①]，是由于流通中的货币数量超过经济实际需要而引起的货币贬值和物价水平全面而持续的上涨，往往会在经济扩张的时期出现较高水平的通货膨胀率。通货膨胀和国内货币供应之间存在着直接的联系，而美国的货币供应则由美联储控制。一些经济学家声称过多的货币“追逐”过少的商品往往导致了通货膨胀。换言之，如果美联储为银行提供更多的货币并且将这些货币借给消费者，那么将会刺激消费。然而，如果商品和服务的供应受限，那么这些商品和服务的价格就会随着其需求的增加而上涨。

图表2-6记录了1914—2011年美国的年通货膨胀率。在此期间，平均年通货膨胀率为3.3%。请注意，在20世纪30年代美国经济大萧条时期，美国（连同许多其他的国家）经历了一阵**通货紧缩**（deflation）[②]的阶段，因此，平均价格实际上是下降了。通货膨胀率的上升被认为是一件坏事，主要是因为它会带来不确定性。换言之，如果消费者不能够确定他们工资的增长速度是否会快于商品和服务的增长速度，那么他们可能不再购买商品和服务。同样地，如果企业不能够确定它们能否以超出成本的价格出售产品和服务，那么它们可能会停止投资生产。通货紧缩也是一件坏事，因为如果价格预计将持续下降，那么消费者可能会延迟购买。因此，对于整体经济而言，最有效率的是保持一个低水平且稳定的通货膨胀率或价格水平。

随着通货膨胀率的上升，整体利率水平也将上升。**利率**（interest rate）[③]可以看作是各种金融工具的收益率，代表金钱的价格。从需求的角度看，考虑到借款人所面临的机会，利率代表了借款人愿意支付给贷款人的金额。从供应角度看，名义利率可以分解成两部分：实际利率和预期通货膨胀率。实际利率代表贷款人希望得到的不包含通货膨胀的“公平”回报。这个实际回报也包括两个部分：第一部分是给贷款人的回报来补偿今天所放弃的消费；第二部分是针对借款人出现违约的风险补偿。然而，在商业周期中，预期通货膨胀率常常是当前经济表现的函数。在经济扩张阶段，预期通货膨胀率以及受之影响的名义利率趋于上升。预期通货膨胀率的上升常常发生在消费者增加其借款需求之时，因为在经济扩张时期他们往往会消费更多。名义利率往往会在整体经济增长达到高峰之后出现短暂的高峰，然后在经济衰退时期下降。

政府往往是最大的借款人，其借款利率往往根据约定的借款期限而改变。政府在不同到期期限的不同借款利率可以构成**收益率曲线**（yield curve）[④]图。收益率曲线的形状很重要，主要有几个原因：首先，该图形为利率的预期改变提供了一个指示。

---

① 通货膨胀：一个国家物价的增长率，通常以具有代表性的一篮子商品或服务为参照来测量。
② 通货紧缩：一个国家物价的下降率，通常以具有代表性的一篮子商品或服务为参照来测量。
③ 利率：债券等各种金融工具的收益率，其能够有效地表示金钱的价格：借款或贷款的利率。
④ 收益率曲线：是显示一组货币和信贷风险均相同，但期限不同的债券或其他金融工具收益率的图表。

图表2-6　　1914—2011年用消费者价格指数衡量的美国年通货膨胀率

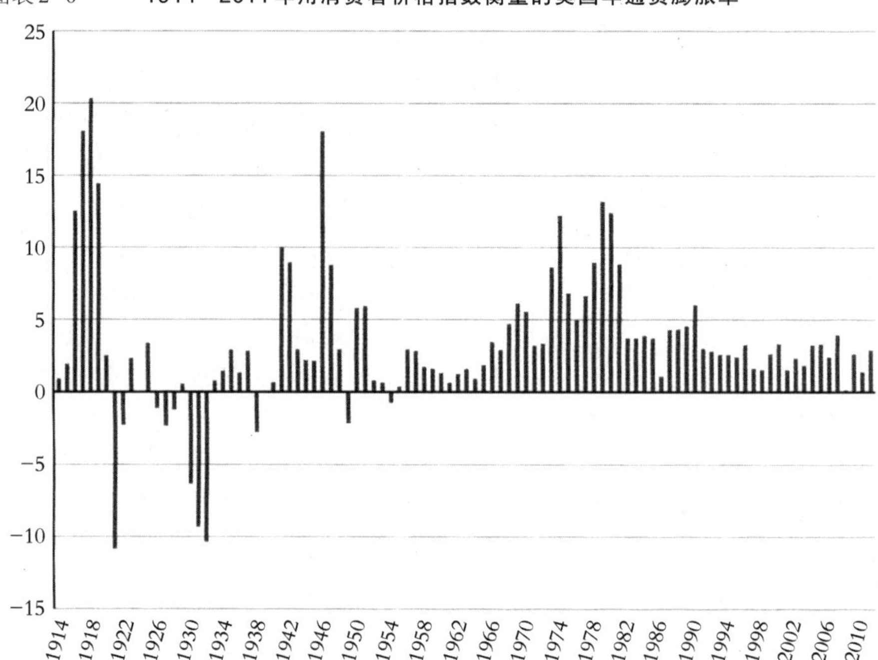

来源：U.S.Department of Labor, Bureau of Labor Statistics, ftp://ftp.bls.gov/pub/special.requests/cpi/cpiai.txt（accessed March 1，2012）

根据无偏预期理论，长期利率或收益率反映了贷款人（和借款人的）对短期利率的最好预期。例如，如果美国政府能够以4%的年利率借款一年，以5%的年利率借款两年，那么市场参与者（即借款人和贷款人）预计下一年的一年期利率会达到6%。如果是这样的话，那么政府以5%的利率借款两年和先以4%的利率借款一年然后再以6%的利率借款一年应该是没有差别的（因此两年借款平均利率是5%）①。因此，根据无偏预期理论，向上倾斜的收益率曲线预示着市场参与者预计利率会上升。与之相悖的是流动性偏好理论，该理论假设贷款人对长期贷款要求更高的收益率。因此，即使市场参与者并不期望利率上升，我们仍然有可能观察到收益率曲线是向上倾斜的。

其次，收益率曲线为公司的借款成本提供了指示。在美国，从借款人的角度看，我们往往认为政府证券是“无风险的”，因为政府从未违约并且有能力偿还欠款和利息，它可以通过增加税收、减少支出或发行货币的方式偿还，当然发行过多货币有可能引发通货膨胀等不良影响（然而，并不是所有的政府债券都是无风险的。有两个典型的例子，包括1998年俄罗斯政府对其债务的违约，以及2012年希腊政府的违约）。另一方面，公司被视为比政府更具风险的借款人。因此，我们预计公司的借款成本会更大。为了估计公司的借款成本，从政府的借款成本开始（以一个特定的到期日），然后加上补偿给贷款人的可能发生违约的风险溢价。违约或风险溢价的大小根据公司的违约风险评估来确定，违约风险评估也是我们进行企业评估的一个目标。

再次，收益率曲线在商业周期中能够提供与当前经济状况相关的线索——这些信

① 这仅是一种估计。为了计算一年内的利率平衡点，可采用如下公式：$(1+5\%)^2=(1+4\%)\times(1+r)$，求出未来一年的一年期利率r。用此方法计算的r实际值为6.01%。

息对企业评估过程至关重要。在经济扩张阶段，收益率曲线向上倾斜，因为通货膨胀率和利率在整个扩张阶段往往会上升。在商业周期的低谷，收益率曲线也是向上倾斜的，但是它们是从一个较低的水平开始的。相反，在经济衰退时期，收益率曲线转而向下倾斜，短期利率高于长期利率。这种反转的发生通常是因为，当经济过热以及存在通货膨胀率上升的危险时，中央银行将试图通过提高短期利率（即折现率）来收紧货币政策。如果中央银行成功了，那么利率会在长期内下降。

图表2-7显示了不同商业周期的三个收益率曲线。与我们的预测相同，在2005年3月的经济扩张时期，收益率曲线向上倾斜。2007年2月，在经济到达顶点之前，收益率曲线开始反转。之后，在2009年6月的商业周期低谷，收益率曲线向上倾斜，此时的短期利率极低。

图表2-7　**在不同商业周期的美国收益率曲线**

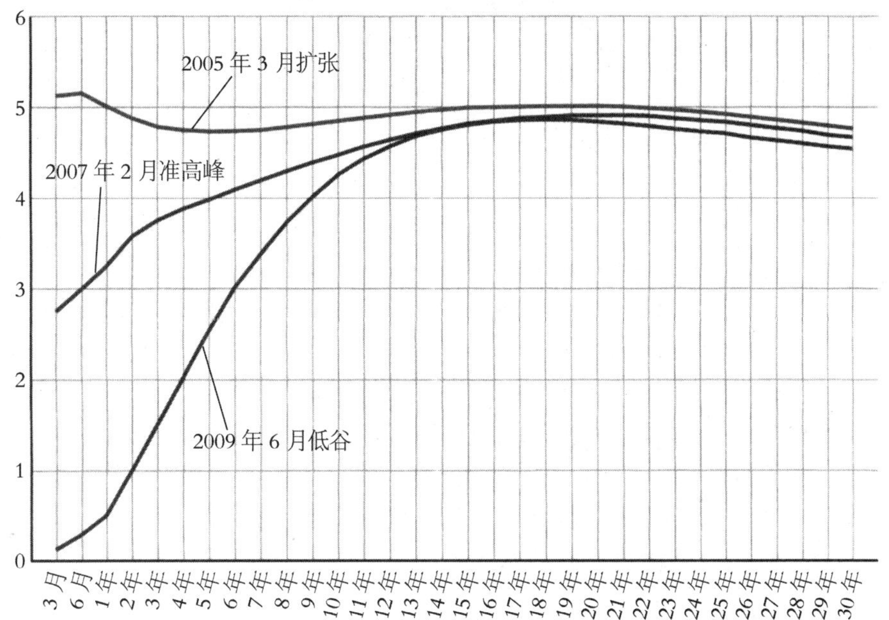

来源：Federal Reserve http：//www.federalreserve.gov/econresdata/researchdata.htm and http：//www.federalreserve.gov/econresdata/statisticsdata.htm（accessed March 1，2012）

2.1.4　资本市场

作为宏观经济分析中的一部分，对资本市场的了解可以帮助公司确定筹集资本的最佳时机（而不是借款）。例如，如果一个公司考虑通过发行股票筹集资金，那么对股票市场情况的了解对它将是很重要的。若股票价格总体呈上升趋势，那么发行股票可能就会比较容易。

图表2-8显示了1871—2011年用标准普尔（S&P）指数衡量的美国股价平均水平。S&P指数计算了许多大公司的平均股票价格，它是专业投资者最常用、最广泛的市场指数（道琼斯工业平均指数在媒体中最为流行，但是它的范围较窄，仅包含有30种股票）。请注意，图表2-8采用了对数形式，价格在1美元和10美元之间变动与在10美元和100美元之间变动一样，因为这两种情况都属于十倍的增长。同样需要注

意的是，图表2-8中并不包含投资者收到的分红。

图表2-8 
1871—2011年美国股票价格（由标准普尔指数衡量）走势图

来源：Robert Shiller website，http：//www.econ.yale.edu/~shiller/data.htm（accessed March 1，2012）

正如图表2-8所示，股票水平是不断变化的。在1929年股票价格达到最高点之后，美国发生了经济大萧条。直到1953年，平均价格才涨回到1929年的水平。值得注意的是，在1948至2000这52年中，股票价格几乎上涨了一百倍。最近，平均股价在2011年与1999年的水平相似，新千年的第一个十年被称为股票“丢失的十年”。尽管出现了上下的浮动，但在长时间内股票的表现都很好。结合股利和通货膨胀数据对股票市场的分析显示，在整个阶段，经通货膨胀调整之后的股票年平均收益率在6.5%的水平，面值接近10%的水平。

2.1.5 宏观经济分析要点列表

回顾宏观经济分析的重要性：了解宏观经济活动与某一特定企业的收益和利润之间的关系，可以为预测公司的财务需求提供重要的参考。图表2-9为宏观经济状况分析的关键问题列表。

图表2-9 宏观经济分析的关键问题

问题
问题：当前处于商业周期的哪一阶段？
问题：商业周期与企业收入之间是什么关系？
问题：商业周期与企业成本之间是什么关系？
问题：汇率的变化对企业在行业中的财务状况有多重要？
问题：当前的整体经济前景如何（如GDP预测）？
问题：当前的利率前景如何（如下一年）？
问题：获得融资的难易程度如何（如发行债券和股票）？
问题：是否存在可能影响公司在行业中的财务业绩的关键经济变量？

2.2 行业分析

目标 2.2　描述行业分析的过程。

为了更好地了解公司的财务状况，对当前和预期的行业状况的分析是至关重要的。行业分析可以为公司当前的财务状况以及公司的财务需求随行业状况的变化情况提供重要参考。同时，也有助于识别公司所面临的关键风险和机会。

行业分析的最终结论是“关键成功要素”的确定，它明确地表述了公司在行业竞争中取得成功所必需的资源和技能。关键成功要素为我们提供了一个判断公司内在优势和劣势的列表。进而，这个列表可以作为公司内部评价的重要标准，因为它将公司在各方面的能力（例如运营、市场营销和人力资源管理）与行业的成功要素进行了比较。我们会在完成行业分析之后提供这个列表。这样的列表可能会包含三至五个对行业参与者而言至关重要的要素。需要注意的是，并不是所有公司都能实现列表中的每一个要素。例如，在提供低价商品和快速交货这两个成功要素之间可能存在一种权衡。关键成功要素要随着公司战略而有所侧重，进而，公司战略的选择又会产生十分重要的财务影响。

2.2.1 行业生命周期

行业分析的出发点是对特定行业的定义。行业可以根据所提供的产品或服务的种类来划分，或按照产品或服务所针对的特定市场进行划分。行业种类的划分可能会很广或很窄。此外，新的行业种类会不断产生，替代已经过时的行业种类[①]。一个有效的行业分析的关键是行业范围的选择，该行业范围不能太广，否则无意义；也不能太窄，否则可获取的信息不充分。

图表 2-10　**行业生命周期的典型收入变化图**

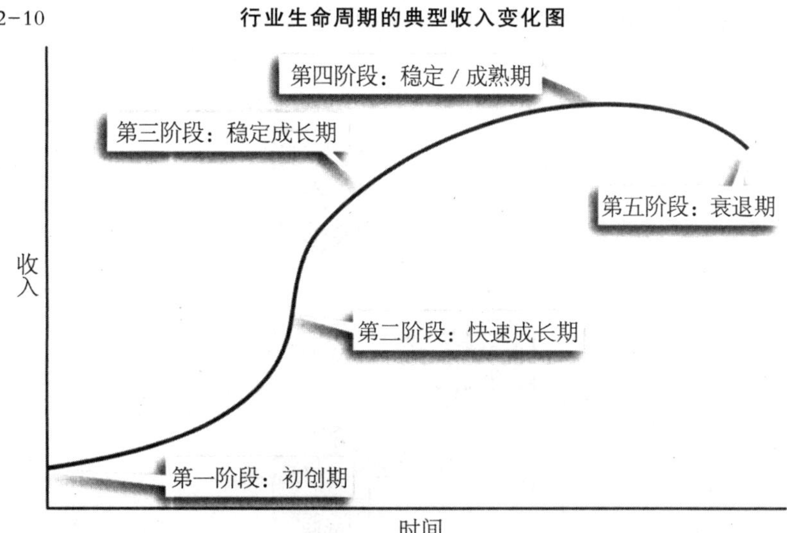

① 由标准普尔公司制定的全球行业分类标准（Global Industry Classification Standard, GICS）是一种常用的行业分类系统。GICS 为四级分类，包括 10 个经济部门（Economic Sector）、24 个行业组（Industry Group）、67 个行业（Industry）和 154 个子行业（Sub-Industry）。10 个经济部门为：基础材料、消费非必需品、消费必需品、能源、金融、医疗保健、工业、信息技术、电信服务和公用事业等。关于 GICS 的细分行业种类，以消费非必需品部门为例，下面细分的行业组包括消费耐用品和服装、消费者服务以及零售业。同样地，零售业又可以细分为经销商、网络零售以及专营零售。最后，专营零售还可以细分为一系列的子行业，包括服装、电脑和电子产品以及汽车行业。

行业与个人和产品一样，要经其生命周期的各个阶段。如收入或利润等各种指标在不同阶段能够显示出不同的增长水平：

◆ 第一阶段为初始或初创期。在这个阶段，公司的产品需求往往很低，因此收入也较低，但预期收入增长率却很高。这是因为，初创期的成本巨大，而利润通常是负值。在这一阶段，公司为了增长经常需要大量现金。

◆ 在第二阶段，收入往往会迅速增长并产生正的利润，但竞争程度却相对较小。此时是公司频繁上市的阶段，“上市”意味着它们通过首次公开募股（initial public offering，IPO）[①]过程发行股票。此外，公司经常进行行业内部合并，这种合并也发生在公司前景不佳趋于倒闭的时期。

◆ 在第三阶段，竞争加剧，收入继续增长，但增长速度较慢或成熟度较高。由于成本得到控制，公司往往变得更有效率。然而，竞争的加剧可能使得利润率下滑。

◆ 第四阶段是稳定和成熟期。根据行业的不同，该阶段可能会持续数十年。收入的增长率往往与整体经济增长率相同。竞争十分激烈。

◆ 最后，第五阶段代表衰退期。替代产品的出现导致行业的整体收益下降。

图表2-10总结了行业生命周期的五个阶段中典型的收益变化。

在行业分析的过程中，明确公司处于生命周期的哪一阶段是至关重要的，尤其是在评价公司目前的财务状况和预测未来的财务需求时以及当公司可能正在从一个阶段向下一个阶段过渡时。有人天真地认为收入和利润增长将会以线性方式持续，但实际情况可能并非如此。

2.2.2 竞争环境

除了一些在管制行业享有垄断地位的公司之外，其他公司都要面临行业内激烈的竞争。这些竞争因素有很多分类，其中以迈克尔·波特的五力分析模型最为著名，如图表2-11所示：

图表2-11　**波特五力分析图**

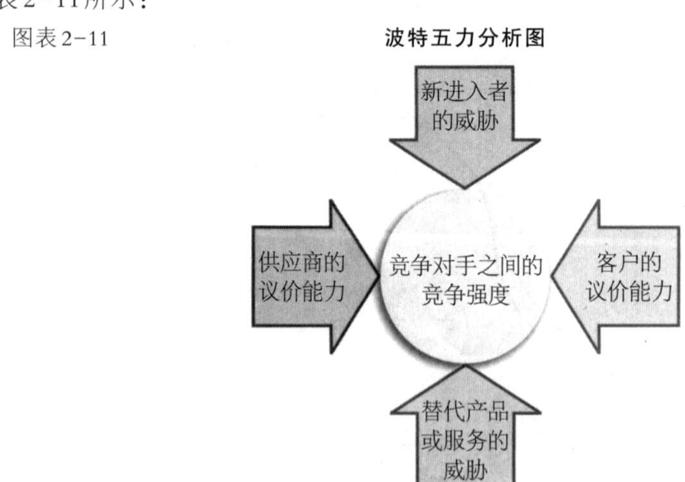

◆ 新进入者的威胁。

◆ 替代产品或服务的威胁。

① 首次公开募股：首次公开出售公司股票。

◆ 供应商的议价能力。

◆ 客户的议价能力。

◆ 目前竞争对手之间的竞争强度。

这些力量的强度决定了行业的整体盈利能力。因此，波特认为，公司必须了解这些力量在一个行业中起到什么作用，它们如何影响在行业中的企业，以及个体企业如何利用这些力量。

第一种力量是新进入者的威胁，它们通常会增加行业的产能。因此，一个行业越容易进入，其利润率和成长前景就越低。相反，若一个行业进入阻力很大，那么这个行业对现有的公司来说具有更大的吸引力。这种阻力包括大量的资本支出需求（例如厂房和设备）、经济规模、销售渠道、产品的差异性、现有专利和技术产权以及政府的规章制度。此外，预期现有的竞争者对任何新的潜在进入者都会产生强烈的抵触情绪。

五力模型的第二种力量是替代品的威胁。如果一个行业所提供的产品或服务的需求很大，那么该行业内的许多公司都有机会享受高利润率。然而，如果产品价格过高，那么可能会使得客户购买替代产品，从而导致利润率萎缩和收入下降。即使产品价格不是很高，新的技术创新也会使现有的产品或服务便得没有那么具有吸引力。

五力模型的第三和第四种力量——供应商和客户的议价能力——也会影响一个行业的盈利能力。议价能力强的供应商通常是那些集聚在一起的、提供独特产品或服务的供应商，这样它们就能够通过抬高价格对企业进行施压。此外，有较大交易量并且能够从各种渠道购买到相对标准的产品或服务的客户，能够通过压低价格或要求更高的产品质量而造成利润率的降低。

五力模型的第五种力量，即现有公司之间的竞争越激烈，越能够导致较低的利润率，这是因为竞争对手会抢占市场。为了赢得更多市场份额，企业的竞争战略可能包括降低价格、推出新产品或增加市场营销的力度。若行业的产品或服务像一种普通商品那样没有什么特色，那么竞争往往会更激烈。此外，若行业中的代表性企业拥有较高的固定成本，那么竞争往往会更加激烈，因为所有的企业都想尽可能充分地利用产能。

通常情况下，一个特定行业可能有许多加剧竞争的特殊因素。例如，一个行业的收入可能依赖于对另一个行业商品或服务的需求。举例来说，新闻印刷行业的收入一部分取决于通信行业和对报纸的需求，它们又取决于宏观经济状况和电子替代品——这两者会影响广告的需求和收入。所有这些因素共同对行业的整体成长机会产生影响。

竞争力量的结构决定了行业的整体盈利能力。竞争优势仅在一个竞争者的盈利能力大于另一个竞争者的盈利能力时产生，这种高盈利能力是更高收益或更低成本的综合结果。如图表2-12所示，为了创造股东价值，一个公司必须努力在行业内确定自己的竞争地位，然后努力向优势地位发展，这一切最好在一个有利可图的行业进行。当一个公司是行业内的低成本生产商或其有能力提供独特的产品或服务时，便具备长期的可持续优势，相应的盈利能力也会增加。

图表2-12　**行业的盈利能力与竞争地位**

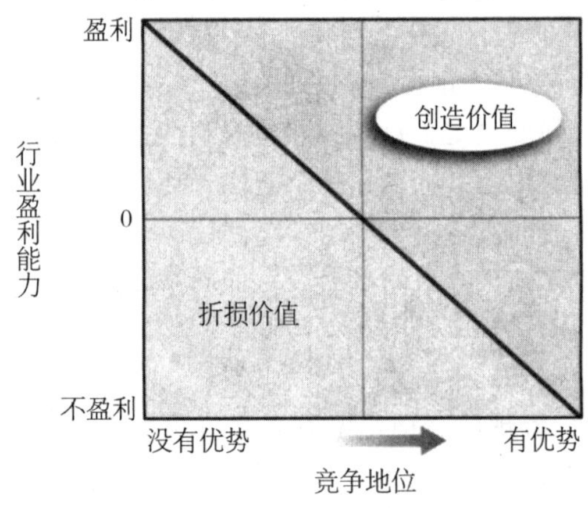

2.2.3 机会和风险

通过分析所谓的PEST因素——政治、经济、社会和技术——一个管理者能够进一步地了解某一特定行业所面临的机会和风险。

◆ 政治因素包括法律制度的变化，可能是增加或取消了某一行业的规定，因此会产生额外的合规成本或提供新的机会。例如，税收制度的有利变化或激励会导致某一行业产品的价格降低和需求增加。

◆ 经济因素在前面的2.2节已讨论过。如2.2节所述，一些行业的收入增长率与宏观经济表现紧密地联系在一起，这样的行业被称为周期性行业。公用事业等行业，不论处于商业周期的哪一阶段，都拥有较稳定的收入。

◆ 社会的发展趋势也会对一个行业产生长期的影响。例如，如果某一产品的消费被定义为对人们的健康是不利的，那么该产品的销售量可能会下降。

◆ 最后，技术改善能够导致效率的提升。例如新设备可能会降低公司的销售成本，导致利润率的提升。

因此，分析四个PEST因素有助于确定机会和风险，可能会影响一个公司的财务业绩和需求。

2.2.4 行业分析要点列表

行业分析是为了评估行业目前和预期的状况，从而更好地了解公司的财务状况。图表2-13总结了行业分析中的关键问题。

图表2-13　**行业分析的关键问题总结**

问题：公司处于哪类行业和行业生命周期的哪一个阶段？
问题：行业当前的盈利能力如何？
问题：竞争环境如何？竞争程度如何？是否存在较大的行业进入壁垒？供应商和客户是否具有议价能力？是否存在替代产品的威胁？
问题：行业的收入和盈利增长的总体前景如何？
问题：行业中与政治、经济、社会和技术因素相关的关键机会与风险都有哪些？
问题：总体而言，行业的关键成功要素都有哪些？

2.3 运营管理与供应风险评估

目标2.3 描述运营管理评估的过程。

在考察了当前和预期的经济状况，完成了行业分析以及确定了重要的行业成功要素之后，管理者的评估分析应该从外部视角转向内部视角，主要针对公司在各方面的能力。如果你正在对自己的公司进行评估分析，你应该获得所有需要的数据。如果你是在分析一家上市公司，你可以依靠其年度报告和10-K报表来获取信息。然而，评估一家非上市公司可能会是一种挑战，因为需要依靠第三方报告来获取信息。

公司内部分析的第一步是考察公司的运营情况。这里的关键问题是：假设顾客对公司的产品或服务的需求很大，那么公司在多大程度上能够满足这种需求？这部分分析的重点是明确**供应风险（supply risk）**①，或公司可能遭受与供应活动相关的损失的概率。对于产品而言，这些损失可能是源于无法获得生产资料或无法生产足够的存货来满足商品供应。对于服务而言，这种损失可能是由于没有充分的供应能力来满足顾客所需。

管理者能够分析与公司整体运营系统相关的很多领域，这些领域能将输入转化为输出，从而实现客户价值。一般来说，运营系统一般包含6Ps：

- 产品质量（Product quality）。
- 流程（Process）。
- 设施（Plant或facilities）。
- 存货（Parts或inventory）。
- 人员（People或labor）。
- 合作者（Partners或supply network）。

现在通过回答一些关键问题来深入考察每一个要素。

产品质量：质量对客户有多重要？公司如何定义质量？产品质量是指公司在成本等约束条件下能够提供适当数量的产品或服务并且保证其质量的程度。公司通过确定是否以及在多大程度上满足了生产需求来衡量质量。然而，对于消费者而言，质量常常涉及价值的概念，或与所支付价格相匹配的程度。低质量会给公司在维修、高担保成本、商誉毁损和未来交易等方面带来巨额费用。从企业评估的角度看，质量的重要性要以消费者的需求来衡量。那么，运营管理的评估就是看企业是否满足了消费者的需求。

流程：公司采用什么样的流程？该流程的有效程度如何？流程管理是指为提供一种产品或服务确定一种合适的流程。在制造业企业的设置过程中，典型的流程选择包含是否使用工作点或各种工作站（小批量生产几种不同的产品），是否使用流水线或一系列的连续操作（使用专门的设备生产类似的产品），以及是专注于多项目还是单项目的生产。这些流程也同样应用于服务业企业的设置过程中，但是它们与顾客输入的处理相关。流程选择包括成本和时间因素，无论如何设置，确保流程的选择能够满足顾客的需求是至关重要的。例如，如果一家公司需要将流水线生产模式切换成工作

① 供应风险：该公司遭受不能够满足供应相关需求的损失的机会。

点生产模式，那么它可能需要添置许多新设备。流程管理的另一方面是选择何种技术进行投资。这里，我们的目标是企业的投资最大化，将效率提升带来的潜在收益抵消新流程或技术的成本。

设施：公司目前的设施具备什么样的能力？设施管理是指为高效率的作业流程提供足够的能力或最大化产能输出。设施是指用于生产产品或提供服务的实务产房和设备。在满足产品需求与可用但闲置的设备的成本之间存在一种权衡。因此，规划和预测产品需求是设备管理的一个重要组成部分。从日常管理的角度看，这种长期规划就转化为计划和确定如何高效利用设施的产能。

存货：公司拥有何种类型的存货和库存管理系统？存货或库存管理主要应用于制造业企业，目的是确保不同类型存货（原材料、半成品和产成品）之间的合理搭配。原材料是产成品的输入形式，半成品表示尚未完成的存货。与运营管理的其他部分一样，库存管理也需要权衡。从供应的角度看，拥有大量的存货将会确保一种产品的任何需求都能很容易地得到满足。另一方面，持有大量的存货会产生大量的成本，这是因为原材料的储存和管理都会产生成本。因此，在缺货风险（没有可用的商品）与非预期的大量产品需求的机会成本之间存在一种权衡。在非制造业中，若提供服务需要一种商品，也可能存在库存管理。

人员：公司需要什么样的员工技能？人力资源管理包含对高技能员工的雇佣及维护。这时，公司的管理者必须确保公司拥有充足的劳动力，使工作人员与正确的工作相匹配，给员工提供合适的培训，明确责任，有效沟通，进行充分的监管，并建立标准和业绩奖励。必须确保对于不同技术水平的雇员都能够给予适当的薪酬。同时，也应该以建立积极的人力资源环境为目标，并且时刻维护公司的公共形象。

合作者：公司的供应网络配置得如何？为了生产产品或提供服务，大部分组织在一定程度上都要依靠供应网络的合作者。这样一来，管理者必须考虑如何配置有效率的供应网络。他们也必须有效地协调管理公司供应网络的人的工作，从而进行高效率和响应性的采购和配给以满足客户的需求。此外，管理者应该确保公司的激励与行动和他们的合作者保持一致。

图表2-14总结了运营管理的6Ps，并提出针对每一方面管理者都需要提问的一些主要的问题。

在考察了运营管理的组成部分，并将它们同行业成功要素进行对比之后，便可以对公司的供应风险进行最终的评估。尽管评估必然会有其主观成分，但作为后续财务分析的一部分，它还是非常重要的。管理者可以用1～10的数值来作最终评定，其中1表示低供应风险，10代表高供应风险。若公司目前以合理的成本生产一种高质量产品，采用最新的技术，没有超负荷生产，并且运行有效的库存管理系统，以及拥有高技能的劳动力和积极的工作环境，那么可以判定该公司的供应风险很低。然而，倘若判定公司目前的产品或服务的质量很差，而高质量又是一个重要的行业成功要素，那么该公司需要投资以提高产品质量，否则它将会承受未来收益降低的可能性。

供应风险评估还有助于突出预计财务报表中的关键性投入要素，如销售成本或支出。例如，若存在工人罢工导致的高供应风险，那么当管理者评估公司的预期财务需求时，就必须将这种可能性纳入考虑范围。

图表2-14　　与运营管理和供应风险相关的问题：运营管理的6Ps

产品质量（Product Quality）
问题：质量对顾客来说有多重要？
问题：公司如何尝试定义、设计、传递以及诊断质量？
流程（Process）
问题：公司当前所采用的是什么流程？
问题：所采用的流程发挥的效果如何？
问题：技术创新和投资有多重要？
设备（Plant or Facilities）
问题：公司的设备当前具备什么样的生产能力？
问题：公司的设备利用率是否已最大化？
库存（Parts or Inventory）
问题：公司的存货是什么种类的？
问题：需要多少存货才能满足需求？存货从哪里可以得到？
问题：公司当前使用的库存管理系统是什么？
人力（People or Labor）
问题：公司要求员工拥有什么样的技能？
问题：当前员工的技能与要求的技能有多大的相关性？
问题：公司当前的人力资源环境是怎样的？
合作者（Partners or Supply Network）
问题：公司的供应网络配置如何？
问题：供应网络的可靠性、效率及响应性如何？

2.4　市场营销管理和需求风险评估

目标2.4　描述市场营销管理评估的过程。

在对公司的运营管理和供应风险进行评估之后，企业内部评估的下一步是评估市场营销管理和**需求风险**（demand risk）[①]。这里的一个关键问题是：假设公司能够很容易地提供一个产品或一项服务，顾客的需求会怎样？

评估需求风险需要考察公司的市场营销能力——这需要理解如何制定市场营销战略。总体来讲，市场营销战略的制定应从分析价值定位开始。一旦价值定位选择好了，那么就可以制定相应的营销战略来支持这个价值定位。最后，营销战略的结果是可测量的，并会对财务业绩带来重要影响。[②]

市场营销分析包含许多战略分析的元素，战略分析在2.2.2节和2.2.3节已描述（如竞争分析和PEST分析），它也包含了一些营运分析的元素，2.3节描述了营运分析（如对供应商和合作者的分析）。市场营销分析还包含对公司能力的评估，将在2.5节中介绍。最重要的是，许多市场营销分析都关注对客户的了解。了解客户的购买选择/拒绝过程是至关重要的。公司必须了解购买过程中的决定性因素：谁来购买（who），购买什么（what），在哪里购买（where），何时购买（when）以及如何购买

① 需求风险：货物和服务的实际需求下降到预期需求之下的可能性。
② 这里介绍的许多市场营销框架都是由西安大略大学毅伟商学院的马克·范登博施所提出的。

(how)：

• **谁来购买：**关于谁来购买这个问题，它和谁是真正的客户之间可能会有区别。当公司意识到这种区别时，它就能够锁定市场营销的主要努力方向，将注意力集中在那些负责购买决策制定的主要人群上。

• **购买什么：**关于购买什么这个问题，客户有可能购买一件实物或某种无形的东西，如服务、便利、销售建议或配送等。

• **在哪里购买：**关于在哪购买这个问题，地理位置常常是购买过程的一个重要部分，它与产品或服务的销售渠道有关。

• **何时购买：**关于何时购买这个问题，公司需要了解顾客的购买时间是如何在日、月、年中变化的。

• **如何购买：**如何购买不仅包含购买者真实的购买决策，也包括回购过程。公司的市场调查有助于更清晰地描述这个购买过程。

借助上述信息，可以根据用户群的需求或特点或地理位置来划分市场。在此之后，公司就会更容易地评估每个细分市场当前的规模、潜在的增长及获利能力。

市场营销分析一旦完成，公司就可以选择一种价值定位。价值定位是一种表述，用来描述为什么特定的目标客户选择公司的产品或使用它们的服务。这种定位考虑了目标市场（从之前划分的市场中选择），公司的产品或服务相较于竞争者的差异性，以及公司希望如何定位产品或服务。例如，若宝洁公司对汰渍洗衣粉的市场定义为十分注重衣物清洁的人群，那么公司的价值定位可能会是“汰渍能够提供最好的洗衣体验，因为它是市场上最强的清洁剂”。

一旦选择了价值定位，公司就能够作出战略和战术选择，这些选择来源于价值定位并服务于价值定位。它们领导公司的市场营销工作，可以用4Ps表示：产品（product）、价格（price）、推销（或沟通）（promotion）和位置（或销售渠道）（Place）。

• **产品：**产品的选择包括明确实际的实物产品及其质量水平、特点、包装、保修和服务。

• **价格：**价格的选择不仅包括绝对价格，也包含与竞争相关的价格。

• **推销：**推销的选择是选择一种说服客户或决策制定者购买产品或服务的方法，可通过广告、购买点展销或其他形式进行。

• **位置：**定位包含确定最合适的销售渠道以直达目标市场。位置对于购买决策常常是很重要的。

图表2-15总结了市场营销评估的重要部分，包括目标市场、4Ps以及管理者在评估市场营销和需求风险时的关键问题。

完成了市场营销管理的评估，并将其同重要的行业成功要素对比之后，便可以进行最后的需求风险评估。为了同供应风险评估保持一致，需求风险评估也是基于1～10的数值，1表示低需求风险，10表示高需求风险。导致低需求风险的原因可能有很多。例如，公司可能根据市场营销分析而确定了价值定位，或者目标市场很有吸引力。另外，公司的营销战略选择可能非常恰当，如大量的产品需求，合适的产品价格，有效的推销活动以及合适的营销渠道。

图表 2-15　**市场营销管理和需求风险相关的关键问题：目标市场和市场营销的4Ps**

目标市场

　　问题：什么是特定的目标市场?

　　问题：在购买决策中，谁来购买、购买什么、何时购买以及如何购买有多么重要?

产品

　　问题：产品的关键有形属性和无形属性是什么?

价格

　　问题：考虑竞争因素，产品的价格是否合适?

位置

　　问题：销售渠道是否合适?

推销

　　问题：推销活动是否对潜在的购买者起到积极的作用?

需求风险评估也有助于突出预计财务报表中的关键性投入要素。例如，若公司的价值定位出现错误，提供了短期流行的产品，或销售力度弱，管理者需要将这种可能性纳入预期财务需求中。

2.5 人力资源管理和战略评估

目标 2.5　*描述人力资源管理和战略评估的过程。*

人力资源管理主要侧重于管理团队的能力和特点，管理团队包括执行总裁(CEO)、董事长、高级管理人员以及其他所有的管理者。通常来说，从公司内部的角度来考察管理团队会有些困难，因此，我们从公司外部的视角来考察。如未来的债务人和投资者如何看待公司的管理？目前的管理团队是为公司提供机会还是制造风险？最后，公司的成败大部分取决于管理者，因为他们是负责制定战略决策和执行任务计划的人。

企业想要取得成功需要一些关键的管理办法。例如，各职能部门（如运营、市场营销、信息系统和财务部门）的管理者必须能够胜任并具有该领域的专业技术和知识。相似的，总经理也必须具备领导才能。

一家企业当前的规模和所处成长阶段也必须纳入人力资源管理分析，因为管理者在企业不同的生命周期阶段将会面临不同的挑战。例如，新公司在创立阶段会存在无数的挑战——许多新企业由于缺乏必要的管理层级而失败了。还有就是创业者制定了错误的战略而导致本来十分有前途的企业遭遇失败。同时，当企业成长速度过快或缺少核心竞争力时，它也可能面临麻烦，尤其是当企业离开了原有的核心领域而扩张到一个新领域的时候。最后，当公司上市的时候，它也会面临一些其他的问题。例如，财务报表的季度披露需要更加透明化。此外，企业可能会有更多分散的股权，因此满足所有股东将是管理者所面临的挑战——有些股东可能渴望更多的分红，而有些可能更喜欢将盈利留存在企业。

在所有类型的企业中，特别是在规模较小的企业，经验、真实业绩管理和核心高管的水平是一个公司成功的决定性因素。管理者的技术培训和以往的工作经验是比较容易评估的。其对企业的贡献也可以通过其财务业绩加以衡量。最后，所有的管理者都需要从股东利益最大化的目标出发来进行经营活动，最大限度地为股东创造价值，同时也要兼顾企业活动对其他关键利益相关者的潜在影响，包括员工、客户、社区以及社会等。

对于一个管理团队而言，知识技能和管理经验都是非常重要的。此外，管理者与顾客、供应商、经销商、债务人和股东建立与维持良好关系的能力也是企业成功的关键要素。显然，没有任何一个人能够独自胜任所有这些工作，所以管理团队的各个成员必须能够团结一致，保持良好的团队协作能力。另外，如何吸引新的人才以及在内部培养已有人才也是非常重要的。

领导能力是企业成功的另一个关键因素。管理者必须能够激励其他员工和有效地下放权力，也必须能够活跃气氛并激发忠诚度。因为一个公司的成功往往受其组织结构、绩效评估系统、奖励制度以及管理者与员工之间的沟通等的整体水平的影响。管理人员必须具备所需的管理技能，能够清晰、明确地表述企业的战略重点。

在个人层面，可以通过管理者个人的性格特征来评估。性格特征中一些重要的元素包括创造力、谦逊、诚实、正直、怜悯、公平待人、勇气、敢于承认自身错误而不是怨天尤人等。除了这些性格特征之外，管理者还需要在四个方面培养自身的能力：商业能力、战略能力、组织能力和动员能力。①

- 商业能力是指了解企业活动的具体细节和商业模式的经济含义的能力。
- 战略能力是指伴随企业面临的机会和风险了解企业定位的战略内容的能力。
- 组织能力是指了解企业的动力，包括企业的结构、程序和奖励制度的能力。
- 动员能力是指了解和激励员工实现优异业绩的能力。

图表2-16总结了一些在评估人力资源管理和战略时应考虑的关键问题。

图表2-16　**人力资源管理和战略评估的关键问题**

问题：公司目前在管理方面面临的挑战是什么？
问题：目前面临的这些挑战是否得到了充分解决？
问题：公司的整体战略和重点是什么？
问题：公司的主要负责人都有谁？
问题：这些人都具备什么技能？
问题：他们具备什么样的商业经验（公司内部和外部）？
问题：公司的管理者具备什么样的领导能力，他们是否相信领导力的发展？
问题：管理者拥有哪些所有权？
问题：目前的管理团队是否适合公司当前的规模和所处的生命周期阶段？
问题：如何评估企业主要管理者的性格和能力（商业、战略、组织和动员能力）？
问题：公司的管理层级有多少级，管理层的员工流动率是多少？
问题：管理团队的整体优势和劣势是什么？

2.6　评估家得宝公司：案例

目标2.6　理解如何将企业评估应用到家得宝的案例中。

贯穿全书的案例公司是家得宝公司，它是世界上最大的家装零售商，在美国、加

① 该能力框架详见：Grossan, Mary, Jeffrey Gandz, and Gerard Seijts, 2008, “The Gross-Enterprise Leader”, Ivey Business Journal 9B08TD03.

拿大、墨西哥和中国拥有2 200多家专卖店。

我们从对2012年春季的宏观经济分析开始对家得宝的外部分析。在2007—2009年的经济衰退之后，美国的GDP在2010年的增长率为3%，2011[①]年为1.7%。许多经济学家预测在2012和2013[②]年的GDP增长率会略高于2%。因此，此时的宏观经济正处于商业周期中的初期扩张阶段。由于消费支出是经济发展的主要驱动力，所以我们认为家居装饰行业的前景与宏观经济是相似的。美联储维持较低的利率水平，借此刺激借贷和消费，因为它仍然担心经济复苏的脆弱性。因此，我们预计短期和长期利率都将在未来的一年内保持低位，然后随着经济复苏而逐步上升。较低的利率水平有助于降低家居装饰企业的融资成本，而且也会对需求产生积极的影响，因为当利率较低时消费者更有可能借款消费。

外部分析的下一步是要考虑家得宝所处的行业环境：广泛地说是零售行业，具体地说是家居装饰行业。根据该行业调查机构[③]的数据，行业的整体增长前景相当不错，与2011年的增长率3.8%相比，2012年预计的增长率为5%。这一预测是基于消费者信心的增加、就业的增长和房地产市场复苏的迹象。人口发展趋势表明，在“婴儿潮”出生的人口可能会在长期内缩减住房需求。随着住房需求的降低，这种趋势可能在长期内对家居装饰行业的需求产生负面影响。但是，由于该行业已处于成熟阶段，其盈利增长在长期内可能不会与整体经济增长有太大的差异。

下面运用波特的五力模型进行分析：

◆ 家居装饰行业内现有的竞争是相当激烈的，主要是在家得宝公司和Lowe's公司之间[④]。

◆ 市场相当分散，存在很多规模较小的竞争对手，如五金水暖店，没有主要的新进入者的威胁。

◆ 没有替代品的威胁。

◆ 两家主要的公司都具有较强的与供应商议价的能力，考虑它们的规模：家得宝公司的营业收入超过700亿美元，Lowe's公司的营业收入超过500亿美元。

◆ 由于客户通常是小包工头或家庭，客户几乎没有议价能力。

我们的评估表明，家得宝处在一个具有吸引力且几乎没有威胁的行业中，因此预期将保持很高的利润率。该行业的关键成功要素包括以合理的价格提供优质的产品、良好的客户服务和较高的运营效率。

接下来，我们从运营管理开始对家得宝进行内部评估。公司近来已经完成了运营检查，并已经开始对其供应链和信息技术基础设施进行重组。尽管家得宝最近已经通过借鉴Lowe's的做法改进了它的区域网络，但与之相比仍处于竞争劣势地位。这表明家得宝已经意识到了它的弱势并通过加大投资来解决这些问题。

关于市场营销管理，在过去5年，公司为了集中精力管理它的“orange box”商店，出售了其批发部门和HD供应，关闭了其整个世博会设计中心，并检查了

① 参见：http：//www.bea.gov/newsreleases/national/gdp/2012/gdp4ql l_3rd.htm（2013年1月5日）。
② 参见：http：//www.economist.com/blogs/graphicdetail/2012/03/focus-0（2013年1月5日）。
③ 参见 http：//www.marketwire.com/press-release/accelerated-growth-forecast-for-home-improvement-market-1634615.htm（2013年1月5日）。
④ 家得宝公司和Lowe's公司的竞争地位和前景的相关信息来自2012年2月发布的月晨星股票研究报告。

“orange box”商店中的产品。考虑到公司的规模和同产品、广告和租赁的供应商的议价能力，家得宝公司在实现利好交易和降低成本方面获取了结余，它正试图牺牲部分结余，即通过降低产品价格来赢得顾客的忠诚。

在人力资源管理方面，公司董事长兼首席执行官弗兰克制定了侵略性的公司战略，主要包括将战略重点放在“orange box”商店的管理和公司治理的改善上，这一战略的实现要部分依靠对先前过多的高管薪酬的削减上。弗兰克和公司的CFO各持有近60万股的公司股票，这表明他们个人的利益与全体股东的利益之间存在着很强的相关性。

关于行业的关键成功要素，家得宝将提供价格合理的高质量产品，专注于维护持续的客户忠诚度，并提高经营效率，从而完善其供应链和信息技术基础设施，使其达到Lowe's目前的水平。在这些领域取得持续的成功预期需要持续的投资。

总体而言，若不看具体的数字，家得宝处于良好状态。评估家得宝的财务状况的下一个步骤是考察公司当前和预期的财务报表。我们将在第3章学习更多关于财务报表分析的知识，并在第4章学习关于财务报表预测的知识。

2.7 对管理者的重要性

目标2.7　解释企业评估对管理者的重要性。

企业评估对管理者是至关重要的。关于宏观经济分析，经济环境的变化将直接影响企业收益，成本也会随着商业周期的循环而变化。此外，若一家企业的生产依靠某种特定的商品作为原材料投入，如铝，那么该商品价格的变化将会对产品价格造成重要的影响。最后，了解整体经济表现不仅有助于解释公司过去的经营业绩，也有助于管理者预测未来的经济表现和公司未来的财务报表（将在下面两章讨论）。

行业分析可以帮助管理者了解客户的需求。消费者总是追逐最低价格或差异化的产品或服务。因此，一家企业想要在行业内取得长期成功，它必须是一个低成本生产商，或者提供差异化的产品或服务。因此，某一行业的关键成功要素可能是通过投资于更高效的技术来改进运营并提供低价的产品或服务，或者是在市场营销方面，通过吸人眼球的包装方式或利用更好的分销渠道。另外，在工会组织力量较大的行业中，处理与员工的关系的能力也可能是成功要素。总之，公司应该优先考虑关键成功要素，因为公司的资源是有限的，要把有限的资源用在关键领域的改进方面。一般而言，每个关键成功要素都有其重要的经济意义。

在分析公司当前的财务状况与未来的财务需求之前，对企业进行一次全面的评估是十分重要的。这是因为企业评估的每个部分都对财务分析具有重要意义。例如，宏观经济分析应该在整体经济表现和行业经济表现（在收入和利润方面）之间建立关系，也应为利率提供一个前景展望。行业分析的结果是识别一系列的关键成功要素，这些要素是在与行业目前所处生命周期阶段、成长前景、竞争的强度和本质等相关的机会和风险的基础上确定的。行业分析为评价公司的各方面能力提供了标准，从而使得评估与行业关键成功要素有关的公司的优势和劣势成为可能。

最后，公司的运营分析、市场营销管理分析和人力资源管理分析都将有助于突出主要的供应风险、需求风险和内部能力，并且都具有财务上的影响。例如，如果一个公司很大程度上依赖可变利率贷款，并且利率预期会上升，那么公司在财务预测时就应该考虑高贷款成本的可能影响。同样，如果行业关键成功要素之一是提供采用最新技术生产的、具有严格规范的产品，那么公司必须对核心技术的投资进行预测。

此外，对经济和行业特征的分析可以更好地理解公司目前和预期的业绩。例如，如果整体经济在过去几年中很少或没有增长，那么将会对行业中所有公司的收入造成负面影响，而且可能也会促使客户延迟支付货款。如果缺少这方面的认识，管理者就不可能深刻地理解公司的财务业绩。

小结

1. 企业评估对财务分析而言是一个重要先导。该分析包括对经济和行业的外部分析及对公司在运营、市场营销和人力资源管理方面的能力以及优势和劣势的内部评估。

2. 宏观经济分析主要侧重于识别当前所处的商业周期阶段，整体经济活动与行业业绩之间的关系，以及对利率变化的预测。

3. 行业分析明确了行业所处的生命周期阶段和成长前景，竞争的强度与本质，整体风险与机会，以及行业关键成功要素。

4. 运营管理评估识别了公司在运营管理方面的优势与劣势，它们包括产品质量、流程、设备、库存、员工和合作者等，也提供了对公司所面临的供应风险的评估。

5. 市场营销管理评估识别了公司在市场营销管理方面的优势与劣势，它们包括目标市场的确定，由产品、价格、位置和推销构成的市场营销战略的制定等，也提供了对公司所面临的需求风险的评估。

6. 人力资源管理评估识别了与公司战略、能力和特征等人力资源管理方面相关的优势和劣势。

7. 企业评估的作用是通过财务业绩评价来了解公司目前的财务状况，帮助制定预计财务报表。

附加读物与信息

1. 管理视角的经济学材料请见：Farnham，Paul.*Economics for Managers*，3rd ed. Boston：Prentice Hall，2013.

2.1871年后美国的股票指数、分红、收益和通货膨胀的历史数据，可从Robert Shiller's Website获取：http：//www.econ.yale.edu/~shiller/data.htm

3. 经济方面的数据和研究可从the National Bureau of Economic Research website获取：http：//www.nber.org/

以及the Bureau of Economic Analysis Website：http：//www.bea.gov

4. 关于竞争战略的经典著作：Porter，Michael.*Competitive Advantage*：*Creating and Sustaining Superior Performance* New York：The Free Press，1985.

5. 关于SWOT分析的短篇章节，来自Harvard Business School Press：

SWOT分析Ⅰ：Looking Outside for Threats and Opportunities，product # 5528BC

-PDF-ENG，2005；and

SWOT分析Ⅱ：Looking Inside for Strenghts and Weaknesses，product # 5535BC-PDF-ENG，2005.

6. 与行业生命周期有关的案例：Klepper，Steven. “Industry Life Cycles.” *Industrial and Corporate Change* 6（1997）：145−182.

练习题

1. 为了在商业周期中评估目前的经济状况需要搜集什么信息？
2. 描述商业周期的四个阶段。
3. 经济衰退通常是如何测量的？
4. GDP的四个关键组成部分是什么？
5. 美联储的三个目标是什么？
6. 为什么低水平且稳定的通货膨胀很重要？
7. 什么是通货紧缩？
8. 描述解释收益率曲线形状的两个假设。
9. 描述不同商业周期阶段的三个收益率曲线的形状。
10. 比较第二阶段和在第三阶段公司的盈利能力。
11. 描述波特的五力分析模型，并运用该模型比较公用事业行业与珠宝行业（非必需消费品行业的一部分）。
12. 为汽车制造行业制定一个关键成功要素列表。
13. 制定一个能够导致公司高供应风险和高需求风险的因素的列表。

第3章 财务报表分析

学习目标

目标3.1 解释资产负债表的各个组成部分。

目标3.2 解释利润表的各个组成部分。

目标3.3 解释现金流量表的各个组成部分。

目标3.4 解释财务报表分析对管理者的重要性。

本章是介绍企业整体评估的4个章节中的第2章。第2章主要是从非财务视角来评估企业；第4章将重点考察企业的财务业绩；第5章将介绍如何评价企业的日常现金管理；本章（第3章）主要考察企业的财务报表。我们的目标并不是把你变成一名会计，而是帮助你作一个聪明的财务信息使用者。

本章主要介绍三个基本的财务报表：资产负债表、利润表和现金流量表。财务报表是一个公司关键的计分卡。它们可以帮助内部管理者以及外部分析者和投资者评估公司的整体财务状况，了解公司的现金流。

图3-1展示了本章内容与全书统一主题之间的关系。三个财务报表都与公司的成长相关联。通过利润表纵向比较，可以分析公司的利润增长情况。通过资产负债表的纵向比较，可以分析资产、负债与所有者权益的增长情况。通过现金流量表的纵向比较，可以分析现金流量的增长情况。回顾企业的三个关键决策领域——经营、投资和融资。这三个关键领域来自现金流量表中的三个关键栏目，也是其他财务报表的重要元素。在第4章，我们将财务报表与关键决策领域的一些关键绩效指标结合起来分析。

图表3-1　　**财务管理框架：企业内部的关键决策领域**

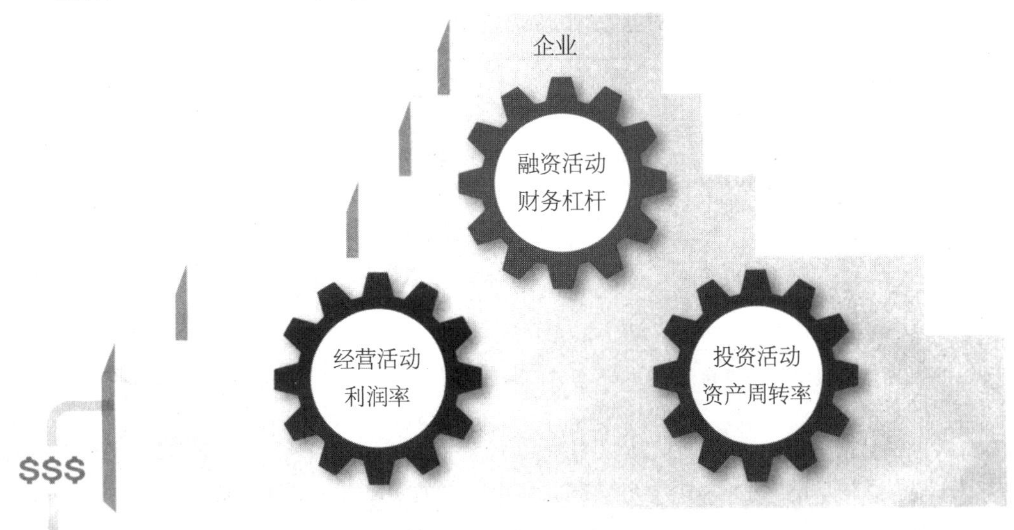

3.1 资产负债表分析

目标3.1 解释资产负债表的各个组成部分。

资产负债表（**balance sheet**）[①]报告的是企业在某一特定日期的财务状况。在此，与上一章一样，我们选取贯穿全书的家得宝公司作为案例公司来介绍资产负债表的内容。

图表3-2呈现的是家得宝公司在2010年1月31日、2011年1月30日以及2012年1月29日的合并资产负债表。这里的“合并”是指母公司与其众多子公司都有各自的资产负债表，在会计期末需要将母子公司形成的企业集团作为一个会计主体，对资产负债表进行合并，由母公司编制综合反映企业集团整体财务状况的资产负债表。

图表3-2 **家得宝的合并资产负债表** （单位：百万美元）

资产	2012.1.29	2011.1.30	2010.1.31
流动资产			
现金和现金等价物	$ 1 987	$ 545	$ 1 421
应收账款	1 245	1 085	964
存货	10 325	10 625	10 188
其他流动资产	963	1 224	1 327
流动资产合计	14 520	13 479	13 900
固定资产（按成本计）			
土地	8 480	8 497	8 451
房屋和建筑物	17 737	17 606	17 391
家具、固定装置和设备	10 040	9 687	9 091
其他固定资产	2 718	2 595	2 412
	38 975	38 385	37 345
减去累计折旧与摊销	14 527	13 325	11 795
固定资产净值	24 448	25 060	25 550
商誉	1 120	1 187	1 171
其他资产	430	399	256
资产总计	$ 40 518	$ 40 125	$ 40 877
负债和股东权益			
流动负债			
应付账款	$ 4 856	$ 4 717	$ 4 863
长期债务的当期付款	30	1 042	1 020
其他流动负债	4 490	4 363	4 480
流动负债合计	9 376	10 122	10 363
长期债务（除去当期付款）	10 758	8 707	8 662
递延所得税	340	272	319
其他长期债务	2 146	2 135	2 140
负债总计	22 620	21 236	21 484
股东权益	17 898	18 889	19 393
负债和股东权益总计	$ 40 518	$ 40 125	$ 40 877

来源：改编自家得宝公司2010年、2011年的年度报告

① 资产负债表：表示企业在一定日期的财务状况（即资产、负债和所有者权益的状况）的会计报表。

如图表3-2所示，资产负债表包括两部分：第一部分代表公司的全部资产；第二部分代表资产的索取权，这部分通常由两大类组成：负债（如银行借款）和普通股权益（或股东权益）。所有资产负债表都是平衡的：资产负债表的第一部分必须总是等于第二部分。用公式表示为：

资产总额=负债总额+所有者权益总额

因此，截至2012年1月29日[①]，家得宝的资产总额为40 518百万美元——等于负债（22 620百万美元）与所有者权益（17 898百万美元）的总和。该公式还可变形为：

所有者权益总额=资产总额-负债总额

这种公式的变形强调了股东是公司的剩余索取人。这意味着他们在公司债权人的索取权得到满足后，对资产拥有剩余索取权。因此，股东是公司的真正主人。

3.1.1 资产类项目

资产列示在资产负债表的左侧（在上下列的表中，资产列示在上方）。资产代表公司拥有或控制的，预期会带来经济利益的资源。按照惯例，在资产负债表中大多数资产都以购买时的成本价列示。这种成本计量基础被称为资产的**账面价值**（book value）[②]。大多数资产被分为长期与短期资产，或者固定资产。不能清楚划分类别的资产简单地称为其他资产。

短期资产也被称为**流动资产**（current assets）[③]，通常是指预计在一年内可以变现的资产。其中包括现金和**现金等价物**（cash equivalents）[④]，如政府国库券及**有价证券**（marketable securities）[⑤]。现金对公司的日常运营是至关重要的。通常，多余的现金可以投资于有价证券，它们是在一年内可以变现的短期投资。

除了现金和有价证券之外，其他短期资产包括应收账款、存货、预付费用和其他流动资产。如果公司提供赊销条件，就会产生**应收账款**（accounts receivable（receivables））[⑥]，它代表已经产生的、但客户尚未支付的销售货款。相反，**存货**（inventory）[⑦]代表公司可使用的但并未销售的商品。存货可能包括待出售的产成品、在产品或原材料。**预付费用**（prepaid expenses）[⑧]是指近期可以使用的无形资产。例如，家得宝预付了印刷和广播广告的成本费用。最后，**其他流动资产**（other current assets）[⑨]是指不能明确划分类别的流动资产。在其资产负债表上，家得宝把预付费用，连同赞助促销费用归类为其他流动资产。

因此，流动资产总额可以用如下等式计算：

流动资产=现金+有价证券+应收账款+存货+预付费用+其他流动资产

对于家得宝而言：

---

① 在本章中，除非特别说明，否则所有关于家得宝的数据都截至2012年1月29日，单位为百万美元。
② 账面价值：某科目反映在财务报表上的价值。
③ 流动资产：应收账款和存货等在一年内可变现的资产。
④ 现金等价物：企业持有的期限短、流动性强、易于转换为已知金额现金、价值变动风险很小的投资。
⑤ 有价证券：期限通常小于一年并可用于出售的短期投资。
⑥ 应收账款：客户应支付但尚未支付的款项。
⑦ 存货：可以出售或用于制造产品的货物或材料。
⑧ 预付费用：期望在近期内产生收益的短期费用。
⑨ 其他流动资产：不包括如现金、应收账款或存货等的流动资产。

现金和有价证券（现金等价物）	1 987百万美元
+应收账款	1 245
+存货	10 325
+其他流动资产（包括预付费用）	963
=流动资产	14 520百万美元

长期资产，有时指的是**固定资产或资本资产**（fixed assets（capital assets，long-term assets））[①]，通常包括一个公司拥有的任何土地或房产、建筑物、厂房和设备。在大多数情况下，土地假定是可以无期限使用的。建筑物和设备却不同，往往会磨损或随时间推移而过时、报废，需要替换。**折旧**（depreciation）[②]的概念反映了随时间的推移，这些资产价值的贬损。折旧实际上是在一个特定时期内（如一年）的成本分配，它基于这样一个前提：某些资产（如设备）在使用时会磨损，进而导致其价值随着时间的推移而贬损。**摊销**（amortization）[③]与折旧类似，但用于无形资产，如专利或商标。有形资产（如建筑物）的价值随着时间的推移而减损，许多无形资产也类似，因为对一个专利或商标的法律保护最终会期满。折旧和摊销代表从资产购得时到当前时间的期间内成本的累计分配。因此，公司资产的净值应计算为：

资产净值=资产成本-累计折旧与摊销

为了估计一项资产的年折旧额或摊销成本，首先必须估计该资产的使用寿命。然后可以采用一些方法来计算资产的折旧额。最简单的方法是直线折旧法，其简单地把资产的原始成本除以它的使用寿命即可。例如，假定一套设备的成本为50 000美元，使用寿命预估为10年，那么，其每年的折旧额为5 000美元。3年后，累计折旧为15 000美元，这意味着该设备的剩余价值或净值为35 000美元。请记住，尽管折旧代表价值的减少，但它并不是一项实际的现金费用。

在总计长期资产时，许多公司还会涉及一个资产类别——**商誉**（goodwill）[④]。商誉产生于公司收购另一项资产（或者公司）的情况，表示支付超过该资产的公允价值的那部分价值。因此，商誉的计算为该资产的支付价格与其公允价值之间的差额。商誉意味着该资产对新的拥有者将更有价值。

最后，除了流动资产和长期资产外，资产负债表上还可能包括另一类项目，称为其他资产，通常包括无形资产，比如专利或商标。

资产总额可以用如下等式计算：

资产总额=流动资产+长期资产（如财产、工厂和设备）+商誉+其他资产

对家得宝而言：

流动资产	14 520百万美元
+财产和设备净值	24 448
+商誉	1 120
+其他资产	430百万美元
=资产总额	40 418百万美元

① 长期资产（固定资产或资本资产）：公司拥有的长期有形资产，如土地、财产、建筑、厂房和设备。
② 折旧：出于会计核算和计税目的而对资产（尤其是有形资产）按照确定的方法对应计折旧额进行系统分摊。
③ 摊销：对除固定资产之外，其他可以长期使用的经营性资产按照其使用年限每年分摊购置成本的会计处理办法。
④ 商誉：公司购买者支付的高于公司公允价值的部分。

3.1.2 负债类项目

负债和所有者权益列示在资产负债表的右侧（在上下列的表中，资产列示在下方）。负债通常分为流动负债、长期债务、递延所得税或其他长期债务。

流动负债包括任何在明年到期的相关债务承诺，流动负债包括以下具体类别：

◆ **应付账款**（accounts payable（payables））[①]，代表公司已接受供应商提供货物但尚未支付的货款。

◆ **应付票据**（notes payable）[②]，代表短期义务，如偿还短期银行借款的书面承诺。

◆ 长期债务的当期部分，代表在明年内到期的应偿还的本金部分。

◆ 其他流动负债，代表已经产生但尚未支付的义务，如应交税费、应付职工薪酬。

流动负债总额可以用如下公式计算：

流动负债=应付账款+应付票据+长期债务的当期部分+其他流动负债

对于家得宝而言：

应付账款	4 856百万美元
+应付票据	0
+长期债务的当期部分	30
+其他流动负债	4 490
=流动负债	9 376百万美元

与流动负债不同，长期债务代表的是期限在一年以上的借款（因此，此类别不包括长期债务当期偿还的部分，因为此项应考虑为一项流动负债）。长期债务的例子包括银行的长期借款，也包括公司发行的**债券**（bond）[③]，它代表着公司偿还借款人的合同义务。

流动负债的第三种是**递延所得税**（deferred income taxes）[④]，也被称为递延所得税负债或未来的税收。递延所得税的产生是因为公司可以记录两套“账”：一套提供给股东，即所谓的账务会计；另一套提供给税务局，即所谓的税务会计（在这种情况下，两套账并不意味着公司试图隐藏任何违规的商业交易）。

◆ 提供给股东的报表是为了反映资产的经济价值。这里的所得税条款仅基于税前收入报告。而税前收入是基于如折旧等费用核算的。年折旧额的核算是为了反映资产的经济价值的实际较少额。

◆ 与之相对的，联邦税法通常允许公司采用加速折旧方法而不是直线折旧法。这样做的原因是鼓励企业投资兴建新的厂房和设备（并最终创造新的就业机会）。

① 应付账款：应支付但尚未支付给供应商和销货客户的款项。
② 应付票据：由出票人出票，委托付款人在指定日期无条件支付确定的金额给收款人或持票人的票据。
③ 债券：由企业向投资者发行，同时承诺按一定利率支付利息并按约定条件偿还本金的债权债务凭证。
④ 递延所得税：对资产负债表上列示的资产、负债按照会计准则规定确定的账面价值与按照税法规定确定的计税基础之间的差异所征得的所得税。

下面用一个例子来解释两种折旧核算方法的区别。回顾前面介绍的直线折旧法的例子，一套设备第一年的折旧额为5 000美元。然而，如果联邦税法允许第一年的折旧额为15 000美元，那么对公司而言，这意味着第一年的折旧费用的税务处理要比账务处理多出10 000美元。进而，意味着该公司的应纳税所得额将减少10 000美元，因为折旧是在税前抵扣的。因此，假定该公司的税率为35%，加速折旧法的税务处理要比直线折旧法的账务处理少支付3 500美元的税费（亦即，公司将存在3 500美元的税差）。为了保持资产负债表的平衡，税务部门征收的实际所得税（较低的）与若没有联邦税收优惠将支付的所得税（较高的）之间的差额必须得到确认。每年的差额随着时间的推移而累积。因此，在这个例子中，第一年的税差3 500美元加上第二年的税差，比如是3 000美元，那么两年后的累计税差为6 500美元。第一年的3 500美元以及第二年的6 500美元，都是一项递延所得税。

递延所得税可以被看作是一项负债，但并不是典型意义上的负债。举例来讲，如果公司仅购买了这一套设备，那么在接下来的几年里，直线折旧法（即每年5 000美元）计算的折旧额终将超过加速折旧法计算的折旧额。与使用直线折旧法相比，公司将在随后几年支付更多的税费。因此，就税收支付而言，公司并没有省钱，而是延迟支付几年的所得税。

负债的第四种为其他长期负债，指除了前面三种之外的其他任何负债。对家得宝而言，公司的其他负债包括对子公司债务的担保、资本租赁、与债务相关的货币对冲工具等。

负债总额可以用下列公式计算：

负债总额=流动负债+长期负债+递延所得税+其他长期负债

因此，对家得宝：

流动负债	9 376百万美元
+长期负债	10 758
+递延所得税	340
+其他长期负债	2 146
=负债总额	22 620百万美元

3.1.3 权益类项目

资产负债表右侧（或下方）的最后一个类别是所有者权益部分，也被称作股东权益或净资产。从实践应用的角度来看，这部分有两个重要的项目（尽管在会计报表上经常出现更多类别）：（1）优先股；（2）代表普通股的所有其他类别。

尽管**优先股**（preferred shares（preferred stock））[①]（第6章将详细介绍）经常出现在财务报表的所有者权益部分的下方，其实际上是债务与权益的混合物，兼具两者的特点。优先股股东会定期收到股利，而不是利息支付（债务）。然而，从公司的角度来看，税法禁止将股利支付作费用化处理（与利息支付不同），而是从税后利润中

① 优先股：属于一种股票类型，在享受企业的股利支付以及对资产的索取权方面比普通股有优先权。

扣除支付。权益与债务的另一个区别是优先股股东并不被偿还本金。这里的"优先"主要是指在利润分红以及剩余财产分配的权利方面，优先于普通股。这意味着只有在支付了优先股股利之后，才可以支付普通股股利；当该公司破产时，优先股股东对公司财产的索取权优先于普通股股东（当然，在大多数破产中，实际上并没有钱留给优先股股东）。

对于大多数公司而言，所有者权益主要是（或只是）指普通股股东拥有的普通股权益。这些**普通股股东**（common shareholders）[①]是公司的实际所有者。资产负债表的普通股权益部分通常包含众多子分类，但这些区别是没有任何实际意义的。典型的子类别包括普通股和实收资本（代表股票的票面价值）、库存股（代表一个公司从股东那里回购的股票，因此是一项负的净资产）、留存收益[②]（代表除了股利形式支付之外的利润累积）。在公司拥有外币资产和负债的情况下，需要进行外币换算加以调整。当编制资产负债表时，最简单的方法是把所有这些项目混在"普通股"或"股东权益"科目下。或者，公司可以分离留存收益科目，通过考察净收益和留存收益的变化来揭示利润表和资产负债表之间勾稽关系，如3.2节所讨论的。在本书的其余部分，若无另外注明，我们将使用术语"权益"和"股东权益"来指代普通股权益。

普通股权益可以用下列公式计算：

普通股权益=普通股股本+留存收益

然而，家得宝的权益计算略微复杂。为了计算普通股权益，用股本加上7 053百万美元的实收资本，17 246 百万美元的留存收益和293百万美元的外币换算调整项，再减去库存股6 694 百万美元，得到最终结果为17 898 百万美元，为家得宝普通股权益的账面价值（需要注意的是，家得宝没有发行优先股）。

深入讨论：股票的账面价值与市场价值

家得宝在2012年1月29日普通股权益的账面价值为17 898 百万美元，这仅是一种会计度量，代表该公司所有资产（扣除折旧和摊销后）减去其所有负债的余额。家得宝的普通股股数为1 562（百万），因此，每股账面价值为11.46美元。

与账面价值相反，市场价值代表投资者实际愿意支付的价格。为了计算家得宝股票的市场价值（也称为市值），我们只需用当前股价44.77美元（2012年1月29日）乘以流通股股数，得到的结果为69 931 百万美元。因此，市场价值与账面价值的比率（用股票的市场价值69 931美元除以其账面价值17 898 美元来计算）为3.91。我们也可以用实际股价（44.77美元）除以每股账面价值（11.46美元）来计算该比率。它意味着投资者认为家得宝的股票比账面价值更值钱，可能是因为投资者预期公司有较好的成长机会或投资于盈利的项目。由于所有者权益代表了资产与负债之间的差额，因此，如果一个公司股票的市场价值超出其账面价值，这就

① 普通股股东：普通股的拥有者。
② 常见的错误是把留存收益等同于"超额现金"。

表明投资者相信该公司的净资产的实际经济价值超出其在资产负债表中所反映的价值。

当考虑到美国的整体经济时，市场价值超过账面价值的情况很常见。例如，2012年美国整体市场价值与账面价值比率为2.00。然而，正如下图所示，市场价值与账面价值的比率在部门之间存在很大差异。

在2009年1月末，美国金融危机的高峰期，家得宝的市场价值与账面价值比率相对较低，为2.36。不过，这个值仍高于彼时的行业平均水平。截至2012年5月，家得宝的市场价值与账面价值比率进一步高过行业平均水平（零售建筑供应行业）。

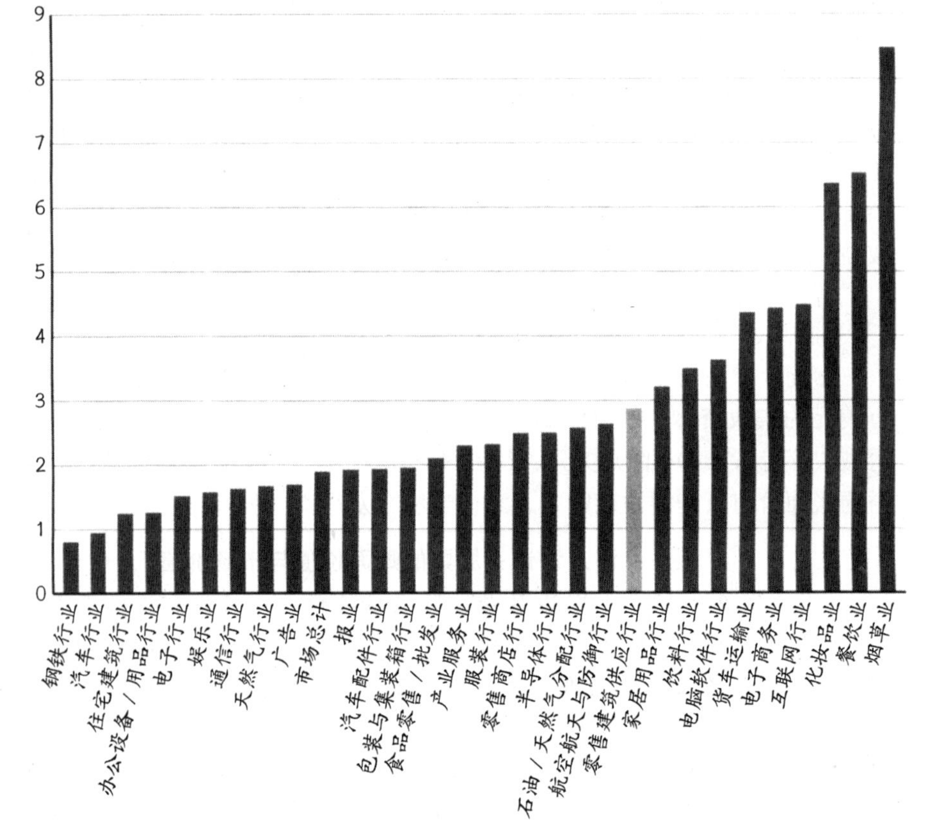

来源：Aswath Damodaran，http：//pages.stern.nyu.edu/~adamodar/New_Home_Page/datafile/pbvdata.html（accessed March 30，2012）

3.2 利润表分析

目标3.2 解释利润表的各个组成部分。

利润表（income statement）[①]反映了企业在一定会计期间生产经营成果，包括收入、成本和费用。它用于衡量企业的整体盈利能力。图表3-3展示了家得宝截至2010年1月31日、2011年1月30日、2012年1月29日的财政年度的合并利润表。

① 利润表：反映企业在一定会计期间的收入、费用和最终受益等经营成果的报表。

图表3-3 **家得宝合并利润表**

（除每股数据外，其他数据的单位：百万美元）

	财政年度截止日		
	2012.1.29	2011.1.30	2010.1.31
营业收入	$70 395	67 997	$66 176
销售成本	46 133	44 693	43 764
毛利	24 262	23 304	22 412
营业费用			
销售、一般和管理费用	16 028	15 849	15 902
折旧和摊销	1 573	1 616	1 707
营业费用总计	17 601	17 465	17 609
营业利润			
（息税前利润）	6 661	5 839	4 803
利息费用	593	566	821
税前利润	6 068	5 273	3 932
所得税费用	2 185	1 935	1 362
净利润	$3 883	$3 338	$2 661*
普通股数	1 562	1 648	1 683
每股收益	$2.49	$2.03	$1.58
稀释每股收益	$2.47	$2.01	$1.57

*注：2010年的净利润包括41百万美元的贴现业务收益、净税收，而税前利润只包括持续经营收益

来源：改编自家得宝2011年的年度报告

3.2.1 收入、成本、费用和利润

现在来考察利润表的各个元素。利润表编制所基于的基本关系可以概括如下：

收入-成本和费用=利润

收入（revenues（sales））[①]（更具体地，是减去回报、备抵坏账、现金折扣等之后的净收入）主要来自公司销售产品或提供服务的业务经营。在某些情况下，收入也可以来自其他非核心业务，如有价证券的利息收入。

销售成本（costs of sales（cost of goods sold））[②]（或销货成本）是指与生成商品或提供服务相关的直接支出，包括原材料成本和直接人工成本。在批发的情况下，某一特定时期的销售成本（或销货成本）可以通过计算公司为生产商品所购买的所有原材料以及库存的变化来估测。计算销售成本的第一步是将期初库存商品的成本（称为期初存货）加上当期所购买原材料的成本。这两项加起来等于该时期可供出售的所有商品的成本。然后，再减去期末存货的成本来得到销售成本。计算过程可用下列公式表示：

销售成本=期初存货成本+采购成本-期末存货成本

① 收入（销售收入）：销售商品或提供服务带来的现金流入。
② 销售成本：获取和生产产品和劳务的所有成本的总和，但不包括销售和行政费用。

然后，关于**毛利**（gross profit（gross margin））[①]的计算只需要从其营业收入中减去销售成本：

营业收入-销售成本=毛利

因此，对于家得宝而言，净收入70 395百万美元减去销售成本46 133百万美元，得到24 262百万美元的毛利。

毛利并不代表流入公司的实际数额，因为这个数额并没有考虑**费用**（expenses）[②]以及与此业务相关的其他成本。费用可以分为几类。典型的**营业费用**（operating expenses）[③]包括如下几类：

◆ 与业务经营以及销售商品或提供服务相关的销售、一般和管理费用（有时指SC&A）。

◆ 折旧和摊销费用。

◆ 研发费用。

大多数公司都会产生与融资相关的费用，如与未偿还贷款相关的利息费用。

计算营业费用之后，从毛利中减去这些费用，可以得到**息税前利润**（Earnings before interest and taxes（EBIT）（operating income））[④]，也被称作营业利润：

毛利-营业费用=息税前利润

对于家得宝而言，从其毛利24 262百万美元中减去营业费用17 601 百万美元，得到营业利润或息税前利润，为6 661 百万美元。

深入讨论：息税前利润（EBIT）与利息、税费、折旧及摊销前利润（EBITDA）

如前所述，息税前利润是对营业利润的一种衡量，它是指毛利减去营业费用——包括折旧和摊销——的差额。然而，折旧和摊销是非现金项目，所以息税前利润并不能够完全反映一项业务所创造的现金流。因此，为了估计公司从经营活动中创造现金流的能力，需要把这两项非现金项目加回到息税前利润，得到利息、税费、折旧及摊销前利润（EBITDA）。EBIT与EBITDA之间的关系可用如下公式表示：

利息、税费、折旧及摊销前利润=息税前利润+折旧和摊销

因此，对家得宝而言，息税前利润6 661百万美元加上折旧和摊销1 573 百万美元，可以得到EBITDA为8 234百万美元。

了解公司的EBITDA是非常重要的。如前所述，该指标可以衡量一项业务所创造的现金流。而且，在第10章也将看到，当分析师和投资者采用EV/EBITDA模型对公司估值时，他们都关注这项指标。

对于许多公司而言，营业利润或EBIT都是一项重要的指标，因为它衡量了公司可以从其经营活动中所创造的整体利润，并且排除了债务利息支出和税费支出的影响。而且，EBIT对公司的每个部门而言都容易计算。

在计算了公司的营业利润或EBIT之后，需要考虑有息债务的利息费用。在这

① 毛利：销售收入与销售成本之间的差值。
② 费用：如与销售及融资等经营相关的成本。
③ 营业费用：如销售、管理、折旧和研发等与企业经营活动相关的费用。
④ 息税前利润（EBIT）（营业利润）：衡量盈利能力的指标，等于毛利减去营业费用的差额。

里，仅从其营业利润或EBIT中减去利息费用，来计算不考虑所得税的情况下公司的收益：

营业利润－利息费用=税前利润

因此，对家得宝而言，从公司的营业利润6 661百万美元中减去利息费用593百万美元得到税前利润（即所得税前利润）为6 068百万美元。

最后，从税前利润中减去该所得税费用来确定公司收益的"底线"。在美国，所得税费用通常按公司税前利润的35%左右来计算。当从税前利润中减去该数额时，就得到了某一特定时期内公司的**净收益**（net earnings（net income，profits，net profits））[①]：

税前利润－所得税=净利润

对于家得宝而言，其税前利润为6 068 百万美元，再减去所得税费用2 185百万美元，就可得到公司截至2012年1月29日的财政年度的净利润为3 883百万美元。然后再用这个数额除以流通股股数（1 562百万股），得到每股收益为2.49美元。

利润表中经常报告的最后一项是稀释每股收益。在介绍稀释每股收益的概念之前，先介绍与此相关的两个概念：股票期权和可转换债券。

◆ **股票期权**（stock options）[②]：许多公司都为其管理层提供优先认股权并将其作为一种激励措施或是一种报酬。股票期权给其持有者在特定时间以特定价格购买公司股份的权利。例如，假定家得宝股票的市场交易价为50 美元，高级管理者可能得到股票期权，允许他们在接下来3年的任何时刻以50 美元的价格购买公司股份。这些期权可以激励管理层为了使得未来将认购的股票更有价值而提高公司的股价。

◆ **可转换债券**（convertible shares）[③]：还有一些公司发行可转换债券，通常先以债券或优先股的形式发行，但如果公司的股价增长超出预定的临界值就可能转换为普通股。例如，假如家得宝在股价为50美元左右时发行可转换债券，其可能允许投资者在家得宝的股价增至60美元以上的任何时候将其转换为股票。每种债券转为普通股的股数都会事先规定。

因此，尽管公司在某一特定时间会有一定数量的流通股，但股票期权与可转换债券将会转换生成更多的潜在普通股，而**稀释每股收益**（diluted earnings per share（EPS））[④]考虑到了这些潜在股份的影响，它假设所有期权持有者把期权用来购买股份以及所有可转换债券持有者转将其换成普通股，并计算此时公司所有的股份总数，再用净利润除以这个总数来计算稀释每股收益。对于家得宝而言，该公司拥有15.7亿的稀释普通股（与15.62亿的未稀释普通股相比）。因此，如果用家得宝3 883百万美元的净利润，除以稀释普通股股数，就可以得到稀释每股收益为2.47美元。需要注意的是，如果公司拥有相对较少的股票期权和可转换债券，则两者之间的差异可以忽略不计，但准确地讲，稀释每股收益总是比未稀释每股收益小。

---

① 净收益（净收入、利润、净利润）：在一个特定时期内，收入与所有相关费用之间的差额。
② 股票期权：经常作为给管理人员的一种薪酬形式，给予持有人在特定时间以特定的价格购买股票的权利。
③ 可转换债券：债券或优先股等可以在股价超过预先指定价格之后转换为普通股的有价证券。
④ 稀释每股收益：以基本每股收益为基础，假设企业所有发行在外的稀释性潜在普通股均已转换为普通股，从而分别调整归属于普通股股东的当期净利润以及发行在外普通股的加权平均数计算而得的每股收益。

3.2.2 利润表和资产负债表之间的联系

至此，我们已经探讨了资产负债表和利润表的关键元素。然而，这两张报表并不是完全独立而是紧密相关的。为了了解两者之间的联系，我们从普通股股东——公司的最终所有者的角度来考察。思考两个简单的问题：公司去年为股东赚得了什么？公司现在的价值是多少？

为了回答第一个问题，需要考察利润表的“底线”——净利润。如果公司发行了优先股，那么需要先从净利润中扣除优先股股利，剩下的是归属于普通股股东的净利润：

净利润-优先股股利=归属于普通股股东的净利润

如果公司没有优先股，那么它的净利润与归属于普通股股东的净利润是同一回事。这个数额代表在特定年度该公司的普通股股东所赚得的总额。

为了回答第二个问题，需要从利润表转向资产负债表的所有者权益部分。这里还需要考虑公司高管所选择的股利政策。**股利政策（dividend policy）**[①]是指对于归属于普通股股东的净利润，应以现金股利支付给股东与公司应留存数额之间的分配。例如，公司可能决定将净利润的30%作为现金股利发放给普通股股东（亦即70%将被留存）[②]。公司留存的数额将作为留存收益的一项增加反映在资产负债表中。由此得到的所有者权益总额就直接回答了第二个问题，同时也揭示了利润表与资产负债表之间的联系。

图表3-4显示了家得宝的利润表与资产负债表之间的联系。如图表3-4所示，公司2011年的留存收益为14 995百万美元，归属于普通股股东的净利润为3 883百万美元。在支付了1 632百万美元的普通股股利之后，公司的留存收益增加了2 251百万美元，增至17 246百万美元。

图表3-4　**净利润与留存收益之间的关系（家得宝公司，百万美元）**

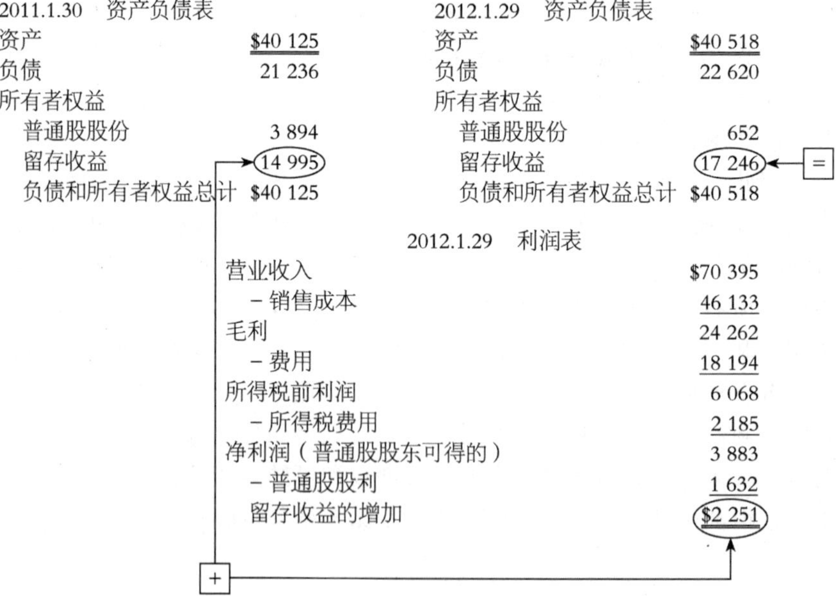

2011.1.30　资产负债表	
资产	$40 125
负债	21 236
所有者权益	
普通股股份	3 894
留存收益	14 995
负债和所有者权益总计	$40 125

2012.1.29　资产负债表	
资产	$40 518
负债	22 620
所有者权益	
普通股股份	652
留存收益	17 246
负债和所有者权益总计	$40 518

2012.1.29　利润表	
营业收入	$70 395
－销售成本	46 133
毛利	24 262
－费用	18 194
所得税前利润	6 068
－所得税费用	2 185
净利润（普通股股东可得的）	3 883
－普通股股利	1 632
留存收益的增加	$2 251

① 股利政策：公司决定向普通股股东发放多少股利的政策。

② 这里需要注意的是，公司并没有发放股利的义务。事实上，一些处于成长阶段的公司往往不发放普通股股利。此时普通股股东主要关注公司未来的成长性。

3.3 现金流量表分析

目标3.3　解释现金流量表的各个组成部分。

在分析现金流量表之前，首先需要了解利润表的一些局限性。除非一家企业所有的销售与采购都以现金支付的方式交易，否则企业会计期间内的收入确认和成本发生都未必与现金的流入和流出一一对应。例如，如果企业在会计期末进行一批大额销售，并且客户以信用方式购买，那么企业在会计期间所创造的利润将与本期从顾客那里得到的现金收入不相符。相似地，如果企业在会计期末进行一批大额采购，那么企业在会计期间所发生的成本将与本期对供应商的现金支付不相符。

出现这些差异的原因是利润表是依据**权责发生制**（accrual accounting method）[①]编制的，它是以应收应付作为确认本期收入和费用的标准，而不看现金交易是否在本期实际发生。此外，利润表上的有些费用与现金支出并不相关，这意味着利润表并不能够反映企业所有的现金来源与使用情况。例如前面提到的折旧和摊销，尽管它们是非现金项目，但两者都作为一项费用列示在利润表上。鉴于这些事实，有两种报表可以帮助识别企业的现金来源与去向：其一是**资金来源和使用报表**（source and uses statement（statement of change in financial position））[②]，它可以显示资产负债表项目的变化；其二是**现金流量表**（cash flow statement）[③]，它反映了企业实际的现金流入和流出，按照上一章提到的关键决策领域——经营、融资与筹资分项报告，分别反映企业在一定时期内经营活动、投资活动和筹资活动对现金流的影响。

首先，简要介绍一下资金来源与使用报表，这部分内容在介绍第5章的日常现金流管理时还会进行介绍。确定企业的现金流入和流出的一个简单方法是编制某一特定时期的现金来源与使用报表。例如，可以通过比较最近一期与上年度的资产负债表来完成。现金的来源是指从上年度到当前年度，导致负债和所有者权益增加，或资产减少的项目。例如，如果企业借入更多的钱，增加其应付账款（即需要更长时间来支付款项给其供应商），发行更多的普通股，出售设备，减少其应收账款（即更快地收到客户付款）或减少其存货，这都将产生现金。相反地，现金的使用是从上年度到当前年度，导致负债和所有者权益减少，或资产增加的项目。例如，如果企业偿付债务，减少应付账款，回购普通股，购置设备，增加其应收账款，或增加其存货，这都将耗用现金。

了解现金的来源与使用是理解现金流量表的重要步骤。顾名思义，现金流量表反映了某一会计期间现金流的变化。尽管利润表也反映了某一会计期间的货币流动，但它使用的是权责发生制。相比之下，现金流量表报告了现金的直接流入和流出。

在确定企业的未来需要时，现金流量表尤其有用。例如，一个成长型公司对于应收账款和存货有关的现金需求往往会增加。现金流量表对那些面临融资困难和需要谨

---

① 权责发生制：以应收应付作为确定本期收入和费用的标准，而不问货币资金是否在本期收到或付出的一种会计原则。

② 资金来源和使用报表（财务状况变化表）：根据资产负债表项目的变化报告特定时期所有的资金流入和流出的财务报表。

③ 现金流量表：报告一定期间内与经营活动、投资活动和融资活动相关的现金增减变动情况的财务报表。

慎管理现金流入与流出的公司也非常重要。图表3-5展示了家得宝在截至2010年1月31日、2011年1月30日、2012年1月29日的财政年度的合并现金流量表。

3.3.1 与经营活动相关的现金流量

正如图表3-5所示，现金流入与流出主要有三种活动分类：经营活动、投资活动和融资活动，它们也是本书的财务管理框架所强调的三大关键决策领域。第一类是与经营活动相关的现金流，是指在日常经营活动中从客户那里获得的现金以及支付给供应商的现金。与经营活动相关的现金流的确认通常是以利润表中报告的净利润为起点的。然而，由于净利润是以权责发生制为基础核算的，要把它转换成以现金为基础，必须做一些调整。

◆ 第一项调整是在净利润的基础上加上折旧、摊销和股权激励费用（如授予的高级管理人员的股票期权，它不对现金流产生直接影响)，因为这些是非现金项目。

◆ 第二项调整是针对经营性资产与经营性负债的变化。例如，应收账款的增加(或减少）代表一项现金流出（或流入)；存货的增加（或减少）代表一项现金流出(或流入)；应付账款的增加（或减少）代表一项现金流入（或流出)。

◆ 第三项调整是加上（或者减去）递延所得税的增加额（或减少额)，因为这是另一个非现金项目。

回到家得宝的例子：在截至2012年1月29日的财政年度，在3 883百万美元净利润的基础上，加回非现金项目总额为1 897百万美元（折旧和摊销为1 682百万美元，股权激励费用为215百万美元)。经营性资产与经营性负债的变化所带来的现金流量净额为871百万美元——换言之，与上一财政年度相比，家得宝的经营性资产与经营性负债所占用的现金流量将会减少。以上计算的最终结果：经营活动产生的现金流量净额为6 651百万美元（3 883百万美元+1 897百万美元+871百万美元)。无需惊讶，这是一个正数。毕竟，如果一家公司从其经营活动中产生的现金流量持续为负，那么它的经营活动将难以为继——可能的例外是那些在成长初期的创业公司。不过，令人吃惊的是，这个数字相对于公司的净利润还是相当大的，它凸显了非现金项目的数额，以及净利润与经营活动产生的现金净额之间的其他差异。

3.3.2 与投资活动相关的现金流量

现金流量的第二类是与投资活动相关的现金流量。投资新业务、公司收购或购买新设备代表了现金流出；相反，资产剥离、出售资产则代表了现金流入。公司主要通过从事投资活动来经营业务。以资本支出项目为例，它是投资支出金额最大的一项，代表了公司在厂房和设备上的投资，并将会在未来年份带来利益的流入。资本支出也反映了公司维护更新设备的频率。如果公司处于临时的资金困境，它就可能考虑推迟重大的资本支出，这可能在短期内避免资金短缺，但可能会损害公司的长期竞争力。这里一个比较有趣的问题是折旧与资本支出之间的比较。如果一家公司不处于成长期，我们将预计其资本支出大致等于折旧。然而，如果公司的经营效率较高，可以在较少占用厂房和设备的前提下生产更多的产品，这样的企业的资本支出可能就会少于折旧额。

图表3-5

家得宝的合并现金流量表

（单位：百万美元）

财政年度截止日	2012.1.29	2011.1.30	2010.1.31
经营活动产生的现金流量			
净利润	\$3 883	\$3 338	\$2 661
净利润与经营活动产生的现金流的调节			
折旧和摊销	1 682	1 718	1 806
股权激励费用	215	214	201
其他	—	—	163
资产和负债的变化（收购和处置的净值）			
应收账款（净值）	（170）	（102）	（23）
库存商品	256	（355）	625
应付账款和应计费用	422	（133）	59
递延所得税	170	104	（227）
其他	193	（199）	（140）
经营活动产生的现金流量净额	6 651	4 585	5 125
投资活动产生的现金流量			
资本支出	（1 221）	（1 096）	（966）
销售业务收益（净值）	101	—	—
收购业务的支付（净值）	（65）	—	—
出售财产和设备的收益	56	84	178
销售和到期投资的收益	—	—	33
投资活动产生的现金流量净额	（1 129）	（1 012）	（755）
融资活动产生的现金流量			
长期借款（还款）的收益	966	（31）	（1 774）
普通股（回购）收益	（3 164）	（2 504）	（140）
支付给股东的股息	（1 632）	（1 569）	（1 525）
其他融资活动	（218）	（347）	（64）
融资活动产生的现金流量净额	（4 048）	（4 451）	（3 503）
现金流的变化	1 474	（878）	867
汇率变动对现金的影响	（32）	2	35
年初现金	545	1 421	519
年末现金	\$ 1 987	\$ 545	\$1 421

来源：改编自家得宝2011年的财务报告

回到家得宝的例子：家得宝在投资活动方面的现金支出总额为1 129美元，包括1 221美元的资本支出。不足为奇，大多数公司都在此项目上花费（而不是创造）大量金钱。事实上，如果一家公司始终赚取比花在投资上更多的现金（即投资活动产生的现金流量净额是正值），则可能意味着公司不再为未来的业务进行投资，而只是正在清算资产。

3.3.3 与融资活动相关的现金流量

现金流量的第三类是与融资活动相关的现金流量。在这里，发行新债务或股权代表了现金流入；相反，债务偿还或股票回购代表了现金流出。类似地，任何优先股或普通股股息的支付也代表一项现金流出。

如案例中的现金流量表所示，可以看到家得宝在最近一年增加了净借款（包括分期付款在内的长期债务） 966百万美元[①]（然而需要注意的是，在前两期公司都要用现金来偿还债务）。此外，公司支出3 164百万美元回购了普通股，自两年前开始一直延续这种趋势。另外，公司支付了1 632百万美元的现金股利，支付金额呈增长趋势。最后，公司在融资活动的其他领域支出了218百万美元。因此，家得宝用在融资活动的现金净额为-4 048百万美元。

经营活动产生的现金流几乎总是正值，投资活动产生的现金流几乎总是负值，融资活动的现金流因公司和年份而异。这一切都取决于公司从经营活动获得的现金流超过或低于其投资活动的现金流量的大小。就家得宝而言，其经营活动产生的现金流为6 651百万美元，远远超过其投资活动产生的现金流1 129百万美元为负，差额为5 522百万美元。如此一来，公司就有能力支付股利和回购股票。另一方面，如果家得宝已决定大举投资，进行大额的资本支出，超过其经营活动产生的现金流，那么公司就需要从融资活动中产生正的现金流（例如，可能借入更多贷款）。

除了目前已经探讨的三个类别，在国外经营业务的公司的现金流量表上可能还存在另一种类别：汇率变动引起的现金流。例如，当一家公司在采购时承诺支付给外国供应商一定数量的外汇，但在最终付款时根据当时的汇率会支付更多（或更少）的金额。就家得宝而言，它在加拿大、墨西哥和中国都有对外经营活动，汇率变动的净影响值还是比较适度的，为-32百万美元。

综上，家得宝经营活动产生的现金流为6 651百万美元，投资活动产生的现金流为-1 129百万美元），融资活动产生的现金流为-4 048百万美元，现金流量的总变化为1 474百万美元。在调整汇率变动-32百万美元之后，家得宝的现金流增加了1 442百万美元，从年初的545百万美元增加到年末的1 987百万美元。因此，通过调节 2011年和2012年家得宝的现金流变化，使其平衡，如图表3-2的资产负债表所示。

① 本章展示的财务报表有所简化，并不包括报表附注和说明。因此，细心的读者可能会发现，报表之间的数据并不符合应有的勾稽关系。

深入讨论：美国会计与国际会计以及财务报表列报

在美国，公司与其他组织基于公认会计准则（GAAP）进行财务记账。这些准则通常与财务报表的列报有关，比如，如何列示一项资产的价值，何时确认收入，如何匹配收入与费用。根据美国证券交易委员会（SEC）的要求，这些准则是由私人的、非营利性组织财务会计准则委员会（FASB）进行制定与更新。

相比之下，国际会计准则委员会（IASB）是一个独立的组织，它于2001年在伦敦成立，其目标是制定国际财务报告准则（IFRS）。与美国的公认会计准则不同，国际财务报告准则是基于原则导向而不是基于规则导向，并制定了一个编制和列报财务报表的框架。超过100个国家要求或允许公司使用国际财务报告准则，包括澳大利亚、加拿大和欧洲各国。

在2002年，财务会计准则委员会和国际会计准则委员会同意在标准方面趋同。为此，在2008年，美国证券交易委员会发布了路线图，计划在2014年之前，美国公司转换为使用国际财务报告准则，尽管实际的实施日期可能要到2015年或2016年。在美国交易所交易上市的国际公司目前已经被允许依据国际财务报告准则编制财务报告，而不必与美国公认会计准则相一致。

除了不同的会计准则，财务报表的列报往往也因国家而异。最显著的差别是美国、英国和加拿大（被称为英美风格）所使用的风格与比利时、法国、德国、瑞士和欧洲大陆的其他国家和地区（被称为欧洲大陆风格）所使用的风格之间的差异。英美风格按照“功能”组织利润表，以“项目”组织资产负债表；而欧洲大陆风格强调“自然地”组织利润表和资产负债表。以“功能”组织的利润表一般包括净销售额、销售成本、毛利、销售和一般费用及其他营业费用。相反地，“自然”风格的利润表一般包括净销售额、其他营业收入、商品采购、存货变化、人工费用、其他营业费用和折旧费用。相似地，以“项目”组织的资产负债表包括长期和短期负债。相反地，自然风格的资产负债表包括无形资产（如商誉）、有形资产、金融负债（不论到期日）和交易性负债（如与经营活动相关的应付账款）。

注：关于两种准则差异性的更多讨论请见：Ding, Yuan, Thomas Jeanjean, and Herve Stolowy, 2008, “The Impact of Firms’ Internationalization on Financial Statement Presentation: Some French Evidence,” Advances in Accounting, Incorporating Advances in International Accounting 24, 145-156

3.4 对管理者的重要性

目标3.4 解释财务报表分析对管理者的重要性。

每一家上市公司都需要发布财务报表。不管你是公司的管理者，还是债权人、投资者，抑或是竞争对手，理解公司的基本财务报表——资产负债表、利润表和现金流量表都是至关重要的。一些管理者可能会被分配到特定的职能部门，如市场营销、运营或人力资源等部门，而其他在分部工作的管理者则需要对本部门盈亏负责，了解部门对公司整体的财务状况的影响是至关重要的。资产负债表分析可以帮助你了解公司资产的来源与使用情况；了解利润表可以帮助你了解公司创造了多少收入，成本和费用的占用情况，以及公司的盈利状况。现金流量表分析可以帮助你了解经营活动、投资活动和融资活动分别产生了多少现金流。

小结

1.财务报表是反映公司财务状况的关键计分卡。

2.资产负债表报告的是企业在某一特定日期的资产、负债与所有者权益等财务状况。资产负债表总是平衡的。

3.利润表反映了企业在一定会计期间产生的经营成果，包括收入、成本和费用。它用于衡量企业的整体盈利能力。

4.资产负债表和利润表是通过留存收益账户连接起来的。

5.现金流量表报告了经营活动、投资活动和筹资活动产生的现金流入和流出情况。

附加读物与信息

1.关于会计准则的介绍请见：Horngren，Charles，Walter Harrison，Jr.，and Suzanne Oliver.*Accounting*，9th ed.Boston：Prentice Hall，2012.

2.关于解读企业财务报表的理论背景和分析工具请见：Ormiston，Aileen，and Lyn Fraser.*Understanding Financial Statements*，10th ed.Boston：Prentice Hall，2013.

练习题

1.解释为什么权益与现金二者不相等。

2.为什么把折旧和摊销称为非现金项目？

3.如果一家公司的资产负债表列示了商誉，可以得到关于公司以前的收购活动的什么暗示？

4.解释为什么公司的资产负债表上可能会列报递延所得税费用。

5.Bigco公司去年的资产负债表列示留存收益为4.5亿美元。Bigco今年的净利润为0.35亿美元。它支付其优先股股东股利0.05亿美元，支付普通股股东的定期股利0.06亿美元，另支付特殊的一次性股息0.10亿美元。那么，公司今年的资产负债表上的留存收益应为多少？

6.Jesters-R-Us公司的资产负债表列报的资产为1.25亿美元，负债为0.75亿美元。公司有400万股普通股，当前股价为每股21美元。计算该公司的市场价值与账面价值比率。

7.Wholesale Lumber公司是一家向建筑供应和家居装饰零售商批发木材的公司。该公司最近年度的销售成本为0.45亿美元，期初存货为0.16亿美元，期末存货为0.18亿美元。估算公司当年的材料采购数。

8.Number One Retail公司的毛利为0.55亿美元，营业费用为0.22亿美元（包括0.06亿美元的折旧和摊销），利息费用为0.08亿美元。企业所得税税率为35%。计算该公司的EBITDA。

9.指出下面各项属于现金的来源还是使用：

a.应收账款的增加

b.存货的减少

c.应付账款的增加

d.银行借款的减少

e.留存收益的增加

10.Smallco公司经营活动产生的现金流为2.20亿美元，投资活动产生的现金流为−0.93亿美元，融资活动产生的现金流为−1.07亿美元，期初现金余额为0.27亿美元。Smallco公司的期末现金余额将是多少?

11.通过比较家得宝2011年和2012年的资产负债表来识别其现金的来源与使用。

第4章　财务绩效评价

学习目标

目标4.1　解释如何计算和理解净资产收益率、盈利能力指标、营运能力指标、流动性指标以及偿债能力指标。

目标4.2　描述财务报告的关键组成部分。

目标4.3　解释财务业绩评价对管理者的重要性。

本章是介绍企业整体评估的4个章节中的第3章。第2章主要从非财务视角来评估企业；第3章主要考察企业的财务报表；第5章将介绍如何评价企业的日常现金管理。本章主要通过考察财务报表、历史财务比率和绩效评价指标，从财务的角度来评估企业。

我们首先将介绍如何利用财务报表的信息计算各种绩效评价指标，包括净资产收益率、盈利能力指标、营运能力指标、流动性指标以及偿债能力指标。我们将继续用家得宝作为案例公司，评估其财务业绩。然后将介绍如何阅读一家公司的年度报告。

图表4-1展示了本章内容与全书统一主题之间的关系。回顾企业的三个关键决策领域——经营、投资和融资，每个领域都有与之相关的绩效评价指标。通过本章的学习，我们可以理解这三个领域的关键绩效指标是如何结合起来对公司的净资产收益率进行整体的衡量。随后在第6章，我们将学习到净资产收益率是公司成长以及利润、股利和现金流的重要驱动因素。

图表4-1　　**财务管理框架：企业内部的关键决策领域**

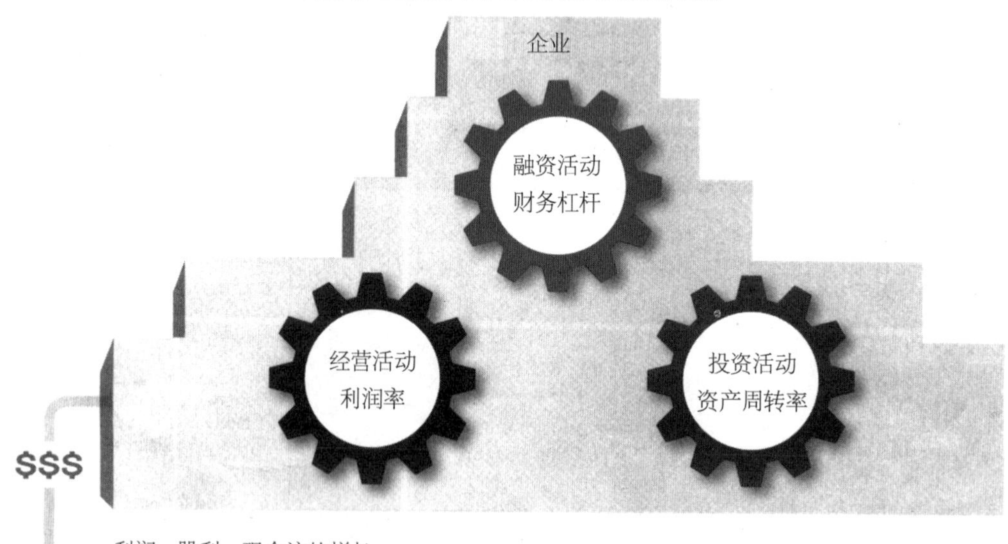

4.1 绩效评价指标

目标4.1 解释如何计算和理解净资产收益率、盈利能力指标、营运能力指标、流动性指标以及偿债能力指标。

在编制完企业的财务报表之后，下一步就是解释这些报表是如何反映绩效的。包括内部管理者、现有和潜在的股东、分析师和债权人在内的利益相关者都十分关心公司的财务状况。不同利益相关者关注的侧重点有所不同，其会重点关注某一特定的评价指标。尽管这些绩效评价指标反映的是公司过去的业绩，但它们对预测未来的财务报表也有所帮助。因此，绩效评价指标为了解公司的过去和未来的财务状况提供了一个桥梁。因为大多数绩效评价指标都需要计算而得，计算的原数据都要从企业的财务报表中获得，因此这些绩效评价指标经常被称为**财务比率或比率分析**（ratio analysis (financial ratios)）①。

绩效评价分为内部评价与外部评价。内部评价是指同一企业的财务比率在不同时期的对比；外部评价是指企业的财务比率与同行业的其他公司或者行业基准水平相比。如此一来，绩效评价对于提升现在和未来的财务绩效都有所帮助。

需要注意的是，所有基于会计信息计算的财务比率都有其固有的局限性，它们仅仅是一种估算，不能完整、准确地反映企业的真实价值。因此，在进行财务比率分析时，一个重要的前提是要搞清楚数据的来源，因为如果数据的来源与价值不相关，那么所有后续的分析都将是徒劳的。

4.1.1 净资产收益率

实际上，利用资产负债表和利润表上的数据可以计算很多财务比率。下面我们将介绍一些主要的财务比率。首先要介绍的是**净资产收益率**（return on equity, ROE）②（ROE），它是财务管理框架的一个关键元素，并且是最重要的财务基准比率之一。净资产收益率衡量了公司相对于其权益资本的盈利能力，而且可以计算如下：

净资产收益率=普通股股东可得的净利润 / 普通股股东权益

需要注意的是，上述公式中的净利润是普通股股东可得的数额，即减去优先股股利之后的数额。根据第3章的相关信息，家得宝没有发行优先股，因此公司所有的净利润都是普通股股东可得的。因而，用公司的净利润3 883百万美元除以股权17 898百万美元，可得公司的净资产收益率为21.7%。图表4-2给出了美国上市公司各个行业的净资产收益率，总体平均水平为11.4%，家得宝所处的零售建筑供应行业的平均水平大约是15.3%。

净资产收益率是一个重要的财务基准比率，因为它反映了公司在特定期间相对于其权益资本的整体盈利能力。而公司的主要目标是股东价值最大化，净资产收益率正是对这一目标实现程度的一种衡量。然而，该指标也有一定的局限性。如在第3章提到的，公司股权的账面价值与市场价值之间可能有差异。尽管如此，净资产收益率的

---

① 比率分析（财务比率）：使用与财务报表相关的比率来分析公司的业绩。
② 净资产收益率：衡量普通股股东权益的利用效率的指标，为净收益减优先股股利再除以普通股股东权益的比率。

图表4-2　　**2012年各行业的净资产收益率**

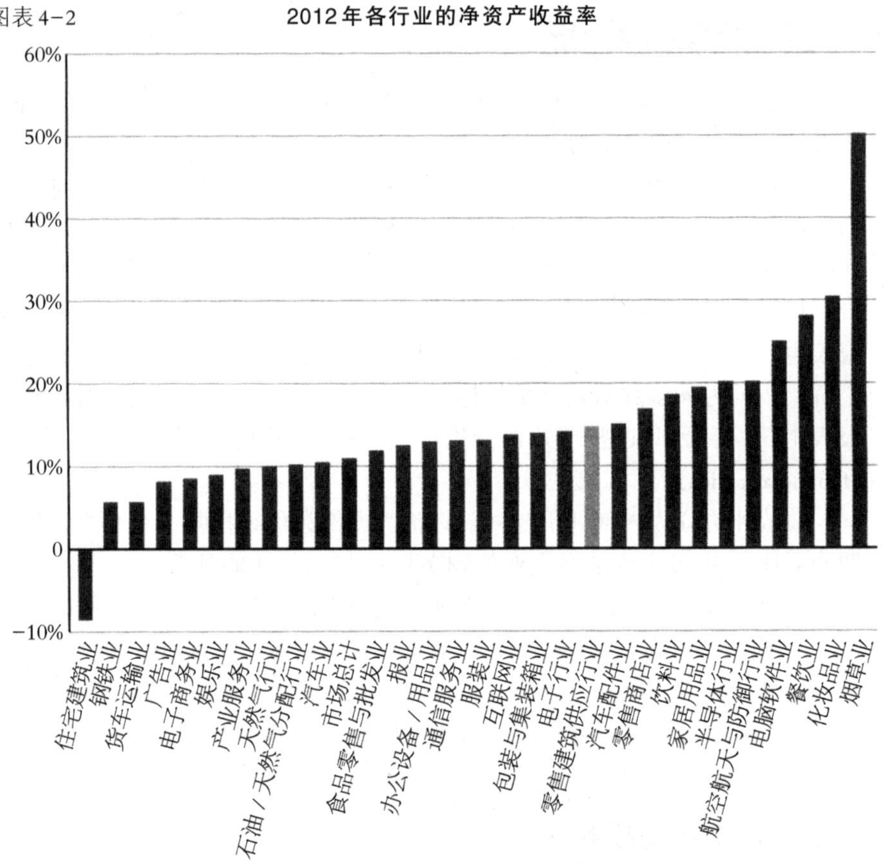

来源：AswathDamodaran.http //pages.stern.nyu.edu/~adamodar/New_Home_Page/datafile/pbvdata.html（accessed March 30，2012）

重要性仍然是不言而喻的。

计算净资产收益率的方法有很多。例如，可以用股东权益的期初额、期末额或期初期末的平均值来计算。方法的选取没有好坏之分，但要保持前后的一致性。在本小节前面的公式中，净资产收益率指的是普通股股权的收益率。这表明如果公司发行了优先股，必须首先从净利润中扣除优先股股利来得到归属于普通股股东的净利润。

净资产收益率还可以进一步地分解为三个单独的组成部分——利润率、资产周转率和财务杠杆——将它们连乘在一起就等于净资产收益率。这种分解方式首先由杜邦公司发明于20世纪20年代，因此通常也被称为杜邦分解法，如下所示：

ROE=利润率×资产周转率×财务杠杆

　　=净利润/收入×收入/资产×资产/股东权益

经过简单的代数运算，上式可以简化为本小节前面的公式的形式：

ROE=净利润/~~收入~~×~~收入~~/~~资产~~×~~资产~~/股东权益

接下来，分析分解式每部分的含义：

◆ 首先，**利润率（profit margin）**[①]指标等于净利润除以收入，表明公司的利润对ROE的贡献程度。该比率衡量了每一美元的销售所创造的利润大小，即盈利能力。

① 利润率：净利润与收入的比率。

◆ 其次，**资产周转率**（asset turnover）①指标等于收入除以资产，表明资产营运的效率对ROE的贡献程度。该比率衡量了公司的资产管理水平和利用效率。

◆ 最后，**财务杠杆**（financial leverage）②指标等于资产除以股东权益，表明借款的有效利用对ROE的贡献程度。资产等于负债加上股东权益，所以，资产与股东权益的比率也等于负债加上股东权益再除以股东权益。

为了方便记忆，可以把杜邦分解法理解为PAL，其中P代表利润，A代表资产周转率，L代表杠杆。

就家得宝而言，用该公司的净利润3 883百万美元除以其净销售额70 395百万美元，可以得到利润率为5.5%；再用净销售额70 935百万美元除以资产总额40 518百万美元，得到资产周转率为1.74；接下来，用资产总额40 518百万美元除以股东权益17 898百万美元，可以得到财务杠杆比率为2.26；最后，把这三个比率连乘起来(5.5%×1.74×2.26)，可以得到公司的ROE为21.7%——这与前面用直接方法计算的结果相同：

ROE= $ 3 883 / ~~$ 70 395~~× ~~$ 70 395~~ / ~~$ 40 518~~× ~~$ 40 518~~ / $ 17 898

= $ 3 883 / $ 17 898=21.7%

如果将这些数据与前些年的数据进行一一比较，可以发现家得宝正在稳定地改善。其中利润率从2010年的4.0%增长至2011年的4.9%；资产周转率从2010年的1.62增至2011年的1.69；财务杠杆从2010年的2.11增至2011年的2.12。因此，净资产收益率从2010年的13.7%增至2011年的17.7%。

案例分析：不同行业的ROE驱动因素：Tiffany和Kroger

ROE驱动因素是如何因行业不同而不同的呢？比较一下两家公司Tiffany和Kroger。前者是一家高端国际珠宝商，拥有250多家门店；后者在美国经营着2 400多家超市。

	利润率	资产周转率	财务杠杆	ROE
Tiffary	12.77%	0.876	1.771	19.81%
Kroger	1.32%	3.850	5.897	29.96%

与珠宝行业的特征一样，Tiffany的利润率较高，但是资产周转率较低。融资策略较为谨慎，财务杠杆比率小于2，这表明公司的股东权益大于负债。Kroger则非常不同，作为零售行业的典型代表，它的利润率很低，但资产周转率却很高，该食品杂货店有较低的边际利润，但有非常高的资产周转率。此外，由于该行业的现金流趋于平稳——销售的商品多为生活必需品，而不是Tiffany经营的奢侈品，债权人允许其保持较高的财务杠杆水平。

接下来，我们将考察驱动ROE的一些其他因素，包括各种盈利能力指标、营运能力指标、流动性指标及财务杠杆指标。

在此之前还需要提醒一点：如果把杜邦分解式中的前两项（利润率和资产周转

① 资产周转率：销售收入与资产的比值，反映了资产从投入到产出的流转速度。
② 财务杠杆：利用债务来增加公司的权益回报，同时也增加了风险。也指资产与权益的比率。

率）结合起来，可以得到**总资产报酬率**（return on assets，ROA）[①]：

ROA=净利润／收入×收入／资产=利润率×资产周转率

总资产报酬率指标是从资产总额的角度考察盈利能力，它并不限于资产的来源是负债还是权益。因此，当比较不同资本结构的公司时，总资产报酬率就显得十分有用。就家得宝而言，用公司的利润率5.5%乘以资产周转率1.74，可以得到总资产报酬率为9.6%，与2011年的8.3%和2010年的6.5%相比，都有所增长。

4.1.2 盈利能力指标

盈利能力指标主要来自利润表中的数据，用来考察公司在特定水平的收入条件创造利润的能力。在其他条件相同的情况下，公司的目标是增加单位收入的利润。衡量盈利能力的第一个指标是毛利率百分比：

毛利率百分比=毛利／收入

正如该公式所显示的，**毛利率百分比**（gross margin percentage）[②]反映了公司收入减去销售成本之后的利润。同时它也反映了收入可以用于负担其他费用（如利息和税费）以及为投资者提供回报的比例。取决于成本结构和竞争强度等因素，不同行业的毛利率水平各有差异。我们一般将成本划分为可变成本（即那些直接随销售额变动的成本，如制造产品的单位成本）和固定成本（即那些在一段时间内是固定的，不随销售额水平而变化的成本，如总公司成本、保险费用等）。通常，公司的销售成本是变动的，而其营业费用是固定的。公司的固定成本与变动成本的比率会随着需求的变化而影响其盈利能力。例如，固定成本较高的公司可以通过增加销量来增强其盈利能力，但是这样做也会使公司更容易受到销售低迷的影响。只要公司的销售成本以可变部分为主，那么该公司的毛利率百分比在年度之间应该是可比的。

除毛利率百分比外，还有两个比率反映不同类型的利润占公司收入的比重：

息税前利润率=息税前利润／收入

利息、税费、折旧及摊销前利润率=利息、税费、折旧及摊销前利润／收入

息税前利润率（EBIT margin percentage）[③]反映了营业利润占收入的比重。该指标涉及营业费用和直接销售成本两项。**利息、税费、折旧及摊销前利润率**（EBITDA margin percentage）[④]与之类似，但为了反映经营活动产生的现金流相对于收入的水平，应将折旧和摊销加回到息税前利润。与毛利率百分比一样，这些指标很重要，它们反映了收入可以用于负担其他费用（如利息和税费）以及为投资者提供回报的比例。息税前利润率和利息、税费、折旧及摊销前利润率因行业不同而有所差异。投资者可以运用这些指标来更准确地比较同行业的大多数公司，因为它们不受公司间的债务比例差异（以及与之相关的利息费用）的影响。

因此，就家得宝而言，用公司的毛利24 262百万美元，除以净销售额70 395百万美元，可以得到毛利率百分比为34.5%。相似地，用公司的息税前利润或营业利润6 661百万美元除以净销售额70 395百万美元，可以得出息税前利润率为9.5%。再把

① 总资产报酬率：衡量公司资产利用的有效性的指标，为净收益减去优先股股利再除以总资产的比率。
② 毛利率百分比：用销售收入与销售成本的差值除以销售收入。
③ 息税前利润率：盈利能力指标，为营业利润与收入的比率。
④ 利息、税费、折旧及摊销前利润率：利息、税费、折旧和摊销前利润与收入的比率。

折旧和摊销1 573百万美元加回到息税前利润中，可以得到利息、税费、折旧及摊销前利润为8 234百万美元，再除以净销售额70 395百万美元，由此得到利息、税费、折旧及摊销前利润率为11.7%。

考察这些比率随着时间的变化以及将比率与行业平均水平相比，可以为公司的成本结构提供重要参考。例如，由于宏观经济的衰退或者新的竞争者的加入，为了应对竞争对手的竞争，公司可能会选择降价，这样一来，公司的利润水平可能被压低。为了更好地理解各种绩效评价指标和趋势，该案例突出了全面评估公司及其所属行业的重要性。

现在考察另一个同等重要的盈利能力指标，它反映了公司的费用的相关情况：

费用比率=费用 / 收入

费用比率（expense ratio）[①]反映了公司的费用对其盈利能力的影响。该比率的重要性主要体现在它对公司收益的底线有巨大影响。不同行业和不同公司之间的费用水平各异。这里的费用专门用营业费用来估计，或者可能也会包括利息费用。如果一家公司的大多数营业费用都属于固定成本（而不是可变成本），可以预计当该公司的销售额增长时，该公司的费用比率也会相应地减少。当然，在某种程度上，公司的固定成本可能随着业务的增长而增加，从而提升了费用比率。例如，当公司的规模变得更大，经营活动变得更复杂时，可能需要聘用额外的管理人员，就会发生与之相关的费用。

因此，就家得宝而言，用营业费用17 601百万美元除以净销售额70 395百万美元，可得费用比率为25.0%。这与2011年该公司的费用比率25.7%（营业费用17 465百万美元除以净销售额67 997百万美元），2010年的26.6%（营业费用17 609百万美元除以净销售额66 176百万美元）相比略有降低，这支持了上面的预测：如果一家公司的大多数营业费用是固定的，其费用比率会随着销售额的增加而下降。

现在，假定一家公司的大多数营业费用是可变的，它的营业费用和利息费用主要是固定的，则可以用该公司的毛利和总固定成本来确定该公司的保本销售额。盈亏平衡分析为公司在开始实现盈利前设定了一个最低销售目标。为了计算盈亏平衡点的销售额，首先要搞清楚销售额、成本和收益之间的关系。可以将公司的税前收益改写如下：

收益=净销售额-可变成本-固定成本

又因为净销售额减去可变成本等于毛利，等于净销售额乘以毛利率，所以又可以把公司收益表示如下：

收益=净销售额×毛利率-固定成本

假定该公司的收益等于0，上式又可以表述成：

盈亏平衡点的净销售额=固定成本 / 毛利率

就家得宝而言，假定公司的固定成本包括营业费用17 601百万美元，加上利息费用593百万美元等于18 194百万美元。然后，再用固定成本除以毛利率百分比34.5%，就可以计算出盈亏平衡点的净销售额为52 789百万美元。而公司的实际销售额为70 395百万美元，这就意味着该公司已经盈利。

① 费用比率：一种用于度量费用的方法，为费用与收入的比率。

最后一个盈利能力指标是**投入资本回报率**（return on invested capital, ROIC）[①]，它比较了税收营业利润相对于投入资本的数量。该指标的计算有不同版本。这里主要介绍两种版本，主要区别在于分母的表达方式：一种版本着重反映资产；另一种着重反映负债和股东权益：

投入资本回报率=息税前利润×（1-税率）／（净营运资本+固定资产）

=息税前利润×（1-税率）／（有息债务+股东权益）

该指标的重要性在于衡量了公司相对于其投入资本创造利润的能力。在投入资本回报率的计算中，分子代表税后营业利润，分母代表着在营运资本和固定资产上的投资或者是为获得资产所使用的资本数额。第9章将集中介绍资本成本的概念，它本质上衡量了公司借款和发行股票时所承担的成本。投入资本回报率衡量了从投入资本获得的收益是否超过了资本成本。需要注意的是，这里有意地不考虑利息费用，因为债务融资的成本是资本成本评估的一部分。

现在来看一下投入资本回报率公式中的分母。净营运资本本质上衡量了应收账款和存货占用的数额与应付账款提供的数额之间的差额（另外，它还反映了流动资产与流动负债的差额）。固定资产包括公司的财产、厂房和设备。净营运资本和固定资产相加代表了公司对预计会获得利润的项目的投资。同时，也可以把投入资本回报率的分母看成一个公司的资本来源，包括有息债务和股权投资。因此，如果一家公司不断创造出强大的、远大于其资产规模的税后营业利润——投入资本回报率超过资本成本，将有助于提高股票价格。

为了计算家得宝的投入资本回报率，需要做一些假设。首先，假定该公司的税率约为35%。当然，也可以更直接的方式来计算投入资本，该方式关注于资产负债表的右边而不是左边。尽管投入资本等于净营运资本加上固定资产（在资产负债表的左边），它也等于有息债务加上股东权益（在资产负债表的右边）。然后，假定“其他长期负债”代表借入资本，如租赁，因此，将其包含在公司的有息债务中。这样，家得宝的有息债务包括了长期债务的当期付款部分30百万美元，长期债务为10 758百万美元，以及其他长期负债为2 146百万美元，这些项目相加为12 934百万美元。再加上股东权益17 898百万美元，可以得到投入资本为30 832百万美元，从而给了我们投入资本回报率等式中的分母。

接下来，为了计算分子，用息税前利润乘以1减去税率35%，得到税后营业利润为4 330百万美元。最后，用4 330百万美元除以投入资本30 832百万美元，得到投入资本回报率为14.0%，计算过程如下所示：

投入资本回报率=息税前利润×（1-税率）／投入资本

=\$6 661×（1-0.35）／\$30 832=14.0%

4.1.3 营运能力指标

营运能力指标衡量管理者有效利用资源（如固定资产和营运资本）的能力。为了更好地理解这类指标，回到我们的第一个关键指标——净资产收益率。在杜邦分解法

① 投入资本回报率：衡量公司资本利用效率的指标，为税后营业利润与投入资本的比率。投入资本等于净营运资金加上固定资产，或者等于有息债务加上所有者权益。

下，净资产收益率的三个组成部分之一就是资产周转率。资产周转率反映了公司相对于其资产规模产生收入的能力。在理想情况下，公司总是尽可能地提高资产周转率，因为在其他条件相同时，这将导致更高的净资产收益率——进而也会提升股价。因此，资产周转率指标反映了一个公司的资本密集度：公司的资本越密集，资产周转率越低。然而，不足为奇的是，利润率高的公司，其资产周转率往往较低。资产周转率也突出了资源利用效率的重要性，这些资源包括净财产和设备，以及存货和应收账款所占用的资金。

正如在投入资本回报率中所讨论的，资产可以分为两类：固定资产和与营运资本相关的资产。第一个营运能力指标是**固定资产周转率**（fixed asset turnover）①：

固定资产周转率=收入／财产和设备净值

固定资产周转率指标在制造业等资本密集行业中是特别有意义的。该指标考察了相对于已经投入的财产和设备，该公司能够产生收入的程度。该比率越高，说明公司利用其固定资产的效率就越高。

就家得宝而言，用净销售额70 395百万美元除以财产和设备净值24 448百万美元，可以得到固定资产周转率为2.9。这个值的高低取决于行业性质，但在普遍情况下，值越高越好，意味着较高的净资产收益率。

其他营运能力指标主要涉及营运资本，如短期资产（即存货和应收账款）和应付账款。相对应的三个主要营运资本指标是存货周转天数、应收账款周转天数和应付账款周转天数，它们都结合了公司的利润表和资产负债表中的信息。在余下部分，我们将介绍这三个衡量指标以及相关的比率。在第5章，我们将进一步地介绍这三个主要衡量指标以及它们对公司日常现金流管理水平的衡量。

第一个营运资本指标是存货周转天数：

存货周转天数（age of inventory（inventory period））②=存货／平均日销售成本

存货周转天数，也被称为存货周期，它衡量的是原材料从公司购买到生产为产品并取得销售的平均时间（请注意存货一般有很多种类，有原材料、在产品和产成品）。存货周转天数公式的分子可以是某一时刻，比如12月31日，以当天的存货数量为基础计算。另一种方式是计算全年的平均存货数量，可能会更适合季节性企业。分母的计算用当年的总销货成本（或销售成本）除以365，如下所示：

平均日销售成本=年度销售成本／365

营运能力指标反映了在销售之前占用在存货上的资产的时间长短。该比率的大小——无论存货周转天数较长是普遍情况还是及时存货制度较为普遍——在很大程度上取决于行业类型。例如，预期食品行业的存货周转天数较少，制造业则较多。

存货周转天数也可以用存货周转率来表示，它可以用销货成本除以期末存货来计算：

存货周转率=年销售成本／存货

该指标衡量了公司每年的存货“周转”或需要替换的平均次数。在数学上计算存货周转率的等价方法是用365除以该公司的存货周转天数。

---

① 固定资产周转率：衡量公司利用其资产和设备产生收益能力的指标，是指销售收入与固定资产净值的比率。
② 存货周转天数（存货周期）：存货从生产到销售的平均天数。

因此，为了计算家得宝的平均存货周转天数，用该公司的年度销售成本46 133百万美元除以365天得到平均日销售成本126百万美元，然后再用存货10 325百万美元除以平均日销售成本126百万美元，得到存货周转天数为81.7天。换言之，在家得宝公司，货物从购得到实际出售平均需要81.7天。对于同一组数据，可以用另一种方式来计算：用该公司的年销售成本46 133百万美元除以存货10 325百万美元，得到存货周转率，为4.47次。如果再用365天除以存货周转率4.47，就可以得到存货周转天数81.7天，这与前面的计算结果是一致的。

第二个营运资本指标是应收账款周转天数：

应收账款周转天数=应收账款／日平均（赊销）销售额

应收账款周转天数，也被称为**收款周期**（age of accounts receivable（collection period））[①]，它衡量了赊销产生的销售款项与款项收回之间的平均时间。应收账款周转天数的重要性在于它代表了占用在公司已经销售的货品或服务上的、等待支付上的款项。公司通常为顾客提供30天的信用期限使其支付他们所购买的商品或服务的款项。

与存货周转天数一样，应收账款周转天数公式的分子可以是某一时刻，比如12月31日，以当天的应收账款数量为基础计算，也可以是年度平均值。如果一个公司对所有的客户都提供赊销，分母就可以用该年的总收入除以365天来表示，如下所示：

日平均（赊销）销售额=年（赊销）销售额／365

当然，许多公司都采取现金和赊销混合的交易模式——但是财务报表通常并不区分哪些是现金销售，哪些为信贷销售。在这种情况下，可以用总体收入来计算应收账款周转天数。除非公司的现金和信用销售的组合随时间而改变或与行业平均水平存在较大差异，否则应收账款周转天数的计算方式如何选取都不会影响其为管理者提供重要参考。例如，如果公司要求30天内付款，但是应收账款周转天数为50天，这就表明信用条款执行不力，因此就需要进一步调查出现这种情况的原因。

因此，为了计算家得宝的应收账款周转天数，可以用该公司的净销售额70 395百万美元除以365天，得到日平均销售额为193百万美元。然后，再用该公司的应收账款1 245百万美元除以其日平均销售额193百万美元，得到应收账款周转天数为6.5天。换言之，家得宝的货款从发生到收回平均需要6.5天。这个较低的数字最可能反映了这样一个事实：家得宝的大多数交易都采取现金形式。

第三个营运资本指标是应付账款周转天数：

应付账款周转天数=应付账款／日平均采购量

应付账款周转天数，也称作**付款周期**（age of accounts payable（payable period））[②]，衡量了公司从材料采购（假定以信用形式）到款项支付给供应商之间的平均时间。与前面的比率一样，该比率的分子可以是某一时刻，比如12月31日，以当天的应收账款数量为基础计算，也可以是年度平均值。分母就可以用该年的总采购额除以365来计算，如下所示：

---

① 应收账款周转天数（收款周期）：应收账款从产生到收回的平均天数。
② 应付账款周转天数（付款周期）：应付账款从产生到支付的平均天数。

日平均购买额=年度购买额／365

在一些情况下，财务报表甚至是财务报表附注都不会提供公司在某一特定年度的材料采购的具体数额，而只提供整体的销售成本。这种情况下，通常使用销售成本来代替购买额，因为材料采购通常是销售成本的一个重要组成部分。不过，销售成本只是一个近似的替代，原因有两个：

◆ 年度期末存货与期初存货相比，可能较高或较低，这表明由于存货的变化，销售成本与采购成本可能不相同。

◆ 销售成本可能包括人工成本，而不仅仅是材料采购。

这里最重要的是确保与应付账款指标相一致，并且每年的计算方法保持一致性。当每年的计算方法都一样时，就可以比较该指标在年度之间的差别以及变化的趋势，并且可以与行业平均水平进行比较，从而为管理者提供重要的参考。一个比较的基准是付款期限。例如，供应商通常为顾客提供达30天的期间以便其支付购买材料的款项，并且通常提供折扣，如在10天内付款可能会有2%的折扣。如果公司的供应商要求在30天内付款，然而该公司的应付账款的收款期是45天，这表明公司可能会尽可能地拖延对供应商的支付。因此，该公司可能需要准备缩减其应付账款周转天数。

因此，为了计算家得宝的应付账款周转天数，先用销售成本46 133百万美元除以365，得到日平均销售成本为126百万美元。然后再用该公司的应付账款4 856百万美元除以日平均销售成本126百万美元，得到应付账款周转天数为38.4天。换言之，家得宝从购得货物到向供应商支付货款的平均时间为38.4天。如果供应商的付款期限平均为30天左右，则意味着家得宝能够侥幸延期支付。从家得宝的角度讲，延期支付是有利的，因为这意味着公司实际上在高效地利用供应商的货款来进行自己的业务。

就整体的营运资本管理而言，公司在固定资产水平一定的情况下，想产生尽可能多的收入，就需要把尽可能少的款项占用在存货上，尽可能快地从顾客那里收到支付款，花尽可能长的时间向供应商支付款项。对于给定的资产规模，通过产生可能的最高的收入，公司可以增加其资产周转率，进而——正如在杜邦分解法中所看到的，增加它的净资产收益率。

4.1.4 流动性指标

流动性指标主要考察公司偿还其短期债务的能力。这类指标大多由资产负债表项目计算而得。

衡量流动性的短期指标主要有两个：流动比率和速动比率。**流动比率（current ratio）**[①]比较公司的流动资产和流动负债，如下所示：

流动比率=流动资产／流动负债

该指标衡量了公司用其短期资产偿还短期债务（通常定义为明年内到期的债务）的能力。一般而言，流动比率应该远大于1。原因是如此一来，如果该公司清算其所有的短期资产（如把应收账款转为现金和出售存货），那么就有足够多的现金来偿还

① 流动比率：衡量企业流动性的指标，为流动资产与流动负债之比。

其短期债务并且还会有剩余。

相比之下，**速动比率**（quick ratio（acid test））[①]的计算如下：

速动比率=（现金+应收账款）/流动负债

这里的现金包括现金等价物或有价证券。尽管速动比率与流动比率相似，但它是一项更严格的酸性测试。在强制清算的情况下，公司难以将其存货和其他流动资产（尤其是预付费用）转化为现金。排除这些项目，流动比率为该公司利用短期资产满足短期债务的能力提供了一个更切实际的衡量。与流动比率一样，速动比率大于1也是较好的状态。

就家得宝而言，为了计算流动比率，用其流动资产14 520百万美元除以9 376百万美元，可以得到流动比率为1.5。同样地，为了计算速动比率，用现金1 987百万美元加上1 245百万美元可以得到分子为3 232百万美元。再用它除以流动负债9 376百万美元，可以得到速动比率为0.3。尽管这个值较低，但是对于像家得宝这样可以随时将存货变现的企业，并不用太担心。当然，对于那些处于科技产业，存货很容易过时的公司来讲，就需要“担心”一番了！

4.1.5 杠杆指标

杠杆指标衡量了公司偿还其长期债务的能力，以及对债务的整体最优利用。债务的有效利用对公司而言是有益的，它可以为股东带来更高的收益，这一点在净资产收益率的讨论中就可以看到，但是它也包含着更大的风险。

与流动性指标一样，这类指标大多由资产负债表项目计算而得。衡量杠杆水平的长期指标主要有三个：**资产负债率**（debt-to-assets）[②]、**债务-权益比率**（debt-to-equity）[③]和长期资产负债率。资产负债率和债务-权益比率都可以直接用资产负债表中的数据计算，如下所示：

资产负债率=负债总额/资产总额

债务-权益比率=负债总额/股东权益

这两个比率表明通过债务方式获得资产的比例。具体地，资产负债率衡量的是负债总额相对于公司资产总额的比例，而债务-权益比率衡量的是负债总额相对于所有者权益的比例。这些比率越低，公司发行新债务或者在未来承担其他负债的空间就越大。这些比率并没有固定的基准，并且也因行业不同而不同。较稳和固定成本较高的行业，如公用事业，倾向于更高的债务-权益比率，因为银行更愿意借钱给这些公司。

因此，就家得宝而言，用负债总额22 620百万美元除以资产总额40 518百万美元，可以得到资产负债率为55.8%。这表明相对于股权，家得宝更依赖于将负债作为一项资金来源。用公司的负债总额22 620百万美元除以其所有者权益17 898百万美元，可以得到债务-权益比率为126.4%，这也表明家得宝的融资大部分来自负债，而不是股东权益。

管理者通常都比较关注公司的有息债务（如银行借款）而不是无息债务（如应付

① 速动比率（酸性测验比率）：衡量企业偿债能力的指标，为扣除存货的流动资产与流动负债的比率。
② 资产负债率：衡量财务杠杆的指标，为负债与资产总额的比率。
③ 债务-权益比率：衡量财务杠杆的指标，为债务与股东权益的比率。

账款），因为后者只是营运资本的一部分。即使长期债务的当期偿还部分作为一项流动资产列示在资产负债表上，有息债务通常被认为是长期债务。与有息债务相关的杠杆比率是**长期债务资本比率**（long-term debt-to-capital）①，也简称为**债务资本比率**（debt-to-equity）②，计算如下：

长期债务资本比率=有息债务／（有息债务+股东权益）

该比率衡量了公司的债务占资本的比重，可以更好地反映所谓的资本结构，因为它集中反映“永久的”或长期资本。长期债务资本比率的另一个版本是用股东权益的市场价值而不是账面价值。市场价值代表了一个更具流动性的视角。第12章将更详细地考察该比率的重要性。现在需要记住的是长期债务资本比率越高，承担的财务风险就越大。

因此，就家得宝而言，用该公司的长期债务的当期付款部分30百万美元，加上它的长期债务10 758百万美元，再加上其他长期负债2 146百万美元，得到有息债务合计为12 934百万美元——这是比率的分子。接下来，用12 934百万美元加上股东权益17 898百万美元，等于30 832百万美元，这是比率的分母。最后，再用分子除以分母得到长期债务资本比率为41.9%，这表明与债权人相比，家得宝更依赖于普通股股东的资金作为资本来源。

最后一组杠杆比率称为**偿债能力比率**（coverage ratios）③。其中较为重要的是利息保障倍数和偿债保障倍数。其中，**利息保障倍数**（interest coverage）④可以计算如下：

利息保障倍数=息税前利润／利息费用

该指标衡量了公司的息税前利润偿还利息费用的能力，债权人一般比较关注这个比率。如果一个公司的利息保障倍数小于1，那么该公司就有拖欠现有贷款的风险，这可能会给公司未来造成严重的后果。可接受的比率水平取决于公司的类型和潜在的现金流。从债权人的角度看，最低限度可能是1.5，但是如果该公司的现金流非常不稳定，那么可能要求更高的最低限度，如3.0。

第二个保障比率是**偿债保障倍数**（debt service coverage（cash flow coverage ratio））⑤，可以用如下公式计算：

偿债保障倍数=利息、税费、折旧及摊销前利润／利息+（本金偿还／（1-税率））

该比率有很多种版本。这里呈现的版本是，分子由利息、税费、折旧及摊销前利润组成，这是对经营活动产生的现金流的衡量，因为它加回了折旧和摊销这两项非现金项目；分母不仅考虑了利息费用（利息保障倍数就只衡量了利息费用），还包括本金偿还，因为这些偿还是一项重要的现金流需求。我们可以将公司的本金偿还作为它的长期债务的当期支付部分来估计，因为该值代表公司在明年之内需要偿还的债务。需要注意的是，与利息支付可以被记为一项费用，并且可以在税前抵扣不同，本金偿还来自于税后利润。因此，需要把本金数额调整到税前水平，用本金除以（1减去税

---

① 长期债务资本比率：衡量财务杠杆的指标，为一个公司的长期负债（或有息负债）与长期负债与股东权益之和的比率。

② 债务资本比率：衡量财务杠杆的指标，为有息债务与资本的比率。这里的资本用有息债务加权益之和来表示。

③ 偿债能力比率：衡量企业偿还债务能力的指标。

④ 利息保障倍数：衡量公司偿还债务的能力。指税前营业收入与利息支出的比值。

⑤ 偿债保障倍数（现金流保障比率）：经营活动产生的现金流（通常用EBITDA衡量）与一年内到期的本息和之比。

率）。例如，如果税率是35%，且家得宝在即将到来的一年的本金偿还总额为1 000美元，那么就需要1 000美元 / 0.65或者是1 539美元的税前利润，才能够偿还1 000美元的本金——这与1 539美元×（1−0.35）是等价的。

就家得宝而言，为了计算该公司的利息保障倍数，用它的息税前利润6 661百万美元除以利息费用593百万美元，得到的结果是11.2。为了计算偿债保障倍数，用息税前利润6 661百万美元加上折旧和摊销1 573百万美元，得到利息、税费、折旧及摊销前利润为8 234百万美元，这是比率的分子。接下来，对分母而言，用本金偿还30百万美元除以（1减去税率）（即（1−0.35）），得到税前等价偿还金额46百万美元，再加上利息费用593百万美元，得到分母为639百万美元。最后，用分子除以分母可得偿债保障倍数为12.9，如下所示：

偿债保障倍数=$8 234 / （$593+（$30 / （1−0.35）））=12.9

对家得宝而言，11.2的利息保障倍数和12.9的偿债保障倍数都是比较高的，这意味着潜在的借款人可能会相当满意该公司偿还新贷款的能力。

图表4−3总结了本章讨论的所有绩效评价指标。显然地，每个比率都由分子和分母组成。计算这些比率所需要的信息通常来自公司的利润表或资产负债表。除此之外，投入资本回报率和偿债保障倍数的计算还涉及所得税税率的估计。为了计算简便和保持一致，假定前面所有例子中的税率都是35%。或者，也可以用所得税除以税前收益来计算每一特定年度的所得税税率。

4.1.6　运用：家得宝

在前面介绍在图表4−3中所描述的比率时，我们运用从家得宝财务报表中所得到的信息来计算出相应的值。在本小节，我们将专注于通过对这些绩效评价指标的分析来评估该公司的总体财务状况。当然，在现实的分析过程中，我们的财务分析与第2章的非财务分析是结合在一起的。回顾一下，非财务分析考察了公司的外部环境（宏观经济和行业），识别了行业关键成功要素，并分析了公司运营、市场营销和人力资源管理领域的优势和劣势。全面深入的非财务分析是十分重要的，因为它帮助我们更好地理解各项财务指标。

本章开篇就解释了财务分析的目标是揭示那些有助于财务评估和决策的信息，对管理者而言，这些决策与下面的这些问题相关，比如“我们需要改善经营吗？”“我们需要做什么样的投资？”以及“我们应该怎样为那些改善和投资筹集资金？”相比之下，公司的领导者面临的主要决策是“我们应该继续借款吗？”以及“我们能否收回投资？”与此同时，潜在的投资者所面临的主要决策是“我应该买哪家公司的股票？”财务比率分析可以帮助回答这些问题。

我们可以考察本章所介绍的财务指标的变化趋势或与行业基准相比较。幸运的是，很多金融服务公司都会提供公司的信息并计算各行业的平均比率，如邓白氏公司（见本章最后的附加阅读与信息部分）。为了比较，我们以家得宝的主要竞争对手——劳氏公司为对比公司。劳氏公司是世界第二大家居装饰零售商，在美国、加拿大和墨西哥有1 700多家商店。图表4−4给出了这两家公司在2010年、2011年和2012年的绩效评价指标的对比，并提供了家得宝2012年的各项比率的分子和分母的具体值。

图表4-3 **绩效评价指标小结**

绩效评价指标		分子		分母
净资产收益率	=	净利润	/	股东权益
盈利能力指标				
毛利率	=	毛利	/	收入
息税前利润率	=	息税前利润	/	收入
营业费用比率	=	营业费用	/	收入
投入资本回报率	=	息税前利润×（1-税率）	/	（有息债务+股东权益）
营运能力指标				
固定资产周转率	=	收入	/	财产和设备净值
存货周转天数	=	存货	/	日均销售成本
应收账款周转天数	=	应收账款	/	日均销售额
应付账款周转天数	=	应付账款	/	日均采购额
流动性指标				
流动比率	=	流动资产	/	流动负债
速动比率	=	（现金+应收账款）	/	流动负债
杠杆指标				
资产负债率	=	负债总额	/	资产总额
债务-权益比率	=	负债总额	/	股东权益
长期债务资本比率	=	长期债务	/	（长期债务+股东权益）
利息保障倍数	=	息税前利润	/	利息费用
偿债保障倍数	=	利息、税费、折旧及摊销前利润	/	（利息+本金）

如图表4-4所示，家得宝的净资产收益率平稳增长，从2010年的13.7%增长到2011年的17.7%，再到2012年的21.7%。这远高于市场平均水平11.4%和行业平均水平15.3%（如图表4-2所示）。进一步考察杜邦分解法下的净资产收益率驱动因素，家得宝的利润和资产周转率两项指标都平稳增长，财务杠杆指标也一样。劳氏公司的趋势与家得宝类似，但它2012年的净资产收益率仅是家得宝的一半左右。这表明，无论从相对数还是绝对数的角度，家得宝都为其股东提供较大的和持续增长的回报，并且已经可以通过股权再投资的方式实现内涵式增长。

考察图表4-4中的下一栏——盈利能力指标，家得宝的毛利率保持稳定水平，并且与劳氏公司处于相似水平。这是公司财务状况健康的一个标志。家得宝的营业费用有下滑趋势，也许是由于固定成本比例大，表明公司能够利用规模经济的优势。最近的营业费用比率低于劳氏公司整3个百分点，结果就是较高的息税前利润率。与净资

图表4-4 **家得宝和劳氏公司的绩效评价指标**

	家得宝					劳氏公司		
	分子[1]	分母[1]	指标					
		2012		2011	2010	2012	2011	2010
绩效评价指标								
净资产收益率	3 883	17 898	21.7%	17.7%	13.7%	11.1%	11.1%	9.4%
利润率	3 883	70 395	5.5%	4.9%	4.0%	3.7%	4.1%	3.8%
资产周转率	70 395	40 518	1.74	1.69	1.62	1.50	1.45	1.43
财务杠杆	40 518	17 898	2.26	2.12	2.11	2.03	1.86	1.73
盈利能力指标								
毛利率	24 262	70 395	34.5%	34.3%	33.9%	34.6%	35.1%	34.9%
息税前利润率	6 661	70 395	9.5%	8.6%	7.3%	6.5%	7.3%	6.6%
营业费用比率	17 601	70 395	25.0%	25.7%	26.6%	28.0%	27.8%	28.3%
投入资本回报率[2]	4 330	30 832	14.0%	12.3%	10.0%	6.5%	6.8%	6.2%
营运能力指标								
固定资产周转率	70 395	24 448	2.9	2.7	2.6	2.3	2.2	2.1
存货周转天数	10 325	126	81.7	86.8	85.0	92.8	95.9	97.9
应收账款周转天数	1 245	193	6.5	5.8	5.3	—	—	—
应付账款周转天数[3]	4 856	126	38.4	38.5	40.6	48.3	50.2	50.9
流动性								
流动比率	14 520	9 376	1.5	1.3	1.3	1.3	1.4	1.3
速动比率	3 232	9 376	0.3	0.2	0.2	0.2	0.2	0.1
杠杆作用								
资产负债率[4]	22 620	40 518	55.8%	52.9%	52.5%	50.7%	46.3%	42.2%
债务-权益比率[4]	22 620	17 898	126.4%	112.4%	110.8%	103.0%	86.1%	73.1%
长期债务资本比率[5]	12 934	30 832	41.9%	38.6%	37.9%	33.9%	29.0%	23.9%
利息保障倍数	6 661	593	11.2	10.3	5.9	8.8	10.7	10.8
偿债保障倍数[2]	8 234	639	12.9	3.4	2.7	3.7	13.3	4.2

注：[1]百万美元

[2]假定税率为35%

[3]以销售成本为基础计算

[4]债务用负债总额表示

[5]以所有有息债务为基础计算

产收益率指标相似，家得宝的投入资本回报率在过去的3年平稳增长，并且是劳氏公司的两倍多，表明相对于投入资本数额，家得宝能够比劳氏公司创造更多的回报。

就营运能力指标而言，家得宝的固定资产周转率指标从2.6提升到2.9，这表明该公司相对于投资在财产和设备上的每一美元都能够创造更多的收入。尽管劳氏公司的周转率也有所改善，但是仍处于较低水平。家得宝的存货水平略有下降，但应收账款和应付款项周转天数几乎没变。劳氏公司的存货水平略有增长，如它的应付账款周转一样。因为劳氏公司实行严格的现金交易模式，它没有任何应收账款。

图表4-4也表明，家得宝的流动比率和速动比率略有增长，并且与劳氏公司处于相似的水平。家得宝的流动比率水平是没有问题的。此外，尽管家得宝的速动比率看起来相当低，但是两个因素可以缓解问题：第一，与一些可能有大量在产品或存货存在被淘汰的危险的公司不同，一旦强制清算，家得宝的存货可以快速变现；第二，如果家得宝与银行信贷额度尚有提升空间，那么它在速动比率较低时仍然可以运转良好。

家得宝的杠杆比率有所增加，这在前面的净资产收益率驱动因素中提到过。劳氏公司的杠杆比率也有所增长，但是相对于资产其并没有像家得宝那样承担那么多的债务。这两个公司的主要区别可以通过保障比率看到。就利息保障倍数而言，劳氏公司的比率有所下降，但家得宝有所提高，因为它的营业利润相对更高。

比率分析的另一种方法是编制**共同比**（common-size ratios）[①]报表，共同比利润表以净销售额为基准，计算其他利润表项目占净销售额的比重（如图表4-5所示），共同比资产负债表是以资产总额为基准，计算其他资产负债表项目占资产总额的比重（如图表4-6所示）。共同比分析可以帮助我们通过百分比来考察各项目的趋势并与竞争对手进行比较。

图表4-5　**家得宝和劳氏公司的共同比利润表**

	家得宝			劳氏公司		
	2012	2011	2010	2012	2011	2010
净销售额	100.0%	100.0%	100.0%	100.0%	100.0%	100.0%
销售成本	65.5%	65.7%	66.1%	65.4%	64.9%	65.1%
毛利	34.5%	34.3%	33.9%	34.6%	35.1%	34.9%
营业费用						
销售、一般和管理费用	22.8%	23.3%	24.0%	25.1%	24.6%	24.9%
折旧和摊销	2.2%	2.4%	2.6%	2.9%	3.2%	3.4%
营业费用总计	25.0%	25.7%	26.6%	28.0%	27.8%	28.3%
营业利润（息税前利润）	9.5%	8.6%	6.0%	6.5%	7.3%	6.6%
利息费用	0.8%	0.8%	1.2%	0.7%	0.7%	0.6%
所得税前收益	8.6%	7.8%	6.1%	5.8%	6.6%	6.0%
所得税	3.1%	2.8%	2.1%	2.1%	2.5%	2.2%
净收益	5.5%	4.9%	4.0%	3.7%	4.1%	3.8%

① 共同比：将财务报表上的某关键项目的金额当作百分之百，而将其余项目分别换算为对关键项目的百分比，以显示各项目的相对地位。

利润表项目在前面已有述及，比如毛利率百分比和相对于销售额的净收益（在净资产收益率的讨论中指的是利润率）。在图表4-5中，关于费用项目会有更详细的展示，如销售、一般和管理费用。

图表4-6给出了两家公司的共同比资产负债表，列示了流动资产及财产和设备的分类，也有流动负债和长期债务的混合。鉴于它们处于同一行业，家得宝和劳氏公司的比率情况大体上是相似的。

图4-6 **家得宝和劳氏公司的共同比资产负债表**

	家得宝			劳氏公司		
	2012	2011	2010	2012	2011	2010
资产						
流动资产						
现金和现金等价物	4.9%	1.4%	3.5%	3.9%	3.3%	3.2%
应收账款	3.1%	2.7%	2.4%	0.0%	0.0%	0.0%
存货	25.5%	26.5%	24.9%	24.9%	24.7%	25.0%
其他流动资产	2.4%	3.1%	3.2%	1.2%	1.6%	1.3%
流动资产总计	35.8%	33.6%	34.0%	30.0%	29.6%	29.5%
财产和设备净值	60.3%	62.5%	62.5%	65.5%	65.5%	68.2%
商誉	2.8%	3.0%	2.9%	—	—	—
其他资产	1.1%	1.0%	0.7%	4.5%	4.9%	2.3%
资产总计	100.0%	100.0%	100.0%	100.0%	100.0%	100.0%
负债和股东权益						
流动负债						
应付账款	12.0%	11.8%	11.9%	13.0%	12.9%	13.0%
长期债务的当期偿还部分	0.1%	2.6%	2.5%	1.8%	0.1%	1.7%
其他流动负债	11.1%	10.9%	11.0%	8.8%	8.1%	7.6%
流动负债总计	23.1%	25.2%	25.3%	23.5%	21.1%	22.3%
长期债务（排除当期部分）	26.6%	21.7%	21.2%	21.0%	19.4%	13.7%
递延所得税	0.8%	0.7%	0.8%	1.6%	1.4%	1.8%
其他长期债务	5.3%	5.3%	5.2%	4.7%	4.3%	4.4%
负债总计	55.8%	52.9%	52.5%	50.7%	46.3%	42.2%
股东权益	44.2%	47.1%	47.4%	49.3%	53.7%	57.8%
负债和股东权益总计	100.0%	100.0%	100.0%	100.0%	100.0%	100.0%

综上可以得出结论：无论是从绝对数还是相对数的角度看，家得宝在过去3年的财务状况都很健康，并且保持逐步提升。尽管我们的分析多集中于会计指标，但股价往往反映了预期的业绩。事实上，在2010年和2012年之间，家得宝的股价增长了102%（不计股息回报），然而，劳氏公司的股价仅增长了39%，而整个市场大约增长了55%。

4.2 阅读年度报告

目标4.2 描述财务报告的关键组成部分。

既然我们已经介绍了财务报表和绩效评价指标，就可以把这些报表和指标放在一个更大的信息背景下，即高级管理者在公司的年度报告中向投资者披露的信息。财务报表是上市公司需要编制和呈现给股东的年度报告的重要组成部分。通常来讲，上市公司的年度报告中所呈现的信息与政府监管机构所需要的信息是重叠的。例如，美国证券交易委员会要求公司（国内公司以及在美国上市的外国公司）提交年度10－k报告，描述其业务和呈报其财务报表。在某些情况下，公司仅提供10－k报告，并将其作为年度报告的一部分，额外再添加一些附加部分和照片。

大多数的年度报告都由多个部分组成，包括致股东的一封信、管理层讨论与分析、财务报表和财务报表附注。给股东的一封信由公司的首席执行官或者董事会主席所写，并且通常十分简短（几页）。它描述了该公司在过去的一年的业绩表现以及管理层对未来一年所制定的目标或战略。它也可能包括关于公司的成就和挑战的额外见解。

公司的财务报表也应该反映它的整体战略。例如，一家公司可能通过价格竞争来追求积极成长。这种情况下，该公司的财务报表可能会出现净销售额的巨大变化，但是会出现较低的毛利率。

如果公司的年度报告包含10-k或相似的规范性文件（正如家得宝最近的做法），那就有很多关键部分值得关注（如果公司不直接呈报10-k报表，那么它通常会在其年度报告的其他地方提供对这些领域的评论）。10-k报表中最重要的部分如下所示：

◆ 10-k报表的第一项通常包含对该公司经营业务的描述和对战略的概述。这部分是理解公司的一个有用的起点。

◆ 第1A项描述了可能会对公司的财务业绩产生重大影响的风险因素，它们可能导致公司业绩偏离管理层的预测。因此，在阅读管理层讨论与分析这部分时，应该注意考虑这些因素。常见的风险类别包括经济因素、供给价格、竞争因素、消费者需求的改变、与供应商的关系以及融资来源。其中一些可能是大多数公司所面临的典型风险，但是要注意非典型性风险的发生。

◆ 第3项描述了公司所涉及的法律诉讼，它们可能会导致财务业绩出现意外的变化。

◆ 第7项是对财务状况的管理层讨论与分析。这部分经常报告与关键业绩相关的强调与评论，如收入和收益。例如，这部分可能描述管理层关于关键变量的显著增加或减少的观点。其他的一些典型话题包括流动性与偿债能力，企业与其竞争环境的重大改变，以及管理层对未来前景的评估。在读完第7项后，你可以重新审视之前比率分析，考察管理层是否解释了异常的结果。

在前面我们已经介绍了公司的三大财务报表：利润表、资产负债表和现金流量表，它们都包含在公司的年度报告中。当你浏览这些报表时，可以重点关注销售额的“上线”、收益的“底线”、债务水平、现金流入与流出，以及任何明显的趋势。当然，比率分析会提供额外的见解。值得注意的是，公司的年度报告中还包含另外一张报表：所有者权益变动表。这张报表提供了关于所有者权益变动的更多细节。因此，它将报告所有者权益的期初价值，留存收益（净收益减去所有现金股利）的任何变化，以及任何其他变化，比如，股票的发行或回购。

公司的年度报告还包含财务报表附注，它可以作为对详细信息的一种额外补充。这些附注通常包括对会计政策的描述，有关所得税的细节，与债务相关的具体说明(比如税率和还款计划)，套期保值策略，退休金计划的细节，收入或利润的行业以及地区分类，公司面临的未来债务（例如那些与员工利益相关的)，以及关联方交易等。附注可以是资产负债表表外项目的一项重要的信息来源，如经营租赁，它可能从本质上改变对各种财务比率的解读。

年度报告还会包含一份审计报告，其通常会提供“无保留意见”，表明财务报表如实反映了财务状况（如果审计意见是“保留意见”，它表明审计师没有获得足够的信息提供审计意见或者公司没有适当地使用会计准则，这向财务报表的读者发送了一个消极信号)。此外，还会包含一个五年或十年的财务业绩总结，其会包括一些关键财务比率；关于公司的高管和董事的个人简历；对近五年公司股价的回顾，并通常与行业和市场相比较。

4.3 对管理层的重要性

目标4.3　解释财务业绩评价对管理者的重要性。

理解财务报表是十分有用的，但理解财务报表之间的关系则更为重要。为了跨时间段地评价公司的财务状况，并与同行业的公司进行比较，需要设置比较的基准。

财务比率有很多种用途。从债权人的角度看，它们是制定债务契约限制的基准。例如，如果公司想要增加借款，可能需要创造更多的现金流，因为银行可能会对借款与EBITDA之间的比例设置上限。或者公司可能需要确保保障比率超过了最小临界值。财务比率也可以用于计划和预算。假定前提是未来的营运资本需求与存货周转天数、应收款项周转天数、应付款项周转天数相关，与我们当前的营运资本比率水平相关。

净资产收益率衡量了公司回报投资者的能力。正如将在第6章中所看到的，它也是决定公司成长性的一个重大因素。总体而言，评价促进了管理。

既然所有上市公司都需要发布年度报告，每个管理者都需要读懂和理解这些报告——而不是仅仅寻找同事的照片，那么高级管理人员如何解释最近的业绩以及公司未来的发展方向在何方?

小结

1.绩效评价指标主要衡量了公司的盈利能力、营运能力、流动性和杠杆水平。

2. 净资产收益率是一个综合性的绩效评价指标，它衡量了相对于公司的股东权益所产生净利润的能力。

3. 如息税前利润率和投入资本回报率等盈利能力指标，衡量了公司耗费一定费用来赚取营业利润的能力。

4. 营运能力指标衡量了公司对资源的利用效率，包括管理固定资产（固定资产周转率）、存货（存货周转天数）、应收账款（应收账款周转天数）和应付账款（应付账款周转天数）的能力。

5. 流动比率和速动比率等流动性指标，衡量了公司偿还其短期债务的能力。

6. 债务-权益比率和保障比率等杠杆指标衡量了公司偿还其短期债务的能力，以及对债务的整体最优利用的能力。

7. 公司的年度报告主要包含关键财务报表、对业绩和前景的管理层讨论，以及可以帮助解释比率分析的额外财务细节。

附加读物与信息

1. 关于会计准则的介绍详见：Horngren，Charles，Walter Harrison，Jr.，and Suzanne Oliver，*Accounting*，9th ed.Boston：Prentice Hall，2012.

2. 关于解读企业财务报表的理论背景和分析工具请见：Omiston，Aileen，and Lyn Fraser.*Understanding Financial Statements*，10th ed.Boston：Prentice Hall，2013.

3. 美林证券公司发布的财报阅读指南请见：Merrill Lynch.*How to Read a Financial Report*.New York：Merrill Lynch，Pierce，Fenner & Smith，2000.

4. “股神”巴菲特“致股民的一封信”汇编（自1977年每年一封）请见：http：//www.berkshirehathaway.com/letters/letters.html.

5. 关键财务比率的分行业数据请见：Dun & Bradstreet Industry Norms & Key Business Ratios.

6. 美国证券交易委员会的10-k报表可在EDGAR系统中查阅：http：//www.sec.gov/edgar.shtml.

练习题

1.Star公司第一年的收入为8 000万美元，净利润为900万美元，资产为6 500万美元股东权益为4 000万美元；第二年的收入为8 700万美元，净利润为2 200万美元，资产为7 000万美元，股东权益为5 000万美元。利用杜邦分解法计算公司两年的净资产收益率，与直接法计算的结果相比较，并解释公司在第一年和第二年净资产收益率变动的原因。

2.Nextime有限公司的营业利润（息税前利润）为8 700万美元，税率为35%，净营运资本为12 900万美元，固定资产为28 500万美元。计算公司的投入资本回报率，并描述提升投入资本回报率的三种方法。

3.BE公司的固定成本为5 000万美元，毛利率为18%。为了达到收支平衡，它必须达到的销售水平是多少？

4.Fixem有限公司的营业收入为12 500万美元，财产和设备为4 200万美元，累计折旧和摊销为600万美元。计算其固定资产周转率。

5.Wally公司营业收入为487 000美元，年末应收账款为112 000美元，应付账款为70 000美元，存货为91 000美元。假设购买额与销售成本相等，为372 000美元。计算公司的存货周转天数、应收账款周转天数和应付账款周转天数。

6.Quick-E 有限公司的流动资产包括现金500万美元，应收账款2 700万美元，存货3 700万美元，以及流动负债4 800万美元。计算该公司的流动比率和速动比率。

7.Deb公司的有息债务为12 200万美元，非有息债务为3 300万美元，股东权益为7 600万美元。计算公司的资产负债率、债务-权益比率和长期债务资本比率。

8.IOU公司的息税前利润为58 000美元，折旧和摊销为12 000美元，利息费用为21 000美元，本金偿还为17 000美元，税率为35%。计算该公司的利息保障倍数和偿债保障倍数。

9.用图表3-2中家得宝2010年和2011年的资产负债表和图表3-3中的利润表的信息，逐一计算图表4-4中家得宝2010年和2011年的各项比率，并标明每个比率的分子和分母，检验原答案。

10.哪一类财务报表提供了与留存收益的变化以及股票回购的相关信息？

第5章　日常现金流的管理

学习目标

目标5.1　解释现金流动循环的内涵以及如何定义现金的来源和使用。

目标5.2　解释如何管理存货、应收账款和应付账款。

目标5.3　描述短期融资的不同形式。

目标5.4　解释日常现金流管理对管理者的重要性。

本章是主要关注企业绩效评估的4个章节中的最后一章。在之前的3个章节中，我们了解了一些能够帮助评估企业财务状况的长期因素和方法，如整体经济状况和年度财务报表。第5章将通过考虑日常现金流的管理把注意力转向短期。正如在第1章和第4章中所讨论的那样，一个公司的现金流入和流出可以从经营活动、投资活动和融资活动中产生。对于任何公司而言，妥善管理这些现金的流入和流出是它们成功的关键要素，不仅要考虑短期因素，也要考虑长期因素。事实上，日常现金流管理对一个公司的长期财务需求具有重要影响，这是因为如果公司没有谨慎地管理现金流而使增长速度过快，就有可能需要过度依赖外部融资，如银行贷款。

本章首先对一个企业的典型的现金流动循环进行了简单描述，因为它试图实现现金流入（或现金来源）和现金流出（或现金使用）之间的平衡。在这之后，考察与经营活动或营运资本相关的现金流，主要针对存货管理、应收账款管理和应付账款管理。接下来，对短期融资机制进行讨论。

为了了解本章内容与全书统一主题之间的关系，首先必须回顾企业内部的3个关键决策领域：经营、投资和融资。本章主要聚焦于经营决策，特别是那些包含营运资本的决策，因为营运资本与一个公司经营产生的现金流入和现金流出均相关。如图表5-1，经营决策也影响公司的利润增长。

图表5-1　**财务管理框架：关键决策领域**

5.1 现金流动循环

目标5.1 解释现金流动循环的内涵以及如何定义现金的来源和使用。

现金是一个企业的“血脉”，财务管理是所有与平衡现金流入和流出相关的活动。平衡现金流特别重要，因为它不仅与企业的经营决策相关，而且也对公司的投资和融资决策产生影响。**现金流动循环**，也称为**现金转换周期**（cash flow cycle（cash conversion cycle））[①]，图表5-2是对现金流动循环的介绍，它显示了一个公司将其投入（例如存货）转换成现金所花费的时间长度，解释了将赊销转换成现金以及对供应商的支付。因此，现金流动循环的概念是一个通过销售来产生现金，利用供应商提供的信贷来储存现金，以及通过存货投资和为客户提供信贷的方式来使用现金的持续过程。

为了更好地理解一个企业的现金流与经营、融资和投资决策之间的联系，首先列举一个新创办企业的案例，然后详细地考察案例企业的现金流动。在案例叙述过程中，将介绍**复式记账法**（double entry bookkeeping（dual entry accounting））[②]，在该法下，每一笔交易或事件都至少会影响两个会计科目，并遵循着简单的会计等式：**资产=负债+所有者权益**。

假设Anne Treprenoor用她自己的1000美元投资了一个新公司，名为Kwik Koffee。Anne计划购买预先包装好的咖啡用于办公室。然后，她打算将咖啡卖给那些距离她市区的家在步行范围之内的办事处。起初，Anne计划完全以现金的形式经营，因此第一步是将她1 000美元的启动资金存入了Kwik Koffee的银行账户中。在这里，Anne作了一个融资决策，将她的权益资本投资到一个企业中。Kwik Koffee的期初资产负债表如图表5-2所示。

图表5-2 **Kwik Koffee的期初资产负债表**

资产		负债和所有者权益	
现金	$1 000	负债	$0
存货	0	初始所有者权益	1 000
总资产	$1 000	**负债和所有者权益总计**	$1 000

接下来，Anne做了一个投资决策，购买了1 000美元的咖啡包作为期初存货(需要注意的是，这与大多数投资决策是不同的，例如购买固定资产这样长期性资产的决策)。她希望以购买价格的两倍将这些咖啡包出售。Kwik Koffee在Anne期初存货投资之后的资产负债表如图表5-3所示。此时，公司的总资产仍保持与期初一致，但现金账目减少了1 000美元，存货账目增加了1 000美元。在图表5-3和其他图表中，框和箭头表示改变的数量和方向——在这个案例中，1 000美元由现金转变成存货——而向上或向下的箭头表示账目的增加或减少。在本例的复式记账系统中，现金的减少与存货的增加相互抵消，总资产（和所有者权益）不变。

① 现金流动循环（现金转换周期）：企业在经营中从付出现金到收到现金所需的平均时间。

② 复式记账法：对每项经济业务按相等的金额在两个或两个以上有关账户中同时进行登记的方法，其理论依据是“资产=负债+所有者权益”的会计等式。

图表5-3　　Kwik Koffee第一次购入存货后的资产负债表

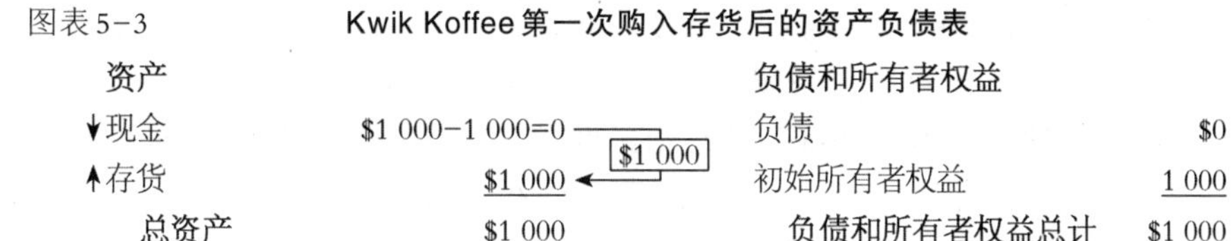

资产		负债和所有者权益	
↓现金	$1 000−1 000=0	负债	$0
↑存货	$1 000	初始所有者权益	1 000
总资产	$1 000	负债和所有者权益总计	$1 000

第二天，Anne花了一早上时间给各个办公室打电话，最后拿到了比期初存货更多的订单。随后，Anne给她的咖啡供应商打电话，要求再额外增加500美元的库存，并答应供应商用下周的销售收入支付这500美元的费用。供应商同意了Anne的请求。Kwik Koffee此时的资产负债表如图表5-4所示。需要注意的是，公司的资产和负债都增加了500美元。在资产方面，存货从1 000美元增加到1 500美元；而在负债和所有者权益方面，负债也随之增加（因为之前是零），现在的应付账款是500美元。箭头显示的是，应付账款增加，与之对应的库存也随之增加。与之前一样，Kwik Koffee的资产负债表仍然保持平衡。

图表5-4　　Kwik Koffee第二次购入存货后的资产负债表

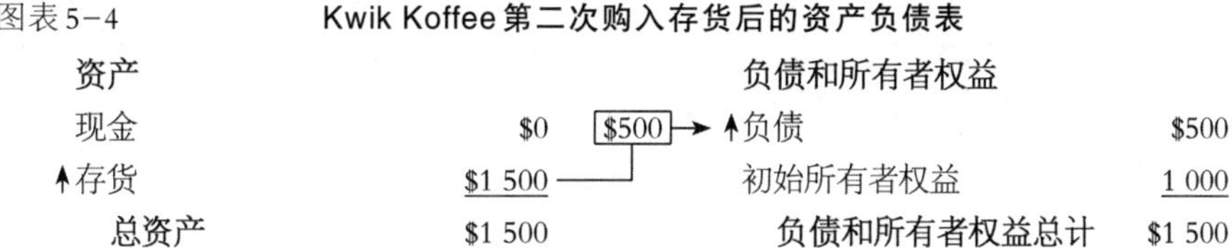

资产		负债和所有者权益	
现金	$0	↑负债	$500
↑存货	$1 500	初始所有者权益	1 000
总资产	$1 500	负债和所有者权益总计	$1 500

在接到第二笔订单之后，Anne通过公司的经营活动将其1 200美元的存货转换成了2 400美元的销售收入（注意，这里的存货售出价格是购入价格的两倍）。在这2 400美元之中，她收到了400美元的现金。Anne答应赊销给客户，他们同意在下周前支付剩余的2 000美元。因此，Kwik Koffee的存货减少了1 200美元，从1 500美元降为300美元。同时，公司的现金从0美元增加到400美元，应收账款从0美元增加到2 000美元。对于这个简单的例子，如果忽略税收，意味着Anne的1 200美元的利润导致留存收益增加了1 200美元（从之前的0美元）。在一天结束时，Kwik Koffee的资产负债表和利润表如图表5-5所示。请注意，Anne的所有者权益等于她期初投资的1000美元加上她的留存收益1 200美元，总值为2 200美元。

图表5-5　　Kwik Koffee在首次销售和回款后的资产负债表和利润表

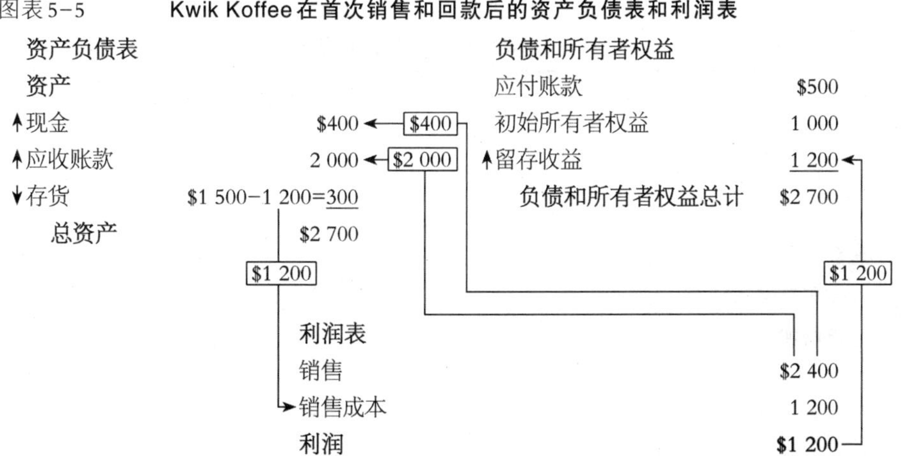

资产负债表		负债和所有者权益	
资产		应付账款	$500
↑现金	$400	初始所有者权益	1 000
↑应收账款	2 000	↑留存收益	1 200
↓存货	$1 500−1 200=300	负债和所有者权益总计	$2 700
总资产	$2 700		

利润表	
销售	$2 400
销售成本	1 200
利润	$1 200

图表5-5中的简单例子展示了现金流量的周转。现作如下总结：Anne投资的股

权资本使得Kwik Koffee的资产负债表中的现金账目从最初的0美元增加到1 000美元，后因首次购买存货而下降至0美元，接着当Anne以现金的形式收到部分销售收入时，现金账目又升至400美元；由于赊销，公司的应收账款升至2 000美元；因增加了额外的存货，资产负债表中存货由最初Anne购买的1 000美元增加到1 500美元，后因Anne第一天的销售下降了1 200美元，变为300美元；在资产负债表的右侧，当Anne以赊购形式第二次购买存货后，Kwik Koffee的应付账款增至500美元；最后，在利润表中，2 400美元的销售收入减去1 200美元的销售成本等于总利润1 200美元。正如箭头所示，这些利润使得Anne的所有者权益增加了1 200美元，从最初的1 000美元增至2 200美元。

请注意，列示于资产负债表左侧的资产代表了Anne所有的投资活动。在这个例子中，Kwik Koffee的流动资产、应收账款和存货与公司的经营活动直接相关。如果未来Anne决定购置一辆汽车或者用于储存材料的设备，那么将算作固定资产的投资。任何这样的投资决策都应建立在Anne能够获得预期回报的基础上。例如，如果Anne预期购置汽车可以让她在更快的时间内给更大范围的地区配送从而获得更多的销售，那么她可能会决定购买一辆汽车。

相较而言，列示于资产负债表右侧的负债和所有者权益代表了Anne的融资活动。但是，通过应付账款实现的部分融资直接与公司的经营活动相关。大多数融资决策涉及长期债务与股权的混合（这将在第11章介绍）。如果Anne决定购买一些主要的固定资产，她可能需要与银行建立关系并获得银行贷款。在这种情况下，Anne会发行长期债务而不是向她的供应商寻求短期借款。

最后，在图表5-5中间的Kwik Koffee的利润表代表了公司经营活动的结果。需要注意的是，利润表连接了资产负债表的左右两边。

第3章介绍了财务状况变化表——也被称为资金来源和使用报表。财务状况变化表定义了公司从何处获取现金以及这些现金流向何处。图表5-6为Kwik Koffee创建了这样一个报表，这个报表主要关注资产负债表如何随时间变化，它有助于凸显现金对每一个项目的影响。与第3章所描述的现金流量表不同，财务状况变化表并不是以经营活动而是以对现金的正负影响为基础将各个项目聚集在一起。

图表5-6　**Kwik Koffee 的财务状况变化表**

现金来源	
应付账款增加	\$500
留存收益增加	1 200
	\$1 700
现金使用	
应收账款增加	\$2 000
存货增加	300
	\$2 300
现金增加（减少）	\$（600）
期初现金	1 000
期末现金	\$400

图表5-6显示了Anne的现金（或投资能力）来自于其供应方提供的赊销和商业获利（如Kwik Koffee的留存利润所示）。图表5-6也显示了Anne的现金用于为顾客提供赊销以及购买存货。由于Anne使用的现金超出了她的现金来源600美元，她的现金余额由1 000美元减少到400美元。

总之，在考察财务状况变化表时，可以发现公司潜在的现金来源是其潜在现金使用的反映。图表5-7总结了多种潜在现金的来源和使用。

图表5-7 **潜在的现金来源与使用**

现金来源
流动资产的减少，如应收账款和存货
流动负债的增加，如应付账款（更慢的支付速度）
固定资产和其他投资的减少（廉价出售）
长期贷款的增加（贷款或发行债券）
留存收益的增加（利润）
所有者权益的增加（发行普通股）
现金使用
流动资产的增加，如应收账款和存货
流动负债的减少，如应付账款（更快的支付速度）
固定资产和其他投资的减少（购买和并购）
长期贷款的减少（偿还本金）
留存收益的减少（损失）
所有者权益的减少（股票回购）

5.2 营运资本管理

目标5.2 解释如何管理存货、应收账款和应付账款。

与公司的经营活动相关的现金流主要影响公司的流动资产和流动负债。特别地，受这些现金流影响的两个关键流动资产项目是存货和应收账款。而受影响的流动负债关键项目则是应付账款。对这三个项目（存货、应收账款和应付账款）的管理被一同称为**营运资本管理**（working capital management）[①]。在分析这三个项目的关系之前，首先了解一些关于每个项目的收益和成本的背景知识。

5.2.1 存货管理

存货管理常见于经营管理而不是财务管理的书籍中，但是，财务经理对存货管理有基本的了解也是很重要的，因为他们有责任为购买存货而安排必要的融资。

① 营运资本管理：管理有关流动资产与流动负债的短期决策的过程。

存货会影响一个公司的销售，进而影响其获利能力。如果公司没有充足的存货，这就是一种机会成本。以此类推，获利能力影响整个公司的价值，因为投资者渴望对那些有可观利润的公司进行更多的投资。对于那些产品需求具有周期性波动的公司而言，存货是一个尤为重要的因素。例如，从11月末到12月，许多零售商都会经历由假期所带来的巨大的产品需求，因此，面对预测销售的增加，它们需要在10月和11月初期填充库存。

深入讨论：存货管理系统

大零售商会从世界各地采购上千种、价值数十亿美元的产品。例如，沃尔玛（Walmart）拥有一百多万种可利用产品，超过400亿美元的存货由来自世界70多个国家的供应商提供。鉴于体量如此庞大的投资和物流活动，一个高效和有效的存货管理系统就显得十分重要。存货管理的目标是在满足顾客需求（保持满足顾客所需的充足存货量）与满足公司维持尽可能少存货量的财务需求之间寻求平衡。存货管理系统必须能够追踪销售活动和可用存货，与供应商沟通以及当产品再订购时与批发商沟通。最近的技术创新包括使用射频识别技术来传送产品信息。一种被称为供应商管理的系统，使得供应商或销售者有责任通过与零售商紧密合作，从而保持存货的供应。

鉴于存货所占用的成本，许多存货管理系统都努力实现仓储数量的最小化，例如，适时存货管理系统。一个多世纪前，一个用来定义经济订购量（the economic order quantity）或EOQ的框架被开发出来，用来最小化存货的持有成本和订货成本。这个程序对购买价格、订货量、需求、订货成本以及储存成本作出了解释。总之，管理者必须权衡任何一个存货管理系统的成本和收益。

来源：本讨论基于“How Inventory Management Systems Work,” by Time Crosby, July 23, 2007, HowStuffWorks.com, http://money.howstuffworks.com/how-inventory-management-systems-work.htm（accessed January 16, 2013）.对EOQ的原始讨论请见“How Many Parts to Make at Once,” by Ford W.Harris, 1990（reprint from 1913）, Operations Research（INFORMS）38, pp.947-950

因此，维持一定存货数量具有一些潜在的益处，但是显然也会产生费用。一方面，公司必须花费金钱订购和获取存货。有时候，公司的现金会被不必要的存货所占用，并且需要对其支付保险和储存费用。此外，如果一种特殊产品的需求量有变化，公司会面临因产品淘汰而蒙受损失的风险。因此，正如本部分接下来的内容所讲，管理存货涉及存货可用性的好处与各种财务方面的顾虑之间的权衡。

5.2.2 应收账款管理

应收账款，或客户的信贷展期，也被称作**商业信用（trade credit）**[①]。若一个公司仅以现金模式销售，那么将没有应收账款。在提供商业信用的公司中，典型的赊销条件是允许客户在30天内偿还（有时会更长），它们也经常鼓励客户提前偿还欠款，有时为在10天内偿还欠款的客户提供2%的折扣。在这个例子中，赊销条件可以记为

① 商业信用：允许延期付款，对客户提供信贷的做法。

“2/10 N30”（意味着客户需在30天内支付全额欠款，若在10天内支付将会得到2%的折扣）。

赊销的好处是能够维持公司在同行业中的竞争力。因此，提供赊销有助于促进公司的销售增长。提供赊销的成本是公司将延期收到客户的现金。同时，提供给立即支付的客户的任何折扣都意味着机会成本，这将导致收入降低。为了权衡这些收益与成本，建立明确的应收账款管理政策十分重要。例如，公司需规定是否为所有的客户都提供相同的赊销条件，如收回欠款的期限是多长，以及当客户偿还欠款缓慢时应如何管理应收账款。需要注意的是，赊销条件不仅取决于公司所提供的产品和服务，也取决于公司所在的行业，这就是为什么不同的行业和公司应收账款（应付账款）的期限往往会有所不同的原因。

深入讨论：账龄分析表和坏账

一个公司有多大可能收回所有的应收账款以及它如何为发生的坏账作准备？账龄分析表可以记录一个公司最近的应收账款情况。例如，下表所示的是公司允许其顾客在30天内偿还欠款的分类账目：

未偿付天数（天）	金额（元）	百分比（%）
1～30	872 000	59.2
31～60	348 000	23.6
61～90	143 000	9.7
91～120	78 000	5.3
120+	32 000	2.2
总计	1 473 000	100.0

可以看到，公司59%的应收账款是最近的——换句话说，没有超过到期日。另外24%的应收账款已过期一个月或刚刚过期。剩下的17%的应收账款已过期超过一个月，其中有2%的已超过3个月。公司可能需要调查为什么经过这么长时间这些延迟的应收账款仍然没有收回。例如，有可能其中一个客户发生了财务危机并且进入了破产程序，这样公司被偿还的可能性极小。如果是这样的情况，那么公司能够预测坏账产生并且可能考虑用坏账费用来销账。根据以往的经验，大型公司可能预测一些应收账款需要被注销，并且考虑为每年的坏账准备作预算。

5.2.3 应付账款管理

应付账款是应收账款的“对立面”，因为卖方公司提供商品或服务的应收账款正是获得那些产品或服务的买方公司的应付账款。对于这个案例中的应收账款，供应商通常提供给客户的赊销条件为“2/10 N30”，意味着客户需在30天内支付全额欠款，若在10天内支付将会得到2%的折扣。根据公司与其供应商之间的关系，公司也可以超出期限推迟付款（如30天的期限）。换句话说，供应商为了维护客户可以对其拖延支付的行为睁一只眼闭一只眼。在供应存在竞争的行业中，这样的做法是尤为正确的。

公司将应付账款作为短期资金的好处是能够推迟已获得产品或服务的支付。潜在的成本则是公司有可能不能获得提早支付的折扣。

5.2.4 应用：家得宝

为了更好地理解营运资本管理如何能够影响公司的现金流以及一些简单的营运资本管理工具的作用，本部分将列举两个案例：首先，构建一个虚拟公司来搭建一个平台；接下来，通过对比家得宝（Home Depot）公司与它的主要竞争者劳氏（Lowe's）公司，来识别出一个价值10亿美元的真实机会。

深入讨论：放弃应付账款折扣的成本

假设你的供应商向你提供了"2/10 N30天"的支付条件。你从供应商那里购买了1 000美元的货物，并已收货。你目前拥有利率为7%的信用额度。你手头没有现金能够在10天之内支付给供应商来获得2%的折扣。那么，放弃应付账款折扣的机会成本是多少？

从另一个角度看，可以把应付款项当作一项贷款：事实上，你向你的供应商"借了"980美元，并且10天之内可以零"利息"偿还。若你不想在10天之内偿还，那么你有额外的20天偿还，并需要支付20美元"利息"。换句话说，从应付账款的赊销条件来看，在30天内你欠供应商1 000美元。

可以计算出"贷款"的隐含年"利率"如下所示：

（20美元/980美元）×（365天/20天）=0.37或37%

20美元即为"利息"，980美元为"贷款"的价值，20天为"贷款"的期限，因此如果用利息除以贷款价值并且将其按年折算，就会得到较高的机会成本37%。换句话说，如果没有利用现金折扣，那么就是放弃37%的"回报"。如果存在7%的可用信用额度，那么采用借款来获得现金折扣是有意义的。

1.Orange Computers和Little Orange Computers

本部分将以一家名叫Orange Computers的公司（OCI）为例。该公司是一家个人电脑制造商，为了生产电脑，它必须购买各种原材料，包括中央处理器和硬件。OCI公司收到了这些预定的原材料并获得了供应商的赊销条件，例如其可在30天内偿还。这些原材料则成为OCI的存货并将在接下来的几周被装配。在完成装配之后几周或几个月之内，产成品可能被储存在OCI的仓库中，直到被卖给零售商。OCI为这些零售商提供赊销，如在30天内完成支付。

假设OCI的生产规模很大并且可以在不同的供应商之间进行选择，那么它可根据一些因素来选择它的供应商，包括可行的赊销条件等。尽管供应商规定的偿还期是30天，但在实际中，OCI可以在平均45天的期限内偿还。在生产领域，OCI拥有有效的经营程序和存货管理系统，并且试图在几天之内完成一台电脑的装配。同时，公司通过应用适时存货管理系统最小化其产成品存货量，依靠该系统可使存货水平尽可能地降低。因此，公司的平均存货周转期仅为15天。最后，考虑到OCI在行业中的地位以及产品的高需求，公司的客户（零售商）通过在30天期限内支付购买电脑的货款以努力维持与OCI的良好关系。

利用这些信息，通过第3章中描述的三个重要的比率：存货周转天数、应收账款周转天数和应付账款周转天数而粗略估算出OCI的现金流动循环。

◆ 存货周转天数，在这个例子中是15天，表明OCI从获得原材料到出售由这些原材料生产出的产成品的时间。

◆ 应收账款周转天数，在这个例子中是30天，表明OCI从赊销给它的客户到收到客户所付现金的时间。也被称为收款期。同时考虑OCI的存货周转天数和应收账款周转天数，意味着从公司获得原材料到其收到出售由这些原材料生产的产成品所获现金的时间是45天。这个时间周期表示现金流动循环的现金流出（或现金使用）部分。

◆ 最后，应付账款周转天数指的是OCI在订购原材料后花费多长时间对供应商进行支付——在这个例子中是45天。这个周期代表现金流动循环的现金流入（现金来源）部分。

在这个例子中，正如图表5-8中所显示的，OCI营运活动中产生的现金流入和流出是平衡的。这个结果表明OCI通过匹配流动负债中的应收账款和流动资产中的存货及应收账款，总体上可以有效地管理日常经营活动。

图表5-8　**OCI的营运现金流动循环**

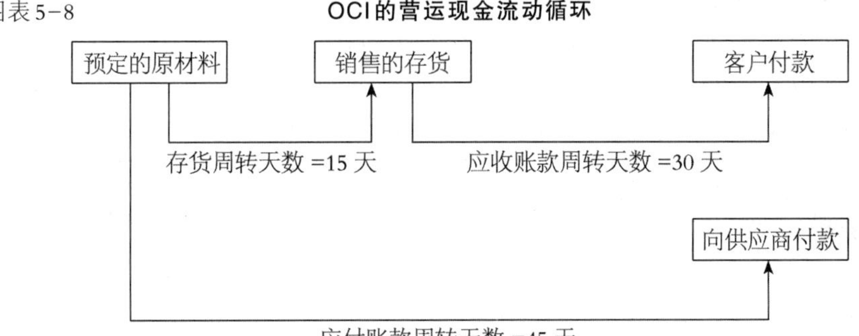

现在，我们将考察同行业中的另一家公司Little Orange Computers（LOCI）。假设LOCI比OCI的生产规模小很多，并且没有选择供应商的机会。考虑到这些因素，LOCI只能从某一家供应商购买原材料并且必须严格遵守30天的支付条件，否则它便会失去该供应商。此外，LOCI的经营程序不像OCI那样有效并且存货管理系统比较简陋。因而，公司的平均存货周转期为45天。最后，考虑到LOCI在行业中规模较小并且缺少声誉，它的客户（零售商）可以将其支付期限延长到40天而不是规定的30天。

因此，在现金流动循环的“现金来源”部分，一旦LOCI预定了原材料，它将花大约30天的时间支付给供应商，以应付账款天数来计量。然而，公司的现金流出需要更长的时间，估计为存货周转天数（45天）与应收账款周转天数（40天）之和，总现金流出周期为85天。LOCI的营运现金流动循环如图表5-9所示。

请注意，在图表5-9中，在支付给供应商的时间与收到客户支付货款的时间之间有一个55天（均值）的缺口，称之为**营运资金缺口（working capital gap）**[①]。LOCI

① 营运资金缺口：要求支付给供应商的时间与收到客户付款时间之间的差值（以天计）。

图表 5-9　　**LOCI的营运现金流动循环**

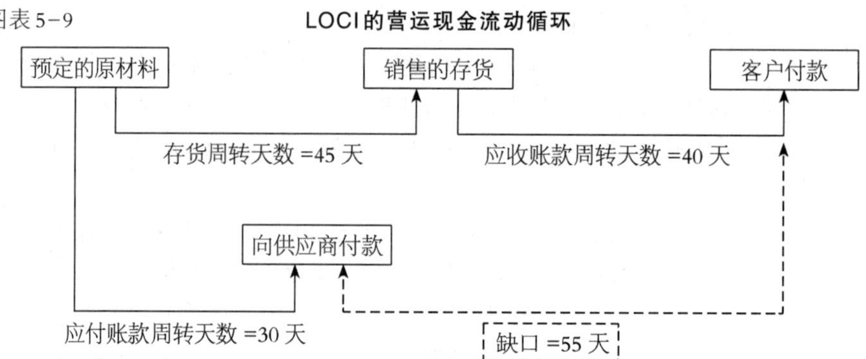

必须通过借款使其在收到客户支付的现金之前偿还其供应商，从而弥补该缺口，可能的借款方式是通过银行**信用额度**（line of credit）[①]或循环短期贷款。随着LOCI收入的增长，由于营运资本需要更多的现金投资，为弥补资金缺口而产生的财务负担会更大。此外，该分析不考虑其他收入增长的影响，例如需要增加厂房和设备的资本支出等。

2.家得宝

本部分转向对家得宝和劳氏公司的比较，调查真实公司的营运资金缺口并发掘一个简单的数十亿美元的商机。通过“测量财务业绩”显示的2012年管理资源（或营运资本）比率，可以找出每个公司的存货周转天数、应收账款周转天数以及应付账款周转天数，如图表5-10所示。

图表 5-10　　**家得宝和劳氏公司的营运资金缺口**　　单位：百万美元

	家得宝	劳氏
存货周转天数		
存货（Inv）	10 325	8 355
销售成本（CoS）	46 133	32 858
存货天数=Inv/（CoS/365）	=81.7天	=92.8天
应收账款周转天数		
应收账款（AR）	1 245	0
销售	70 395	50 208
应收账款周转天数=AR/（销售/365）	=6.5天	=0天
应付账款周转天数		
应付账款（AP）	4 856	4 352
采购（假设CoS）	46 133	32 858
应付账款周转天数=AP/(CoS/365)	=38.4天	=48.3天
营运资金缺口		
存货周转天数+应收账款周转天数−应付账款周转天数	81.7+6.5−38.4 =49.7天	92.8+0−48.3 =44.5天

① 信用额度：银行和公司之间的协议，规定在指定期间的任意时间公司可以借款的最大额度。

如图表5-10所示，家得宝拥有49.7天的营运资金缺口（存货周转天数81.7天加上应收账款周转天数6.5天减去应付账款周转天数38.4天）。相反，劳氏拥有稍微较短的营运资本缺口44.5天（存货周转天数92.8天加上应收账款周转天数0天减去应付账款周转天数48.3天）。拥有较大缺口以及因此导致的更多现金被营运资本占用所产生的影响是巨大的。

表面上，营运现金流管理显得很简单。如果一个公司面临缺口，有三种明显的方法可以减小或消除缺口，从而降低公司的融资需求：

1.减少存货周转天数。

2.减少应收账款周转天数。

3.增加应付账款周转天数。

例如，在2012年，劳氏的存货天数为92.8天，用公司的年末存货835 500万美元除以日平均销售成本9 000万美元（前文已述，公司的日平均销售成本是用年销售成本3 285 800万美元除以365天所得）。如果劳氏能够降低存货周转天数，从92.8天减少到接近家得宝的平均存货天数81.7天的某一天数，那么劳氏就可以减少被存货占用的现金。可以估算出存货数量，如下：

存货周转天数=期末存货/（销售成本/365天）

为了计算期末存货重新整理公式可得：

期末存货=存货周转天数×（销售成本/365天）

=81.7天×（3 285 800万美元/365天）

=81.7×9 000万美元

=735 300万美元

这就是劳氏公司面临的数十亿美元的商机。基于735 300万美元的新存货水平，劳氏将会空出100 200万美元（835 500万美元减去735 300万美元），然后这些现金可能会被分配到其他地方用来赚取利润——例如通过扩张额外的零售商店（没有额外的融资需要）；减少现有的借款从而减少利息费用；向股东支付特殊的股利等。可以进行一个相似的减少应收账数或增加应付账款的练习。腾出现金是减少存货数量、减少应收账款周转天数和增加应付账款周转天数的主要益处。

深入讨论：不同行业的营运资本管理比率

一个公司的营运资金缺口等于其存货周转天数加上应收账款周转天数减应付账款周转天数。缺口的大小取决于以下三个因素中的任意一个：公司拥有多少存货、公司收回应收账款的速度以及偿还供应商的期限。本部分试图在不同行业、不同性质的企业中观察这三个因素。

下面的表格展示了不同行业的各种公司的平均营运资金缺口。在这个表格中，可以看到在平均存货周转天数方面有很大的差距，从麦当劳(McDonald’s)的两天（考虑到人们希望食物是新鲜的，因此这并不令人感到惊讶）到房产公司莱纳(Lennar）的大于一年。另外需要注意的是，对于倾向于预付的行业，其平均应收账款周转天数都很少，如航空业，或者主要以现金经营的行业，如食品零售行业(请注意，即使客户是用信用卡支付给零售商，也同现金交易一样，因为当信用卡公司收到信用卡的收据时，其会支付零售商现金）。最后，在表格所示的这些公司中，平均应付账款周转天数取决于供应商提供的信用条件以及每一个公司与其供应商的关系程度。

通过这个表格可以看到，所选公司的营运资金缺口范围从西南航空公司(Southwest Airlines)的−9天（这意味着公司提前很长时间获得许多顾客的预付款并且花更长的时间才支付给供应商）到莱纳（Lennar）的大于一年。对于表中的其他公司，正的缺口意味着需要营运资本投资。

公司	行业	存货（周转天数）	应收账款（周转天数）	应付账款（周转天数）	缺口(周转天数)
西南航空	航空	7	6	22	−9
喜互惠(Safeway)	食品零售	22	5	22	5
麦当劳	餐饮	2	18	14	6
百思买集团	特产	40	15	38	17
阿博菲奇(Abercrombie&Fitch)	服装零售	39	11	18	32
艾尔建(Allergan)	制药	17	47	16	48
喜达屋酒店(Starwood Hotels)	酒店	58	36	10	84
孩子宝(Hasbro)	玩具	33	86	12	107
波音公司（Boeing）	航天	138	29	43	124
莱纳（Lennar）	房产	493	4	20	477

注：fiscal years ending in 2010

来源：Bureau van Dijk OSIRIS Industrials−Financials database

当然，减少存货数量、减少应收账款周转天数以及延长应付账款周转天数也存在潜在的成本。为了保持竞争力，零售商可能需要保持很大的库存量来确保客户能够有更多的选择。在应收账款方面，自由赊销条件可以对销售起到积极的作用，特别是当经济条件不景气或者利率更高的时候。在应付账款方面，根据供应商的实力，公司可能无法延长规定的支付期限，需立刻对供应商支付货款。此外，关于应付账款，供应商经常为快速偿还货款提供现金折扣——例如，10天之内的偿还而不是按规定的30天偿还可以获得2%的折扣——这样可以吸引客户尽快偿还欠款而不是延长支付期限。因此，本章所讨论的营运资本管理（也就是存货、应收账款和应付账款）又与“评估企业：非财务视角”一章中的企业评估过程审查有关，那一章强调了在制定可选战略之前了解经济和行业情况的重要性。尽管如此，还是可以看到许多公司加大对营运资本管理的投入力度而不是仅仅关注固定资产投资。

5.3 短期融资

目标5.3　描述短期融资的不同形式。

财务管理者努力遵守的一个重要原则是使资金的来源和使用相匹配。例如，如果一个公司购买一项固定资产，如一个能够使用20年的设备，那么这项资产应该通过长期贷款进行融资。那样的话，公司可以将固定资产带来的现金流入与由融资产生的现金流出相匹配。类似的，如果一个公司有短期需求，例如与季节销售有关的需求，那么短期融资则较为合适。

目前为止，本章已经研究了作为公司经营周期的一部分所产生的营运资本需求，用存货加应收账款减应付账款表示。尤其是已经测量了在特定时间这三者之间的缺口（例如，在2012年1月31日公布的家得宝财务报表中，公司的营运资本缺口是49.7天）。然而，如果我们要在这一年的不同时间来测量这个缺口，它将会更大。例如，在家得宝增加存货时将会出现更大的缺口。

因此，需要区分永久营运资本需求和暂时营运资本需求。假设缺口保持每年一致，或者缺口在一年内有变化，则暂时的需求应该通过短期融资来满足，而长期的需求应该通过长期融资如长期贷款或发行股票来满足。短期融资有各种各样的来源——包括银行贷款、商业票据和银行承兑汇票——接下来的部分将对每一种来源进行详细介绍。

5.3.1 银行贷款

银行贷款是最常用的短期融资资源，特别是对于中小型的公司，它通过商业银行获取。银行贷款通常是以**本票**（promissory notes）①的形式，它是公司答应在特定日期以特定利率偿还银行某一金额的一个简单的承诺或借据。利率可能是固定或变化的。固定利率作为贷款条件的一部分，在贷款期间保持不变。可变利率通常与特定的标准有关，如银行**最优惠利率**（prime rate）②——或者是为最有信誉的客户提供的利率。例如，一种贷款的利率可能比银行最优惠利率高1.5%。最优惠利率会根据银行决策而随时变化，并且它们通常会与中央银行利率的变化保持一致。另一个普遍使用的标准利率，特别是在欧洲，是伦敦银行同业拆借利率，也被称为LIBOR（london inter-bank offered rate）③。银行可以以这个利率向其他银行借款。

除了本票，一个可供选择的银行筹资工具是信用额度（或循环信贷），是指允许借款人按需获取的最大贷款金额。从借款人的角度来讲，循环信贷的优势是只按照实际使用的金额收取利息。公司的信用额度通常按年度更新。最后，另外一种选择是**过桥贷款**（bridge loan）④，或者是在能够保证长期筹资的前提下银行提供的短期贷款。例如，假设一个公司准备注入私募股权，但是在股权交易完成之前它需要现金。在这种情况下，过渡性融资可能比较合适。在这些不同形式的银行贷款中，每一种都可能是有担保或无担保的。

与无担保贷款不同，**抵押贷款**（secured loans）⑤为放款人提供了保护，因为他们有公司的资产作为抵押品。最普遍的抵押形式是如应收账款和存货之类的流动资产抵押。例如，一个银行可能同意以公司应收账款价值的75%和存货价值的50%为上限放

---

① 本票：出票人向收款人签发的，保证即期或定期或在将来某一确定日期，对收款人或其指定人或持票本人支付一定金额的无条件支付承诺。
② 最优惠利率：银行等贷款机构为其最有信誉的客户提供的利率。
③ 伦敦银行同业拆借利率：在伦敦银行市场提供借款的利率，常用作浮动利率的依据。
④ 过桥贷款：在取得中长期贷款前，为满足公司正常运营的资金需要而提供的短期融资。
⑤ 抵押贷款：以公司的资产作为抵押品取得的贷款。

贷。另外一种抵押融资为应收账款**保理**（factoring）[①]，即公司将应收账款以一定的折扣价（如实际应收账款的98%）卖给债务人，然后客户直接将他们拖欠公司的款项支付给公司的债务人。存货也可以直接作为贷款抵押品。放款人扣留公司存货的权力被称为**留置权**（lien）[②]。

5.3.2 商业票据

商业票据（commercial paper）[③]是公司发行的一种短期债务，通常偿还期不超过9个月。这种融资途径通常被用于大规模的、拥有所谓蓝筹股或者高质量的股票、信用评级为A或A以上的公司，因为这种债务是无担保的，或者没有抵押品作保证。鉴于它们的商业地位，这样的公司可以直接避开银行向广大投资者发行债券。通常，这些公司会用循环信贷作为商业票据程序的支撑。

为了更好地理解商业票据的作用，请看家得宝（Home Depot）的例子。尽管在2012年1月31日家得宝没有任何发行的商业票据，但由于需要，公司已经设置了适当的程序准备发行商业票据。根据公司的年度报告，家得宝（Home Depot）在前一年发行的商业票据的最大额度超过了80 000万美元。鉴于年末的商业票据余额为0美元，建议家得宝发行商业票据来满足季度的融资需求。

5.3.3 银行承兑汇票

短期融资的最后一种形式是银行承兑汇票，它最常用于国际贸易，如可用于出口商品的公司。在这种情况下，卖方或出口公司起草合同或者借据发送给买方或进口银行。该借据设定一个特殊的偿还日期——例如，规定进口商在60天之内支付给出口商。接下来，进口商向银行表示它接受对出口商的借款——换句话说，这表明借据是合法的。通常，进口商已经预先安排银行立即接受合同，银行以此为出口商的借款提供担保。因此，如果一个进口商没有能力去支付欠款，银行将会代其偿付（当然，这需要进口商支付费用来获得银行的担保）。这时，该合同就成为**银行承兑汇票**（bankers acceptance，BA）[④]。

案例分析：商业票据和2007—2009年的金融危机

2007年初，商业票据曾是美国最大的短期债务手段，拥有近2万亿美元的未付欠款。商业票据有三种类型。财务商业票据是由拥有庞大体量资产负债表的大型金融机构发行的，无需担保资产作为抵押物的无抵押贷款。这种票据形式占据了2007年度商业票据市场的92%。企业商业票据是由大型的、可信任的、拥有庞大体量资产负债表的非金融公司发行的，同样具有非担保性质。其中主要的发行商有通用电气和可口可乐公司等。

第三类资产抵押型商业票据（ABCP）是导致金融危机的核心。该类型的商

① 保理:企业以折扣价向贷方出售应收账款的过程。
② 留置权：因债务人不能履行合同义务，债权人可以出售其分配的资产的权力或要求。
③ 商业票据：由金融公司或某些信用较高的企业开出的无担保短期票据，偿还期限一般最高不超过9个月。
④ 银行承兑汇票：是由在承兑银行开立存款账户的存款人出票，向开户银行申请并经银行审查同意承兑的，保证在指定日期无条件支付确定的金额给收款人或持票人的票据。

业票据由大型金融机构的分公司或下属公司发行，这些机构被称为“资产负债表外渠道”。“资产负债表外”是指资产和债务不包含在金融机构的资产负债表中，但仍受控于金融机构。以往，这些渠道仅投资于短期资产和相对安全的资产，如金融机构的应收账款等。但到21世纪初期，更多的投资是抵押贷款证券那样的长期资产投资。因此，这些渠道在固定资产与短期抵押型商业票据之间存在着期限错配。这些金融机构当时正面临着投资者停止为ABCP提供资金的潜在风险。在2007—2009年的金融危机中，这种风险成为现实。包括次级贷款市场崩盘和由投资银行Bear Stearns经营的两大对冲基金违约在内的许多事件陆续爆发。ABCP的投资者十分关心资产的质量，很多人停止为到期的商业票据再投入资金。这产生了连锁反应，迫使金融机构寻找其他资金来源。

关键在于当商业票据市场长期被认为是高流动和低风险的，偶尔的危机就会导致暂时性的市场枯竭。当依靠短期资金来满足长期需求时，公司需要保持谨慎。

来源：该讨论基于“When Safe Proved Risky: Commercial Paper during the Financial Crisis of 2007- 3009,” by Marcin Kacperczyk and Philip Schnable, 2010, Journal of Economic Perspectives 24, pp. 29-50

如果出口商由于对方违约而造成损失，客户和银行都有义务进行偿付，因此，银行承兑汇票被认为是高度可靠的。事实上，它们通常被认为是如此值得信赖以至于二级市场也因此发展起来，在这里，银行承兑汇票被用于买卖，并属于**货币市场基金(money market funds)**[①]（一种流动性较强、安全的、用于进行短期投资的共同基金）的一种共同投资。

5.4 对管理者的重要性

目标5.4　解释日常现金流管理对管理者的重要性。

管理日常融资对管理者来说至关重要。若一个公司存在短期融资问题，那么它可能难以长期生存。了解现金的来龙去脉是十分关键的。

当管理与经营活动有关的现金流量时，重要的是认识三个关键杠杆。保持其他条件相同，降低库存水平、减少应收账款和增加应收账款将会缩小被存货和应收账款占用的现金与拖欠供应商的现金之间的营运资金缺口。当然，任何策略都不是永远机会均等的。存货水平对销售产生影响，如果客户没能找到他们想要的产品，那么公司将会失去销售机会。如果公司的收款政策较竞争对手而言过于严苛，那么客户可能会转向竞争对手那里。公司延期支付的能力取决于公司和供应商之间的关系以及公司在交易过程中所掌握的相对优势。此外，延长偿还期限还会产生很高的机会成本，因为延长支付会失去现金折扣。

所有投资者都寻求投资的高回报，因此像投资资本回报率（ROIC）这样的评价工具为衡量业绩提供了重要的标准。对管理者而言，评估投入资本的数量十分重要，对此需要依据企业性质，对于一些企业而言，也许大部分都投入到净营运资本中（与

① 货币市场基金：一种流动性较强、安全的用来进行短期投资的共同基金。

固定资产的投资相比)。通过更有效的营运资本管理——例如，更好的存货管理——公司有可能会减少在营运资本方面的资金占用，从而可以将现金重新分配到其他地方或者退还给投资者。

小结

1.财务状况变化表调节公司所有的现金流入和流出，凸显了公司在一个年度中的现金来源与使用。

2.资产的减少以及负债和所有者权益的增加表示现金来源，而资产的增加以及负债和所有者权益的减少则代表现金的使用。

3.营运现金流动循环通过将存货与应收账款周转天数同应付账款周转天数进行比较，可以确定营运资金缺口。

4.减小营运资金缺口可以通过降低存货（或加快存货周转)、减少应收账款（或加快应收账款收付)，以及增加应付账款（或放慢偿还速度）的共同努力来实现。

5.公司可使用的一些短期融资方式包含本票、信用额度、过渡性贷款、商业票据和银行承兑汇票。

附加读物与信息

1.关于会计问题的深入讨论请见：Anthony，Robert，and Leslie Breitner.*Essentials of Accounting*，11th ed.Boston：Prentice-Hall，2012.

2.关于营运资本管理的深入讨论请见：Sagner，James.*Essentials of Working Capital Management*.New York：Wiley，2010.

练习题

考虑Ace公司的财务报表，回答问题1～8：

Ace公司的利润表

单位：千美元

	第1年	第2年
销售额	\$250 000	\$290 000
销售成本	165 000	173 000
边际利润	85 000	117 000
销售和管理费用	68 000	76 000
折旧	13 000	14 000
营运收益	4 000	27 000
利息支出	900	800
税前利润	3 100	26 200
税后利润	1 085	9 170
净收入	\$2 015	\$17 030
支付普通股股利	\$1 000	\$1 000

Ace公司在12月31日的资产负债表 单位：千美元

	第1年	第2年
现金	\$2 400	\$2 800
应收账款	30 000	32 000
存货	18 000	20 000
总流动资产	50 400	54 800
净厂房和设备	20 000	24 000
总资产	\$70 400	\$78 800
应付票据：银行	\$20 185	\$12 555
应付账款	14 000	16 000
总流动负债	34 185	28 555
长期贷款	22 000	20 000
普通股权益	14 215	30 245
总负债和所有者权益	\$70 400	\$78 800

1. 明确每年的现金来源和现金使用情况。创建现金来源和使用报表。
2. 估算每年的存货周转天数。
3. 估算每年的应收账款。
4. 估算每年的应付账款。
5. 估算每年的营运资金缺口。
6. 假设第二年的存货周转天数降低到35天，会释放多少现金？
7. 假设第二年的应收账款周转天数降低到35天，会释放多少现金？
8. 假设第二年的应付账款周转天数增加到40天，会释放多少现金？
9. 一个公司能够减小营运资金缺口的三种途径是什么？
10. 从一个债务人的角度看，商业票据和银行承兑汇票哪一个更安全？为什么？

第二部分

评估未来财务需求

第6章 预测财务需求和管理增长

学习目标

目标6.1 解释如何编制预计利润表。

目标6.2 解释如何编制预计资产负债表。

目标6.3 解释如何编制预计现金预算。

目标6.4 解释如何对预计财务报表进行敏感性分析。

目标6.5 描述可持续增长的定义及其重要性。

目标6.6 解释预测财务需求和管理增长对管理者的重要性。

本书的第2章至第5章从财务和非财务的角度来评估企业当年的经营状况。第6章将注意力转向公司未来的财务问题，主要是以下三个方面：

- 公司未来的预计利润率是多少？
- 公司的预期融资需求是多少？
- 公司正确的销售额增长是多少，以及当销售额增长过快或者过于缓慢时，能得到何种推论？

公司的高级管理人员必须知道公司预期的利润率是多少，在未来需要多少资金以及应该保持何种增长速度，以此来安排合适的融资方案。通常情况下，获取贷款的最佳时机就是不需要贷款的时候。这句话强调了提前作融资计划和在公司急需资金之前进行融资的重要性。请记住，银行和其他的借款者希望公司在其同意借款之前就有良好的计划。**预计财务报表（pro forma financial statement）**[①]是通过预测公司的利润和融资需求所作的简单的预估报表。预计财务报表是公司融资计划中的关键部分。

要知道公司在下一年度需要多少外部融资(External funding required)，一种简单的方式就是计算公司将拥有多少资产、多少负债（不包括外源融资）以及公司拥有的权益是多少，如下列等式所示：

外部融资需求=资产-负债-权益

通过对反映获利能力和留存收益增长的预计利润表的估计，可以估计出预期的权益；通过预计资产负债表，可以估计出预期的资产和负债。而外部融资需求就像一个“塞子”，如从银行获得的贷款，或者是插入在资产负债表中最后一行的科目，用来保证资产负债表的平衡。

本章的讨论将从编制预计利润表和预计资产负债表开始，然后将考察预测的现金预算。这个预算是计算公司预期外部融资需求的另一种方法（尤其是当公司有季节性的需求时）。因为任何形式的预计财务报表都是对未来情况最好的推测，所以我们需要对敏感性分析的重要性进行论述。接下来，将介绍可持续增长率的概念。可持续增长率是公司在保持现有的债务政策（债务与权益的组合）和股利政策（股利支付占收益的固定比重）不变的条件下能够实现的最大增长率。如果公司保持这样的增长率，那么它所需的权益增长仅通过留存收益就能满足。本章也会讨论增长速度过快或者过慢时对可持续增长率的影响。

---

① 预计财务报表：基于“假设”基础的财务报表，如预计利润表和预计资产负债表，通常用作预测。

图表6-1展示了本章内容与全书统一主题之间的关系。可以看到，利润率和融资需求（例如公司需要多少债务融资）都与公司的成长有关。本章将通过预测公司的外部融资（贷款等）需求量来审视公司的财务决策。本章也会关注公司总体的增长和具体的可持续增长，其中，可持续增长与公司的权益报酬率和留存收益比例相关。权益报酬率又取决于公司的利润率、资产周转率和财务杠杆水平。

图表6-1　　**财务管理框架：关注融资和增长**

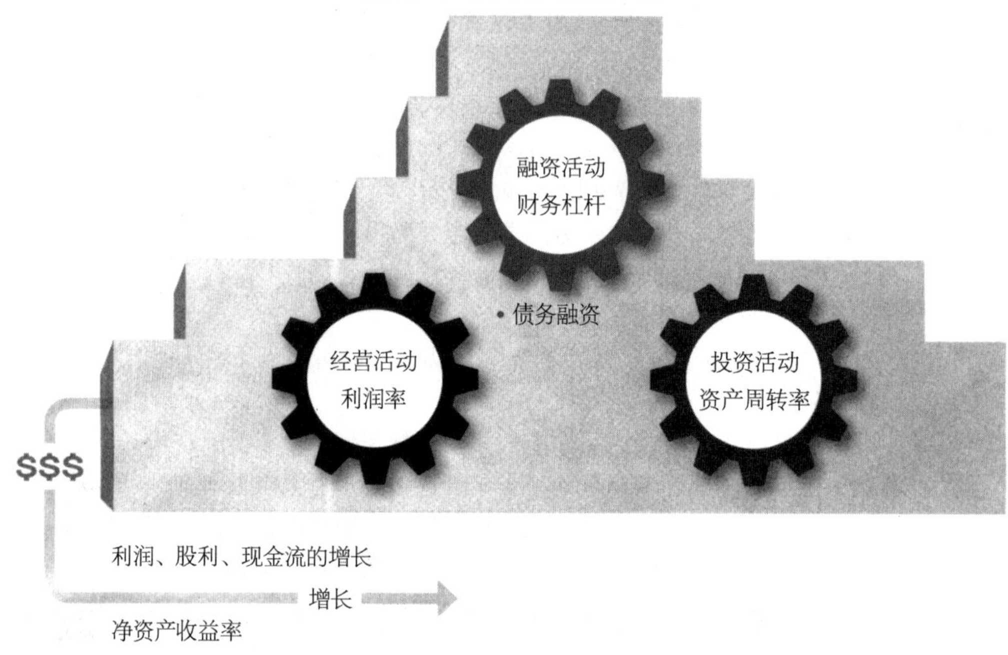

6.1　编制预计利润表

目标6.1　解释如何编制预计利润表。

为了打下良好的学习基础，图表6-2列示了编制预计利润表所需的变量以及预估每一个变量的常用假设。

图表6-2　　**预计利润表的关键变量摘要和常用假设**

1. 销售额（管理者预测或应用增长率）
2. 商品销售成本或毛利（销售额的百分比）
3. 销售费用、一般性费用和管理费用（销售额的百分比）
4. 折旧费用（固定资产的百分比）
5. 利息费用（有息负债乘以利息率）
6. 税负（税前收益乘以税率）
7. 股利（政策或支付率）
8. 留存收益的变动（预测净收益减股利）

编制预计财务报表始于对预期销售额的估计，然后对公司的预计利润表作出假设，即公司的预计利润表中各变量之间的关系和之前的利润表中各变量之间的关系存在相关性。[①]这个方法的合理性可以从以下两个角度来阐述：

◆ 首先，几乎在任何公司，高级管理团队都可以对公司未来的销售额（利润表的第一行）进行合理的预测，因为他们经验丰富或者对制定预算的过程十分熟悉。很多公司甚至对收入的增长制订了5年计划。

◆ 其次，通过各变量之间存在的历史关系可以对各个变量进行最佳的预测。例如，除非行业有像竞争加剧那样巨大的变动，公司的毛利占销售额的比重一般保持稳定。存货周转天数等衡量营运成本的变量也基本保持不变。

当然，预测分析没有秘诀,比如可以采用上一年度的比例，也可以采用过去3年的平均比例。确切地说，预测分析既是一门科学，也是一门艺术。它依赖于对非财务层面的估计（如第2章所示）。值得注意的是，本章介绍了制作预计财务报表一种常见的方式，但是还有很多其他变量也可以使用。选择哪一个变量取决于数据的可获取性和对每个变量所设置的特定假设的重要性以及编制出的财务报表可能的用途。

在本节和下一小节中，将会以一家发展中的公司为例来回答以下两个问题："公司在下一年度的预期利润是多少?"以及"公司需要增加多少银行贷款?"案例公司Wood-4 All Inc.是一家木材经销巨头，其向居民和企业销售木材。其做这项业务已经几十年了，现在其和南方金融集团建立了合作关系。本节首先将编制该公司的预计利润表，进而回答第一个问题。通过这种方法，可以判断留存收益对资产负债表的影响。接下来，6.2节将通过编制预计资产负债表来回答第二个问题。本部分将首先采用其他变量来决定公司需要多大规模的贷款以编制公司的资产负债表，而不是对预期的贷款情况作出假设。

6.1.1 估计销售成本和毛利

编制Wood-4 All公司预计利润表的第一步是估计公司预期的销售成本和毛利。和大多数公司一样，Wood-4 All公司的高级管理者已经预测了公司未来几年的销售额。他们将预期销售额作为公司常规内部预算的一部分。基于销售量的变化和单价的变化，下一年度的预期销售额是300百万美元（本例中的货币单位都是百万美元）。在进行预测时，Wood-4 All的管理团队已经考虑了各种经济和行业因素（如第2章所述）。

现在我们用毛利占销售额的比重乘预期销售额来估计公司的预期毛利。这个假设也提供了估计公司销售成本（销售额的百分比）的方法。基于毛利和销售额之间的历史关系，W公司的毛利占销售额的比重为21%，所以销售毛利为63百万美元(300百万美元×0.21)。所以销售成本为销售额的79%，即237百万美元。

销售成本通常会在公司的利润表中更详细地展示。例如，期初的存货价值和期末的存货价值会在利润表中列出。"了解财务报表"讨论了销售成本、存货价值和买入

① 注意，本章的很多案例在*Financial Forecasting Spreadsheet*的Excel工作表都有展示，可以通过MyFinanceLab来获取。本章的脚注将会指定工具表中特定的电子数据表，第一例是"Pro Forma（1）"的电子数据表格。

货物之间的关系，在第3章已经给出。对于典型的批发公司和经销公司，有如下等式：

销售成本=期初的存货价值+购入的货物价值-期末的存货价值

在制造业公司中，其他项目比如劳动力成本、制造费用和生产设备的折旧也要纳入考虑范围。

根据这个公式，接下来讨论Wood-4 All公司的期初存货价值、期末存货价值和购入的存货价值。公司的期初存货价值可以通过已有的财务报表得到。事实上，公司下一年度初始的存货价值即为上一年度期末的存货价值，为35百万美元。Wood-4 All公司的期末存货价值可以通过存货周转率或者存货周转天数来估计。

存货周转天数=期末存货价值/平均日销售成本

因为Wood-4 All公司的年销售成本为237百万美元，所以每天的销售成本如下：

预期日销售成本=预期年销售成本/365=237百万美元/365=0.65百万美元

此外，Wood-4 All公司的管理团队预期存货的周转天数为57.8天。借助这些数据，可以通过将上述公式变形得到公司的期末存货价值：

预期存货价值=预期存货周转天数×预期日销售成本=57.8×0.65百万美元=37.5百万美元

接下来，通过对公司销售成本的公式进行变形来估计Wood-4 All公司购买的存货价值，如下：

预期购入存货价值=销售成本-期初存货价值+期末存货价值

=237百万美元-35百万美元+37.5百万美元

=239.5百万美元

6.1.2 估计费用

既然已经估计出预期的销售成本和毛利，由此可以估计下一年度的费用，包括销售费用、一般性费用和管理费用、折旧和利息费用。销售费用、一般性费用和管理费用可以通过其占销售的百分比进行估计，假设这些费用都是变量或者也可以单独视为定量或变量。在这个案例中，基于各变量的历史关系，Wood-4 All公司的管理团队估计公司的销售费用、一般性费用、管理费用共为销售额的15%，即45百万美元(300百万美元×0.15)。

折旧的估计（不包括销售过程中的支出）取决于公司固定资产的总量和折旧期。在本案例中，Wood-4 All公司估计资产的平均使用年限为5年，这意味着每年的折旧率为20%(基于直线折旧法，即资产购买价格的1/5)。又因为公司有30百万美元的固定资产，所以下一年度的折旧为6百万美元（或30百万美元×0.2)。

对于Wood-4 All公司来说，估计利息费用是最困难的。在这里，假设公司已有贷款，这意味着Wood-4 All公司在下一年度要支付利息费用。公司的利息费用和销售额之间没有直接的关系，而是与公司的贷款额与贷款利率相关。如果公司的贷款利率一定，预测公司的利息费用就很简单。但是，当公司的贷款利率不固定时，公司则要对预期贷款利率进行估计。

然而，除了贷款利率是否固定这个问题之外，估计利息费用时还面临另一个难题。当估计一个公司的利息费用时，必须知道公司在下一年度所需的贷款额是多少。

因此，就陷入了“鸡和蛋”的问题。因为，只有明确了包括留存收益在内的其他项目才能估计出贷款额。但是，预测留存收益的变化需要先对利润进行预测，而对利润的预测又依赖对利息费用的预测。

幸运的是，有很多方法可以解决这个问题。这里介绍最简单的方式。在开始对利息费用进行预测时，可以使用对公司贷款额的最佳估计值。管理者通常会有一个大概的估计，例如，为使销售额达到预期的增长率，合理的贷款额为多少。在本案例中，首先假设Wood-4 All公司下一年度的贷款额的最佳估计值为40百万美元。因此，如果预期贷款利率为10%，Wood-4 All公司下一年度预期的利息费用是4百万美元（40百万美元×0.10）。

尽管这个方法提供了基于现状的估计，但它也强调了预计财务报表重要的一点：得到每一个变量的准确值是没有必要的，更重要的是理解在所有假设的基础上推导出的全景，因为这样才有助于公司决定是否扩大银行贷款额。另一种估计利息费用的方法叫作迭代法，这种方法在本章的附录中进行介绍，同时附录中也包括简单的表格调整。

6.1.3 估计收益

在估计出公司的费用后，税前利润就可以通过常规的方法得到（通过从毛利中扣除费用）。在本案例中，Wood-4 All公司的毛利为63百万美元，运营成本为51百万美元（销售费用、日常开支和管理费用为45百万美元，加上折旧6百万美元），因此公司的运营收入或者息税前利润应为12百万美元，再扣除利息费用4百万美元，就可以得到公司的税前利润为8百万美元。

下一步是根据税费占税前利润的比重来估计Wood-4 All公司的税费。这里采用预期的税率来反映现有税法的变动，而不是采用上一年度的税率。Wood-4 All公司的管理团队预测的税率为40%，这意味着公司要支付3.2百万美元的税费。这样，通过将税费从税前收入中扣除就可以估计公司的净收益。在本案例中，预期的净收益为4.8百万美元（8.0百万美元-3.2百万美元）

最后，必须考虑预期的股利来估计留存收益的变化。Wood-4 All公司预计将净收益的40%作为股利，所以支付的股利为1.9百万美元（4.8百万美元×0.4）。所以，公司的留存收益可以增加2.9百万美元（4.8百万美元-1.9百万美元）。这些项目和利润表中其他项目的明细都在图表6-3中列出。在利润表中每个项目旁边的括号中的数字代表的是这些项目被估计的顺序，如图表6-2所示。

图表6-3　　**Wood-4 All公司的预计利润表**　　单位：百万美元

	假设	
销售额[1]	管理者的估计	$300
销售成本		
期初存货	上一年度期末存货	35
+存货购买成本	销售成本+期末存货-期初存货	239.5
可使用存货成本		274.5
-期末存货	57.8天的销售成本	37.5

续表

销售成本		237
毛利[2]	销售收入的0.21	63
运营费用		
销售费用、一般性费用和管理费用[3]	销售收入的0.15	45
折旧[4]	期初固定资产的0.2	6.0
总运营费用		51
息税前利润		12
利息费用[5]	现有贷款的0.1	4
税前利润		8.0
税费[6]	税前利润的0.4	3.2
净收益		4.8
股利[7]	净收益的0.4	1.9
留存收益变动[8]		2.9

6.2 编制预计资产负债表

目标6.2 解释如何编制预计资产负债表。

在开始本节学习之前，图表6-4中列出了编制预计资产负债表所需关键变量的摘要和估计变量常用的假设。

图表6-4 **预计资产负债表摘要和常用假设**

1.现金（最小需求差额）
2.应收账款（回收期）
3.存货（存货期）
4.固定资产（在对新增固定资产进行估计时，考虑折旧或固定资产周转率）
5.总资产（流动资产和固定资产之和）
6.负债和权益总计（负债、权益之和等于预期资产）
7.权益（期初的权益加上留存收益变动）
8.总负债（预期负债权益总和减去预期权益）
9.应付账款（支付期）
10.长期贷款或外部融资（总负债减应付账款；“塞子”）

公司的预计资产负债表通常从资产开始，接下来是负债和权益，然后以银行贷款（或长期贷款）作为差额。如前文所述，贷款或长期借款被认为是差额，或是“塞子”，因为这个项目列在资产负债表的最后一行用来保证资产负债表的平衡。

6.2.1 估计资产

开始编制资产负债表的时候，公司的管理者经常要对能够满足公司日常需要的最小现金额度作出初始假设。如果公司的经营以周转信用贷款为基础（只有当公司需要时才进行贷款），那么现金差额就被假设为0。在本案例中，Wood-4 All公司的管理者假设公司下一年度现金额的最小值是10.7百万美元（比上一年份的现金额有小幅度

的增长，因为随着销售额的增长，对现金的需求会有所增加）

一旦公司所需现金额的最小值确定了，应收账款就可以通过与应收账款周转天数之间的关系确定：

应收转账周转天数=应收账款/平均日销售额

因为已经知道Wood-4 All公司的预期年销售额是300百万美元，所以可通过下面的公式计算Wood-4 All公司的预期日销售额：

预期日销售额=预期年销售额/365=300百万美元/365=0.82百万美元

基于最近的统计，Wood-4 All的管理者预计应收账款的周转天数为32.61天。因此，可以通过应收账款周转天数计算公式的变形得到应收账款：

预期应收账款=应收账款周转天数×预期日销售额

=32.61×0.82百万美元=26.8百万美元

资产负债表中的下一个项目是存货。在6.1.1中，我们估计了预期的期末存货价值为37.5百万美元。期末存货价值是由存货的周转天数（57.8天）乘以日平均销售成本（0.65百万美元/天）而得的。

下一个要估计的项目是固定资产。如果公司没有购买新的固定资产，那么期末固定资金净值等于期初的固定资产净值减预期的年折旧额（固定资产也可以通过固定资产周转率来确定）。在本案例中，Wood-4 All公司计划购买8.2百万美元的固定资产（如果固定资产在下一年度的期初就购买了，也需要对折旧进行调整）。公司的流动资产是30百万美元，根据图表6.3的预计利润表，预期的折旧是6百万美元，因此可以知道下一年度预期的期末固定资产是32.2百万美元（30百万美元-6百万美元+8.2百万美元）。

接下来，公司所有的流动资产和固定资产被加总从而确定公司的预期总资产。这里，Wood-4 All公司的预期总资产是107.2百万美元，预期的现金是10.7百万美元,预期应收账款是26.8百万美元，预期存货是37.5百万美元，预期的固定资产是32.2百万美元。可以用资产负债表左侧的数值作为资产负债表右侧各项目（负债和权益）之和。通过这个方法，可以确定Wood-4 All公司的预期资产负债报确实是平衡的。

6.2.2 预测负债和权益

现在对资产负债表右侧（或较低的部分）的权益项目进行估计。公司期末的权益等于期初的权益加上留存收益的变动。因此，留存收益的变动——在编制完预计利润表后可知——是预计利润表和资产负债表之间的关键纽带。这个数值反映在资产负债表的权益项目中。本案例中，Wood-4 All公司上一年度期末的权益即为其下一年度期初的权益：40百万美元。所以，为了预测公司的权益，可以将期初的权益加上留存收益的变动2.9百万美元。留存收益可以通过公司的预期利润和支付的股利得到。所以，公司的总权益为42.9百万美元（40百万美元+2.9百万美元）。将预期权益从预期负债与权益之和（107.2百万美元）中扣除，即可得到预期的负债总额为64.4百万美元（107.2百万美元-42.9百万美元）。[①]

既然已经知道了Wood-4 All公司的权益和负债总额，就可以计算流动负债。公司的流动负债主要由应付账款构成。就像存货和应收账款那样，应付账款也可以通过

① 一些运算经过了取整处理，MyFinanceLab中的电子数据表列示了完整的运算过程。

和应付账款周转天数之间的关系来进行计算（注：*当购买额的数据无法获取时，可以用平均日销售额进行计算）。

应付账款周转天数=应付账款/平均日购买额*

由于Wood-4 All公司的预期年购买额是239.5百万美元（在利润表中作为销售成本的一部分已作估计），可知预期平均日购买额如下：

预期平均日购买额=预期年购买额/365=239.5百万美元/365=0.66百万美元

基于最近的统计，Wood-4 All公司的应付账款的周转天数是33.02天。因此可以通过应付账款周转天数计算公式的变形计算出应付账款，如下所示：

预期应付账款=预期应收账款周转天数×预期日购买额

=33.02×0.66百万美元

=21.7百万美元

为完成公司的资产负债表，最后需要确定公司的预期银行贷款或长期负债（之前将这项称为差额或者塞子）。由于已知Wood-4 All公司的负债总额是64.4百万美元，因此可以从负债总额中减去流动负债21.7百万美元以得到银行贷款或者长期借款。当作这一类的估计时，需要注意公司的流动负债可能低于负债总额。当贷款额为负数这种情况发生时，意味着不再需要进行贷款。事实上，负的差额可以看作是超额现金。

预期资产负债表的所有明细都列示在图表6-5中①。在资产负债表中每个项目旁边的括号中的数字代表的是这些项目被估计的顺序，正如图表6-4所描述的那样。

图表6-5　**Wood-4 All公司的预期资产负债表**　单位：百万美元

		第0年	第1年
资产	**假设**		**预期**
现金[1]	假设的最小值	$10.0	$10.7
应收账款[2]	周转期为32.6天	25	26.8
存货[3]	周转期为57.8天	35	37.5
固定资产[4]	购入新资产8.2（计提折旧前）	30	32.2
总资产[5]		**100**	**107.2**
负债			
应付账款[9]	周转期为33.0天	20	21.7
长期贷款[10]	差额	40	42.7
总负债[8]	负债、权益总和-权益	60	**64.4**
权益[7]	期初权益+留存收益变化	40	**42.9**
负债、权益总和[6]	等于总资产	**100**	**107.2**

最后几个观测值是按照顺序排列的。当公司存在长期借款时，用长期借款作为塞子是合适的；相反，如果Wood-4 All公司存在短期借款，也可以把它作为平衡项。或者，也可以把现金作为塞子。在本案例中，现金为-32.0百万美元（10.7百万美元-42.7百万美元）。可以简单地将负的现金差额解释为融资需求——在本案例中，等于32.0百万美元的融资需求加上需要的现金差额，如假设的最小值10.7百万美元。

6.1.2节中，为了简化预计利润表，我们是在现有的长期贷款的基础上估计的利

① 详见："pro forma（1）"电子数据表。

息费用。既然预估出了一个较高的长期贷款额（42.7而不是40百万美元），可以重新估计出更加准确的利息费用。在本章的附录中，会介绍更为简单的迭代表格法。

6.3 现金预算

目标6.3　解释如何编制预计现金预算。

另一种同样可以预测公司未来融资需求（如银行贷款或长期融资）的方法是预计现金预算。**现金预算（cash budget）**①是对现金流更为直接的预测，因为它所基于的假设是公司在当期经常借入现金而且在下一年度贷款额会增加或者降低。现金预算预测的是现金流入和流出的时间和额度，并且经常是逐月编制的。当公司有季节性需求的时候，这种预算尤为有效。因此，与长期相比，现金预算的价值更体现为一种短期财务预测工具。

本节的后续部分将要介绍如何编制预计现金预算，我们依然采用对Wood-4 All公司所作的假设和它的财务报表来对现金的流入和流出进行预测。

6.3.1　预测现金流入

编制预计现金预算的第一步是预测现金流入的时间和数额。现金流入的主要来源是公司的预期销售收入。如果公司的收入仅采用现金形式，那么对销售额的预测和现金流入的预测是一样的。但是，如果公司的销售采用赊销方式，那么对现金流的预测则取决于对信用条件的分析。例如，如果公司在30天内得到支付，则某个月所有销售收入都要转化为下个月的现金流入。

6.3.2　预测现金流出

编制预计现金预算的下一步是预测现金流出的时间和数额。一些现金的流出，如购买必需品和原材料，都是基于公司的运营需要。这些购买行为可以初步地按月份进行预测，然后在预测现金流出时间的时候需要将支付条件考虑在内。例如，如果公司要在60天内付款，那么某个月发生的购买行为就要转化成两个月后的现金流出。

除了运营费用，现金流出还有许多其他的形式。销售费用、一般性费用和管理费用既可以是固定的（每个月都是稳定不变的），也可以是变化的（和公司某月的销售额相关）。对资本性支出的预测（如购买新的设备）取决于公司对新资本的需求，而贷款的发行额度则依赖于对利息费用的正确估计（尽管在6.1.2中，我们了解到利息费用很难预测，因为它取决于企业获取新的融资的能力）。对税费的预测依赖于公司的预期销售额和利润率，还需要用到现行的税率。最后公司还要预测下一年度将支付的股利，这通常要根据公司的股利政策进行。

6.3.3　预测净现金流

我们估计出公司每月的现金流入和流出，那么净现金流就可以通过现金流入和流出的差值得到。然后，将每个月的净现金加到（现金流出）期初贷款或者从期初贷款

① 现金预算：在一定时期内关于现金流入与流出的预算。

中减去（现金流入）可得到公司的期末贷款额（在某些情况下，预测贷款额可能会超过公司持有的现金额）。净现金流是按照月度进行预测的。

图表6-6展示的是一个现金预算的例子①。这里，Wood-4 All公司的销售采用赊销方式，且收款期限为30天。为了简化计算，假设公司的顾客都是守信的，他们会在30天内付款。同时假设公司也要在30天内支付给供给商并且公司也是守信的。因此，公司1月的应收账款和应付账款实际上反映的是上个月的购买和销售。可以发现，现金预算中期初的净贷款额是30百万美元（40百万美元-10百万美元）,和期初贷款（长期贷款）超出现金余额的值相同。这一项列在图表6-5中的预期资产负债表中的“第0年”一列。同时，期末的净贷款额为31.9百万美元（42.7百万美元-10.7百万美元，因为四舍五入两个数值有细微的差别），和期末的贷款额超出现金余额的值一致。这一项列在图表6-5的预计资产负债表中。尽管两种方法的侧重点不同，但预计现金预算和预计资产负债表都是预测企业融资需求的方法。

图表 6-6 **Wood-4 All的预计现金预算** 单位：百万美元

	1月	2月	3月	4月	5月	6月	7月	8月	9月	10月	11月	12月	总计
销售（赊销方式）	$25.0	25.0	25.0	23.2	23.2	23.2	23.2	23.2	26.8	26.7	26.8	26.8	300
现金流入（收款期限为30天）	25.0	25.0	25.0	25.0	25.0	23.2	23.2	23.2	23.2	26.8	26.8	26.8	298.2
运营													
购买	20.0	20.0	20.0	20.0	18.0	18.0	18.0	19.0	21.5	21.6	21.7	21.7	239.5
现金流出													
应付账款（付款期限为30天）	20.0	20.0	20.0	20.0	20.0	18.0	18.0	18.0	19.0	21.5	21.6	21.7	237.8
销售费用、一般性费用和管理费用	4.0	4.0	4.0	3.5	3.0	3.0	3.0	3.0	4.0	4.5	4.5	4.5	45.0
新设备	0.0	0.0	0.0	0.0	0.0	0.0	0.0	0.0	0.0	0.0	0.0	8.2	8.2
利息	0.3	0.3	0.3	0.3	0.3	0.3	0.3	0.3	0.3	0.3	0.3	0.3	3.6
税	0.0	0.0	0.8	0.0	0.0	0.8	0.0	0.0	0.8	0.0	0.0	0.8	3.2
股利	0.0	0.0	0.5	0.0	0.0	0.5	0.0	0.0	0.5	0.0	0.0	0.5	2.0
总现金流流出	24.3	24.3	25.6	23.8	23.3	22.6	21.3	21.3	24.6	26.3	26.4	36.0	300.1
月净现金流	0.7	0.7	−0.6	1.2	1.7	0.6	1.9	1.9	−1.4	0.5	0.4	−9.2	−1.9
期初月净贷款额	30.0	29.3	28.7	29.3	28.1	26.4	25.8	23.9	22.1	23.5	23.0	22.9	30.0
期末月净贷款额	$29.3	28.7	29.3	28.1	26.4	25.8	23.9	22.1	23.5	23.0	22.7	31.9	31.9

① 详见“cash budget”电子数据表。

6.4 敏感性分析

目标6.4 解释如何对预计财务报表进行敏感性分析。

在前三节，我们主要学习了如何编制预计财务报表，重点关注如何确定公司的长期贷款融资额。经过长时间的学习，我们发现有趣的事情才刚刚开始。现在我们要后退一步，来学习公司财务报表中众多变量之间的变化关系所带来的影响。

尽管初始的预计财务报表描述了对利润表和资产负债表中变量关系的最佳推测，但是每一个假设都需要进行评估，而且需要置信区间，例如，需要预测收入、毛利、费用和营运资本的关系。然而，这里唯一能够确定的是我们对所有财务指标的预测都是错误的。但是，这并不意味着我们徒劳无功。即使预计财务报表从头至尾都是错误的，只要我们的逻辑推导是合理准确的，预计财务报表就会对预测未来有所帮助。它们也能够帮助我们作出正确的经营决策。

假设一个公司当前的银行贷款是250 000百万美元，下一年度预期的贷款需求是400 000百万美元。这时，公司就需要采取行动以获取更多的贷款。后来，随着新一年的到来，公司实际上可能仅需要350 000百万美元的银行贷款。在这种情况下，财务预测不是百分之百地准确，但是这也可以帮助公司提前作好增加预期贷款的准备。

编制预计财务报表能够让我们了解公司预期的盈利能力和债务融资需求以及银行提供贷款的意愿。例如，银行在向公司提供贷款之前会关注公司预期财务报表中的资产负债率和利息保障比率。除了提供公司财务状况的最佳预测，预期财务报表还能够回答“如果……会怎样？”这一类重要的问题。通过**敏感性分析**（sensitivity analysis）①可以回答这类问题。敏感性分析是从定量分析的角度研究某一关键变量的前提假设发生变化时对公司预期财务报表的影响程度的一种不确定分析技术。当然，很多关键变量不会单独地发生变化，因此，我们将几个变量同时发生变化的情形的过程称为**情景分析**（scenario analysis）②。为简单起见，我们将通过敏感性分析分别研究几个关键的变量，从而隔离变量间的相互影响。借助敏感性分析，可以知道公司将会有怎样的发展机会以及当预测结果不能实现时，公司会面临怎样的风险。

通过敏感性分析解决的各类有关“如果……会怎么样?”的问题都与编制预计财务报表时所作的关键假设相关。这些问题经常用来确定当一个或者几个因素关键变量发生变化时，企业的预期融资需求会发生怎样的变化。特别地，这里的敏感性分析主要是为了量化预期贷款额（以及受其影响的资产负债率和利息保障率）对假设变化的敏感程度。例如，某一个变量发生很大变化带来的影响可以比某个变量发生很小变化带来的影响程度还要小。在后文中，我们会具体关注这些（后者）变量。

6.4.1 销售收入的敏感性

通常情况下，编制预计财务报表时最重要的假设就是对预期销售收入所作的假设。列在预计利润表上的许多项目如毛利、各种费用都是按照占销售收入的百分比而

① 敏感性分析：在考察预计财务报表时对改变一个关键变量假设（如净收益或融资需求）所带来的影响进行量化的过程。

② 情景分析：多个变量同时变化的类似于敏感性分析的过程。

估计出来的。然而，如果经济状况意外地恶化，销售收入可能就会受到显著的影响。当实际销售收入比预期下降10个百分比时，其他变量会怎样变化？在这种情况下，利润可能发生改变，贷款额也可能发生改变。当实际销售收入比预期高10个百分比时情况又会如何？如果公司的发展速度比可持续增长速度（在6.5节中会介绍）快，那么公司将会需要更多的外部融资。对此，我们将通过Wood-4 All公司的案例来具体分析。当公司的实际销售收入比预期高10%时(销售额为330百万美元而不是300百万美元)，公司的贷款额如何变化？图表6-7给出了调整后的预期利润表的第一部分。这种情况下，公司的净收益从4.8百万美元提高的5.9百万美元。同时，贷款需求也从42.8百万美元提高到46.0百万美元，增加了3.2百万美元[①]。因此当其他的假设保持不变时，销售额增长10%会使贷款额增加7.7%。

图表6-7 **Wood-4 All公司的预计利润表** 单位：百万美元

	假设	
销售额	管理者的估计	**$330**
销售成本		
期初存货	上一年度期末存货	35
+存货购买成本	销售成本+期末存货-期初存货	267.0
可使用存货成本		302.0
-期末存货	57.8天的销售费用	41.3
销售成本		**260.7**
毛利	销售收入的0.21	**69.3**

6.4.2 利率的敏感性

预计财务报表中另一个重要的假设是对利率的假设。如果公司将贷款利率在几年内保持不变，那么就不必考虑这个问题。但是，很多公司的贷款利率都是变动的，且与优惠利率或其他的浮动利率挂钩。优惠利率是银行对信誉较好的客户提供贷款的利率。根据公司的信用等级，银行可能会在优惠利率的基础上加0.5个或2个百分点(及以上)。银行可以根据市场的总体环境和利率水平调整优惠利率。如果通货膨胀率突然增加，那么银行贷款的利率就会比公司管理层预期的利率高。如果公司的负债比率很高，贷款利率的增加将不利于公司的预期收益。如果公司的利润降低到一定程度，公司就会需要更多的贷款。

6.4.3 营运资本的敏感性

在预计资产负债表中，我们也对和运营资本有关的项目（存货、应收账款、应付账款）设置了一系列假设。如第5章所述，这三个变量共同决定了公司的资金缺口。现在，我们重新讨论一下每个项目如何影响公司的贷款需求：

◆ 首先，由于各种因素的影响（如宏观的经济环境和公司在竞争中所处的地位），公司实际的收款期和预期的收款期之间存在差距。其他变量保持不变时，由于应收账款周转天数的延长，公司的贷款需求也会增加。

① 详见“Sensitivity（1）”电子数据表格。

◆ 其次，公司现有的存货在一定程度上取决于公司管理层预测顾客需求的能力。其他变量保持不变时，存货周转期的延长（需要现金）会导致公司贷款需求的增加。

◆ 最后，公司应付账款的支付期限取决于公司与供应商之间的关系和公司的市场地位。其他变量保持不变时，应付账款支付期限的延长可以降低公司的贷款需求。

回到Wood-4 All公司的案例中，当顾客付款的时间比管理者预期的时间晚（平均45天而不是32.6天）时，会发生什么呢？如图表6-8[①]所示，这个变化会导致公司的贷款需求从42.7百万美元上升为52.9百万美元。同理，如果Wood-4 All公司的销售收入比预期提高10%，但是顾客付款期限延长，那么公司需要将贷款需求增加至57.2百万美元（另一种敏感性分析的方法在本章的附录中将更加详细地说明）。

在所有情况下，敏感性分析还是要回到企业评估上，如“企业评价：非财务视角”一章所述。简而言之，了解经济、行业和公司自身的目的就是去了解影响预计财务报表编制的因素。因此，正确、全面的企业评估不仅有助于对财务报表中的科目作出假设，也可以为选择哪些变量作敏感性分析提供依据。

图表6-8 **Wood-4 All公司应收账款增加后的资产负债表** 单位：百万美元

		第0年	**第1年** 预期
资产			
现金	假设为最小值	$10.0	$10.7
应收账款	45←*变动到这个值*	25	37.0
存货	周转期为57.8天	35	37.5
固定资产	购入新资产8.2（计提折旧前）	30	32.2
总资产		$100	$117.4
负债			
应付账款	周转期为33.0天	20	21.7
长期贷款	*新的贷款额*	40	52.9
总负债	负债权益总和－权益	60	74.5
权益	期初权益＋留存收益变化	40	42.9
负债和权益总计	等于总资产	$100	$117.4

6.5 公司的可持续增长和管理增长

目标6.5 描述可持续增长的定义及其重要性。

既然我们已经了解如何通过预计财务报表对公司未来的融资需求进行估计，我们要把这些预期的需求与公司的收入增长联系在一起。公司对资金的需求经常取决于其处在生命周期的哪一个阶段。尤其是在成长阶段，可能会面临融资困难。公司在成长阶段所需要的额外融资需求取决于公司收入相对于**可持续增长率**（**sustainable growth rate**）[②]的增长。可持续增长率是在对公司的资金来源没有负面影响的条件下，如增发新股的需求，改变股利政策（相对于收入）或者变动负债政策（各类债务与权益之比），公司销售所能达到的最大增长率。

① 见“Sensitivity（2）”电子数据表格。
② 可持续增长率：公司在不对其财务资源产生负面影响，如发行新股、改变股利政策或改变债务政策的情况下，可以维持的收入增长比率。

假设公司的收入增长非常迅速，在资产方面，这通常意味着公司需要更多的存货和应收账款，更多地投资于固定资产。既然资产增加了并且资产负债表需要保持平衡，所以负债和权益也要按照比例增加。这里的初始假设是大多数公司不愿意：

◆ 增发新股（这会对现有的股东权益有负面影响）。

◆ 改变股利政策（大多数股东习惯固定的股利而且他们预测公司的股利政策会保持稳定）。

◆ 改变债务政策（如果公司的权益没有相应地增加，借款者不愿贷款给公司）。

基于上述假设，有哪些因素会限制公司的收入增长？答案是公司增加权益的能力。因为公司的债务政策固定，只有当权益提高并且负债也同比例增加时，公司的债务才会提高。权益和债务的增长限制了资产的增加（资产负债表的左右必须平衡），这又限制了销售的增长。所以可持续增长率取决于权益的增长，后者又取决于净资产收益率和留存比率：

可持续增长率=净资产收益率×留存比率

净资产收益率（ROE）等于公司可分配给普通股股东的税后净收益除以期初的权益。**留存比率（retention ratio）**[①]是公司可分配给普通股股东的税后净收益中不用于股利分配而用于再投资的部分。留存比率与股利分配率相反，**股利支付率（dividend payout ratio）**[②]是可分配给普通股股东的税后净收益中用作股利分配的部分。

例如，如果公司的净资产收益率为12%，留存比率为0.6，那么可持续增长率为12%×0.6=7.2%。如果公司保持这个增长率，那么公司不需要增发新股，改变资产负债率或改变股利政策。如果公司不分配股利而对所有的留存收益进行再投资，则留存比率为1.0，此时的可持续增长率就等于净资产收益率。

通过杜邦分析可将ROE分解成三个部分：利润率(profit margin,PM)、资产周转率(asset turnover,AT)和财务杠杆(financial leverage,FL)。将它们相乘就可以得到净资产收益率，它们也是ROE的关键驱动因素。利用这个方法，ROE的计算公式可以表示为：

ROE=利润率×资产周转率×财务杠杆

=净利润/收入×收入/资产×资产/权益

从上述公式可知：

可持续增长率=利润率×资产周转率×财务杠杆×留存率

=PM×AT×FL×RR

从可持续增长率的计算公式中可以推断出什么呢？可持续增长率取决于公司的经营活动（PM）、投资活动（AT）、融资活动（FL和RR）。可持续增长率是唯一一个在这四个变量保持不变的前提下销售可以增长的最大比率。基于我们的假设，如果公

① 留存比率：没有用于支付股利而是再投资的收益占收益总额的比重。
② 股利支付率：股利支付与净收益的比率。

司不想改变负债（FL）政策或股利政策（RR），为了使公司的销售增长率高于可持续增长率，公司必须提高利润率或者加快资产的周转，否则即使公司不想这样做，它们也必须改变FL和RR。考虑到很多公司都不分配股利（因此RR达到最大值1.0），所以可改变的一般都是财务杠杆。

当然，公司不可能每年都按照完全固定的可持续增长率而增长，每一年的增长率都不可避免地会发生波动。然而，如果公司实际的收入增长率和可持续增长率有较大的差距并且不是由于短期的波动造成的，那么就需要采取一定的行动。

假设公司的实际增长率高于可持续增长率。这种情况在公司的起步阶段非常常见。公司可以通过提高产品价格或降低成本和费用来提高利润率，或者可以通过更有效率的运转提高资产周转率。利润率和资产周转率相乘即为资产收益率ROA。所以，这种提高实际增长率的方式就是提高ROA。

公司可以采用三种财务方式提高增长率。首先，公司可以减少股利支付（假设公司派发股利）来提高留存比率。这种方式是基于公司现在又有一个良好的投资项目，并且公司投资这个项目给股东带来的利润要高于股东自有资金带来的现金收益的假设基础之上。然而，尽管投资该项目会更好地满足提高公司可持续发展率的需要，但股利政策对于股东来说依然是一种信号。因此，公司一般不愿意减少股利，因为投资者会认为减少股利是公司节约现金流的应急措施（股利政策将在第11章详细讨论）。

第二种选择是通过发行负债来提高公司的财务杠杆比率以增加净资产收益率和可持续增长率。公司在有能力筹集更多贷款时才会考虑这种方法，这表示公司相信银行会向它提供更多的贷款。当然，公司借入资金或增加负债的能力也会受到限制。如果公司的信用等级较低，借款人就不愿贷款给公司。因此，第二种方法不具有可行性。

最后，公司可以增发新股。换句话说，如果公司不能依靠内部权益（留存收益）或者贷款来维持增长，那么公司就需要依赖于外部权益。然而，在现行的市场条件下，增发新股可能比较困难（这个过程会在第9章详细地介绍）。

自然地，如果公司的增长率一直低于可持续增长率，那么情况就不同了。这个问题一般针对特定的公司，而不是整个市场环境。尽管公司不面临融资困难，投资者也可能对公司的低增长的前景不满意。这种情况下，公司也有三种选择。

◆ 首先，公司可以什么都不做，这时公司会产生剩余现金流。这种方法的缺陷是无法对资产进行有效利用，这会对公司的股价有不利影响或吸引潜在收购方。

◆ 其次，公司可以增加股利进而降低留存比率。这样可持续增长率会更接近实际增长率。但是股东可能并不喜欢这种方法，因为他们要对股利上缴所得税。

◆ 最后，公司可以用超额现金收购其他的业务。这个方法仅当目标的收购价格合理时才有效（否则公司就降低了股东权益的价值），并且被收购的业务与公司现有的业务相匹配（否则收购就不是一个明智之举）。

所以公司的底线就是要均衡发展且收入增长速度要和可持续增长率保持一致。

案例分析：家得宝的预计财务报表和可持续增长率

通过编制家得宝公司的预计利润表和资产负债表，让我们来考察当公司的增长率高于或者低于可持续增长率时会发生什么。我们在第3章给出了家得宝公司2012年的财务报表，在第4章给出了它的财务比例。首先估计一下家得宝公司那时的可持续增长率。它的ROE为21.70%。其中，净收益是3 883百万美元，股利是1 632百万美元，留存收益增长了2251百万美元，所以留存比率为0.580（2 252百万美元/3 883百万美元）。综上可得可持续增长率为21.70%×0.580,即12.58%。

假设销售增长率等于可持续增长率，其他假设同2012年财务报表中的假设一样。编制预计利润表的步骤和图表6–2一致。预测净收益为4 530百万美元。

基于上述条件，可以编制预计资产负债表。我们再一次假设销售额增长率为可持续增长率，其他的假设同2012年的财务报表。其他的步骤和图表6–4一致且需对其他科目进行估计（科目3b、4b、8b和9b）。预计需要的融资额为12 062百万美元。

预计利润表	假设		金额单位：百万美元
销售额[1]	按照可持续增长率增长	12.58%	$79 248
销售成本[2]	占销售额的比重	0.655	51 935
毛利			27 313
运营费用：			
销售费用、一般性费用和管理费用[3]	占销售额的比重	0.228	18 044
折旧和摊销[4]	占期初固定资产的比重	0.063	1 535
总运营费用			19 578
息税前利润			7 735
利息费用[5]	占期初贷款的比重	0.061	$-656
税前利润			7 079
税费[6]	占税前利润的比重	0.360	2 549
净收益			4 530
–股利[7]	股利分配比例	0.420	1 904
留存收益变动[8]			$2 626

预计资产负债表	假设		金额单位：百万美元
资产			
流动资产:			
现金[1]	按照销售增长率增长	12.58%	$2 237
应收账款[2]	周转期同上一年度	6.46	1 402
存货[3]	周转期同上一年度	81.69	11 624
其他流动资产[3b]	按照销售增长率增长	12.58%	1 084
总流动资产			16 346
购入资产和设备	按照销售增长率增长	12.58%	43 877

续表

-累积折旧和摊销	上一年度+本年度的折旧		16 062
净资产和设备[4]			27 815
商誉和其他资产[4b]	按照销售增长率增长	12.58%	1 745
总资产[5]			$45 906
负债和股东权益			
流动负债			
应付账款[9]	周转期同上一年度	38.42	$5 467
其他流动负债	按照销售增长率增长	12.58%	5 055
总流动负债			10 521
长期借款，包括一年内到期的借款[10]	塞子		12 062
递延所得税和其他长期借款[8b]	按照销售增长率增长	12.58%	2 799
总负债[8]			25 382
权益[7]	期初权益+留存收益变化		20 524
负债、权益和[6]			$45 906

当家得宝公司的增长率远低于可持续增长率，例如只有5%，或者远高于可持续增长率，例如达到了20%时，情况如何？先不对细节进行分析，可简要概括为：

销售增长	5%	12.58%	20%
销售收入	$73 915	$79 248	$84 474
净收益	$4 131	$4 530	$4 921
长期借款	9 020	12 062	15 043
毛利率	0.056	0.057	0.058
资产周转率	1.771	1.726	1.690
财务杠杆	2.057	2.237	2.409
ROE	20.36%	22.07%	23.71%

可以发现，如果销售增长速度较慢，收益增长的速度也会变慢，反之亦然。另外，如果销售增长速度低于可持续增长率，那么ROE会降低，这会使投资者不满。然而，如果销售增长速度较快，那么公司的财务杠杆比率也会增加，长期借款也会相应地增加。在本案例中，假设留存比率保持不变，不同条件下利润率和资产周转率都是相似的，因此财务杠杆受到的影响最大。所以，管理者要谨慎管理公司增长对融资需求的影响。

6.6 对管理者的重要性

目标6.6 解释预测财务需求和管理增长对管理者的重要性。

本节主要关注预计财务报表能够回答的三个关键的问题：

◆ 企业的预期利润率是多少？

◆ 预期的融资额是多少？

◆ 企业销售额的增长率是多少?

这些问题的答案不仅对CEO和CFO等高级管理者很重要，对所有的管理者（包括非财务部门的管理者）来说都很重要。大多数的管理者都要参与预算编制的过程，或部分参与。了解这些单位的财务前景可以帮助高级管理者了解公司整体的财务情况和决定公司应该增加或偿还多少贷款。

编制预计财务报表可以帮助管理者了解影响利润和融资需求的关键驱动因素。预计利润表和资产负债表是风险管理中最重要的工具。因为管理者可以很快了解如果像销售这一类的主要指标没有达到预期会造成何种后果以及快速的增长率会如何影响贷款。由于外部借款人通常需要公司的预计财务报表，所以管理者在寻求外部融资之前就作好准备并编制这些报表是非常审慎明智的。敏感性分析和情景分析帮助管理者回答“如果……会怎么样?”这类需要明确的问题。

每个公司都面临着控制增长速度的问题，增长速度不能太快也不能太慢。管理者需要知道增长对公司的影响以及不计一切代价的增长并不是公司的主要目标。理解可持续增长的概念和影响可持续增长率的主要因素：利润率、资产周转率、财务杠杆和留存比率，对每一个管理者尤其是处于发展阶段公司的管理者都是非常重要的。增长过快会面临提高财务杠杆的风险，增长过慢会使投资者不满。

小结

1. 预计利润表的编制主要基于预期销售收入和其他变量与销售之间关系的假设。

2. 预计资产负债表的编制主要基于公司预期的留存收益的变动，预期营运资本之间的关系以及预期固定资产的变动。所需的银行贷款和长期借款通常用作平均资产负债表的差额。

3. 预期的月度现金预算对有季节需求的公司是非常有用的。

4. 企业通过现金预算测算出的贷款需求要和通过预期资产负债表得出的贷款需求一致。

5. 敏感性分析强调预期资产负债表中某一个关键变量的变化（如销售收入）对另一个关键变量造成的影响。

6. 可持续增长率是公司在不改变当前的债务政策和股利政策的前提下，销售所能达到的最大增长率。

7. 可持续增长率受利润率、资产周转率、财务杠杆和留存比率的影响。

8. 如果公司的销售增长和可持续增长率是相同的（公司的股利保持稳定），那么公司的财务比率也会保持稳定。

附加读物与信息

1. 关于电子数据表在财务中的应用请见：Benninga,Simon.*Financial Modeling*,3rd ed. Boston:MIT Press,2008.

2. 关于可持续增长率的案例请见：Taggart,Robert. “Spreadsheets Exercises for Linking Financial Statements,Valuation,and Capital Budgeting.” *Financial Practice and Education* 9,No.1(1999):102−110.

3. 关于可持续增长率的深入介绍请见：Higgins,Robert.*Analysis for Financial Management*,10th ed.New York:McGraw-Hill Irwin,2012.

4. 包括财务预测模板在内的各种免费下载的Excel电子数据表格模板请见：http://www.exinfm.com/free_spreadsheets.html

练习题

请用Top-A1公司的如下预测回答问题1至7：

- 总销售额为150 000百万美元
- 总销售成本为销售额的76%
- 总费用为销售额的14%
- 税率为35%
- 期初的权益为50 000百万美元
- 期初的存货为12 000百万美元
- 存货的周转期为60天
- 最小的现金差额为10 000百万美元
- 应收账款的回收期是30天
- 固定资产是60 000百万美元
- 应付账款的付款期限是35天

1. 计算公司的毛利。
2. 计算公司的预期购买额。
3. 编制预计利润表。注意预期净收益的确定。
4. 假设公司要支付40%的股利，计算预期留存收益的变动。
5. 计算预期应收账款。
6. 计算预期应付账款。
7. 编制公司的预计资产负债表，计算公司的长期贷款。
8. 如果销售额变为200 000百万美元，公司的预期留存收益如何变动？
9. 如果销售额变为200 000百万美元且应付账款的付款期限变为45天，公司的预期长期贷款如何变化？
10. 现在，假设下一年度公司的销售额增长15%，其他的假设保持不变，那么公司未来两年的净收益是多少？
11. 假设下一年度公司的销售额增长15%，其他的假设保持不变，那么公司未来两年的贷款需求是多少？

附录：电子数据表分析

当改变预计财务报表中的一个假设如应付账款的支付期限时，对公司的贷款需求的影响分析是比较简单的。但是，采用电子数据表软件包（如excel）制作预期财务报表会更加准确。电子数据表分析法非常有效，通过采用这种方式，我们可以观察到多个变量同时变动所带来的影响。附录中描述了采用电子数据表进行敏感性分析的基本方法。

在进行分析之前，我们需要制作几个简单的电子数据表。制作电子数据表对更好地理解财务报表中的各个科目是非常重要的。如果你之前一直没有机会制作电子数据表，现在你有机会了。

电子数据表的制作过程包括在单元格中输入公式和等式，输入文本和数据。公式代表了利润表和资产负债表的关系。在图表A6-1[①]中我们将进行举例说明。这个例子也采用了图表6-3中的预计利润表和图表6-5中的预计资产负债表。实际的电子数据表是从MyFinanceLab中选取的。

图表A6-1　　**电子数据表格的构建**

	A	B	C	D	E	F
1	**利润表**					
2	销售额		假设			300.0
3	销售成本					
4	期初存货		上一年度期末存货	=E25	→	35.0
5	+购买		销售成本+期初存货-期末存货	=F6-F4		239.5
6	可出售存货			=F8+F7		274.5
7	-期末存货	57.8	发生销售成本的时间	=B7 × (F8/365		37.5
8	销售成本			=F2×(1-B9)		237.0
9	毛利	0.21	占销售额的比重	F2×B9		63.0
10	运营费用					
11	销售费用、一般性费用、管理费用	0.15	占销售额的比重	B11×F2		45.0
12	折旧	0.2	占期初固定资产的比重	B12×E26		6.0
13	总运营费用			=SUM (F11：F12)		51.0
14	息税前利润			=F9-F13		12.0
15	利息费用	0.1	占现有负债的比重	=B15×E30		4.0
16	税前利润			=F14-F15		8.0
17	税	0.4	占税前利润的比重	=B17×F16		3.2
18	税后利润			=F16-F17		4.8
19	股利	0.4	占税后利润的比重	=B19×F18		1.9
20	留存收益变动			=F18-F19	→	2.9
21	**资产负债表**					
22	资产				第0年	第1年

① 见“Spreadsheet”电子数据表。

续表

	A	B	C	D	E	F
23	现金		预期的最小值	=10.7	10.0	10.7
24	应收账款	32.6	收款期	=B24 × F2/365	25.0	26.8
25	存货	57.8	发生销售成本的时间	=F7	35.0	37.5
26	固定资产	8.2	新资产（计提折旧前）	=E26+B26-F12	30.0	32.2
27	总资产			=SUM (F23：F26)	100.0	107.2
28	负债				→	
29	应付账款	33	收款期	=B29 × F5/365	20.0	21.7
30	长期借款		差额	=F31-F29	40.0	42.7
31	总负债		负债、权益和-权益	=F33-F32	60.0	64.4
32	权益		期初权益+留存收益变动	=E32+F20	40.0	42.9
33	权益、负债和		等于总资产	=F27	100.0	107.2

第一步是输入文本，在A列中，输入的是图表A6-1中的各个科目。例如，在A2（A代表电子数据表中的列，2代表行）单元格中输入“销售额”（没有等式）。为了表达清楚，你也要在C列中以2文本格式输入假设。使用电子数据表时，我们可以调整列宽，也可以调整数控类型，比如我们可以改变数值的小数位数。如果你的电子数据表看起来有些不同，那没有关系。但是要保证行、列中的数据和图表A6-1是完全一样的，否则公式就失效了。下一步是在B列（将用于下文所述公式）和E列（在第0年下或当期资产负债表）中输入数字。

当输入完这些数字之后，直接转到第F列。在单元格F2（F代表列，2代表行）中，已经输入了预期销售收入300百万美元。你可以输入和预计财务报表有关的公式了。在单元格B9中已经输入了0.21代表公司的毛利率，也可以说是公司毛利占销售收入的百分比。所以，下一步就是输入公式，用这个百分比和公司的预期销售收入求出公司的毛利。在大多数电子数据表中，公式通常是一个以“=”开头的序列。所以在单元格中输入的公式“=F2*B9”表示毛利等于销售额与毛利率之积。

注意：这部分的公式在图表A6-1中的D列进行描述，为了告诉读者在F列中输入哪些公式。这些公式不在D列中输入，而是在它后面两列F列中输入。在你的电子数据表的D列中，不需要输入任何公式。

其他的公式仅仅表示利润表和资产负债表中科目之间的关系。例如，期末存货是通过日销售成本与存货周转期的乘积来估计的。这里，预期存货周转天数是57.8天，如单元格B7中所示。平均的日销售成本等于年销售成本（单元格F8）除365。F7中的公式为“=B7*（F8/365）”。

在很多电子数据表软件包中，包括Excel，都提供公式的缩写。例如，单元格F13中，总运营成本的计算用到了SUM函数来表示对一些数据求和。

在6.1.2节中，我们用公司目前的贷款额来计算企业的利息费用以估计企业的预期贷款额。通过电子数据表软件包，我们可以采用迭代法完善利息费用的计算。通过这个方法，我们可以直接使用预期贷款额来估计预期利息费用。回忆一下我们在6.1.2节中提及的"鸡与蛋"的难题。要完成预计利润表的制作，我们要知道预期利息费用，但是要计算预期利息费用，我们要知道预期的贷款额是多少。要解决"鸡与蛋"的难题，我们使用电子数据表的选项，从6.1.2节中描述的第一遍预测开始，检查第一遍预测的贷款额和最佳贷款额之间的差异，然后进行第二遍计算并继续迭代，直到和预期贷款额完全一样。这种方式看起来没有缺陷而且很快就可迭代完毕。

为确保我们的软件能够进行迭代运算（不会出现"循环引用"这样的错误提醒），我们首先要确定电子数据表中有迭代功能。为完成迭代，我们需要搜索迭代选项。在新版本中，点击"选项"，之后点击"公式"，然后点击"允许迭代"，最后点击"ok"按钮（在老版本中，你可能会有不同的方式找到迭代选项框，例如，你可能要搜索工具菜单，然后点击"选项"，并进入"计算"菜单。然后点击"迭代选项框"，然后出现确认标志，最后单击"ok"）。

最后，回到电子数据表中。现在，在计算预期利息费用时，我们可以用F30中的预期贷款额来替代E30中的当期贷款。调整的行在图表A6-2中有高亮标识。在这个例子中，利息费用有小幅度的上升。因为迭代算法中的预期的贷款额是42.8百万美元(仅仅比第一遍估计的42.7百万美元高了一点)。因为贷款比我们开始估计的40百万美元高了2.8百万美元，我们预计这部分贷款的利息费用会提高10%，即0.28百万美元。因此预期利息费用应该为4.3百万美元，而不是4.0百万美元。

图表A6-2　**利息支出：迭代法**

	A	B	C	D	E	F
1	**利润表**					
14						
15	利息支出	0.1	预期贷款份额	=B15×F30	→	4.3
16						

现在，我们通过提出一系列"如果……会怎么样?"来证明电子数据表在敏感性分析中的作用。我们通过电子数据表完成敏感性分析的所有工作。我们从销售额（我们基于迭代算法得出的预期利息费用）开始，如果销售收入比我们预期的高10%，那么贷款需求如何变化？在这个例子中，我们用330百万美元来替代预期销售额300百万美元。因此，贷款需求由42.8百万美元变为46.2百万美元，增加了3.4百万美元。因此，其他变量保持不变时，销售收入提高10%会导致贷款需求增加7.9%。

电子数据表也能让我们更加容易地分析公司运营成本变化造成的影响。例如，当顾客付款的时间比预期的付款期长时（用45天而不是32.6天付款），贷款需求如何变动？这里，应收账款回收期的增加会导致公司的贷款需求由42.8百万美元提高到53.3百万美元。通过运用电子数据表，我们也可以清楚地看到，如果公司的销售收入比预期高10%，但是资金的回收期增加，那么公司的贷款需求增加到57.8百万美元。

第7章　货币时间价值的基础知识及应用

学习目标

目标7.1　解释终值、现值、年金以及永续年金的定义。

目标7.2　解释债券、优先股、普通股的价格与货币时间价值的关系。

目标7.3　解释理解货币时间价值对管理者的重要性。

时间就是金钱。

——本杰明·富兰克林

到目前为止，我们已经讨论了如何评价公司当前的财务状况，日常现金流的管理和预测公司未来的融资需求。在本章中，我们开始考虑如何用这些信息作出合理的投资决策。

所有好的投资决策都要权衡投资项目产生的预期现金流入和为投资所消耗的融资成本。为此，管理者必须了解货币时间价值的相关概念。货币的时间价值会对投资决策和融资决策造成影响。随着对这一章的学习，首先要了解货币时间价值中的几个关键概念，并且将它们应用到融资决策和金融工具如债券、优先股和普通股的定价中。在第8章，我们将会把这些概念用于投资和评估投资项目中。在本书的后几章，我们会应用现金的时间价值来分析与企业价值有关的复杂情况。

图表7-1展示了融资和投资与财务管理框架以及全书统一主题之间的关系。融资和投资决策是管理者需要作的三个重要决策当中的两个。在重点分析融资决策时会发现，货币的时间价值对企业的投资决策也是非常重要的。

7.1　货币时间价值的概念

目标7.1　解释终值、现值、年金以及永续年金的定义。

简单来说，**货币时间价值**（time value of money）[①]就是指今天的一美元比明天的一美元更值钱。尽管这看起来非常直观，但很容易被忽视。为了更好地理解货币的时间价值，我们来看一个彩票的例子。很多彩票都吹嘘奖金的丰厚，但是由于奖金是在很多年（而不是马上）里被付清的，奖金的数额看起来比实际更具有吸引力。例如，在2011年10月14日，一种流行的美国彩票的头奖是3 000万美元，但是要以在未来的30年内，每年支付100万的形式付清。相较而言，收到现金，或者说当获奖者选择一次性收到全额的支付时，他或她可以收到2 170万美元。虽然2 170万美元仍然是很可观的数额，但是头奖的数额和它的现值之间的差距还是很明显的，这反映了认识货币时间价值的重要性。自然而然的，我们会更愿意在今天就获得2 170万美元而不是在未来收到数额更大的资金。这是因为如果我们用这笔钱进行投资，我们可能在未来得到更多的资金。换句话说，今天的一美元比明天的一美元更值钱，或者说今天的2 170万美元比未来的3 000万美元更

① 货币时间价值：货币随着时间的推移而发生的增值。

值钱。

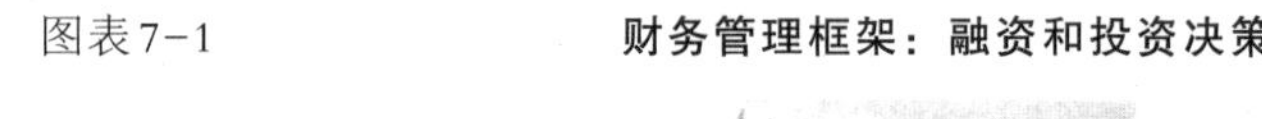

图表7-1　**财务管理框架：融资和投资决策**

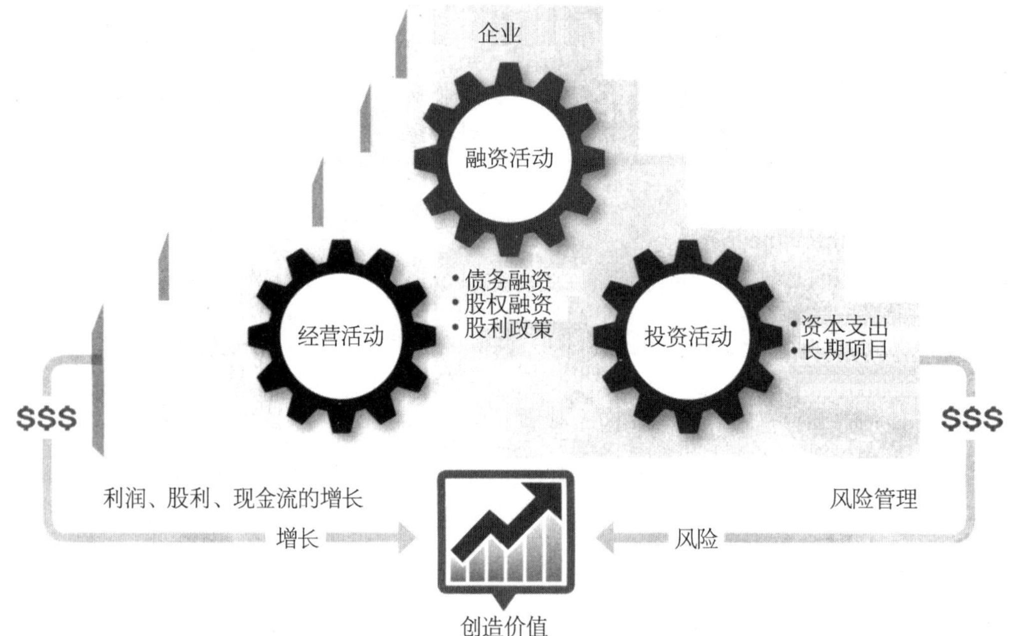

货币时间价值的概念经常与风险和通胀的概念相混淆。例如，我们经常认为更喜欢今天的一美元的原因是物价上升或者今天的投资在未来可能不会带来收益。尽管这些都是合理的顾虑，但是它们掩盖了货币时间价值的基本假设：**机会成本**（opportunity cost）[①]或者说放弃另一种选择的成本。

考虑下面的例子，你和你的朋友路过本地有名的一家商店 Mama's Homemade Cookie Store。这个商店的特色商店是巧克力饼干，每份5美元。你的口袋里正好有5美元,但是你的朋友没有钱，并且你们不能分享饼干。你的朋友说如果你借钱给他，他下个星期就会还你。而且他会还你和今天价值相等的钱。但是和今天这5美元价值相等的钱是多少？换句话说，在5美元之外，多支付多少钱才会让你觉得借出5美元是值得的？

这个问题的答案证明了货币时间价值的观点：对放弃当前消费所付出的机会成本的合理回报。理性人放弃当前消费的唯一理由就是在未来可以消费更多。在本案例中，现在放弃购买一份饼干，那就应该在未来得到比一份饼干还要多的回报，所以你应当索要5美元（一份饼干的价格）再加上对机会成本的补偿。请注意，在这个条件下，我们假设饼干的价格不会上涨（无通货膨胀）并且你也不会面临朋友不还钱的风险。如果两个情况中任意一个都有可能发生，你就会对你今天借出的钱要求更高的回报以支付购买相同的一份饼干所支付的预期成本或者是对承担的风险进行补偿。在这种条件下，借款的机会成本越大，你要求得到的回报越多。正如这个例子所述，所有的财务决策都要考虑机会成本，但是在某些案例中，这个成本比其他的成本要高。

① 机会成本：选择放弃次优活动的成本。

在了解了货币时间价值的概念和公式之后，在下一小节，我们要将这些概念用于债券、优先股和普通股中。

7.1.1 终值

了解货币的时间价值需要关注当前的现金流和未来的现金流。因此，为了更好地理解货币的时间价值，需要了解现金**终值（terminal value）**[①]的概念，或者说是在未来某一时刻的现金流。假设今天你有100美元，但是你准备放弃当期消费。你打算把这笔钱投资于安全的项目，例如购买一年期的年化收益率为3%的国库券。那么这100美元一年后的终值是多少？就像饼干的例子一样，你也要考虑这个终值带来的满意度是否和你现在拥有100美元的满意度相同。国库券的收益是否等于你在当期放弃消费的机会成本和100美元的面值之和。

一年后，你会收到你投资的本金加上3%的利息。100美元的3%是3美元，所以你一共会收到103美元。换句话说，今天按照年化收益率3%投资的100美元，在一年后的终值是103美元。计算终值的公式如下：

$$
\begin{aligned}
FV &= 100(1+0.03) \\
&= 100(1.03) \\
&= 103 \text{（美元）}
\end{aligned}
$$

在这个例子中，1代表本金，0.03代表利率（小数形式）。

图表7-2给出了该公式的一般形式。注意在这个公式中，利息只在期末计算一次。

现在，你要将100美元进行年化收益率为4%的两年期投资。在这种情况下，每一年都是按照**复利（Compounding）**[②]计息，或者说对已经产生的利息也要计息。换言之，在第二年你可以收到第一年的本金和利息的利息。在这种情况下，你在第二年年末会收到多少钱？

图表7-2　**一笔现金流的终值（以一个期间为例）**

$FV=PV(1+r)$

其中：FV=终值；

PV=现值；

r=利率或者投资回报率（小数形式）。

接下来对这些数字进行分解。在第一年年末，你的资金总额由投入的本金和按照收益率4%计息的利息组成。100美元的4%是4美元，你一共拥有104美元。但是之后几年的情况又如何呢？第二年可以按照第一年的计算过程进行计算。但是，现在你要用104而不是100作为初始值。所以，在两年后，你的资金总额包括：本金、第一年投资后得到的利息（104美元）以及第二年投资后的利息。其中，104美元的4%是4.16美元。所以，你一共可以获得108.16美元。具体的计算过程如下：

$$
\begin{aligned}
FV &= 100(1+0.04)(1+0.04) \\
&= 100(1+0.04)^2 \\
&= 108.16 \text{（美元）}
\end{aligned}
$$

① 终值：资产在经济生命结束时的价值，或在未来任意时间的价值。
② 复利：在每经过一个计息期后，都要将所生利息加入本金，以计算下期的利息。

继续分析这个案例可以计算出未来10年每一年年末你将得到多少收益：

年度	金额
0	$100.00
1	$104.0
2	$108.16
3	$112.49
4	$116.99
5	$121.67
6	$126.53
7	$131.59
8	$136.86
9	$142.33
10	$148.02

如图表7-3所示，可以把两年期的例子推广到n年（n大于1）。

在本案例中，100美元代表你现在所拥有的钱，或者代表现值（PV），利率（r）为4%，期限n为2，因此（1+r）=1.04，$(1+r)^2=(1.04)^2$为1.0816.

图表7-3　**单笔款项的终值（以多个期间为例）**

$FV=PV(1+r)(1+r)\cdots\cdots$

$=PV(1+r)^n$

其中：FV=终值；

PV=现值；

r=利率或者投资回报率（小数形式）；

n=时间段数量。

现在，我们应该停止用图示来说明目前学习的概念，而是通过画出**时间线（Timeline）**[①]来完成。时间线代表了现金流的流入和流出，我们可以用这些信息来解决特定的问题或者尝试去解决未知的问题。在图表7-4中，我们画出了之前两个阶段的时间线。

图表7-4　**终值的时间线**

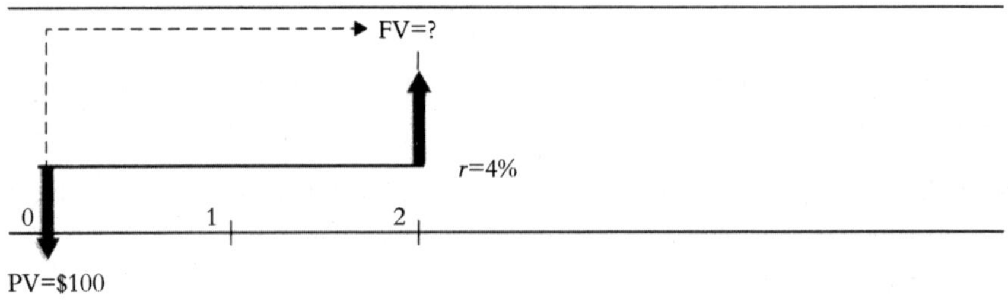

FV=?

r=4%

0　1　2

PV=$100

图表7-4中的时间线从当期的0点开始确定了多个时间点。之后有两个时段：时间点1表示第一期期末，时间点2表示第二期期末。在本案例中，每一个时间段代表

① 时间线：现金流入或流出的时间和金额的表示法。

一年，但一个时间段可以是任意长度，比如1周、一个月或者6个月。不管每个时间段的跨度多长，我们都假设现金流只在每一期的期末发生。

在该时间线上，向下的箭头和时间线下的100美元代表初始的现金流出是100美元。这代表投资额的现值。把100美元列在时间线下面是为了强调这是流出的现金。就像你今天花的钱一样，这是个负值（如果你用电子数据表或者其他的财务计算器，那么现金的流出要输入负值）。时间线也表明了当前100美元在第二期期末的终值，它用向上的箭头和FV来表示。终值代表现金流入，是进入你口袋的钱，这是正数。透过时间线可以知道，投资是两年期的，利率是4%。

这个特定的时间线描述的情况很简单，但是其他时间线可能比较复杂，这取决于时间的跨度和现金流的情况。例如，有些时点现金流可能为正（现金流入），但是有些时点现金流为负（现金流出）。类似地，有一些现金流发生在期末，而有一些发生在期初（在大多数例子和公式中都假设现金流发生在期末）。因此，画出时间线来清楚地标识现金流的时间和特点是很重要的。

7.1.2 现值

既然已经了解了终值的概念，**现值**（present value）①的概念也就很简单了。现值和终值是相反的。因此，现在不是考虑今天的投资在未来会使我们获得多少现金流，而是要分析为了在未来得到特定的现金流，现在应该投资多少。

例如，假设我们知道要在一年之后支付500美元来购买家具。如果投资回报率是9%，那么现在要存多少钱？换句话说，如果投资回报率是9%，那么一年后的500美元的现值是多少？在计算现值的时候将利率或者投资回报率叫作**折现率**（discount rate）②。折现率反映了机会成本，更具体地说是投资者为了承担风险而索要的回报。在第10章，我们会将折现率看作是公司的筹资成本，筹集的资金要投资到有一定风险的项目中，也就是资本成本。现在要重点学习的是在特定的折现率下计算现值。简单地讲，折现率就是复利的倒数。

图表7-5　**单笔款项的现值（以单一期间为例）**

PV= FV/（1 +r）

其中：FV=终值；

PV=现值；

r=利率或者投资回报率（小数形式）。

回到本例中，我们知道，如果利率是9%，为了在一年后能够获得500美元，现在要存一笔钱。所以，要用终值除以（1加利率）而不是用已知的投资额（现值）乘以（1加利率）。具体计算公式如下：

PV=500/(1+0.9)

=500/1.09

=458.72（美元）

① 现值：将资产在将来特定时间的价值折现到当前的价值；给定利率，将在未来指定时间达到指定金额的投资的当前价值。

② 折现率：将未来有限期预期收益折算成现值的比率。

检验一下这个算式是否正确：458.72美元的9%是41.28美元，用本金458.72美元加上利息41.28美元，可以准确地得到终值500美元，所以上述计算是正确的。

图表7-5归纳了求单期现值的计算公式。

现在，假设在两年后而不是一年后需要500美元。每一年都按照复利计息。在这种情况下，我们必须从最后一期开始（第二年年末）往回计算。一年之前（在第一年年末），我们必须有足够的本金使得这些本金加上利息等于500美元。通过上个例子已经计算出这个数额是458.72美元（500美元/1.09）。现在还要计算一期，这就需要重复这个计算过程，也就是要在年化收益率9%的前提下，计算出要投资多少钱，才能保证在一年后能够获得458.72美元。答案是420.84美元（458.72美元/1.09）。完整的计算过程如下：

PV=（500美元/1.09）/1.09

=458.72美元/（1.09）

=420.84美元

或者，

PV=500美元/[(1.09）×(1.09))

=500美元/（1.1881）

=420.84美元

这两个表达式有相同的结果。主要的差异在于运算过程。具体来说，第一个表达式每次作一次除法而第二个表达式是先对分母作乘法再整体作除法。

如图表7-6所示，也可以在时间线上描述这两个步骤。500美元代表在两年后要收到的现金，其中折现率是9%。

此外，如图表7-7所示，还可以将两期的例子推广到n期（n大于1）。

图表7-6 **现值的时间线**

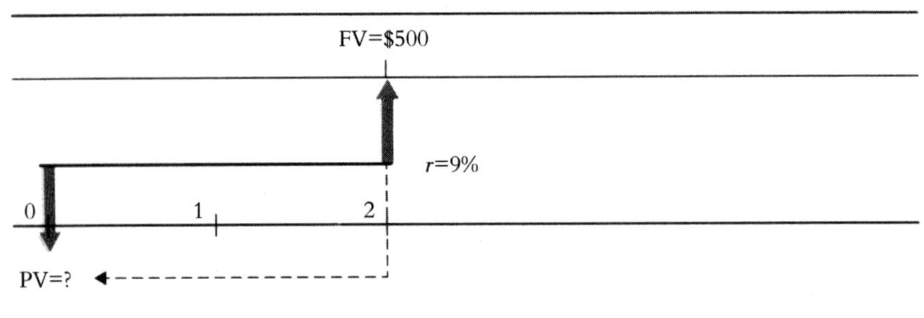

图表7-7 **单笔款项的现值计算（以多个期间为例）**

PV= FV / [（1+r）（1+r）…]

= $FV/(1+r)^n$

其中：PV=现值；

FV=终值；

r=利率或者投资回报率（小数形式）；

n=时间段数量。

注意，现值的计算公式是由图表7-3中计算终值的公式推导得到的。

7.1.3 年金

在很多情况下，每一期发生的现金流是相等的。等额的现金流被称为**年金**（Annuity）[①]。例如，债券在每一期有等额的利息，通常是6个月进行一次支付。很多管理者都对年金现值的分析感兴趣，因为很多项目的现金流都是年金的形式，比如说矿业公司生产过程所产生的现金流。

为了更好地理解年金，我们来考察一个案例。假设你有一个养老金账户，你计划在未来4年每年提取1 000美元（从一年之后开始）。在能够保证7%的年化收益的情况下，你现在要投资多少钱才能保证你能在未来4年每年可以提取1000美元？如图表7-8所示，首先要画出时间线。

图表7-8　**年金现值的时间线**

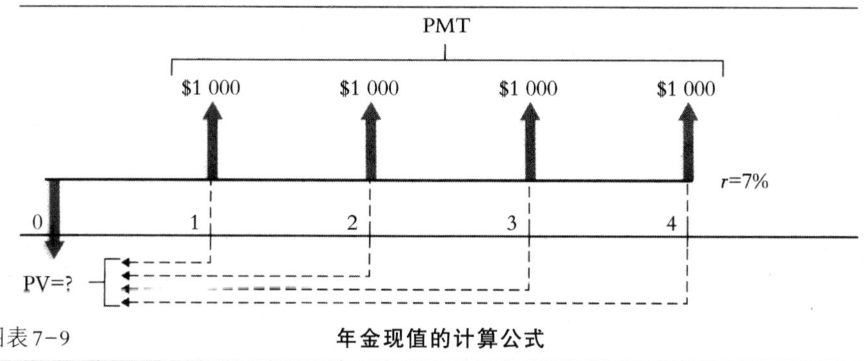

图表7-9　**年金现值的计算公式**

$$PVA=\frac{PMT}{r}[1-1/(1+r)^n]$$

其中：PVA =年金的现值；

PMT=年金支付；

r=利率或者投资回报率（小数形式）；

n=时间段数量。

如图表7-9所示，计算年金现值的公式相对比较复杂。用电子数据表中的函数和财务计算器计算要比通过代数方法计算更简单。

要在电子数据表如Excel中计算这个算式，我们先插入已有的现值计算公式。在Excel中，找到“插入公式”，然后选“财务”类，再选择“现值”。现值公式的模式是现值（利率，期数，年金支付，终值，类型）。将这个公式应用到本案例中，在电子数据表中选择一个单元格然后输入下列公式：

=PV(0.07，4，1 000，0，0)或=PV(0.07，4，1 000，0)

这种情况下，每一个函数的形式都是相同的，因为我们假设在每一期期末发生不延期支付的现金流，因此类型就是0。不管是输入哪个版本的公式，都会出现相同的数值-3 387.21。

如图表7-10所示，可以再对函数中的各个变量进行标注和单独说明。这样做的

① 年金：在一定期间内每期等额收付的款项。

好处是使得每次输入都更加直观而且容易修改。

图表7-10　**计算年金现值的电子数据表**

	A	B	C	D	E
1	Rate	0.07			
2	Nper	4	=PV（B1，B2，B3，B4）		
3	Pmt	1 000		——→	−3 387.21
4	Fv	0			

图表7-11显示的是如何通过财务计算器来得到相同的结果。

图表7-11　**通过财务计算器计算年金现值**

1 000 ➡	年金支付	输入1000，然后点击年金支付
7 ➡	利率	输入7，然后点击利率
4 ➡	期限数	输入4，然后点击期限数
现值		点击现值或者按comp按钮，如果有的话
结果是	3 387.21	这个结果出现（在某些计算器上会显示负值，以反映是现金流流出）

7.1.4　永续年金

到现在为止，我们学习了如何计算有限时间内的现金流的现值和终值。例如，一个项目在未来4年中每年会产生现金流。但是，如果金融机构承诺无限期地产生现金流，那么又该如何计算？这种持续产生的现金流——假设每一期的现金流是相同的——称为**永续年金**（perpetuity）①。永续年金实际上就是无限期的年金。关注永续年金的原因有两个：

• 首先，有一些金融工具，如优先股（我们会在下一节详细介绍）是永续年金。

• 其次，出于计算的目的，我们经常假设一个项目或者金融工具如普通股，会产生无限期的现金流，而不是仅仅在未来的100年产生现金流（通过下面的例子，可以了解为什么情况是这样的）。

深入讨论：电子数据表和财务计算器

尽管阅读财务计算器上的指导菜单或者使用电子数据表的帮助函数是必要的，下面的这些技巧也会有一些帮助。

1.在进行下一次计算时，清空之前的计算记录是好的习惯，用清除键或者C键可以完成。

2.大多数计算都假设现金流发生在期末，如本章的例子。然而，如果有些问题中的现金流发生在每一期的期初（例如，如果你每一年的年初投资退休基金），大多数财务计算器可以通过按开始键或BGN键来计算。如果是电子数据表，可以在现值的计算公式中将类型设置为1。

① 永续年金：无限期定期等额支付的现金流。

3. 有一些现金流是流入的，但是有些现金流是流出的。在实际应用中，区分现金流流入和流出是很重要的。例如，你现在作了一个投资（现值），而且希望知道你的投资在未来几年如何增长（终值）。初始的投资是现金流流出，未来产生的收益是现金流流入。在很多计算器中，将现值输入为负数（流出）、终值输入为正数（流入）是很重要的。要完成这项工作，你需要使用加号键和减号键。例如，要输入现值100美元，就应先输入100，然后按加号或者减号键（−100会出现），最后再按现值键。

4. 在计算时间价值时要输入百分比，大多数财务计算器都要求输入实数并且按i或者r键。例如8%通常是输入数字键“8”。但是，一些财务计算器或者电子数据表中，需要输入0.08。

5. 一些财务计算器允许在小数点右面输入不同的数字。在大多数计算器中，四舍五入并不是必需的，所以你的财务计算器上显示的是150.27还是150.26666667都是无关紧要的。

6. 一些财务计算器是按照月份计算复利的（1年支付12次利息），经常显示为“P/Y=12”。因此，如果要按年份计算复利，则需要重新设置“P/Y=1”。

为了更好地理解永续年金的概念，考虑三个不同的项目：项目A会从一年后开始的未来4年中，每一年产生1 000美元的现金流。项目B会从一年后开始的未来100年，每年产生1 000美元的现金流。项目C会从一年后开始，无限期地每年产生1 000美元的现金流。假设在这三种情况下，折现率都是7%，计算这三个项目的现值，并进行比较。其中，项目A的现值是3 387.21美元，如图表7−10所示。类似地，项目B的现值是14 269.25美元（通过将图表7−10中的n=4替换为n=100）。毫无疑问，项目B的现值远大于项目A的现值，因为项目B多产生96期的现金流。然而，值得注意的是，仅仅前4年的年金收入的现值（即项目A的价值）就占了项目B现值的大约1/4。

这个比较强调了货币时间价值中的一个重要概念：与后期相比，早期的现金流占有更大的权重。例如，折现率为7%、期限为1期的现值系数为0.935（1/1.07=0.935）。这表示在折现率是7%的条件下，一年后的一美元相当于现在的0.935美元。折现率为7%，期限n=100时，现值系数为0.001（$1/(1.07)^{100}$），这意味着100年以后的1美元仅仅相当于今天的0.001美元。

关于产生永续年金的项目C，图表7−12画出了这个项目的时间线。对于项目B，可以计算出最初100年的现金流。但是对于项目C，要计算无限期（用符号∞来表示）的现金流。如果回到年金的计算公式并且选择一个更长的期限比如1 000，然后假设未来1 000年每年收到1 000美元的现金流，那么此时的现值为14 285.71美元。注意到从第101年到第1 000年的现金流之差仅为16.46美元，或者说项目B的14 269.25美元和项目C的14 285.71美元的差仅为16.46美元。事实上，如果把1 000年之后的所有现金流的现值加起来，得到的数值比1美分还小！

图表7-12 **永续年金现值的时间线**

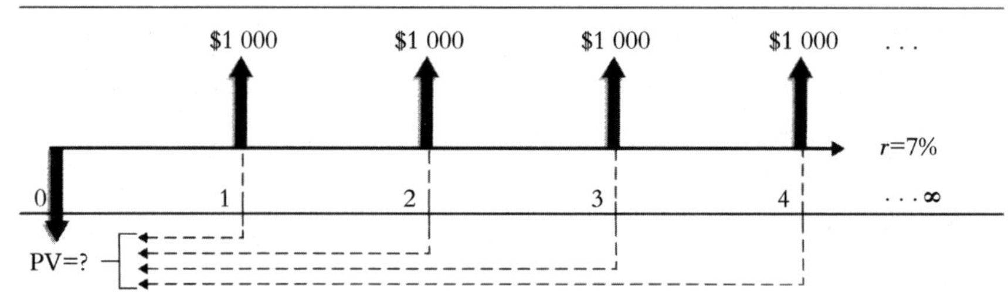

很明显，通过几百次甚至上千次计算永续年金的现值很不现实而且浪费时间。幸运的是，计算永续年金现值有一个简便算法，如图表7-13所示。

图表7-13 **永续年金现值的公式**

PV= CF/r

其中：CF=永续年金现金流；

r=折现率（小数形式）。

因此，对于项目C而言，现值为1 000美元/0.07=14 285.7143美元，和之前计算的1 000年项目的现值是相同的（四舍五入不到0.5美分）。这个公式应用起来非常简便。

资金时间价值的最后一个概念是**永续增长年金**（growing perpetuity）①。与永续年金一样，永续增长年金是无限期的现金流，但是和普通的永续年金不同的是，永续增长年金每一期的现金流是按照某一比例而固定增长的。为了更好地理解这个概念，图表7-14调整了项目C的假设，假设每年的现金流都比前一年增长3%。比如第二年的现金流是1 030美元（$1 000×1.03），第三年的现金流是1 060.9美元(1000美元×1.03×1.03)，以此类推。

图表7-14 **永续增长年金现值的时间线**

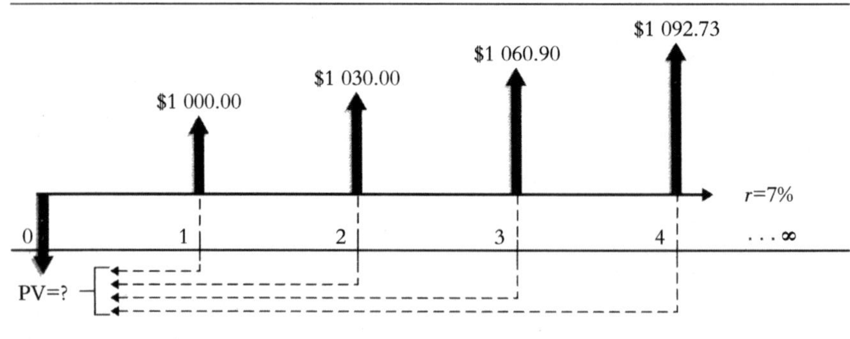

计算永续增长年金现值的一般公式是$CF_1/(1+r)^1+[CF_1\times(1+g)]/(1+r)^2+[CF_1\times(1+g)\times(1+g)]/(1+r)^3+\cdots$计算每一笔现金流的现值和这些现值的总和要花费很长的时间。但幸运的是，计算永续增长年金的现值也有简便算法，如图表7-15所示。

① 永续增长年金：拥有永久的固定增长率的定期支付。

图表7-15　　**永续增长年金现值的公式**

$PV = CF_1 / (r-g)$

其中：CF_1 =下一年的预期现金流；

r=折现率（小数形式）；

g=预期现金流的永续年增长率（小数形式）。

通过这个公式，我们可以发现调整后的C项目的现值是1 000美元/(0.07−0.03)=1 000美元/0.04=25 000美元。请注意，在这个永续增长年金的计算公式中，隐含的假设是永续年金的增长率总是低于折现率。

7.2　货币的时间价值在金融证券中的应用

目标7.2　解释债券、优先股、普通股的价格与货币时间价值的关系。

在了解货币时间价值的主要概念之后，可以将这些概念运用于三种基本的金融证券中：债券、优先股和普通股。这三种有价证券都是公司为了筹集资本而发行的，发行后可以在二级市场进行交易。虽然每一种有价证券的价格都是由市场决定的，但是买方和卖方都接受的价格代表了有价证券未来预期带给投资者的现金流的现值之和。本章主要关注这些证券应该按照何种价格进行交易。在之后的第9章中，我们会讨论这些证券的特征及其所流通的市场。

7.2.1　债券

从投资者的角度看，债券是借款给公司的一种形式。从货币时间价值的角度分析，现在借给公司的钱，也就是债券的价格，是借款人或者证券的购买者预期获得现金流的现值之和。贷款期限或者距离到期日的时间跨度代表期数（n）。在研究证券时，我们通常将贷款期限按6个月等分，因为债券的利息或票息通常是每6个月进行一次支付。也就是说，5年到期的债券一般有10期。所以债券是一次性款项和年金的组合。一次性款项是借给公司的本金，这笔钱公司会按照终值还给投资者。这也被称作是债券的**面值**（face value）[①]。利息或者票息支付代表年金流入（PMT）。用来计算利息或票息和本金（即债券价格）的折现率（r）称为**到期收益率**（yield to maturity）[②]或YTM。如果债券持有至到期，那么特定债券的到期收益率则与利率或预期投资回报率类似。

债券通常是按照**票面价值**（par value）[③]发行，即平价发行（1 000美元）。大多数债券都是每半年支付一次利息。**零息债券**（zero coupon bond）[④]是一种例外。零息债券不支付利息，而是折价发行。例如，现在按照600美元发行的债券在10年之后可以给购买者带来1 000美元的收益。对于所有其他的息票债券，大多数按照平价发行（在本例中就是1000美元发行）。在发行的时候，**票面利率**（coupon rate）[⑤]即将面值的一定百分比作为利息，与到期收益率相等。但在发行之后，市场利率的总体水平可

① 面值：债券等证券的本金数额。
② 到期收益率（YTM）：债券持有至到期的内部收益率（IRR）。
③ 票面价值：即在债券票面上标明的金额。
④ 零息债券：不支付票息的债券类型。
⑤ 票面利率：债券的年利率，相当于债券面值的某个百分比。

能会发生变化。例如，投资者可能会提高或者降低对通货膨胀率的预期，因而导致债券的到期收益率也发生变化。通过对下一个Ace公司案例的详细分析，就会发现到期收益率和债券价格就像在跷跷板两侧的两个孩子：债券价格下降，到期收益率上升，反之亦然。例如，如果公司面临的风险加剧，你就不会愿意支付那么多的钱去购买债券。换句话说，你会要求公司给出更高的收益率才愿意购买该公司的债券。这种情况下，在债券价格下降的同时，到期收益率（或者预期投资回报率）会上升。

为了更好地理解债券，考察一个案例。假设Ace公司需要筹集资金并且决定发行3年期的债券。每个债券的面值（3年之后的终值）都是1 000美元。这是在第3年的年末公司支付给投资者或者贷款人的数额。按照标准模式，公司每半年支付一次票息。票面利率是5%，这反映了目前的经济环境和公司所面临的风险。票面利率代表了债券投资者每年获得的年金收入占面值的百分比。换句话说，每年会获得50美元（1 000美元的5%）的票息收入，所以半年的票息收入（PMT）是25美元。所以，债券的初始价格和面值一样都是1 000美元，并且票面利率和到期收益率一样，其中，票面利率是5%，初始的半年期到期收益率要除以2（每年有“2”个6个月的期限），或者说是2.5%。

借助这些信息，可以运用货币时间价值的概念来确定ACE公司平价发行的债券的预期现金流的现值。或者是每一位投资者借给A公司的1 000美元的预期现金流的现值。首先，如图表7-16所示，画出时间线，来显示票息支付（PMT）和3年之后收回的面值（FV）。注意，每一期（从1到6）的时间跨度为6个月。r表示半年的折现率。以此来计算债券的价格PV。

图表7-16 **债券价值的时间线**

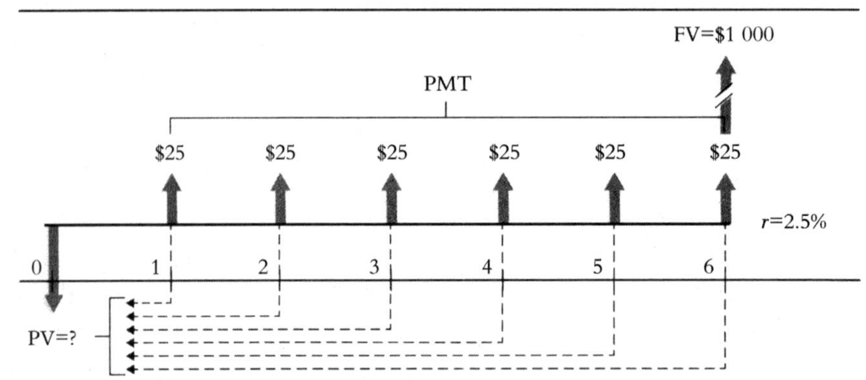

从购买了一份1 000美元债券的投资者Lisa的观点出发，通过运用货币的时间价值，我们希望确定这个债券真的值1 000美元——换句话说，她支付的价格是合理的。Ace公司的债券是每半年支付一次票息而且3年到期，因此时间线有6个时间段。每一期代表增加的6个月。可以按照两个步骤进行分析：

1.首先，计算丽莎在6期之后（3年后或者36个月后）的本金或者面值或平价发行价格（1 000美元）的现值是多少，半年期的折现率是2.5%。

2.其次，计算6期的25美元的年金收入的现值，半年的折现率也是2.5%，说明Lisa能够收到的票息支付之和的现值。

这两个数值的总和就是现值（债券价格），是Lisa为购买债券愿意支付的金额。

通过财务计算器或者电子数据表，可以把两个步骤结合起来，因为每一个步骤的折现率和期限都是相同的。计算过程如图表7-17所示。注意顺序不是问题。

图表7-17　　**用财务计算器计算案例债券的现值**

25	➡	PMT	输入25，按PMT
2.5	➡	i [or *r*]	输入2.5，按i [or *r*]
6	➡	n	输入6，按n
1 000	➡	FV	输入1 000，然后按FV
PV			按PV [或者先按COMP按钮，如果该按钮存在]
答案是		1 000	应该出现这个结果 [在某些计算器上会显示负值，以反映是现金流出]

通过Excel一类的电子数据表进行计算时，仅仅采用现值公式即可。现值的计算公式是PV（利率，期限，年金收入，终值，类型）。所以，在本例中，可以输入下列公式的任意一个：

=PV(0.025，6，25，1 000，0)或=PV（0.025,6,25,1 000）

毫无疑问，可得现值是1 000美元，也就是Lisa在期初时借给公司的钱。换句话说，1 000美元代表Lisa期初的现金流出或者债券的购买价格。因此，Lisa购买债券的价格是合理的。

对于很多大量发行的债券，都有活跃的二级市场可供交易。假如Ace发行的债券也可以在活跃的二级市场进行交易。那么丽莎就不一定要将债券持有至到期，她可以选择在二级市场上将债券卖给任何人，比如另一个投资者Bob。Lisa想知道Ace公司的债券价格——初始价格是1 000美元——随着时间的推移是如何变化的。假设新发布的经济信息说通货膨胀率比投资者之前预期的低，利率在Lisa购买完ACE公司的债券（当她借给Ace公司1 000美元的时候）后一天就发生变化。对于Ace公司面临的风险，像Bob一类的新的投资者会愿意接受如4%的到期收益率（半年的收益率为2%）而不是Lisa和其他初始投资者要求的5%。因此，如果公司今天（不是昨天）发行新的债券，平价发行的新的面值是1 000美元的债券仅仅需要半年支付20美元的利息，而不是Lisa曾收到的25美元。

这个改变会对Lisa昨天购买的债券价格造成什么影响？可以通过重新计算债券的价格找到答案。这一次用的是半年期2%的收益率而不是2.5%（为了简化计算，我们忽略丽莎持有的债券的期限比3年少一天）。在做了这个改变之后，我们发现Lisa的债券的价格从1 000美元增加到1 028.01美元。在电子数据表中的计算公式如下：

=PV(0.02，6，25，1000，0)或=PV(0.02，6，25，1000)

Lisa持有的债券价格增加的原因如下。新的投资者Bob有两个选择：一是用1 000美元直接从A公司以比较低的票面利率4%购买债券；二是向Lisa购买票面利率更高（5%）的债券，但是他要支付更高的价格（1 028.01美元）。按照这个价格，Bob对这两个选择没有偏好。因为，无论哪一种情况下，他持有的债券的年化到期收益率都是4%（半年期的收益率为2%）。换句话说，债券价格更低但是票息支付也更少，票息支付更多但是债券价格也更高。但是到期收益率都是相同的，这就是为什么Bob对这两个选择没有偏好的原因，也解释了为什么债券的价格会随着利率的变化而变动。重申一下，票面利率是债券开始发行时的利率，而且一直保持不变。但是收益率（以及相应的价格）会随时变化。

这个例子强调了和债券有关的基本概念，如果没有理解前面的例子，这听起来与直觉相违背：当利率或者收益率下降时，债券价格上升，反之亦然。因此，投资者愿意在利率较高时购买债券（尤其是预计利率会下降时），但是公司更倾向在利率较低时（尤其是预计利率会上升时）发行债券。可以从图表7–18中看到收益率和债券价格的关系。

图表7–18　**债券收益率和价格的关系**

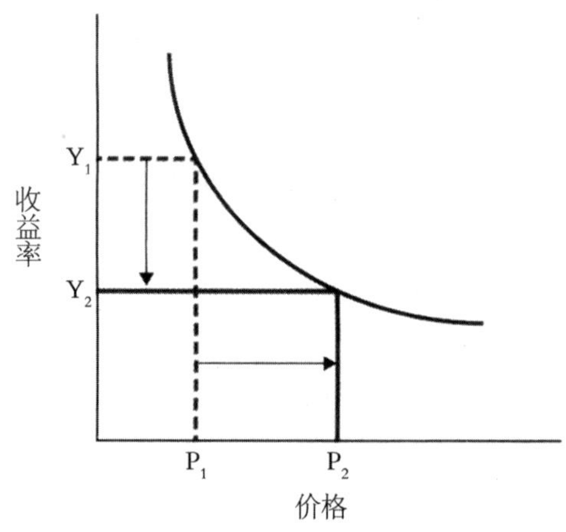

基于图表7–18，可以清晰地看出，当到期收益率从5%(Y_1)降低到4%(Y_2)时，Lisa持有的债券的价格由1 000美元(P_1)增加到1 028.01美元(P_2)。换句话说，因为Bob愿意支付1 028.01美元来购买Lisa的债券，债券的收益率降低了。现在我们知道为什么到期收益率和价格像跷跷板上的两个孩子：一个上升了，则另一个要下降。

深入讨论：债券价格和收益率：以家得宝公司为例

了解债券的定价公式是如何使用的，如已知债券的到期收益率，可以反复检验债券的售价是否合理。负责收集和分析市场数据的公司Morningstar指出，家得宝在2006年发行了价值30亿美元的债券。这些债券的面值都是1 000美元，票面利率是5.875%，每半年支付一次利息，30年到期（2036年12月16日到期）。在2011年11月23日，大约在发行后的第5年，这些债券还有25.1年到期（没有四舍五入为整数对债券价格的计算不产生影响）。这些债券的到期收益率为4.67%（每年）。按照债券的到期收益率，通过将这些数据输入电子数据表的现值计算公式，来验证市场给出的价格1 177美元是合理的。

- ◆ 利率=4.67%/2=2.335%（半年的到期收益率）。
- ◆ 期数=25.1×2=50.2（按照半年划分的期间数）。
- ◆ 利息收入=(1 000美元×5.875%)/2=29.375美元（半年的利息支付）。
- ◆ 终值=1 000美元（面值或者平价发行的债券价值）。

可以确定的是，函数返回值是–1 177，意味着购买每一份债券的价格（或者是现金流出）是1 177美元。

基于销售价格来确定债券的到期收益率，可以采用电子数据表中的另一个函数，即比率函数。这里的比率代表到期收益率。电子数据表中要输入的数据如下：

◆ 期数=25.1×2=50.2（按照半年划分的期间数）。

◆ 利息收入=(1 000×5.875%)/2=29.375美元（半年的利息支付）。

◆ 现值=−1 177美元（债券现在的价格，经常表现为负值）。

◆ 终值=1 000美元（面值或者平价发行的债券价值）。

通过比率计算公式=比率（50.2,29.375，−1 177，1 000），即可以得到半年的收益率。计算的结果为2.3335%。可以把这个结果乘2，得到年化收益率为4.67%。

7.2.2 优先股

优先股会在第9章进行详细的讨论，本章主要通过一个货币时间价值的例子来验证优先股的定价方法。传统的优先股像债券和普通股的混合体：它们给优先股股东带来稳定的预期股利收益，但不偿还本金。

为了更好地理解优先股概念，假设Peter是购买ACE公司优先股的投资者，他是在优先股发行时按照每股50美元（面值）的价格购买的。作为回报，他每年可以从ACE公司获得4美元的优先股股利（在本例中，股利在每年的年初支付，但是在现实中优先股的股利是每季度支付一次）。注意到优先股股利是面值的8%（4美元/50美元）。这也叫作最初的优先股股利收益。

在这种情况下，我们想证明Peter购买优先股支付的每股50美元是合理的，这50美元代表着预期现金流的现值。如图表7−19所示，通过画出时间线可以证明在折现率为8%的条件下，初始价格与每年4美元的预期股利收入的现值是相等的。

图表7−19　**优先股定价的时间线**

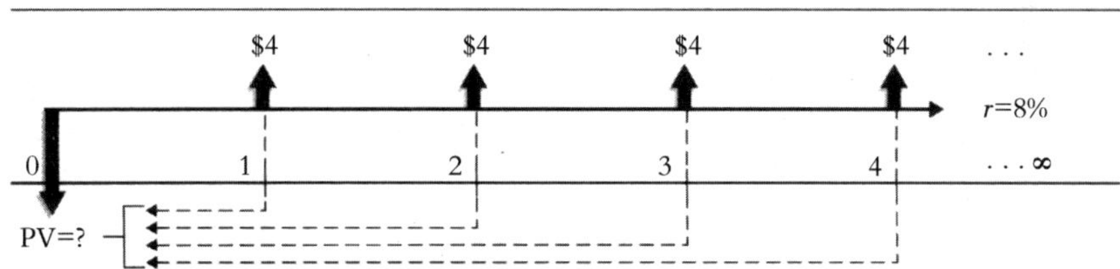

可以通过计算4美元的年金收入的现值来判断50美元的购买价格是否合理。我们将用年金的现值公式来计算最初5年的股利。通过电子数据表的现值函数PV(rate,Nper, PMT, FV)，这里rate是0.08，Nper是5, PMT是4美元，FV是0，可以计算出现值为15.97美元。当期数增加时，现值也会增加。例如，如果把Nper分别增加到10、20、50和100，得到相应的现值分别为26.84美元、39.27、48.93美元、49.98美元。因此，当Nper非常大的时候，现值将十分接近于永续年金的现值或者无限期现金流的现值，即已知的50美元。

幸运的是，在计算永续年金的现值或者是永续优先股的现值时有简便算法，如图表7−13中的公式所示：PV=CF/r。这里的CF代表预期每年的股利收入；r代表初始的股利收益率，或者是Peter刚刚购买优先股时的预期回报率。因此，优先股的现值就是4美元/0.08=50美元。

影响优先股股票价格的因素有两个，这两个因素都会影响利率或者是收益率：

1.第一，从投资者的角度看，股利收益应该可以反映该项投资所面临的风险和投资者面对的机会（同长期公司债券）。换句话说，优先股的价格一般与长期债券收益呈反向变动。

2.第二，投资者应该考虑公司所面临的风险，因为如果公司破产，优先股股东也将不会收到股利。

这两个因素一同决定了合适的股利收益。

正如债券的到期收益率每天都可以变化一样，优先股的收益率也随时变化。考虑Peter以每股50美元的价格购买Ace公司优先股的例子。假设总体的利率水平在Peter购买优先股之后不久就上升了，那么公司面临的风险和增发股利为9%（而不是8%）的优先股时所面临的风险相似。如果新发行的优先股的股利收益上升（投资者要求更高的股利收益，因为公司面临的风险增加了），则会对ACE公司的优先股的价格产生不利的影响。就像我们在上一节讨论过的那样，利率增加会降低债券的价格，如图表7-18所示。可以通过图表7-13中的公式来计算新的优先股的价格：PV=DIV/r=4美元/0.09=44.44美元。需要注意的是，股利并没有发生变化（因为这些优先股的股利保持不变），但是由于投资者要求的回报率上升了，所以股价必须下降。现在投资者对于购买Peter持有的优先股还是从公司购买新的优先股来说是没有偏好的。

深入讨论：优先股股票价格和债券收益：Kansas City Railroad

1962年，Kansas City Railroad发行了非累积优先股，股票利率是4%，面值是25美元（平价发行），60多年来，每年支付的股利是1美元。优先股股票的价格在7.75美元和24.75美元之间波动。

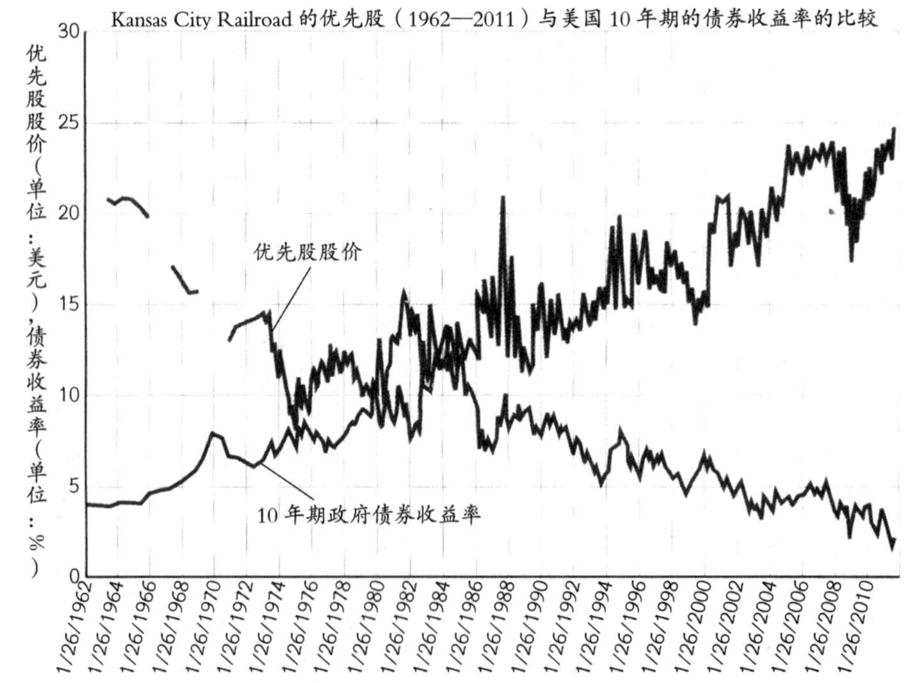

来源：Kansas City Railroad preferred share prices pre-1973 are from the *New York Times*(various editions,1962-1972)and post-1973 are from Datastream;bond yield data are from the Federal Reserve Board website http://www.federalreserve.gov/releases/h15/data.htm(accessed November 25,2011)

> 如图表所示，长期利率的变化是导致优先股股票价格变化的主要原因。实际上，优先股股票的价格可以反映长期政府债券收益，换句话说，随着总体利率水平的下降，优先股股票的价格将会上升。事实上，这两个序列的相关系数是-0.82，这是非常强的负相关关系。这个例子表明，只要公司没有经历财务危机，优先股股票价格和长期债券价格的变化情况是类似的。

7.2.3 普通股

现在考虑与普通股或普通权益相关的投资。第1章对普通股下的定义是为了获得现金投资而给予投资者的公司的所有权。和债券持有者不同，普通股的持有者不是公司固定的债权人；和优先股持有者不同，普通股持有者能够分享公司的利润。普通股的持有者在债权人和优先股持有者获得利息支付和优先股股利之后，享有剩余价值的索取权。在下面的例子中，我们将学习一种普通股定价的方法，即**股利折现模型（dividend discount model）**①，前提是预计公司会支付一系列的股利。

假设Christopher正在考虑投资Ace公司的一只支付股利的普通股股票。Christopher打算购买并且持有至到期。那么Christopher愿意支付多少钱去购买这样一只Ace公司的普通股股票？问题的答案取决于几个因素。

首先，Christopher必须估计未来的股利收入。其次，他必须按照合适的折现率对股利收入进行折现并且求出现值。这个折现率应该反映预期现金流或者股利所面临的风险，其也代表了Christopher投资普通股的预期回报率。在第10章将介绍资本资产定价模型（CAPM），其是对普通权益投资者的要求回报率的计算模型。可以采用该模型来计算某一特定的折现率，而在这里仅将折现率简单地假设为x%。

一旦知道预期的股利和合适的折现率，就可以确定Christopher愿意为普通股支付的价格。通常情况下，可以用普通股股利的现值来表示普通股票的价值，如图表7-20中的时间线所示。为了计算简便，假设Ace公司的股利一年支付一次，且在年末支付。图表7-21归纳出了计算现值的公式。

通过估计预期股利，可以计算出Christopher持有的普通股的现值。与计算永续优先股所面对的问题一样，需要计算每一笔现金流或者股利的现值。本例的情况更加复杂，因为Ace一类的公司会增加股利的发放，尤其是当公司的业务增长的时候。因此，不能依赖7.1.3中的年金公式计算Christopher的股票现值。

图7-20 **普通股定价的时间线**

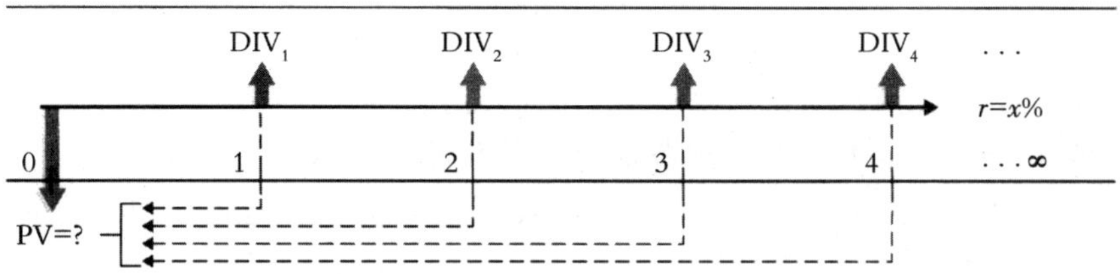

① 股利折现模型：以预期股利现值为基础计算发放股利的股票的内在价值的模型。

图表7-21　　**普通股定价的一般公式**

$PV = DIV_1/(1+r)^1 + DIV_2/(1+r)^2 + DIV_3/(1+r)^3 + DIV_4/(1+r)^4 + \cdots\cdots$

其中：PV=普通股现值；

DIV_T=第t期的预期股利；

r=投资普通股的预期收益率。

幸运的是，存在一种算法可以使得现值的计算更加简便。假设Ace公司的股利按照固定的增长率g增长，就可以一般公式进行重新调整。这里，DIV_1保持不变，用$DIV_1(1+g)$代替DIV_2。例如，Ace公司每年的普通股股利是1美元，股利每年的增长率是5%。在这种情况下，DIV_2是1.00美元×(1.05)= 1.05美元；DIV_3为$DIV_1(1+g)(1+g)$或者是$DIV_1(1+g)^2$，以此类推。为了找到每期现金流的现值，第一期的折现率是$1/(1+r)$，第二期是$1/(1+r)^2$，以此类推。因此，计算永续增长型股利现值的一般公式可以如图表7-22所示。

图表7-22　　**永续增长型股利股票的估值公式**

$PV = DIV_1/(1+r)^1 + DIV_1(1+g)/(1+r)^2 + DIV_1(1+g)^2/(1+r)^3 + \cdots\cdots$

其中：PV=普通股现值；

r=投资普通股的预期收益率；

DIV_1=第1期的预期股利；

g=稳定的股利增长率（小数形式）。

尽管图表7-22所展示的公式看起来相当复杂，其实它与计算永续年金现值的数学公式是相近的。对于那些支付股利的股票，我们将这个公式称为固定增长的股利折现模型，如图表7-23所示。

图表7-23　　**永续固定增长假设下的普通股股票估值的简化公式**

$PV = DIV_1/(r-g)$

其中：PV=普通股现值；

r=投资普通股的预期收益率；

DIV_1=第1期的预期股利；

g=稳定的股利增长率（小数形式）。

所以，回到之前Ace公司的例子，DIV_1是1.00美元，g预计是5%（或者0.05）。假设r的估计值是12%（或0.12）。在这种情况下，股价应该是1.00美元/（0.12−0.05），即Christopher愿意为购买普通股而支付的价格。需要注意的是，只有当r比g大的时候，公式才有意义，这是一个合理的假设，因为股票的预期回报率总应该比股利的增长率高。

通过观察图表7-23中的公式，可以清楚地了解为什么股票价格每天都会升升降降。股票的价格仅由两个因素决定：预期的股利增长率和股利支付的风险。下面是一种记住这些因素的方法：

增长是幸运！

风险是不幸！

如果Christopher预计股利会按照g增长，那么他将愿意为购买股票支付更多的钱（g作为“增长是幸运”）；相反地，如果Christopher预期未来现金流的风险r（r作为“风险是不幸”）会增加，他将要求更高的回报率，那么他仅会接受更低的价格。

深入讨论：多阶段股利折现模型

在图表7-21中的一般的股利折现模型和图表7-23中的永续固定增长的股利折现模型之间还存不存在其他折现模型？我们可以把图表7-21中的模型看作是无限期的模型，每一年的预期股利代表了一个阶段的增长，而可以将图表7-23中的模型看作单期的模型，因为股利每年都按照固定的增长率增长。Blooming L.P.是全球知名的企业和财务信息服务分析公司，其基于三阶段股利增长模型的任意阶段，对公司的股票价格进行合理的估计。第一阶段是股利增长率高于一般水平的那几年。第二阶段是由第一阶段增长率高于一般股利增长水平向第三阶段股利稳定增长过渡的那几年（图表7-23的固定增长率模型省略了前面的两个阶段，仅保留第三个阶段）。在MyFinanceLab中可以找到运用这个模型分析家得宝公司的电子数据表。

多阶段的股利折现模型比固定股利增长模型更具吸引力，尤其是对于那些增长率比总体GDP增长率高的公司，因为这个模型可以对公司的股利进行更加符合实际的估计。但是，如果仅判断整个市场的总体价格如标准普尔指数是被高估还是被低估，那么固定增长模型就更加合理。

例如，如果g是6%而不是5%（增长是幸运），那么，Ace的普通股价值为1.00美元/(0.12−0.06)=1.00美元/0.06=16.67美元。再如，如果Christopher要求的回报率为11%，而不是12%（风险是不幸），那么，Ace的普通股价值为1.00美元/(0.11−0.05)=1.00美元/0.06=16.67美元。进一步的，如果g在更高的6%的水平，而r也增加了，Christopher要求的回报率为13%，而不是12%，那么，Ace的普通股价值为1.00美元/(0.13−0.06)=1.00美元/0.07=14.29美元。正如这个例子所示，增长和风险可以相互抵消而达到平衡。

7.3 对管理者的重要性

目标7.3 解释理解货币时间价值对管理者的重要性。

作出投资决策对几乎每一个经营管理者都十分重要。理解货币时间价值的概念对于任何管理公司财务的管理者都是很重要的。公司依赖基本的金融证券，如债券、普通股和优先股来筹措所需资金。投资者愿意支付的价格和他们预期回报的现值是相等的。例如，按照债券持有者要求的回报率进行折现，债券的价格代表了预期票息收入和本金的现值。类似地，优先股股票的价格是按照优先股股东要求的回报率对预期的永续的股利收入进行折现后的现值。最后，普通股的价格是按照普通股股东要求的回报率对预期股利进行折现的现值。

货币时间价值的概念是作出有效的投资决策的基础。特别地，每个项目的投资取决于项目现值的计算，换句话说，就是比较项目的初始投入和预期净现金流的现值，用于计算现值的合理折现率应当恰当地反映项目的风险。

小结

1.资金时间价值是指今天的一美元比明天的一美元更值钱，多出的部分代表了放弃今天消费的机会成本。

2.时间线是分析货币时间价值问题的有效工具，因为它显示了预期现金流的发生时间和规模。

3.货币时间价值的基本内容包括单笔款项的现值和终值以及年金的现值。

4.债券定价、优先股定价和普通股定价都是货币时间价值的应用。因为这些都代表预期现金流的现值。

5.定价的基本理念是债券的价格和收益率（或者是利率）成反比。

6.固定增长的股利折现模型强调了增长和风险的重要性，它们是决定股票定价的驱动因素。

附加读物与信息

第1章列示的读物包括货币时间价值的相关讨论。

专门介绍货币时间价值的书籍请见：Drake,Pamela Peterson,and Frank Fabozzi. *Foundations and Applications of the Time Value of Money*.New York:John Wiley & Sons,2009.

练习题

1.假设折现率是15%，一年后的现金流入500美元，5年后的现金流入是$1 000，计算现金流的现值。

2.计算5年期的年金现值，每年的现金流是1200美元，第一笔现金流是在一年后收到的，折现率是10%。

3.计算永续年金的现值，每一笔现金流是100美元，第一笔现金流是在一年后收到的，折现率是8%。

4.计算永续年金的现值，每一笔现金流是100美元，之后每年按照3%增长，第一笔现金流是在一年后收到的，折现率是8%。

5.考虑两种债券，债券A和债券B，票面利率都是10%，到期收益率也是10%。这些标准化的债券都是半年支付利息。债券A 5年到期，债券B 10年到期。每一种债券的价格是多少?

6.考虑5题中的债券。假设利率下降，导致到期收益率下降为9%，新的债券的价格为多少（提示：考虑半年的到期收益率)?

7.考虑两种债券，债券C和债券D，到期收益率都是10%，5年到期。这些标准化的债券都是半年支付利息。债券C票面利率是10%（半年支付利息)，债券D不支付利息（零息债券)，每一种债券的价格是多少?

8.考虑问题7中的债券，假设利率下降，导致到期收益率下降为9%，新的债券的价格为多少（提示：考虑半年的到期收益率）？

9. 假设优先股一直按着季度支付 1.00 美元的股利，而且股利收益率为 8%，普通股的合理价格是多少？

10. 如果在未来 3 年，普通股每年的股利为 1.00 美元、1.05 美元和 1.10 美元，3 年后股票的价格是 20 美元，收益率是 9%，则股票的合理价格是多少？

11. 如果普通股每年都支付股利，第一年的股利是 2.00 美元，随后每一年股利增长 5%，假设收益率是 12%，则普通股的合理价格是多少？

第8章　投资决策

学习目标

目标8.1　描述制定决策的过程。

目标8.2　描述资本预算的方法，包括投资回收期、净现值和内部收益率。

目标8.3　描述现值指数、等价年成本、互斥项目和资本限额。

目标8.4　解释投资决策对管理者的重要性。

你付出的是价格，得到的是价值。[①]

——沃伦·巴菲特（本·格雷厄姆的经验）

上一章介绍了货币时间价值的基本原理并且将这些概念运用到基本的金融证券的定价中。任何理想的投资决策都是一个在投资产生的预期现金流和融资成本之间找到最佳平衡的过程。本章主要讨论制定投资决策的过程。本章要把上一章的货币时间价值的概念应用于投资而不是融资中。我们将学习一些概念，如净现值和内部收益率。它们是确保资本预算取得成功的重要工具。在后面的章节，我们会把净现值的概念应用于更复杂的情况，来对公司的整体价值进行评估，这和估计一系列项目的价值类似，但是要把公司作为一个整体来考察。

图表8-1展示了投资与财务管理框架和本书统一主题之间的关系。投资决策是管理者要作出的三个决策之一。投资包括资本支出如购买设备，和长期项目投资如兴建新的车间，或者获得经营权。通过本章学习，可以了解到对现金流增长情况的预期和风险的感知是如何影响项目的可行性分析与价值创造活动的。

8.1　了解制定决策的过程

目标8.1　描述制定决策的过程。

企业管理就是一个作决策的过程，优秀的管理者所作出的决策也应该的合理的。在本书中，我们提到了财务和非财务管理者需要作出的各种决策。例如在第5章中我们考察了与营运资本和融资相关的决策。**资本预算（capital budgeting）**[②]是一个包含另一种决策类型的决策过程，例如是否继续投资于一车间的兴建。所有的这些决策，包括资本预算，都可以包含在商业决策框架内。图表8-2给出了这个框架的基本步骤。

如图表8-2所示，作出决策的第一步是确定需要作出的决策。假设Ace公司要作出如何提高Southwest分公司利润率的决策，那么管理者需要考虑长期因素和短期因素。例如，在短时间内，Ace可能面临一些问题（包括购买新设备），造成公司减少对劳动力的需求，这些问题可能会引发分公司工人的罢工。长期来看，Ace需要考虑如何在科学激励员工的同时提升公司的竞争力。

在确定了需要作出的决策和面临的长期因素和短期因素之后，下一步是要确定评价备选项目的标准。回到案例中，假设Ace设立了三个主要的评价标准：利润最大

① 版权所有，此处引用已经作者同意。
② 资本预算：选择投资项目的过程。

化、风险最小化和与工会保持良好的关系。在这种情况下，就像在现实生活中一样，任何一个备选方案都不可能同时满足每一个标准。因此，公司要确定哪个标准是最重要的。

图表 8-1　　**财务管理框架：投资决策**

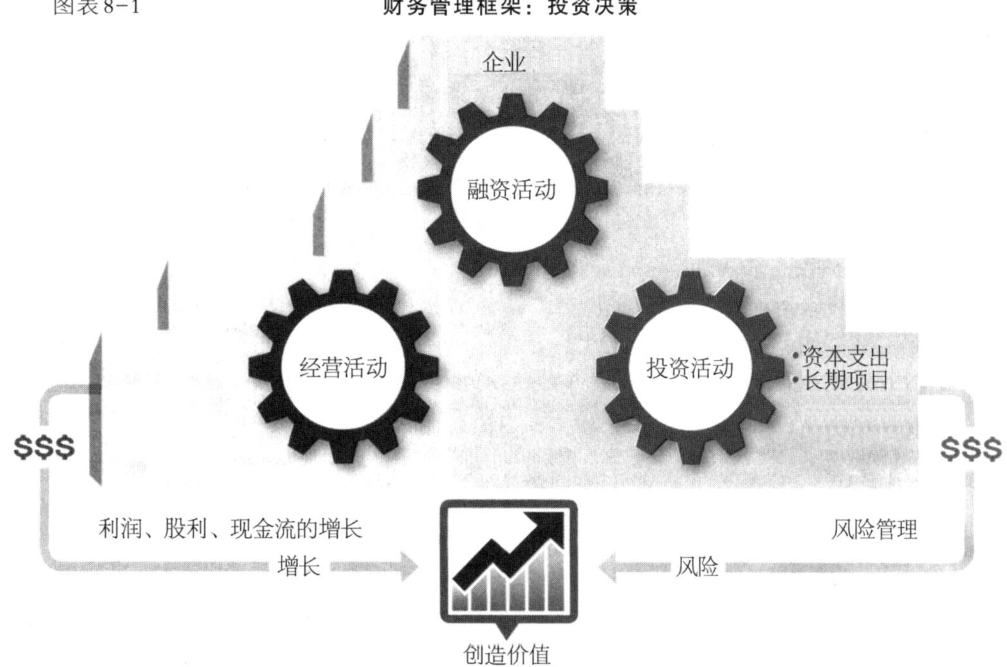

决策框架中的第三个步骤是提出备选方案。每个方案都应是可行的。总有一种备选方案是“无作为”或者是“维持现状”方案。除了这个方案，管理者应该考虑至少两个方案以免忽略一些可行的方案。但是也不能考虑太多的备选方案，因为这样非常浪费时间。通常情况下，找到三个或者四个备选方案是合理的。有时，考虑一些其他的方案来扩展思维也是很有用处的。例如，当解决提高公司利润率的问题时，备选方案可能包括是要购买新的设备来替代旧设备，还是升级已有的设备，或是外包和报废已有的设备（对Ace公司来说，这是一个很激进的做法），或者是什么都不做。类似地，Ace的管理者也可以提出一系列的方案来处理和工会之间的关系。

图表 8-2　　**决策框架**

1. 确定需要作出的决策
2. 确定评价备选方案的标准
3. 提出备选方案
4. 对备选方案进行分析和评价
5. 选择最优方案并制订实施计划

第四步是对备选方案进行分析和评价。这通常是最重要和最耗时的一步。对于每一个备选方案，都需要量化潜在的收益，如提升的利润率。然而，一旦完成了对收益的量化工作，就需要通过考虑可能的负面结果来与收益相权衡。管理在这个步骤中起到了关键性作用，因为它要对每个备选方案进行评价和权衡。例如，量化的收益必须和其他定性因素进行比较。尽管计算出的数值不能回答所有的问题，但这是权衡利弊的关键步骤。例如，从利润最大化的角度出发，Ace公司可能会选出一个“胜出”的方案，但这个方案可能是风险最大的或者会破坏未来公司和工会之间的关系。

最后，第五步是选择最优方案并制订实施计划。这要求管理者在根据前文所述标准制定出的备选方案中进行选择。例如，Ace公司的管理团队可能会决定用更有效的新设备来替代旧设备，该方案会降低公司对劳动力的需求。这个方案的实施计划可能包括策略制定的交流，用以解释这个方案对工会造成的影响。

我们可以将一般决策框架运用到资本预算和投资决策中。大部分步骤比较简单，在本章的后面将会给出一些关注分析步骤的例子。从资本预算决策的角度看，这个步骤总是包括评价和权衡，即初始的资金投入和预期收益（从未来现金流和利润率的角度）之间的比较。

因此，资本预算决策总是包括定量分析的部分。定量分析中最简单的部分是确定潜在投资的初始成本，如新设备。在作出决策时，可以将其视为今天的现金流出。下一步包括估计未来可能的成本和收益，即现金的流入和流出。其中，净现金流是非常重要的概念。此外，还需要和“什么都不做的方案”进行比较，即判断增量现金流是多少。最后，要在净现金流层面进行比较并且考虑它们的时间价值，即货币的时间价值。

8.2 资本预算的方法

目标8.2 描述资本预算的方法，包括投资回收期、净现值和内部收益率。

鉴于我们对货币时间价值的概念有所了解而且理解了这些概念是如何应用到债券、优先股和普通股的定价中的，最后要学习几种资本预算的方法，因为这些方法中的大多数都是建立在货币时间价值概念的基础之上的。这些资本预算方法是用来决定公司是否要投资于一个新项目的定量评价工具。首先从最简单的方法——投资回收期法（Payback method）①开始。这个方法使我们知道项目的现金流需要多少年才能超过初始投资，但是不依赖于货币时间价值的概念（这是这个方法主要的缺陷）。我们之后会学习净现值法和内部收益率法。

8.2.1 回收期法

回顾上一节中讲到的资本预算流程。正如上一节提到的，第一步是计算项目的初始投资成本。就是当作出投资决策时，发生于现在的必要的现金流出。之后要估计未来任意时刻的成本和收益，或者是现金流入和流出。主要关注的是净现金流量（现金流入减流出）。一般来说，净现金流属于现金流入，否则项目就没有投资价值。最后，将净现金流与初始投资成本进行比较。

回收期法是评价资本预算决策最简单的方法。本部分将介绍回收期法的两种形式。首先，对于需要预先投资并且未来每年产生等额现金流的项目，对项目投资回收期的估计如图表8-3所示。

为了更好地理解当项目未来每年产生等额现金流时的回收期法，考虑一个例子。

---

① 回收期法：用来评估投资项目需要多长时间能够补偿其投资者的最初投资所需要的时间。

假设Ace公司考虑要投资购买最先进的设备，需要初始支出100 000美元。这项投资预期会在未来8年每年平均产生净现金流20 000美元，主要是因为新设备比公司的旧设备的工作效率高。这里的回收期是用100 000美元（初始投资的成本）除20 000美元（平均年净现金流），结果是5年。一般情况下，回收期代表收回初始投资的时间。换句话说，是Ace公司需要多长时间才能通过每年的成本节约收回其投资成本。

在某种意义上，回收期法试图反映项目的风险。如果项目的回收期较短，那么项目的风险就较小。因此，一些公司的指导方针声称只接受回收期在3年或者以下的项目。

其次，一种应用更为普遍的回收期法，即为当未来每年现金流不均等时回收期的估计方法。在这种情况下，只需将每一年的净现金流量进行加总。这时的回收期大概就是当累计净现金流由负数变为正数的那一年。下面通过一个例子来更具体地说明这个方法。假设Ace公司现在（第0年）以100 000美元购买了相同的设备，但是未来每年的净现金流量是不均等的。在第一年，因为一些问题导致净现金流量为负值，而且在投资初期的净现金流量低于预期水平，但是后几年的净现金流量高于预期水平。公司从第一年到第八年的净现金流量分别为：-100 000美元、5 000美元、12 000美元、18 000美元、22 000美元、27 000美元、33 000美元、35 000美元。每一年的净现金流量和累积净现金流量如图表8-4所示。

由图表8-4可知，累积净现金流量在第7年的时候开始变为正数，这是大概的回收期。为了更精确地估计，可以发现第6年年末的累积净现金流量是-26 000美元，第7年的净现金流量是33 000美元。所以，在第7年的时候累积现金流量就变为正数，这意味着回收期要小于7年。因此，可以通过计算26 000美元/33 000美元来推测回收期。换句话说，由于第7年净现金流为33 000美元，到第6年进行了0.79部分时，年初的26 000美元的累积差额被抵消。因此，精确的回收期是6.79年。

图表8-3　**现金流平稳或者均匀的投资回收期**

$$投资回收期=\frac{初始投资}{年平均净现金流}$$

图表8-4　**现金流不平稳的投资回收期**

年份	净现金流	累积现金流
0	(100 000)	(100 000)
1	(10 000)	(110 000)
2	5 000	(105 000)
3	12 000	(93 000)
4	18 000	(75 000)
5	22 000	(53 000)
6	27 000	**(26 000)**
7	**33 000**	7 000
8	35 000	42 000

1.回收期法的优缺点

回收期法主要的优点是计算相对简单。这种方法为项目的进一步分析提供了一个滤网似的屏障，因为如果一个项目的回收期过长，那么运用其他资本预算方法来评估的话，也不太可能被采纳。这种方法也可以对项目的内在风险进行快捷地评价，回收期较长的项目可能会在收回初始投资时存在额外的风险。基于对货币时间价值的了解，可以容易地看出回收期法的缺陷：这种方法没有对早期的现金流和后期的现金流加以区别——而是等同对待，即没有考虑不同时期现金流量具有不同的时间价值。此外，这种方法没有考虑回收期之后的现金流。尽管有一些公司有内部的指导方针，例如要求新项目的回收期要小于5年，但是，指导方案中期望回收期的确定是随意的。而且，该方法也没有考虑机会成本。

8.2.2 净现值法

资本预算中的净现值法是指计算投资于某一项目为公司增加的净值。考虑一个简单的例子，一个项目现在有一笔现金流出，在一年之后预计会有一笔现金流入。在这个1年期的例子中，净现值的计算如图表8-5所示。

图表8-5 **一年期的净现值法**

$$NPV=-C_0+\frac{C_1}{1+r}$$

其中：NPV=净现值；

$-C_0$=期初现金流出（0时刻）；

C_t=一年后预期净现金流入；

r=折现率（或者要求报酬率）的小数形式。

在第10章，可以指导用于评价项目的**折现率与资本成本（cost of capital）**[①]或者公司的融资成本是直接相关的。如果项目的特有风险与公司面临的总体风险相似，那么折现率和公司的资本成本有较强的相关性。在对投资项目进行评估时，折现率也叫作必要报酬率（Hurdle rate）[②]，在第10章将进行更详细的说明。可以知道，合适的必要报酬率反映了项目的风险：风险较低的项目要求的资本回报率较低，风险较高的项目要求的资本回报率也较高。然而，本章的主要任务是基本了解净现值法的作用机理。

假设Ace公司正在考虑一个新项目。公司的初始支出（C_0）是80 000美元，这个项目第一年的净现金流量（C_1）预计是100 000美元，折现率是10%。净现值的计算分两步进行。首先，在第7章货币时间价值的基础上计算预期现金流量的现值。为了计算现值，将100 000美元除1.10，得到结果90 909美元。其次，将初始投资80 000美元从90 909美元中减掉，得到10 909美元，也就是投资的净现值。

净现值法则（net present value rule）[③]说明了公司应该接受净现值大于0或者等于0的项目。在此，假设公司没有任何的资本约束，换句话说，一个项目的预期回报之和大于其成本，那么公司就可以通过贷款或者吸引新的股东来投资这个项目。需要注

① 资本成本（加权平均资本成本，WACC）：包括债务、优先股和普通股在内的所有形式的长期融资的加权平均资本成本。
② 必要报酬率：可接受的最低投资回报率，其取决于投资的性质和风险。
③ 净现值法则：用于评估一个投资项目的方法，认为公司应该接受任何净现值大于或等于零的项目。

意的是，存在一种特殊情况，即净现值为0，这意味着投资回报正好可以抵消项目的风险水平，换句话说，投资收益恰好足够补偿贷款人和股东的投资成本。

图表8–6归纳了多期现金流净现值的计算公式。

图表8–6 **多期现金流净现值的计算公式**

$$NPV=-C_0+\frac{C_1}{1+r}+\frac{C_2}{(1+r)^2}+\frac{C_3}{(1+r)^3}+\cdots$$

其中：NPV=净现值；

$-C_0$=期初现金流出（0时刻）；

C_t=t年预期净现金流入；

r=折现率（或者要求报酬率）的小数形式。

例如，假设Ace公司正在考虑投资一个新设备Cost–Saver 300，成本是300 000美元。公司预期在安装了Cost–Saver 300之后3年的净现金流量分别是100 000美元、150 000美元、200 000美元，预期的折现率也是10%。这个项目的净现值是多少？进一步来说，公司应不应该投资于Cost–Saver 300?

要回答这个问题，公司要计算每一笔现金流量的净现值。通过计算可以发现，第一笔现金流量的净现值是90 909美元（或100 000美元/1.10），第二笔现金流量的净现值是123 967美元（或150 000美元/$(1.10)^2$），第三笔现金流量的净现值是150 263美元（或200 000美元/$(1.10)^3$）。现金流量的净现值之和为365 139美元。然后，在减掉初始投资的300 000美元后，得到的净现值是65 139美元。因此，基于净现值法则，Ace公司应该购买Cost–Saver 300。

净现值也可以通过电子数据表中的净现值函数进行计算，需要注意的是，“净现值函数”在某种程度上是一种误称，使用函数时要注意。在Excel中，找到“插入函数”，然后在类别值中选择“财务”，再选择“净现值”。这个函数的形式是净现值(比率，值1，值2，…)，但是注意值1不是代表现在的初始现金流出，而是一年之后的净现金流出。因此，为了在Excel中计算净现金流，必须先进行现金流量现值的计算，再扣除初始投资。在我们所采用的符号中，比率是折现率或者是r，以小数形式表示。值1是一年以后的净现金流量（假设我们关注的是每年的现金流）；值2是两年以后的净现金流量；以此类推。我们之所以要减去初始投资，是因为现在有现金流出。所以，使用案例信息来运行净现值函数，选择合适的单元格输入下面的公式：

=–300 000+NPV（0.10，100 000，150 000，200 000）

计算结果应该与之前的65 139相同。图表8–7给出了计算的分解步骤。

图表8–7 **运用电子数据表计算净现值**

	A	B	C	D	E
1	折现率	0.10			
2	初始投资	–300 000	=B2+NPV(B1,B3,B4,B5) 或=B2+NPV(B1,B3:B5)		
3	值1	100 000		→	65 139
4	值2	150 000			
5	值3	200 000			

1. 净现值法的优缺点

净现值法最主要的优点在于通过折现率考虑了货币的时间价值。它作了一个合理的假设，即中间产生的每一笔现金流都是按照公司的资本成本进行的再投资。净现值法的一个缺点就是计算结果是绝对数，然而很多管理者在评价项目的时候都重点关注投资回报的比率。采用净现值法的最大挑战就是估计真实的现金流量和选定一个合适的必要报酬率。

深入讨论：实物期权

通过假设管理者的投资决策必须在今天作出，本章对投资分析进行了简化。但是如果可以推迟进行投资决策，即当项目更加有吸引力时再进行决策，那么情况又会是怎样的呢？这就是**实物期权**（real option）[①]或者作出特定商业决策的权利（不是义务）的概念。有一种决策是需要在今天就作出决定的传统类型的投资决策，该决策所产生的利润取决于决策之后有好消息还是坏消息。

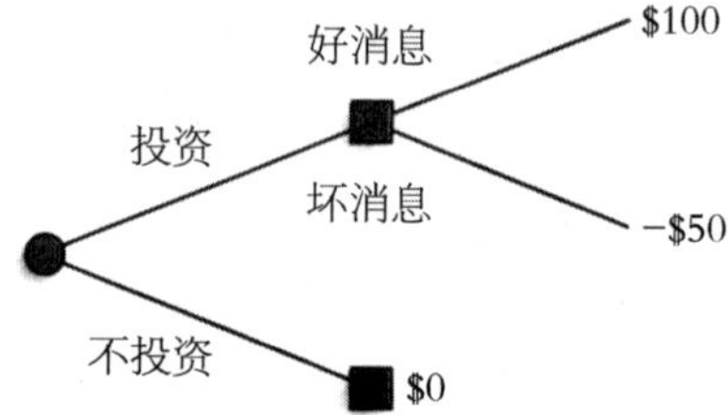

现在假设今天不需要作出决策，而是可以等到听到好消息之后再进行决策。

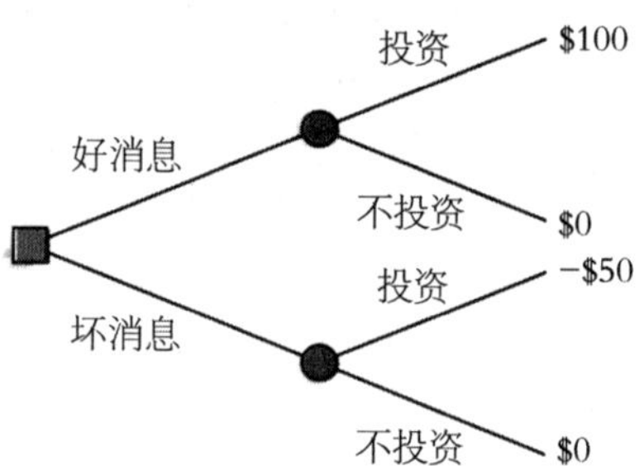

通过上图可以清楚地看到，持有可以在决策之前等待的期权是有价值的。如果有好消息我们就进行投资，有坏消息我们就不投资。

期权是特定于公司所面临项目的类型而言的，因而要比本章的案例复杂得多。然而，可以归纳出几种管理者经常遇到的主要期权，包括可以等到最佳时期再进行投资的期权、增长期权和终止回报不佳项目的期权。谷歌公司就是一个运用增长期权的例子。谷歌公司经常进行一些商业并购，被并购公司的现金流为负，但是都将有很好的发展机会。不是所有的并购都会产生良好的效益，但也有些是非常成功的。最后，当项目要求进行多阶段投资时，终止期权是很有价值的。管理者可以在项目进行过程中重新评估接下来每一个阶段的收益率，只有当未来的收益大于未来的成本时，才继续投资这个项目，且不需考虑沉淀成本。

实物期权的价值主要受两个因素影响。一个是时间价值，因为在等待中，更好的投资机会可能会呈现在管理者面前。另一个是项目的风险。如果项目没有风险，

① 实物期权：企业对投资的一种选择权而非义务，经常与投资时机的选择有关。

那么决策是很容易作出的，因为未来的收益很容易量化；如果项目的风险很大，那么未来某天可能就会从投资项目中获得巨大的收益。

对于管理者而言，期权的价值就是给予他们在作出决策之前等待的权力。我们不能通过传统的净现值法和内部收益率法来衡量期权的价值。实物期权是对传统投资分析方法的补充。

注：本书并不涉及关于如何为实物期权定价的问题。这个问题的部分答案源于对看涨期权和著名的Black-Scholes模型等金融期权的理解。Myron Scholes和Bob Merton这两位金融学家，因为对期权定价的研究而获得了诺贝尔经济学奖。他们差点就要与另一位金融学家Fisher Black一同被授予这个奖项。遗憾的是，Fisher Black在被授予诺贝尔奖之前就去世了。

8.2.3 内部收益率法

尽管净现值法对我们有很强的吸引力，然而一种与之相关的方法——内部收益率法——却在现实中应用得更加普遍。内部收益率法和第7章中的债券的到期收益率法相似。这种方法告诉我们净现值为0时的折现率是多少。因此，与净现值法不同，内部收益率法不能告诉我们未来现金流的价值之和，而是通过求解投资回报比率来评价项目的可行性。这个方法也有自己的法则。如果说净现值法告诉公司（没有资金限制）应该接受任何一个净现值等于0或者大于0的项目，那么**内部收益率法则（internal rate of return rule）**[①]告诉公司应该接受内部收益率大于预期设定的必要报酬率的项目。值得注意的是，净现值法中的内部收益率与折现率是相等的。因此，净现值法和内部收益率法的决策结果应该是一致的（至少在最简单的情况下，即期初有现金流出，随后有现金流入）。换句话说，如果一个项目的净现值是正数，那么内部收益率也会高于要求报酬率。

为了更好地了解内部收益率法的作用机制，重回8.2.2后面的例子。在那个例子中，Ace考虑进行一项价值300 000美元的投资而且未来3年的净现金流入分别为100 000美元、150 000美元和200 000美元。假设要求报酬率为10%，这个项目的内部收益率是多少？Ace公司是否应该接受这个项目？

对于这种多阶段的问题，通过笔算或者标准的财务计算器来计算内部收益率都没有简便算法（除了复杂的反复试验）。但是，这个过程在电子数据表中却是非常简便的（在一些高级的财务计算器中也是如此）。在Excel中，找到“插入函数”，再选择“财务”类别，然后选择“内部收益率”。注意内部收益率函数的形式是内部收益率（值，[猜测值]）。值代表了一个数列，而且必须按照一定的顺序排列。需要注意的是，Excel中的净现值函数和内部收益率函数是不一致的。内部收益率函数中第一个值代表初始的现金流出，这与净现值函数将初始投资排除在外不同。之后的数值代表净现金流量，第一个是一年后的净现金流量（100 000），然后是两年后的净现金流量（150 000），最后是三年后的净现金流量（200 000）。只要合理，这个年份就可以继续延续下去。函数中的猜测值是可以选择的，代表对内部收益率的推测（因为电子数据表函数是基于迭代反复计算，这经常需要从合理的数值开始）。在大多情况下，从要

① 内部收益率法则：一种评估投资项目的方法，认为公司应该接受任何内部收益率大于或等于其最低回报率的项目。

求报酬率10%开始迭代就可以了。

因此，可以将内部收益率函数用于本例中，选择某一个单元格，准确地输入下面的内容：

=IRR({-300 000;100 000;150 000;200 000},0.10)

答案是20.61%。这意味着购买设备的内部收益率是20.61%。图表8-8给出了计算的分解步骤。

图表8-8　**运用电子数据表计算内部收益率**

	A	B	C	D	E
1	猜测值	0.10			
2	初始投资	-300 000			
3	值1	100 000	=IRR(B2,B3,B4,B5,B1)	→	20.61%
4	值2	150 000	或=IRR(B2:B5,B1)		
5	值3	200 000			

在本例中，与净现值法的评估结果相同，内部收益率20.61%大于要求报酬率10%，因此Ace公司应该投资这个项目。

那么，折现率是如何影响净现值的呢？在Ace的例子中，净现值与不同的折现率或要求报酬率之间的关系如图表8-9所示。可以看到，当折现率是20.61%时，净现值是0。换句话说，由于这个折现率恰好使得净现值为0，可以确定项目的内部收益率就是20.61%。总而言之，折现率越高，净现值越低。

图表8-9　**不同折现率下的NPV**

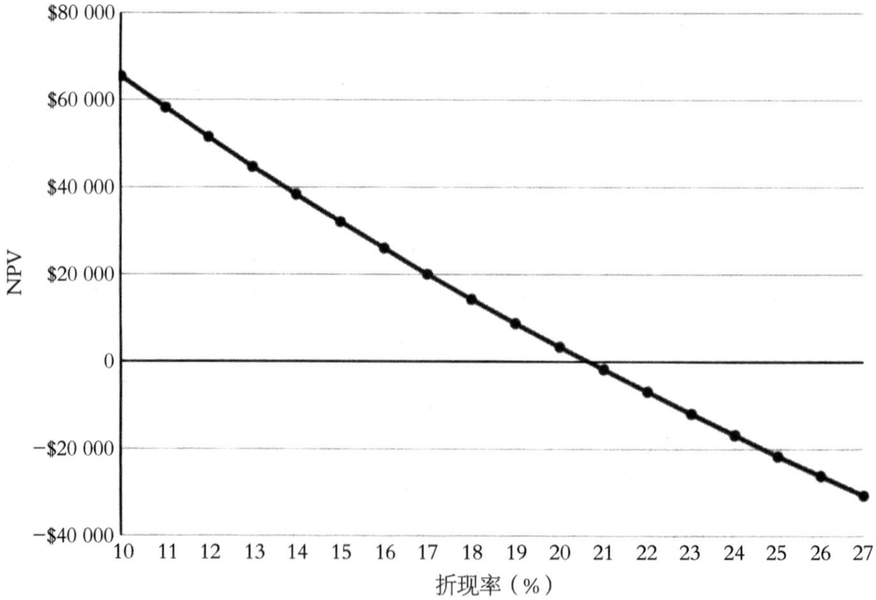

1. 内部收益率法的优缺点

与净现值法一样，内部收益率法的主要优点就在于考虑了货币的时间价值。另外，还有一个优点就是计算结果是相对数形式，而不是简单的绝对数指标。然而，内部收益率法在存在非常态现金流的情况下，即项目现金流在项目周期中发生正负变动，而不是初始现金流为负数，之后为正数，那么可能会产生多个内部收益率。这反映了内部收益率法的一个隐含假设：现金流量可以以早期几年的内部收益率进行再投资（例如Ace公司正在进行的其他新项目）。在很多情况下，这个假设往往是没有现实意义的。所以，尽管这个再投资假设的合理性不会影响前述案例中“接受”还是“拒绝”项目的决策，对于相关的内部收益率的计算结果还是要谨慎对待。

2.修正的内部收益率

为了克服内部收益率法的这些缺陷，即内部收益率可能有多个值和假设再投资的回报率是内部收益率，**修正的内部收益率**（**MIRR，modified internal rate of return**）[①]被开发出来。尽管这种方法的计算更加复杂，但可以在Excel之类的电子数据表中进行。

修正的内部收益率法需要确定两个比率。首先，与净现值法一样，要确定要求报酬率或者资本成本，可以通过参考融资成本来确定。然后，需要确定再投资率，假设公司可以按照这个比率投资于正的净现金流量。接下来，分开计算正负现金流量。先将正现金流量的终值按照再投资率进行折现，再将负现金流量按照融资成本率进行折现，然后，根据这两个值计算内部收益率。计算公式如下：

$$\text{修正的内部收益率}=\sqrt[n]{\frac{\text{按照再投资收益率投资的正现金流的终值}}{\text{按照融资成本进行折现的负现金流的现值}}}-1$$

其中：n代表期数和根数（例如，如果n是2，则代表开平方，n是3，则代表开立方，以此类推）。

现在用图表8-4中的数据来计算修正的内部收益率，其中融资成本率是10%。假设再投资收益率是12%，因为Ace公司能够发现新的投资机会而且收益率略高于要求收益率。图表8-10给出了计算修正的内部收益率的过程。

图表8-10　**修正的内部收益率的例子**

年份	净现金流(美元)	E现金流量的终值	负现金流量的现值
0	(100 000)		100 000
1	(10 000)		9 091
2	5 000	9 869	
3	12 000	21 148	
4	18 000	28 323	
5	22 000	30 908	
6	27 000	33 869	
7	33 000	36 960	
8	35 000	35 000	
合计		196 078	109 091
融资成本率		10.00%	
再投资率		12.00%	
二者比值		1.80	
修正的内部收益率		7.60%	

① 修正的内部收益率：假设所有的投资收益均按照投资所要求的折现率（如资本成本）进行再投资，而不是内部收益率。

将正现金流量的终值按照再投资率进行折现得到196 078美元，将负现金流量按照融资成本率进行折现得到109 091美元，二者的比值是1.8。如果将1.8开八次方（也可以写成$1.80^{(1/8)}$），可以得到1.076。最后，将结果减1得到0.076，所以7.6%就是修正的内部收益率。

8.3 资本预算的拓展

目标8.3 描述现值指数、等价年成本、互斥项目和资本限额。

本节将讨论很多与资本预算有关的细节问题。首先，要介绍另一种解释净现值结果和评价正在进行的项目的方法。其次，考虑如何比较期限不同的项目。再次，讨论互斥项目，以及当总量资金有限时的资本限额问题。

8.3.1 现值指数法

在8.2.2中，我们讨论了用净现值法对项目进行评价并且分析了Ace公司正在考虑投资的项目：购买Cost-Saver 300。其中，设备的成本是300 000美元，最初3年的净现金流入的现值是365 139美元。还可以从另外一个角度对这样的投资的可行性进行评估。与净现值法计算收益与成本之间的差额而得出绝对数不同，可以用收益与成本的比率的相对数指标的形式，这个比率就是**现值指数**（profitability index）[①]。

现值指数=净现金流的现值/初始投资

所以，Cost-Saver 300的现值指数是365 139美元/300 000美元=1.22。按照这个方法，如果项目的现值指数大于1，那么这个项目就可以采纳，因为任何比1大的比率都说明收益超过了成本。所以，按照净现值法则来评估，Ace公司也应该购买Cost- Saver 300。基于“物有所值”或者尽可能多地获得超过投资额的附加价值的理念，现值指数法也是对一系列项目进行排序的有效方法。

但是，现值指数法也存在缺陷。它不能反映项目给公司价值带来增值的绝对规模。规模非常小的项目也可能有很高的现值指数，但是从绝对值角度看，与现值指数低的大型项目相比，小型项目带来的价值增值的绝对规模是非常小的。

8.3.2 等价年成本法和项目期限

当项目期限不同时，如何进行比较？答案就是通过估计和比较等值年成本来构造统一的比较标准。**等价年成本**（equivalent annual cost）[②]法（也称作约当年金法）就是计算项目周期年成本的方法。

要创建等价的年成本，实质上就是要构造一种年金。回顾第7章中计算年金现值（PVA）的公式如下：

$$PVA=\frac{PMT}{r}[1-\frac{1}{(1+r)^n}]$$

其中：PMT代表每年的年金支付或者是等价年成本；r是折现率或要求报酬率；

① 现值指数：投资项目未来现金流量净额的总现值与原始投资现值之比。
② 等价年成本：在项目的整个生命周期中，与该项目相关的年度成本。

n是项目的期限。

为了简化问题，假设只在0时刻有一个一次性的初始投资，而且在项目的期限n年中，不再有资金投入。由此可以认为初始投资与PVA相等。已知n（项目的预期期限）和r（要求报酬率），可以计算出PMT。换句话说，PMT就代表了项目的期限内需要支付的等价年成本（在第一年年末进行的第一笔投资），而不是在期初进行初始预先投入。所以，可以通过PVA的计算公式推导出PMT的公式：

PMT=[r×初期投资]/[1−1/（1+r）^{n}]

如果采用电子数据表，通过使用PMT函数可以使得PMT的计算更加简便。

现在，我们来考虑一种稍微复杂一些的情况，即公司在进行初始投资之后在项目期限内也投入了资金。假设Ace公司要购买一个新机器，有两种类型的设备可供选择，它们每年产生的现金流量是相等的。其中，Super−3的成本是30 000美元，可以使用3年，每年的维修费是6 000美元；而Super−8的成本是100 000美元，可以使用8年，每年的维修费是1 000美元。Ace公司的要求报酬率是10%。考虑这些因素，Ace公司应该购买哪一种类型的设备?

已知每一种机器的维修费，从这个角度看，Super−8的方案更好，因为每年的成本更低。但是，综合而言，还需要把机器的购买成本摊销到它的使用期限内。考虑到每一个机器的初始价格或者现值，最简单的方法就是使用电子数据表中的函数来计算每年的支出或者说是PMT。在Excel中，找到“插入函数”选项，选择“财务”类别，然后选择“PMT”。这个函数的形式是PMT（比率，期限，现值，[终值]，[类别]）。对于Super−3，比率就是要求报酬率，即10%；期限是机器的使用寿命，即3年；现值是购买机器的初始投资，即−300 000美元（因为它代表现金流出，初始投资用负数表示）。这里不需要输入终值。因为仅当产品的使用期结束后还有残值时，才输入终值。也不需要输入类型，因为隐含的假设条件是现金流量发生在每年的年末。所以在使用这个函数估计等价年成本时，需要输入下列值：

=PMT(0.10，3，−30 000)或=PTM(0.10，3，−30 000，0，0)

这个函数的返回值是$12 063.44，或者在使用财务计算器时需要进行以下操作：

30 000 → PV

10 → i[或r]

3 → n

PMT 答案是12 063.44

如果再加上每年的维修费6 000美元，可以得到等价年成本是18 063.44美元。可以用PMT函数重复这个过程来计算Super−8每年的成本摊销。然后再加上每年的维修费1 000美元，可以得到Super−8的等价年成本为19 744.40美元。因为Super−3的等价年成本低于Super−8，所以A公司应该购买Super−3。

需要注意的是，本例隐含着一些假设。如果公司预测机器需要使用至少8年（Super−8的使用寿命），那么就需要更换Super−3至少两次。因此需要假设3年后和6年后购置Super−3的成本与现在的成本是等价的，而且维修费用保持不变。如果这个假设不成立，就需要重新考虑这个决策。

8.3.3 互斥项目和资本限额

在作出投资决策时，公司面临的情况可能更加复杂。在本章的大多数例子中，我们都假设Ace公司所考虑的每一个项目都是相互独立的。换句话说，我们假设当Ace公司接受还是拒绝一个项目时，不考虑对其他项目决策的影响。一个例外就是关于购买Super-3还是Super-8的决策。我们把这两个项目称为**互斥项目**（mutually exclusive projects）①。换句话说，如果购买了Super-3就不能购买Super-8，反之亦然。

如果所有的项目都是相互独立的，那么使用净现值法和内部收益率法作出的决策应该是一致的。如果项目是互斥的，那么净现值法则依然有效：公司应该投资净现值最大的项目。但是，按照内部收益率作出决策并且仅仅选择内部收益率最大的项目的决策结果可能会与按净现值法作出的决策不一致。例如，一个价值1 000美元、回报率为30%的项目的回报是300美元，一个价值100万美元、回报率为20%的项目的回报是200 000美元，远大于300美元。因此，虽然30%的内部收益率大于20%的内部收益率，但是1 000美元的投资回报远远低于200 000美元的回报。仅仅因为某个项目的内部收益率高就认为这个投资项目比较好的结论是不可靠的，仅仅依靠现值指数作出的决策也是如此。尤其对于项目期限相同的项目，一种解决办法是比较两个项目的初始支出和现金流量的增量。另外，内部收益率法的一些隐含假设在现实情况中是有缺陷的。例如，取决于增量现金流量的复杂性，可能存在多个内部收益率（存在多个值使净现值为0）。

公司在作出决策时面临的另一个问题与公司可用于投资的资金数量有关。当公司可用于投资的资金数量有限时，需要进行**资本限额**（capital rationing）②，例如，公司在某一年份可能有固定的资本支出预算。当公司要求更高的报酬率时，这通常是和融资成本提高有关，也需要进行资本限额，比如公司可能减少贷款。实施资本限额可能是基于外部原因，比如贷款条款限制公司发行新债，否则可归咎于内部因素。资本限额也可能是基于内部原因，某些公司对于回报较差的资产进行了过度投资，但却没有完善的追责制度——尽管这时应该检查资本支出的决策过程。实施资本限额也可能是因为管理者不愿意对外发债。

例如，Ace公司决定将下一年度投资于新设备的投资总额限定在5 000万美元，所以Ace公司只能采用最优的投资方案。那么“最优”的评判标准是什么呢？Ace公司应该比较每个项目的初始投资额、净现值、内部收益率和现值指数。通过净现值选出的项目可能不是最佳的，因为和其他项目相比这个项目的初始投资额可能非常高，但是它的净现值却较高。例如，项目A需要的初始投资是4 000万美元，净现值是100万美元，是所有备选项目中净现值最高的。但是，项目B的初始投资仅仅是500万美元，净现值是900 000美元，项目C的成本仅仅是400万美元，净现值是800 000美元。其他项目的成本可能低于400万美元，但是净现值也更低。因此，Ace公司如果放弃项目A而投资这几个初始投资额较小的项目，可能会获得更高的累积净现值。

---

① 互斥项目：选择其中一个项目就不能够选择其他相似的项目。

② 资本限额：某一特定时期内的资本支出总量必须在预算约束之内，使得公司在不超过预算上限的情况下，选择会带来最大价值增量的项目。

所以，Ace公司应该选择采取哪个项目？通常情况下，在需要进行资本限额并对决策方案进行排序时，内部收益率法和现值指数法会比净现值法提供更多有用的信息。有时，如果这两种方法得出的结果相矛盾，在需要进行资本限额的条件下，现值指数法可以对项目进行最合理的排序。综上，Ace公司应该选择净现值最大的项目组合，同时辅以现值指数法对结果进行修正。

8.4 对管理者的重要性

目标8.4 解释投资决策对管理者的重要性。

作出投资决策对于每一个经营管理者来说都是非常重要的工作，因此，对于所有的管理者而言，了解有效决策的框架思路是非常重要的。这一框架主要包括以下步骤：决定要作出的决策，确定评价备选方案的标准，提出并评估备选方案，选择并实施决策方案。

货币的时间价值也是作出有效决策的基础，特别是对于那些需要计算现值的项目，也就是需要比较初始投资与预期净现金流量的现值，这里所采用的折现率反映了项目的风险水平。管理者致力于为公司创造价值，他们可以通过投资净现值为正数的项目来实现这一目标。对管理者而言，了解资本预算的不同评价方法的优缺点是非常重要的，这些方法包括依赖于货币时间价值的净现值法、内部收益率法和现值指数法，还有不依赖货币时间价值的回收期法。

管理者对本章提到的资本预算技术有多大程度的依赖？学者John Graham和Campbell Harvey对美国的CFO作了一项调查，并询问他们采用各种方法的频率。John Graham和Campbell Harvey发现，75.7%的CFO总是或者在大部分情况下使用内部收益率法进行资本预算决策，74.9%依赖于净现值法进行决策。特别地，大公司更加依赖这些方法，因为这些公司的负债比例更高。会令人感到非常奇怪的是，56.7%的CFO都使用回收期法,尽管这种方法有明显的缺陷。只有12%的CFO使用现值指数法。因此，可以发现，理解和合理运用资本预算方法对于所有管理者而言都是非常重要的。

小结

1.商业决策过程框架包括5个步骤：决定要作出的决策和相关的问题，决定评价备选方案的标准，提出备选方案，分析评价备选方案，对备选方案作出决策并开始实施。

2.回收期法是最简单的资本预算方法，但它没有考虑货币的时间价值。

3.资本预算中的净现值法通过比较项目的初始投资额与预期净现金流量之间的差额来估计公司会从项目种获利多少或者亏损多少。

4.实物期权是作出商业决策的权利而不是义务。

5.内部收益率法是估计使投资项目的净现值为0时的折现率。

6.现值指数法计算了项目的净现金流量的现值与初始投资之间的比率。

7.资本预算决策会在以下情况下变得更加复杂：存在互斥项目，需要比较不同期限的项目以及资本总量有限需要定量分配。

附加读物与信息

第1章列示的读物都包括资本预算的相关讨论。

1. 专门介绍资本预算的书籍请见：Peterson,Pamela,and Frank Fabozzi,*Capital Budgeting:Theory and Practice*.New York:John Wiley & Sons,2002.

Bierman,Harold and Seymour Smidt.*The Capital Budgeting Decision:Economic Analysis of Investment Projects*,9th ed.New York:Routledge.

2. 本章介绍的资本预算的调查详见：Graham,John,and Campbell Harvey. "How Do CFOs Make Capital Budgeting and Capital Structure Decisions?" *Journal of Applied Corporate Finance 15*(Spring 2002):8–23.

练习题

1. 已知项目的年平均现金流出是8 000美元，年平均现金流入是10 000美元，初始投资是13 000美元，项目的回收期是多少年？

2. 已知一个一年期的投资项目的初始投资是12 000美元，一年之后的净现金流量是15 000美元，假设折现率是8%，净现值是多少？

3. 问题2的内部收益率是多少？

4. 问题2的现值指数是多少？

5. 当折现率最大为多少时，一个投资项目仍然可以被接受（即此时的NPV为0)？

6. 已知初始投资是40 000美元，未来3年预期的净现金流分别为15 000美元、20 000美元、25 000美元，假设折现率是10%，项目的净现值是多少？

7. 问题6的内部收益率是多少？

8. 问题6的现值指数是多少？

9. 问题6的投资回收期是多少年？

10. 如果融资成本率是10%，再投资收益率是13%，那么问题6中的调整后的内部收益率是多少？

11. 已知购买设备的成本是50 000美元，每年的维修费用是4 000美元，折现率是9%，等价年成本是多少？

第三部分

长期融资需求

第9章　资本市场概述：长期融资工具

学习目标

目标9.1　评价债券和信用评级的主要特点。

目标9.2　评价优先股的主要特点。

目标9.3　评价普通股的主要特点，描述主要资产类别的历史收益率，并解释算术收益率与几何收益率之间的区别。

目标9.4　描述资本市场的关键要素。

目标9.5　解释市场有效性的概念，并描述有效市场假说的各种形式。

目标9.6　解释理解资本市场和长期融资工具对管理者的重要性。

人的一生中有两个时候不应投机：投不起的时候和投得起的时候。

——马克·吐温

本书的前面章节专注于评估公司的发展前景和了解企业的短期财务需求。尤其是第5章介绍了在**货币市场**（**money market**）[①]交易的到期日不足一年的短期融资工具。接下来的第7章介绍了短期融资和长期融资之间的桥梁以及如债券、股票等金融证券的估值基础。在本章，我们将学习企业发行的长期融资工具和它们进行交易的市场。

本章是考察公司长期融资需求的4章中的第一章，例如，在**资本市场**（**capital markets**（**securities markets**））[②]交易的债券和股票等证券工具。如果一个企业不能够通过内部产生的资金及部分短期借款来满足其资金需求，那么它必须通过资本市场寻求外部融资。

在后面章节中，我们将学习第10章的集资成本，第11章的融资和分红决策，以及第12章如何确定适当的债券和股权组合。但在本章中，我们首先考察在第7章简要介绍的三种重要金融工具的鲜明特色：债券、优先股和普通股。然后，介绍了资本市场的概况，并重点关注股票市场，因为它比债券市场更复杂。其次，关注股票市场的效率，或者是证券以合理的价格交易的程度，因为这是公司发行股票需要考虑的重要因素。最后，在本章附录中，从投资者的角度介绍债券和股票信息的其他相关细节。

图表9-1展示了债券和股票等金融工具与财务管理框架之间的关系。如图表9-1所示，发行金融工具是公司融资决策的一部分，运用外部融资影响一个公司的成长能力和整体风险。

① 货币市场：一个流动性较强、安全的进行短期投资交易的金融市场。
② 资本市场：发行债券和股票等进行长期债务融资的市场。

图表9-1　　财务管理框架：长期融资决策

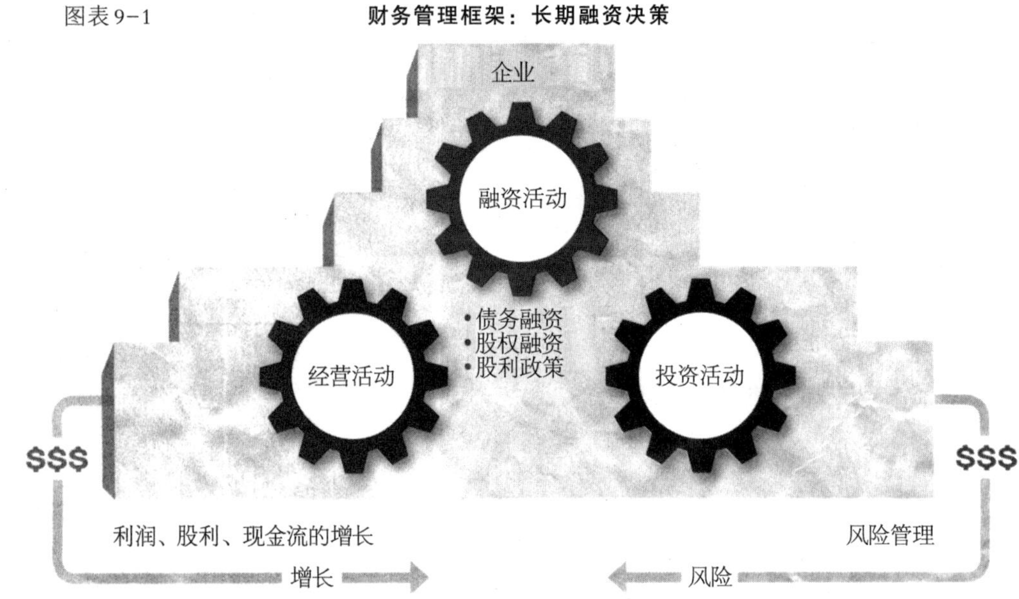

9.1 债券

目标9.1　评价债券和信用评级的主要特点。

首先来观察曾在第7章简要介绍过的债券。从公司的角度来看，债券仅仅是一种借款的形式。从根本上讲，债券是一种贷款合同或公司所作出的承诺，包括在计划时间内偿还的**本金**（principal）[①]——或是指被借出的金额——以及通常每半年支付一次的利息或票息。由于债券是由公司发行的，代表长期融资的一种主要形式，因此它们是金融工具的一种。

债券投资者，也称**债券持有者**（bond holders）[②]，可以被看作一种贷款人。大多数此类的投资者通常被称为机构投资者，如养老基金、共同基金、留本基金和保险公司。然而，一旦公司已发行债券，债券持有人就可以选择将债权出售或交易给另一方以换取与债券价值等额的现金。事实上，通常存在活跃的交易市场，允许企业和政府发行债券，这些市场被统称为**证券市场**（securities markets）[③]（或资本市场），或具体为债券市场。

9.1.1 变化的债券收益率

正如第7章所讲的那样，债券价格走势与收益率或利息率的变化成反比——或者反过来讲，收益率走势与债券价格的变动方向相反。简要分析一下这种观察结果对可能考虑发行债券的公司的影响。对于即将发行债券的公司，意识到短期和长期利率或收益率随时间而改变是非常重要的，有时候这种变化的幅度会很大，且变动的方向通常是近似的，但并不总是步调一致。如此一来，倘若企业今天发行短期（如一年）或长期（如30年）债券，那么和选择明年发行这种债券相比，就可能会面临不同的

① 本金：付息贷款的原始或票面金额。
② 债券持有者。
③ 证券市场：见“capital markets”。诸如债券、股票等长期理财的市场。

成本。

公司债券的收益率与政府债券的收益率的变动方向通常是近似的，当然，公司债券收益率比到期日相同的政府债券更高，因为公司债券风险更大。图表9-2列示了从1962年至2012年的1年期和30年期美国国债（或政府发行的债券）的到期收益率。可见，收益率或利息率在1981年左右见顶，之后直到2012年一直持续下降。正如将会在第10章看到的那样，这一利率的下降导致了企业资本成本的急剧下降，转而又影响了企业考虑投资的项目的吸引力。从图表9-2中还可以通过寻找短期利率超过长期利率的期间来判断收益曲线反转的区间，大约是1980、1988、2000和2006年，每个都发生在美国经济衰退之前，它们分别开始于1981、1990、2001和2007年。该图所显示的关键信息是：（1）对于投资者来说，债券收益率和由之决定的价格可能随时间发生显著变化；（2）随着时间的推移，公司发行债券可能面临不同的成本——正如不同收益率所显示的；（3）发行的短期债券（如1年期债券）与长期债券（如30年期债券）的相关成本可能会随时间而变化，因此企业需要仔细考虑借款期限的长短。

图表9-2　**1962—2012年美国1年期和30年期的国债收益率**

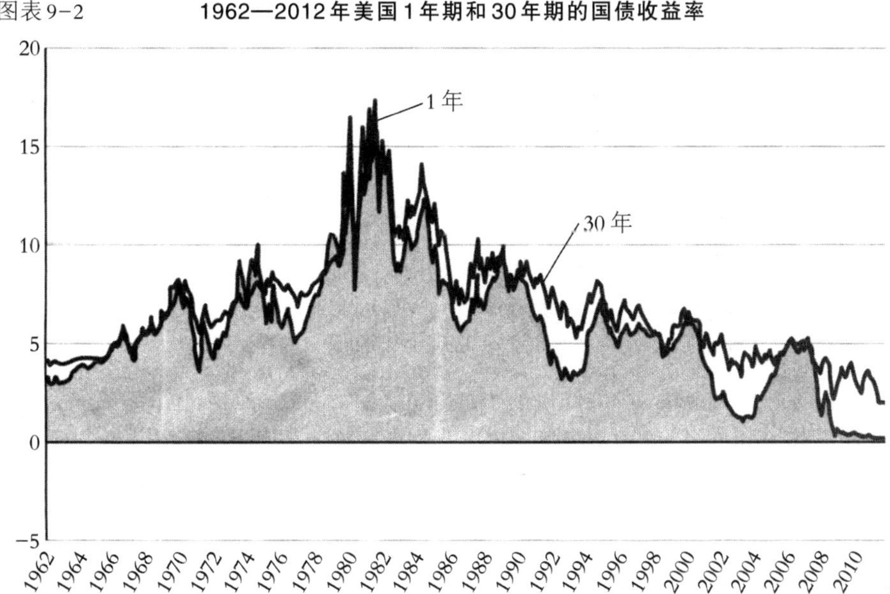

来源：Federal Reserve http://www.federalreserve.gov/econresdata/statisticsdata.htm （accessed March1，2012）

9.1.2　债券的特点

从公司的角度来看，发行债券是很有吸引力的，因为利息支付可以作为一项费用在税前抵扣，这使得债券成为一种低成本的融资方式。债券通常按面值发行并拥有特定的到期日。到期日的范围通常从1年到30年不等。在极少数情况下，也会发行百年或世纪债券——例如，沃尔特·迪斯尼公司于1993年发行了被称为睡美人债券的世纪债券。有一个更极端的例子，多伦多·格雷和布鲁斯在1883年发行了一种到期期限为1 000年的债券，该债券在2883年到期，似乎是有记录的最长到期日的债券，它至今仍然在加拿大太平洋有限公司的账簿上。

债券因其各自的特点而存在不同的类别。例如，一些债券包括**偿债基金**（sinking fund）[①]的特征，要求企业在债券存续期定期回购部分债券或预留等量的金额。这个特点是为了确保在企业到期无法履行其本金偿还义务的情况下，债券持有人不会产生损失。在某些情况下，该公司可能会在债券市场回购部分债券，也可直接向债券持有人支付票面价值而回购债券。

虽然大多数债券合约指定了一个固定的票面利率——票面利率反映了年度利息的支付金额，并表示为债券面值的一定百分比——其他合同则确定一个**浮动利率**（variable rate）[②]。例如，合同可能会指定在最优惠利率的基础上加一定比例（通常在1/2%至3%的范围内）还款。**最优惠利率**（prime rate）[③]是各金融机构为其最最重要或信用素质最佳（即风险最小的）的客户设定的收取利息的基准利率。在欧洲（但也在全球范围内使用），一种常见的基准利率是**伦敦银行同业拆借利率**，或Libor（London inter-bank offered rate）[④]。Libor是伦敦各大银行彼此之间借贷的平均利率，是数额在万亿美元以上的抵押、贷款以及个人和企业支付业务的基准利率。

时事新闻：伦敦银行同业拆借利率丑闻

2012年6月27日，英国投行巴克莱银行同意向美国和英国当局支付罚款4.53亿美元，以解除对该公司至少5年内操纵伦敦银行同业拆借利率的指控。巴克莱银行首席执行官罗伯特·钻石被迫辞职。《华尔街日报》在2008年5月29日最先登出了怀疑其操纵的文章。

Libor的借款利率为10种货币和15种期限设定利率。应用最广的利率是3个月期的美元利率。18个伦敦银行组成的小组提交其对每笔借款利率的成本预期，去掉提交的4个最高和4个最低利率，平均值即被设定为实际利率。

Libor丑闻的调查揭示出了巴克莱和其他投行使用的影响Libor的两种操作手段。其中一种是在2007—2009年的财政预算危机期间使用的，其间巴克莱提交的预期成本比其真实成本低，因为其不想透露给市场借贷成本已经变得多么高昂的信息，害怕这可能会使银行的财务状况变差。而另一种操作是指，巴克莱的交易员与其他银行的交易员勾结起来影响Libor利率，以在他们接触到的与Libor利率挂钩的产品上增加利润或减少亏损。

Libor丑闻的余波仍在继续。到2013年年初，另外两家涉及利率操纵丑闻的银行——瑞士投资银行瑞银（UBS）和苏格兰皇家银行——同意了各监管机构的大量进驻。在2013年中期有报道称，纽约泛欧交易所的一个子公司被任命为伦敦银行同业拆借利率的"新管理员"，接管了来自英国银行家协会的子公司，预计将在2014年转接。

来源：D.Enrich and M.Colchester, "Embattled FSA Is Under Fire for Libor Policing," *Wall Street Journal*, July 6,2012 and "NYSE Euronext Subsidiary to Become New Administrator Of Libor"（Press release）.NYSE Euronext,July 9，2013

一些债券的另一个共同特点是有**提前赎回条款**（call provision）[⑤]。持有**可赎回**

① 偿债基金：公司为履行未来的债务义务而设置的现金基金。
② 浮动利率：浮动或不固定的贷款利率，往往与最优惠利率或伦敦银行同业拆借利率的变化紧密相连。
③ 最优惠利率：银行等贷款机构为其最有信誉的客户提供的利率。
④ 伦敦银行同业拆借利率：在伦敦银行市场提供借款的利率，常用作浮动利率的依据。
⑤ 提前赎回条款：可转换债券的发行企业可以在债券到期日之前提前赎回债券的规定。

债券（callable（redeemable）bonds）①，企业可以选择在到期日之前的预先指定日期以一个预先确定的高于票面价值的价格偿还投资者，高价代表对债券持有人的溢价补偿。例如，当利率下降，以较低的票面利率换发新债券对公司来说成本更低时，公司可以选择兑换其未赎回债券。这一条款对公司是有利的，因为它增加了财务政策的灵活性，并给了公司在利率下降的情况下以较低利率进行债务再融资的选择。

由于债券持有人对公司的运营没有直接的发言权，他们的利益在一定程度上是通过债券保护性条款（Covenants）②而受到保护。这些契约对公司设定了一些限制，通过这样的方式来提高该债券持有人将来得到偿还的可能性。例如，契约可以指定公司允许的负债与股东权益比率的最高水平、营运资本的最低水平、年度资本支出的最高上限，或对股息支付的金额限制等。

图表9-3总结了之前在“货币的时间价值基础和应用”中介绍的家得宝的债券的上述特点和其他问题的详细信息。

图表9-3 **家得宝公司的债券特点**

发行规模	30亿美元
面值	1 000美元
到期日	2036年12月16日
息票利率	5.875%
派息频率	半年
偿债基金	无
可偿还的	是
利率类型	固定
支付币种	美元
时期/计价基础	30/360

来源：Morningstar Inc.http://quicktake.morningstar.com/StockNet/Bondsquote.aspx?bid=09db65ea9d26041b644453391d82de18&bname=Hm+Depot+5.875%25+%7c+Maturity%3a2036&ticker=HD&country=USA&clientid=dotcom（accessed September 17,2012）

9.1.3 债券评级

当一家公司计划发行债券时，潜在投资者希望存在一种评估债券投资的可感知风险的方法。换句话说，其希望**评估违约**（**default**）③的可能性，或公司未能履行其利息和本金的还款义务的可能性。债券评级机构正是通过提供企业的信用评估来满足这一需求。

主要的评级机构包括穆迪、标准普尔公司（S&P）和惠誉。这些机构通过完成

① 可赎回债券：一种债券，它的发行人有权在特定的时间按照某个价格强制从债券持有者手中将其赎回。
② 保护性条款：债券或债务协定中的对借款人的指定限制事项或要求。
③ 违约：无法按时、足额偿还债务。

类似在第2章描述的评价过程来评估公司的财务健康状况，然后根据评估结果对公司的债券进行信用评级。对于长期债券（即一年以上到期的债券），这些评级都是基于本金偿还的可能性、公司履行其财务承诺的能力和意愿、财务义务的性质（如到期日和债券的其他特征），以及任何在破产或重组时公司提供给债券持有人的保护等因素。

深入讨论：信用评级机构是做什么的

如穆迪、标准普尔和惠誉之类的信用评级机构，是对公司或政府发行的债券等债务提供信誉相关的意见。简言之，这些机构的工作就是评估发行人违约的可能性。

信用评级旨在根据公司的历史和当前信息以及所在的行业和整体经济状况作一个前瞻性的评估。这些评级严格关注信贷的质量，而不是投资的适用性或优势。信用评级不是一门精确的科学，它涉及很多客观的判断。但是信用评级是有用的，因为它使得债券的发行和购买更加方便。它还影响了融资成本，因为评级较高的发行人能够以较低的利率发行债务。

大多数评级工作由分析师团队来完成，这些分析师从公开的资料来源（如年度报告）和与管理层的讨论中获得信息。该过程始于发行人对评级的要求，其次是进行初步评估，与管理层会面，然后进行分析。评级机构通常设有审查分析和表决评级认定的委员会。发行人得出评级结果之后，评级机构的意见将向公众公开发布。

信用分析通常包括对经营风险和财务风险的评估。经营风险评估审查的是国家风险、行业特点和企业在行业中的地位。相较而言，财务风险评估审查的是一家公司的会计数据和各种比率、流动性、现金流、资本结构和整体的治理水平。

评级机构并不提供服务免费，它们受经济利益驱使。评级机构有多种可能的赚取利润的商业模式。最常见的支付结构是发行人付费模式，即有评级需求的公司支付费用给信用评级机构。这种模式因产生了评级机构间潜在的利益冲突而受到批评，但评级机构试图通过分离谈判业务和分析业务以减轻这种影响。声誉效应也可以降低潜在的利益冲突。换句话说，一个机构发布偏见评价的任何动机都会被投资者看出，这转而又使公司将来不太可能与这些机构合作。

来源：大部分介绍来自2010年的标准普尔信用评级要点指南

评级在从AAA级——最高评级——至Aa、A、Baa、Ba、B以及B以下的范围内浮动。图表9-4[①]给出了穆迪投资者服务所提供的各种等级的汇总。评级为Baa-及以上的债券被称为投资级债券。大多数机构投资者的投资仅限于投资级债券。投资评级低于Baa-的被称为投机、高收益或垃圾债券。在1980年以前，多数高收益债券是所谓的堕落天使——最初获得了投资评级，但后来变成风险更大的债券。自那时起，部分源于金融家迈克尔·米尔肯的推动，一个为企业开始发行风险债券的巨大市场已经形成。

① 惠誉与标普的评级量表一样。穆迪的评级量表与它们相似但有所不同：Aaa、Aa、A、Baa、Ba、B及以下。另外，穆迪用数字而不是加减号来表示等级的细分。例如，在Baa一级中，穆迪的等级表示方式为：Baa1（相当于惠誉的BBB+）、Baa2（BBB）以及Baa3（BBB-）。

图表9-4 **穆迪信用评级量表汇总**

全球长期评级量表

Aaa	评级为Aaa表示信用质量最高，信用风险最低
Aa	评级为Aa表示信用质量很高，有较低的信用风险
A	评级为A表示信用质量为较高的中等级别，有较低的信用风险
Baa	评级为Baa表示信用质量为中等级别，有中等信用风险，具有一定的不稳定的特征
Ba	评级为Ba表示具有不稳定的特征和重大的信用风险
B	评级为B表示具有不稳定的特征和高信用风险
Caa	评级为Caa表示具有不稳定的特征和非常高的信用风险
Ca	评级为C表示具有很高的不稳定特征，很可能或非常接近对本金和利息的一定程度的违约
C	评级为C是最低的等级，经常违约，偿还本金或利息几乎无望

注：穆迪对从Aaa到Ccc的每个通用等级都追加了数字1、2和3级。数字1表示在其通用等级项目中排序更靠前；数字2表示中等级别；数字3表示在其通用等级项目中排序更靠后。此外，一个“混合”（hyb）指标被追加到银行、发行商、金融公司和证券公司发行的所有混合证券的等级中*

*根据条款，混合证券允许省略计划股利、利息或本金的支付，如果这种省略发生，可能导致证券减值。混合证券也可能因为合同允许而减计本金进而导致证券减值。和混合指标一起，长期信用评级被分配到混合证券中表示与该证券相对应的风险

来源：Moody's Standing Committee On Rating Systems & Practices

9.2 优先股

目标9.2 评价优先股的主要特点。

接下来讨论的第二种金融工具——三种中最不经常使用的——是优先股。发行优先股是公司另一种可用的长期融资形式。优先股通常被描述为混合型证券或债券与股票的混合体。它与债券有一些相似之处，但也存在一些重要的区别。虽然优先股在资产负债表中被归类为股权的一种形式（因为从债务持有人的角度来看，优先股在破产事件中为持有者提供了一种缓冲），但也和普通股有非常大的区别。

与债券相同，优先股按面值发行。不同的是，大多数优先股（被称为永久优先股）的发行公司并没有义务偿还优先股股东的初始投资。相反，优先股股东可以领取稳定的股利。股利按照预定的比率确定，即面值的一定百分比。例如，如果优先股以40美元的面值发行，并指定股利为面值的6%，那么优先股股东预期每年可以得到每股股利2.40美元（即40美元×0.06）。与普通股一样，优先股股利一般按季度支付，所以在这个例子中，优先股股东每3个月将获得每股0.60美元的股利。

与普通股股东相比，优先股股东拥有不同的权力。例如，公司必须在支付普通股股东股利之前将股利支付给优先股股东。许多优先股还可能发放**累积优先股股利（cumulative feature）**[①]。如果一个企业现金较少，不能按时定期地支付计划的股利，拖欠优先股股东的股利就会累积，这部分股利必须在支付给普通股股东股利之前支

① 累积优先股股利：当公司在某个时期内盈利不足以支付优先股股息时，则累计到次年或以后某一年盈利时，在普通股的红利发放之前，连同本年优先股的股息一并发放。

付。此外，当公司进入破产清算程序时，所有的优先股股东对公司资产拥有先于普通股股东但后于有担保和无担保的债权人的索取权（尽管在大多数破产相关的清算中，没有给股权持有人留下任何钱）。

从公司的角度来看，优先股并不像债券那般优良，因为公司不能像扣除债券利息费用那样在税前扣除优先股股息。正如前面提到的，相对于债券和普通股，优先股是最不常见的融资方式。优先股往往由预期拥有稳定现金流的公司发行，但它们也普遍存在于从风险投资获得资金的私人公司中。此外，由于监管资本的要求，优先股的使用范围往往在银行业较为集中。

从优先股股东的角度来看，正如第7章所提到的，优先股的价格和利率趋于反比的关系。和债券一样，随着利率的提高，优先股的价格趋于下降，反之亦然。但是，如果公司正在经历财务困境，长期生存能力存在问题，那么优先股价格和利率之间的关系可能就不存在相关关系。在这种情况下，该公司可能被视为有着高信用风险的公司，因此无论在整体经济中利率的一般水平是多少，其优先股价值都会下降。

9.3 普通股

目标9.3 评价普通股的主要特点，描述主要资产类别的历史收益率，并解释算术收益率与几何收益率之间的区别。

本章要考察的第三种金融工具是普通股。和债券相比，发行普通股是一种非常不同的融资形式。普通股股东（或普通股持有人）是一个企业的最终所有者。他们通常被称为剩余索取者，因为只有在其他利益相关者——如债券持有人——被支付之后（例如，债券持有人已经收到他们的利息后），他们才有对公司所赚取的任何剩余收入的索取权。普通股属于永久性金融工具，只要企业本身存在，那么股票就持续存在。和债券一样，交易普通股的活跃市场也已经发展起来。

普通股股东通过一个企业的盈利直接或间接受益。如果该公司拥有可提供给普通股股东的收益，有两种选择来使用这些收益：向普通股股东支付股息或保留该收益作为未来项目和投资活动的融资。通常情况下，公司都会制定**股利支付（dividend payout）**[①]政策，将收益的一定比例，比如30%，在一段较长的时间内加以平均作为股利支付。这并不意味着公司每年都严格遵循这一政策，因为每年的收益都会有所变动。相反，公司往往在短期内支付固定的现金股利。

例如，假设公司的目标支付比例是40%，再假设过去3年平均每股收益为5.00美元。该公司最初几年可能每年每股支付2.00美元。几年后，当平均每股收益增长到6.00美元时，该公司可能会将股利增加至2.40，仍然符合40%的支付比例。通常情况下，股利按季度支付。然而，在某些情况下，成长型企业由于需要频繁追加投资可能会选择不支付股利。例如，微软公司在1986年上市，但直到2003年才开始派发股息。虽然公司有责任向债券持有人定期支付利息，但公司没有契约性义务向普通股股东定期支付股利。

尽管如此，作为企业的最终所有者，普通股股东的确拥有一定的权力。其中一个主要的权力是投票权。这个权力突显了股东对公司施加的集体权力。投票使得股东能

① 股利支付：支付给股东的股利。

够选举按照他们的最佳利益行事的董事会。董事会的职责是确保管理层作出与普通股价值最大化的目标相一致的决策。因此，包括首席执行官在内的公司的管理团队采取的任何行动，对董事会来说必须都是合理的。

同样重要的是，在不同的国家，普通股股东的参与程度不同，监管股东权利的法规也不同。例如，在一些国家，公司拥有多个类别的股票。高级别的股票通常由公司的成立者或家族持有，并且这些股票可能有多张投票权。像这样的多级股权结构使得个人或家族能够保持对公司的控制，同时还能够通过发行低级别投票权的股票筹集资金。而在美国，该结构不像在其他国家那样常见，因为一些交易所（包括纽约证券交易所）限制双轨制股份。然而，在纳斯达克交易所上市的企业中也出现了一些引人注目的双轨制股份的例子，包括谷歌和Facebook。

9.3.1 历史收益率

投资者买入股票的收益率随着买卖的时间不同而存在很大的差别。图表9-5比较了自1926年以来各种投资的年均收益率（包括股息或利息的再投资）和年收益率的波动性（或标准差）。需要注意的是，图中包含了各种规模的股票、长期国库（政府）债券和短期国库券（国库券），以及通货膨胀等因素。

图表9-5 **1926—2012年美国的股票回报率、30年国债回报率、90天短期国债回报率和通货膨胀**

	复合回报率（几何的）	平均回报率（算数的）	波动性（标准差）
小型公司股票	16.9%	25.6%	49.1%
所有股票	9.6%	11.6%	20.3%
大型公司股票	9.2%	11.0%	19.2%
30年国债	5.6%	6.3%	12.3%
90天短期国债	3.9%	4.0%	3.4%
通货膨胀	3.0%	3.1%	4.1%

注：30年长期国债回报率从1942年开始算起

来源：The Center For Research in Security Prices database（CRSP）

如图表9-5所示，收益率可用几何或算术方法计算。**几何收益率（geometric return）**①比较初始投资（initial investment）价值与最终财富价值（final value）以确定投资期间的收益率。N个周期的几何收益率计算如下：

$$\text{Geomtric return}_n = \left(\frac{\text{final value}}{\text{initial value}}\right)^{\frac{1}{n}} - 1$$

例如，如果一只非付息股票的价格为每股10美元，3年后售价是13元，其几何或平均年复合收益率是②：

$$\left(\frac{13\text{美元}}{10\text{美元}}\right)^{\frac{1}{3}} - 1 = 0.0914 = 9.14\%$$

另一方面，**算术收益率（arithmetic return）**③是指每期（通常是一年）收益率的平均值除以周期n。使用以下公式计算：

① 几何收益率：一种用来比较期初财富和期末财富的增长率的度量方法，将各个单个期间的收益率相乘，然后开n次方。

② 另一种计算方法是使用Excel等电子表格，插入“rate”函数，使用以下信息：Nper=3，PMT=0，PV=-10，FY=13，或把它们放在一起，=rate（3,0，-10，13）。

③ 算术收益率：用总体回报除以观测值个数的平均数指标。

$$\text{Arithmetic return}_n = \sum_{i=1}^{n} \frac{\text{return}_i}{n}$$

承接上例，假设该股票的初始售价为10美元，一年后的价格为9美元，两年后是11美元，3年后的价格为13美元。这里，3年中每一年的收益率分别是-10.00%、22.22%和18.18%，则算术平均值为10.13%。

可以根据股票的规模对股票进行分类。证券价格研究中心（CRSP）将小盘股定义为用市场资本总额（股数乘以股价）确定的整个美国股市样本中的最小等分（或10%）的股票，而大盘股则是那些最大等分的股票。在图表9-5中可以看到，从长远来看，股票的收益率往往比债券更高，但伴随着更大的波动性。此外，股票和政府债券的收益率都高于通货膨胀率，小型股的收益率比大盘股更高。

图表9-6比较了在1925年12月31日投资1美元于小盘股、大盘股、国债或国库券，投资价值随着时间而增长的程度。观察这87年的跨度可以发现，相对于其他股票投资，投资于小盘股的财富增长是最巨大的（当然，也不能保证这种趋势将在未来持续）。另外，在20世纪40年代初和90年代末股票的投资价值稳步增长（如图中一条向上倾斜的直线所显示的），但随后股价就变得有些波动。还可以看到，20世纪40年代初至90年代末这一期间股票的表现明显优于债券投资。最后，债券和国库券投资一定程度上优于通货膨胀，并且股票表现得更好。

图表9-6　**在1925年12月31日投资1美元的相对财富**

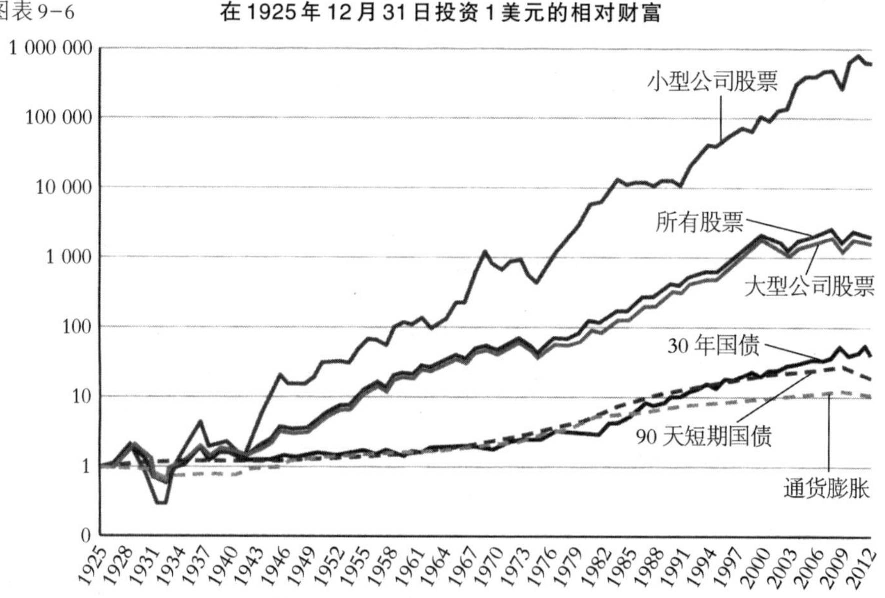

注：假设初期投资时为1美元；30年国债回报率从1942年开始，且与90天短期国债的价值水平相同

来源：The Center for Research in Security Prices database（CRSP）

9.4　资本市场概述

目标9.4　描述资本市场的关键要素。

到目前为止，我们已经研究了三类主要的金融工具或证券：债券、优先股和普通股。现在，我们将考察这些证券发行和交易的整体市场。我们的讨论大部分集中于优

先股和普通股权益市场，因为这些市场往往更复杂而获得更多的关注，同时也因为债券的交易仍主要倾向于通过投资银行进行而不是大型的交易组织。

了解资本市场对于公司的管理层来说是十分必要的，主要原因如下：首先，从公司的角度来看，金融工具的发行可能看起来像是一次性事件，然而，发行债券和股票通常并不是一次性事件。大多数公司都有持续的财务需求，甚至在一次大规模发行债券后，还可能面临新的投资机会——例如收购竞争对手的公司——需要额外的长期融资。其次，由于针对证券交易的活跃市场已经发展起来，管理层需要了解这些市场如何影响公司不断变化的股东基础。最后，资本市场随着时间的推移而不断变化，因此管理层需要及时了解任何可能的发行证券的新方法或新地点。

鉴于资本市场的复杂性和差异性，可以从很多方面划分和描述资本市场——特别是股票市场。图表9-7给出了一种划分形式。在下面的章节中，我们将按照这种划分方式深入研究资本市场，同时还将介绍金融中介的作用。

图表9-7　**资本市场的概述**

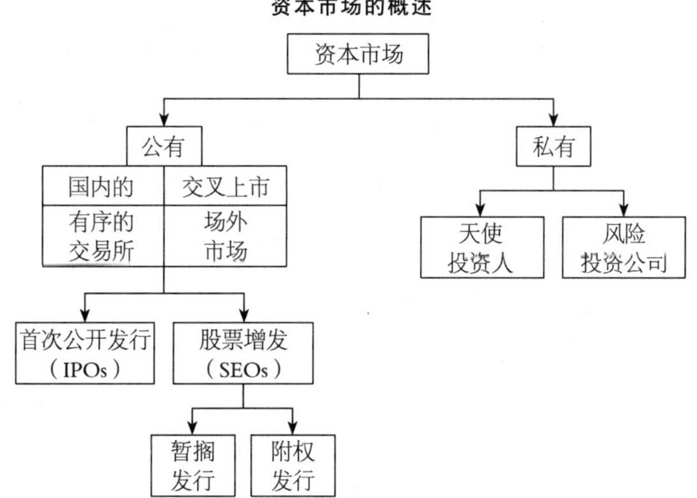

9.4.1　私募市场与公开市场

如前所述，资本市场可以按照多种方式进行划分。一种划分方式是基于证券的发行方式。假设一家公司希望通过发行债券筹集资金。在许多情况下，企业可以用来募集资金的最简单、最快捷的方法是等**定向增发**（private placement）[①]。定向增发的对象一般包括大型机构投资者如养老基金、捐赠基金或保险公司等，涉及的证券发行数量往往很大。用该方式发行债券是很常见的，但在股票的发行上并不常见。由于定向增发的投资者比其他投资者更加复杂，证券发行的流程受到不同规则的限制。从公司的角度来看，在管理和销售成本方面，定向增发过程比公募更快、更便宜。但是，定向增发的流程的确限制了机构投资者转售证券的能力，除非转售给其他大型机构投资者。因此，投资者往往要求比国债更高的利率。

筹集资金的另一种方法是**公开发行**（public offering （public issue））[②]。在这个

① 定向增发：将证券出售给一群选定的消息灵通的投资者。
② 公开发行：向公众出售新发行证券。

过程中，证券将发行给大型机构投资者和更小的“散户”投资者。这是股票发行最常见的方法。这个过程往往需要半年或更长时间，而且比定向增发的成本更昂贵。但是，公开发行的结果通常是企业拥有范围更广的债券持有人或股东。就股东而言，所有权分散的广度往往是重要的，因为它决定了公司的最终控制权。

案例分析：定向增发案例——Sesac有限责任公司和鲍勃·迪伦、尼尔·戴蒙德的音乐公司

Sesac有限责任公司是在词曲作者和音乐广播间充当中间人的私人持有的纳什维尔的一家公司，2012年8月，该公司宣布了一项价值3亿美元的债券定向增发的计划。该公司拥有鲍勃·迪伦、尼尔·戴蒙德、加拿大摇滚乐队Rush等音乐作品的公共广播独家代理权。该债券按照144a规则私募发行，该项规则由美国证券交易委员会监管，是指允许某些大型、复杂的“合格机构买家”与不必在SEC登记的其他投资者进行交易。这些债权并不向普通公众发行。Sesac将以从音乐代理权中得到的收入作为5年期债券的抵押。

来源：L.Moyer and A.Yoon, “The Bonds,They Are A-Changin',” *Wall Street Journal*,August,6,2012

9.4.2 风险投资和私募股权投资

资本市场也可以根据企业的生命周期阶段进行划分。最初，所有的企业都是私有的、非上市的。在某个时间点，企业可能选择成为公众上市公司（9.4.3中描述的）。然而，这一时间点之前，与上市公司一样，非上市公司经常需要资本进行融资。

对于规模较小、处于初创期的企业来说，如果它们需要资金，那么其自身存在的风险可能使其无法借到钱。在这种情况下，该公司可能需要依靠创业者的朋友或家人提供急需的资金。之后，当企业的发展水平超过了朋友和家人提供资金的水平时，它可能会获得来自专门购买小型私人公司股份的**天使投资人**（angel investor）[①]的投资。天使投资人倾向于在当地投资，并意识到投资初创企业的风险。他们并不指望所有的投资都能成功，但他们知道，那些成功的投资可能带来的是投资资本五到十倍的回报。

当一个公司成长到下一个阶段或者不能找到天使投资人时，其可能会求助于风险投资者来筹集资本。**风险投资公司**（venture capital firm）[②]是一种有限合伙组织，风险投资者是普通合伙人，各类机构投资者——如养老基金——以及拥有高额净资产的个人投资者是有限合伙人。普通合伙人经营企业，通常会获得基金资本的2%以及投资所得的20%或以上的报酬。普通合伙人也可能向投资标的公司提供专业知识。风险投资是私募股权融资的一种形式。**私募股权公司**（private equity firm）[③]投资于风险资本、杠杆收购（在第11章中进行更详细的讨论）、遇到财务困境而需要转机的“不良”企业。

图表9-8显示了美国1995年和2011年间风险投资交易的数量，图表9-9显示了同一时期这些交易的金额。正如图表9-8、图表9-9所示，除了两个明显的例子外，这些交易在数量和投资金额上均呈现上升趋势。第一，风险投资交易数量和投资金额在科技泡沫严重的2000年达到最高点；第二，投资金额在2004年至2007年间恢复了

① 天使投资人：是权益资本投资的一种形式，指个人或机构对具有巨大发展潜力的初创企业进行早期的直接投资。
② 风险投资公司：将股东的钱投资于私人创立的具有高增长潜力的公司的投资公司。
③ 私募股权公司：将股东的钱投资在私人公司的投资公司，包括具有高增长潜力的公司、杠杆收购的公司和遭遇困境的公司。

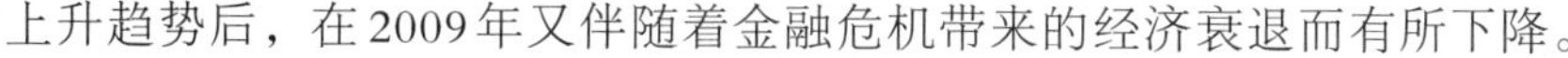

上升趋势后，在2009年又伴随着金融危机带来的经济衰退而有所下降。

图表9-8　　1995—2011年美国风险资本的交易数量

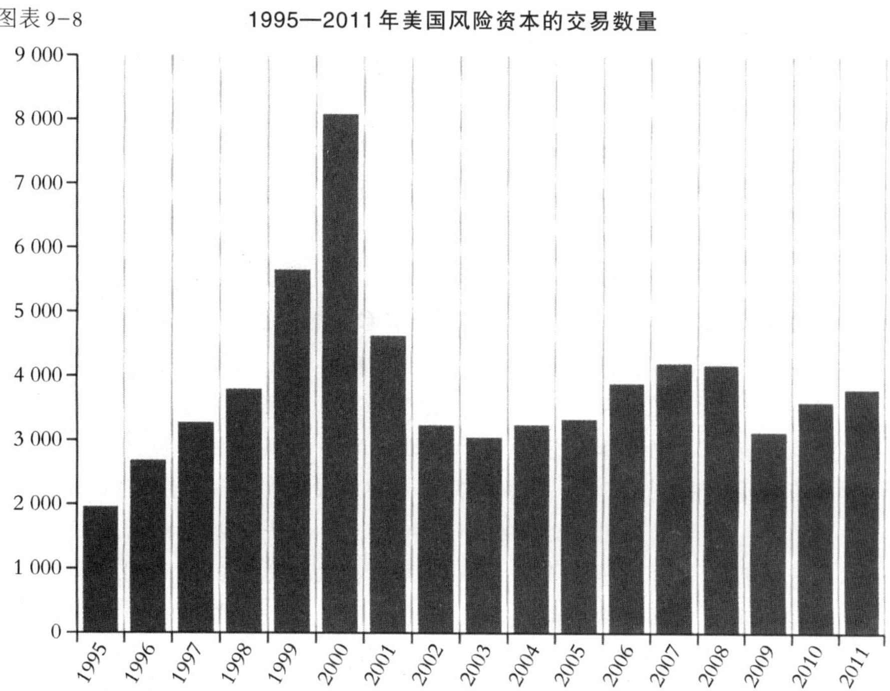

来源：PricewaterhouseCoopers/National Venture Capital Association MoneyTree™Report, Data: Thomson Reuters

图表9-9　　1995—2011年美国风险资本的投资金额

（$十亿美元）

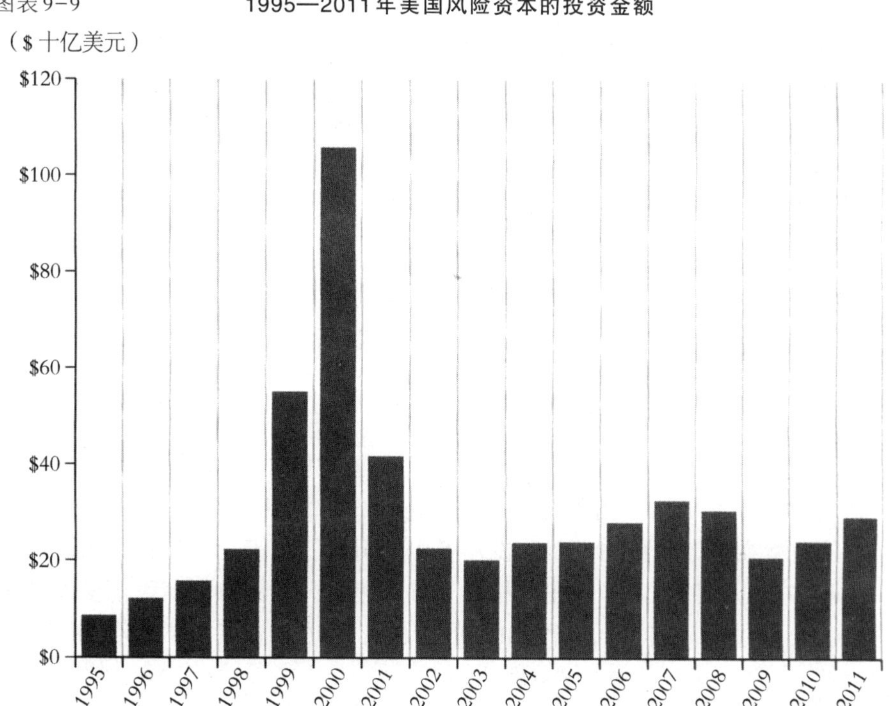

来源：PricewaterhouseCoopers/National Venture Capital Association MoneyTree™ Report based on data from Thomson Reuters

9.4.3 首次发行与增发

除了先前的两种方案，资本市场还可根据证券发行的时机进行划分。例如，当一家非上市公司为满足其资本需求允许公众获得其股份时，这一过程被称为**首次公开募股**（initial public offering，IPO）[①]。以这种方式“上市”是一个企业生命中重要的一步，因为该公司的最初所有者能够有效地与一个更大的股东群体共享所有权。通常情况下，IPO通过发行新股筹集新的资金，但也可能涉及出售现有股东的股份（在这种情况下，资金被转到售股股东手中）。

深入讨论：SOX和上市公司的成本

在安然、世通、泰科国际等众多企业丑闻爆发之后，美国于2002年颁布了联邦法律《萨班斯-奥克斯利法案》（被称为SOX）。该法案对上市公司所承担的责任制定了新的标准。包括加强审计师独立性，增多企业责任，强化财务披露，并增加了管理者犯罪的处罚规则，及要求高层管理人员证明公司财务信息的准确性。此外，法案第404条规定公司应建立内部控制制度，报告这些控制的范围和充分性，并要求高级管理人员和董事会要对企业的流程和监控负责，且证明控制的有效性。由于在法律制定时对该条款实施成本的严重低估，该条款备受争议。SOX制定之前，专家估计小企业（即那些市值低于7500万美元的企业）的审计费用相当于其收入的0.64%。SOX法律通过后，这一数字上升到1.14%——将近之前水平的一倍[②]。因此，许多上市公众公司选择“退市”，成为私人公司而不是面对合规的高额成本。

上市有许多优点。首先，该公司能够筹集资金进行有助于其成长的投资，并且利用现有的股票进行收购。其次，初始所有者通常能够在一个流动性更强的市场中以比该公司未上市时更高的股价出售自己公司的股份。再次，管理层能够通过为关键员工提供股票期权和与股票相关的激励以提升招聘水平。最后，公司的社会知名度会有所提升。

上市也有一些缺点。由于股权较为分散，管理层必须与包括机构投资者和散户投资者在内的更多的利益相关者群体一起工作。公司需要对这个更大的利益相关者群体负有更多的责任，面临更严格的财务状况披露的规定，这些披露都需花费一定的货币成本和时间成本。最后，管理层需要更积极地管理股东预期和处理与更重视短期盈利能力而不是公司长期发展的投资者的关系。

IPO的过程始于该公司董事会的批准，然后是选择一个主承销商或投资银行以协助IPO的构建、定价和分配。承销商负责进行尽职调查，以确保在招股说明书中的一切内容都是准确的。**招股说明书**（prospectus）[③]是提交给SEC的用来说明IPO详细信息的监管文件，其目的是帮助投资者作出明智的决策。一旦起草和提交了初步的招股说明书，公司就可以申请在交易所上市。然后，承销商和高级管理人员通过与潜在投资者会面进行“路演”，解释IPO的目的，概述投资者的潜在利益。在这一过程中，

① 首次公开募股：首次公开出售公司股票。

② 见：http://www.rand.org/pubs/research_briefs/RB9295/indexl,html (accessed February 4, 2013)。

③ 招股说明书：提交给如SEC等监管机构的监管文件，其描述了证券发行的详细信息以帮助投资者作出明智的决策。

承销商通过“背书”来描述潜在投资者期望的股份数量和他们愿意支付的价格，其间承销商可以推荐发行股票的规模和价格。最后，在发行日之前，确定IPO价格，并在最终的招股说明书中加以说明。

案例分析：Google和Facebook的IPO

不是每个公司都有相同的IPO经历。考察两个主要的互联网公司：Google和Facebook。Google一开始作为一个搜索引擎公司于2004年8月上市，募资17亿美元。和传统的承销方式不同，Google选择了在线拍卖约20亿股的出售方式。投资者开设经纪账户，并以特定的价格提交一定数量的股份投标书。然后，Google在被称为荷兰式拍卖的过程中确定了允许出售2000万股的最高价——85美元。由于Google是一家著名的企业，并自2001年以来一直保持盈利，其管理层觉得没有必要花费募集资金金额的3 %到7%的成本来请一个传统的承销商。还有一种考虑在于，企业往往通过IPO溢价而“把钱放在桌子上”，给投资者很高的首日收益，从而给企业带来损害（因为如果IPO定价较高，为了筹集相同的金额，可以发行较少的股份而损失较少的控制权）。因此，Google认为拍卖方式将导致更低的总体成本和更少的公司股票IPO溢价。但是，即使用拍卖方式，Google的股票价格在上市首日还是上涨了18%，到2007年底，Google每股价格超过700美元。到2008年底，其股价跌破300美元，但后来到2010年初恢复到超过600美元，并在2013年的春天，超过了800美元。

与Google不同，Facebook在2012年5月上市时选择使用传统的承销方式，集资160亿美元。在路演中，承销商计划发行价的范围从28美元至35美元增加到34美元至38美元。然后，就在IPO发行之前，Facebook决定以38美元的高价提供比原计划多25%的股票。上市第一天，该公司的股价开于42美元但迅速回落，全天以38.23美元收盘。纳斯达克的系统技术故障阻碍了交易，交易所向不能够以发布的价格出售股票的客户进行道歉，并提供了4 000万美元的补偿。在IPO之后不久，有消息称一些投资银行已经告诉它们的主要客户，它们都在缩减对Facebook的盈利预测。在6月初，股价在有所回升之前已经跌破26美元。在2013年8月，股价最终超过了IPO价格。

来源：Benjamin Edelman and Thomas R. Eisenmann, “Google Inc.,” Harvard Business School case study, 2010; Shayndi Raice, Anupreeta Das, and Gina Chon, “Inside Fumbled Facebook Offering,” Wall Street Journal, May 23, 2012

发行股票的费用并不便宜。在美国，发行低于5亿美元的股票，通常支付给承销商的费用是股票融资金额的7%。随着发行数额的增大，承销费用可能会下降到3%左右（鉴于其在IPO时的声望，Facebook是一个罕见例外，其费用甚至更低——稍高于1%）。

股份的分配有许多方法。最常见的方法是“包销承诺”，即承销商保证按发行价出售所有股票。另一种小数额IPO所采用的方法是“尽力承销”，即承销商并不能保证一个特定的价格，但会努力在目前的市场条件下争取最高的可能价格。第三种方法是采用拍卖的方式，Google就是有名的例子。

如图表9-10所示，IPO往往在冷热波市场中发生。市场行情好的时候，IPO的数量也多，并且往往集中在某些行业。例如，在20世纪90年代中期，大量IPO发生于科技行业。

研究人员作了一些与投资者的IPO收益率相关的实证研究——被称为特征事实。首先，获得IPO一部分股份的投资者往往会在持股的第一天体验到高回报。图表9-11显示了首日IPO的收益率。可以看到，过去50年中只有两年的首日平均收益率为负，收益率在20世纪90年代末的科技股热潮中达到最高的70%。其次，如图表9-12所示，首日的高收益率是一个世界性的现象，美国不到17%的首日收益率仅在世界排名中居于中间位置。最后，在发行后第一个3到5年，IPO往往会低于市场表现。

图表9-10　**1960—2010年美国首次公开发行股票数**

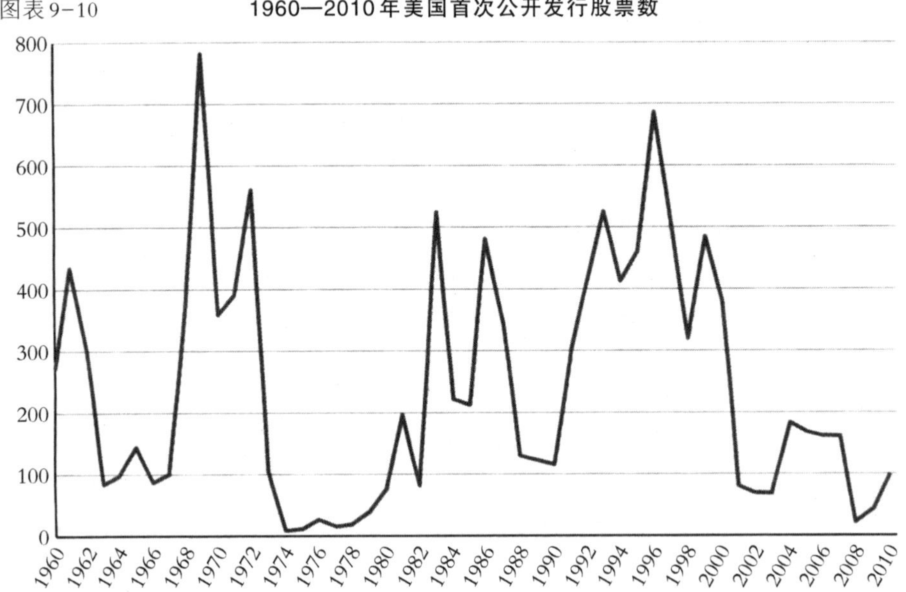

来源：Jay Ritter's website http://bear.cba.ufl.edu/ritter（2011年7月28日获取）

图表9-11　**1960—2010年美国首次公开发行股票第一天的回报率**

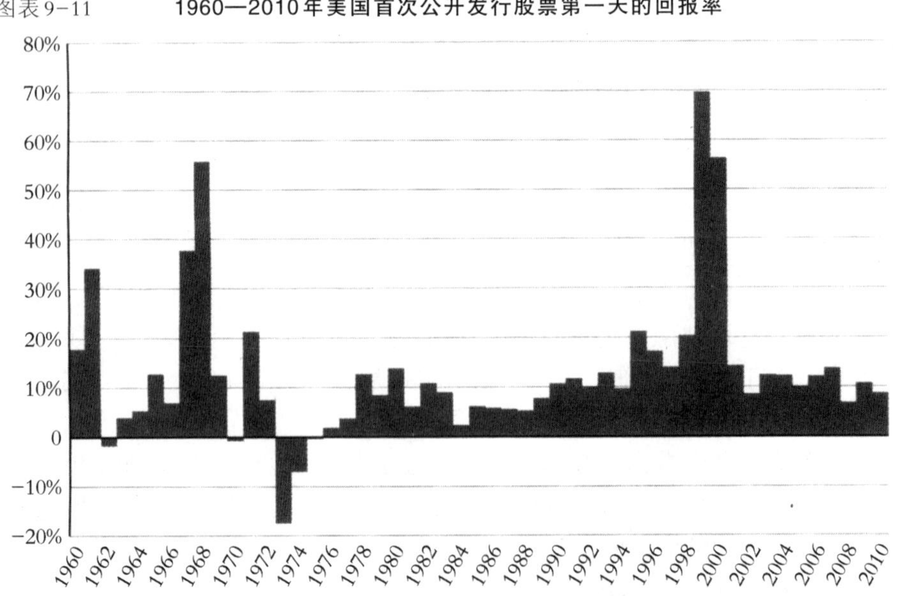

来源：Jay Ritter's website http://bear.cba.ufl.edu/ritter（2011年7月28日获取）

图表9-12　　**国际首次公开发行股票首日回报率**

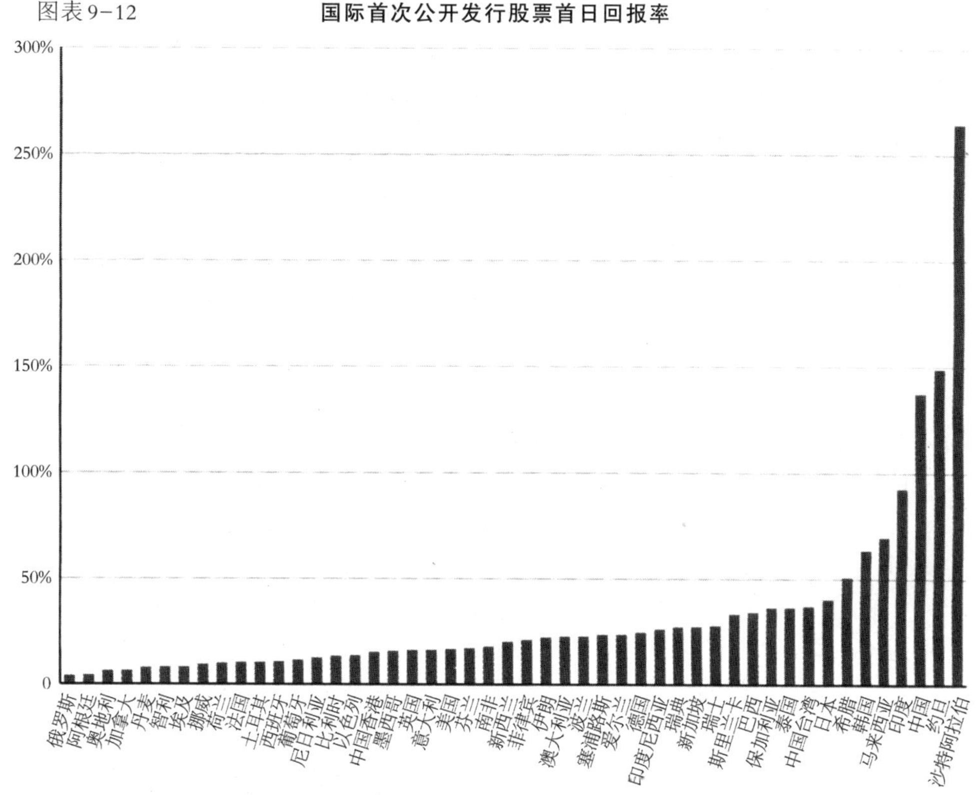

来源：Jay Ritter's website http：//bear.cba.ufl.edu/ritter （2011年7月28日获取）

相较而言，如果一个已经上市的公司决定公开增发普通股，则这个过程被称为**股权再融资**（seasoned equity offering，SEO）[①]。除了股票已经有一个既定的市场价格之外，SEO大体类似于IPO。和IPO不同的是，对于公司而言，SEO不像IPO那样关键。然而，由于SEO依赖于其相对于现有股份数量的规模，SEO可以影响现有的普通股股价。具体来说，SEO之后，会有更多普通股在外流通。如果企业不能利用其新的资金为普通股股东创造更多的利润和充分的价值，那么现有股东对公司利润的索取权将会被稀释，股价也将会下跌。事实上，实证研究发现，股票价格往往会在SEO公布后就下跌。因此，公司必须阐述清楚其增发新股的原因，并说明公司的增发股份将会如何在长期为公司增加价值。

SEO可以面向公众发行，也可通过私募提供给机构投资者。为了更快、更经济、更高效地发行股票，企业可以提前发文件以进行**暂搁发行**（shelf offering）[②]，即允许其未来某一日在不发布新的招股说明书的情况下再次发行股票。此外，为了防止对现有股东可能的股权稀释，公司可进行**增发配股**（rights offer）[③]，这是一种仅仅向现有股东增发新股的方式。虽然在美国配股并不普遍，但在包括英国在内的其他国家非常普遍。

大型企业，尤其是跨国公司，可以在国外市场的其他交易所通过**交叉上市**

① 股权再融资：已经上市的公司再次公开发行股票。
② 暂搁发行：一项允许公司在未来某一日在不发布新的招股说明书的情况下再次发行股票的规定。
③ 增发配股：股权再融资的一种形式，仅提供给现有股东增发的新股。

(cross-listing)[①]其股票来筹集资金（虽然不筹集资金的情况下也可能发生交叉上市）。例如，非美国公司可能会通过**美国存托凭证**（**american depositary receipts, ADRs**）[②]在美国交易所上市。美国存托凭证是由美国特定的商业银行发行的代表等额外国有价证券的可转让凭证。这些公司还可以在交叉上市时通过SEO募集资金，或将交叉上市作为IPO的一部分。企业倾向于交叉上市以减少资本成本或扩大其股东基础，或作为计划兼并或收购的一部分。

9.4.4 有序的交易所市场与场外交易市场

传统上，交易所一直在证券交易中发挥着主导作用。然而，股权或股票交易比债券交易更加普遍，因为债券交易往往主要在大型机构投资者之间进行。其中一个最大的有组织的股权交易运营商是纽约泛欧证券交易所，即由纽交所集团公司（包括纽约证券交易所）与荷兰泛欧交易所在2007年合并成立的交易所。纽约泛欧交易所交易的证券占全球股权交易的1/3。直到纽约证券交易所（NYSE）在2006年成为一家上市公司和便利的电子交易的产生，纽约证券交易所的会员仅限于那些在交易所购买了1 366个“席位”的人。交易形式包括在交易所大厅面对面地互动，股票交易经纪人通过匹配买卖订单来确定价格，以此来为特定的证券做市，从而确保市场有序进行。

另一个大型的全球股市交易所运营商是纳斯达克OMX集团。在2007年，纳斯达克（NASDAQ）收购了OMX，这可以追溯到主要发生在瑞典、丹麦和芬兰的欧洲交易所的各种兼并。纳斯达克OMX拥有全球最多的上市公司，处理最多的股票交易。相对于纽约证券交易所，纳斯达克作为一个**场外交易市场**（**over-the-counter, OTC**）[③]始于1971年。没有专家在一个特定的位置指定股票价格，OTC市场允许更多的股票交易经纪人参与交易，而不是由单一经纪人在某一位置来为股票定价。大多数债券市场都是OTC的形式。从最初的一个OTC市场，纳斯达克已成长为足以挑战NYSE的传统统治地位。

在纽约证券交易所或纳斯达克等有组织的交易所中，企业必须先申请上市。上市在企业的规模和财务业绩记录方面有着严格的要求，包括股票数量、市值和盈利历史。在过去，能在纽约证券交易所上市即意味着拥有声望，大多数公司努力去拥有这样的上市资格，因此，纽交所比纳斯达克拥有更大的交易量。然而，一些世界上最知名的企业——特别是在技术领域——却选择在纳斯达克而不是在纽约证券交易所上市，其中包括Google、Facebook和微软，尽管它们这样做的一部分原因可能是很多其他技术公司都已经在纳斯达克上市。

9.4.5 中介机构的作用

传统上，**金融中介机构**（**financial intermediaries**）[④]在证券的发行和交易中发挥着重要的作用。金融中介机构包括在上一节中讨论的交易所，以及如美国银行、花旗集

---

① 交叉上市：既在境外证券市场上市又在境内证券市场上市的企业。

② 美国存托凭证：在美国证券市场流通的代表外国公司有价证券的可转让凭证，这里的有价证券既可以是股票，也可以是债券。

③ 场外交易市场：分散的、不在正式交易所进行交易的股票交易市场。

④ 金融中介机构：为了促进公司和投资者之间、投资者与投资者之间证券买卖的证券交易所、投资银行或投资经销商。

团、高盛、摩根大通和摩根士丹利等投资银行。这些中介机构试图促进证券的买卖，首先是公司和投资者之间的交易，然后是投资者之间的交易。例如，投资银行历来在IPO过程中发挥着关键作用。它们对IPO的恰当性和时机提供相关建议，并且确定适当的发行价格。然后，它们促进发行或**包销**（underwriting）[①]过程，在这一过程中证券实际被出售给了公众。它们往往通过以预设的价格从公司购买证券并以（希望）更高的价格卖给公众，来承担发行风险。

由于互联网提供了进入资本市场更直接的方式，中介机构的作用正在迅速变化。公司正在越来越多地考虑在互联网上进行IPO和SEO。例如，在1999年，投资银行WR Hambrecht and Company创造了OpenIPO的方式，通过网上拍卖的方式进行IPO和SEO。OpenIPO促成了大量的证券发行，其中包括许多著名的公司，如Google和Morningstar。由于个人能够比以往获得更多信息和花费更低成本进行网上交易，因此个人交易正在迅速改变中介机构的作用，那么，中介机构必须不断地评估如何为它们的客户增加价值。

9.5 市场有效性

目标9.5 解释市场有效性的概念，并描述有效市场假说的各种形式。

市场有效性（market efficiency）[②]是一种考察和比较不同类型市场中证券价格的重要途径，如在债券市场或股票市场。根据**有效市场假说**（efficient market hypothesis，EMH，weak form，strong form）[③④]，如果价格能够充分、及时地反映所有相关的信息，那么市场就被认为是有效的。换言之，如果支付的证券价格是反映证券内在价值的真实价格，那么这个市场就是有效的。

市场有效性的概念对于公司和投资者来说至关重要。在第1章中曾经提到，任何公司的主要目标是实现股东价值最大化，股东财富用当前的股价来衡量。如果市场是有效的，则意味着如果企业作出正确的决策，那么股票价格应该上升；如果企业作出错误的决策，那么股票价格应该下降。但是，如果市场无效，股票价格没有反映股票的内在价值，那么股价和股东价值最大化的目标就是无关联的。另外，从公司的角度看，市场有效性对证券发行的时机也产生影响。例如，如果市场无效并且管理层认为公司的股票价格被高估了，那么倘若企业需要资金，这可能就是一个发行股票的好时机。从投资者的角度看，市场有效性影响整体的投资策略。例如，它可以帮助投资者确定自己是被动地购买指数基金还是积极地进行个别证券的交易。

虽然市场有效性的概念相当地简单直接，但需要注意的是，市场有效性不是一个事实的陈述，而是作为一个描述特定市场的假设而提出的，比如美国的总体股票市场。因为我们永远无法知道证券的真实价格或内在价值，同样也永远无法确切知道市

① 包销：投资银行发起的向公众推销新的发行证券的方式。
② 市场有效性：证券市场被认为反映所有相关信息的程度。
③ 有效市场假说（EMH），弱式，半强式，强式：认为价格能够充分并且立即反映所有相关的信息的投资理论。弱式是将相关信息定义为所有历史价格的信息；半强式是将相关信息定义为所有公开信息；强式将相关信息定义为包括私有信息在内的所有形式的信息。
④ 2013年10月，芝加哥大学财务学教授尤金·法玛，因为在定义和检验市场有效性概念领域的卓越贡献，获得了诺贝尔经济学奖。

场是否有效。无数的学术研究人员进行实证研究所面临的挑战是在不能提供确凿证据的情况下产生与市场有效性的概念一致或不一致的研究结果。

研究人员已经进行了三种关于市场有效性的假设和检验：弱式、半强式和强式。弱式、半强式和强式这些词语并不是指一种市场类型比另一种更好，而是指每种类型都与如何定义相关信息有所关联。

9.5.1 弱式有效市场

有效市场假说（EMH）认为，在一个弱式有效市场中，现行市价已经充分、及时地反映了所有的历史价格（和交易量）信息。如果EMH的弱式有效市场假设成立——或者更准确地说——如果基于实证检验的假设不被拒绝，那么这意味着证券目前的价格已经包含了历史价格和交易量的信息。因此，股价的变动趋势（例如，目前的价格远低于或高于一年前的价格）不能提供关于未来股价的任何意见。换句话说，如果弱式有效市场成立，那么**技术分析（technical analysis）**①——或研究历史股价的模式和趋势，并不是卓有成效的投资策略。

在长时间内，许多通过重复使用技术分析策略的试图评估弱式有效市场的检验都未能发现可靠的、优于市场的方法。然而，最近的研究已经发现了一些与动量投资（如购买在过去6个月左右表现特别好的股票并在未来6个月持有它们）相关的可行的策略。

9.5.2 半强式有效市场

有效市场假说认为，在一个半强式有效市场中，证券价格不仅包含了过去价格的信息，也充分、及时地反映了所有已公开的其他信息。如果基于实证检验的半强式有效市场假设成立，那么这意味着根据在年度报告中、报纸上或互联网上显示的公开资料进行交易——被称为公司**基本面分析（fundamental analysis）**②——并不是一个可行的投资策略（基本面分析通常是指研究经济前景、行业前景、企业层面的成长和风险分析，从而找出股票的“内在价值”，与股票实际售价进行比较的一种自上而下的方法）。换句话说，如果公开的信息是相关信息，那么它应该立即包含进股票价格，而不是通过一个渐进的过程。

半强式有效市场的实证检验主要集中在市场对提供新的公共信息的事件的迅速反应程度。这些**事件研究（event study）**③主要检验如分红增加之类的好消息的公布，以及相关信息被纳入股票价格的速度。图表9-13显示了事件研究的假设检验结果。纵轴表示价格指数，横轴中的第0天为事件发生当天，其他表示相对于事件发生的天数，如一个拟收购的公告。如果价格指数遵循实线，在消息公布的当日价格飙升，那么测试结果与半强式有效市场的假设是一致的。与此相反，如果价格指数在消息公布后沿着虚线而渐进提价，则结果与半强式有效市场的假设不一致。

---

① 技术分析：通过研究历史股价的模式和趋势评估证券价值的方法。
② 基本面分析：以新闻报道和年度报告等公开信息为基础的评估证券价值的方法。
③ 事件研究：用来分析某些类型事件影响的研究方法，例如宣布增加股息对证券价格的影响。

图表 9-13　　样本事件研究检验半强式有效市场假说的结果

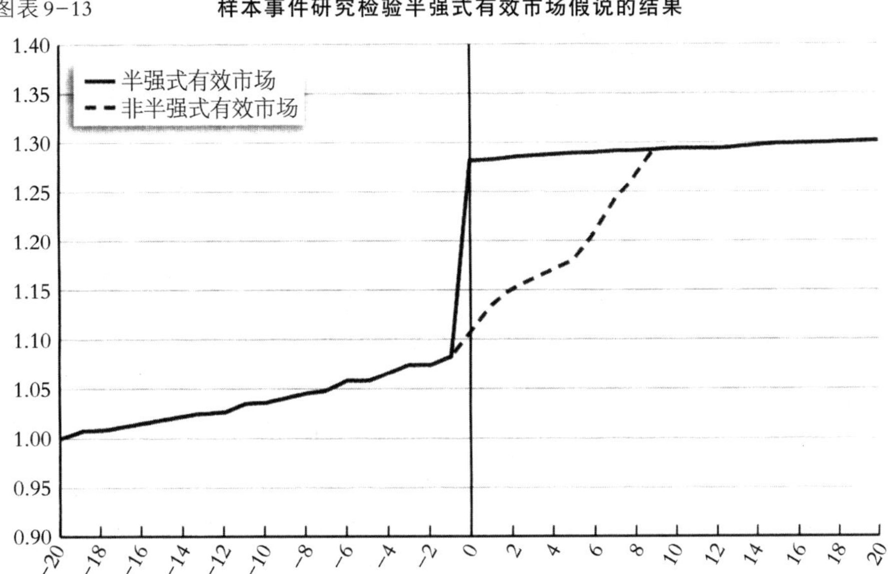

9.5.3　强式有效市场

在强式有效市场中，证券的现行市价能够充分、及时地反映所有已公开的或未公开的信息，即全部信息。如果强式有效市场假说成立，则意味着内部人员——高级管理人员、董事会以及任何拥有有关公司内幕信息的人——将无法从自已拥有的信息中受益。换句话说，如果一个公司的董事会成员拥有关于该公司的内幕或未公开的消息，比如关于一个新产品开发的一些悬而未决的好消息——并在消息公开之前购买了股份，EMH的强式有效市场认为个人（相对于非内幕消息者）购买股票将无法赚取超额利润。

强式有效市场的研究主要集中在内幕消息拥有者利用他们的能力在股价上升或下降之前购买或卖出公司股票的能力。意料之中的是，这些研究驳斥了EMH的强式有效市场的假设。换句话说，内部人员似乎有能力采取优越的投资策略并赚取超额利润。

9.5.4　美国股票市场的有效性

实证检验尤其主要集中在美国股市，这些研究提供了不同的结果。这些研究似乎表明，美国股市总体上是有效的（但肯定不是强式有效市场）；然而，也可能存在无效率的地方，使得投资者或许可以通过其获利。应该强调的是，由于实证研究所面临的挑战和缺乏统一的股票定价模型，这些研究一直都备受争议。如果股市真正有效，那么管理者应减少对证券发行时机的关注，投资者应该减少对一个或两个绩优股票的挑选，而是简单地采用被动地投资于指数基金的策略。换句话说，投资者应重点买入充分多元化的股票投资组合，并长期持有。

9.6 对管理者的重要性

目标9.6 解释理解资本市场和长期融资工具对管理者的重要性。

几乎没有企业可以在没有外部资金来源的真空中存在。因此，了解如债券、优先股和普通股等金融工具之间的差异性以及它们所处的交易市场对管理者至关重要。事实上，大多数企业需要定期地进入资本市场，尤其是当它们在增长期或想收购其他公司的时候，企业需要为这些投资进行融资。管理者必须从公司的债权人和投资者看问题的角度来了解交易环境，认识到他们的股东基础是不断变化的。此外，管理者需要及时了解资本市场的演变，包括新交易场所的产生。

管理者也应该理解市场有效性的概念。对许多人来说，当涉及自己公司的股价时，常常觉得自己像喜剧演员罗德尼·丹杰说的那样："我没有得到任何尊重！"换句话说，公司常常觉得市场不了解公司股票的真实价值，它总是被低估（毕竟，你多久才能听到CEO彻夜难眠担心他们高估股票价值）。虽然在某些情况下，股票价值的确可能会被低估——或者在20世纪90年代中后期也存在科技股被高估的情况——通常的假设是市场在一定程度上是有效的，并且股票是被合理定价的。

小结

1.公司通过发行如债券、普通股或优先股的证券来筹集长期资金。

2.债券通常以面值发行，每半年支付一次利息或票息。本金在到期日偿还。

3.债券的信用风险是由各种债券评级机构评估的。级别范围通常在AAA（最高信用）到C（最低信用）之间浮动。评级为BBB或以上的被认为是投资级债券，而评级为BB及以下的被称为投机、高收益或垃圾债券。

4.普通股是满足任何其他利益相关者的偿付要求后对公司盈利和剩余财产的剩余索取者。普通股股东是企业的所有者。普通股股东的任何收益要么以普通股股息的方式支付，要么留在企业，以创造未来的利润。

5.优先股是兼具债券和普通股的某些特征的混合证券。优先股定期支付股息，但从公司的角度来看分红不能在税前抵扣。优先股通常没有到期日，因而无需偿还本金。优先股股息通常要在普通股股息之前发放。

6.历史地看，股票的表现优于债券，但表现出更大的波动性。小盘股表现优于大盘股。从长远来看，股票和债券都提供正的实际收益率。

7.资本市场是证券发行和交易的市场。市场可以通过发行方式加以区分，是向如养老基金和保险公司等的私人投资者，还是向广大公众发行。大多数股票都在交易所进行交易，但大部分债券不是。中介机构如投资银行在促进购销过程中发挥着重要作用。

8.如果证券的价格充分、及时地反映出所有相关信息，就认为市场是有效的。

附加读物与信息

1.关于全面介绍投资的书籍请见：Bodie，Zvi，Alex Kane，and Alan Marcus. *Essentials of Investments*，8th ed.New York：McGraw-Hill Ryerson，2010.

2.关于介绍债券和固定收益证券的书籍请见：Fabozzi，Frank.*Bond Markets：Analysis and Strategies*，7th ed.Englewood Cliffs，NJ：Prentice Hall，2009.

3.关于从有效市场的角度介绍投资的书籍请见：Malkiel，Burton.*A Random Walk Down Wall Street*，10th ed.New York：W.W.Norton，2010.

4.关于市场有效性的研究请见：Fama，Eugene.“Efficient Capital Markets：A Review of Theory and Empirical Work.” *Journal of Finance 25*(1970)：383−417.

Fama,Eugene.“Market Efficiency，Long-Term Returns,and Behavioral Finance.” *Journal of Financial Economics 49*（1998）：283−306.

练习题

1.在其他条件相同的情况下，如果债券有偿债基金，你期望获得较高还是较低的利息？

2.在其他条件相同的情况下，如果债券有赎回条款，你期望获得较高还是较低的利息？

3.Twice Lucky公司正计划以6%的票面利率发行10年期债券。发行之前，一个主要的信用评级机构宣布其评级升级。这个宣布会如何影响计划的债券发行？请解释。

4.股票从10美元涨到20美元，然后再回到10美元，股票两年的年均复合（几何）收益率是多少？

5.股票从10美元涨到20美元，然后再回到10美元，股票两年的算术平均收益率是多少？

6.美国市场的历史收益率大致遵循正态分布，这意味着收益率是均值（算术收益率）加上或减去一个标准差的2/3，是均值的95%加上或减去两个标准差。基于图表9-5中的信息，请看“所有股票的平均收益率”一栏，偏离均值一个标准差的收益率范围是多少？

7.基于图表9-5中的信息，请看“所有股票的平均收益率”一栏，偏离均值两个标准差的收益率范围是多少？

8.影响优先股价格的因素是什么？

9.在下列债券信息的基础上，描述债券的特点，并说明预期现金流的时间点（假设今天是2014年1月1日）：利率=6.4%；到期日为2024年1月1日；价格=103.42美元；到期收益率=5.94%。

10.在下列股票信息的基础上，描述股票的特点，评价其表现：每股股利=0.80美元，目前股价=28.50美元，目前的股息收益率=2.8%，目前P/E乘数=24.5，一年前股价=24.00美元，过去一年的市场总收益率=16.5%。

11.什么类型的投资者最有可能购买定向增发股票？

12.给定相关IPO表现的特征事实，如果你想按IPO的发行价购买股票，那么出售股票的最佳时机是：交易后的第一天或者3至5年后？

13.采用事件研究方法，最有可能检验有效市场假说的哪种形式？

14.假设一个投资者提出一种投资策略，利用该策略投资者能够通过观察过去的价格趋势来预测未来的股票价格。哪种形式的有效市场假说会成为反对该说法的证据？

15.假设一家公司面临重大诉讼，预计将败诉，这将花费公司数百万美元。令人惊讶的是，该公司打赢了官司，股价立即跳跃上升。价格上涨的现象与半强式有效市场假说是否一致？请解释。

附录：债券和股票的投资信息

为了帮助您了解更多关于资本市场运作的内容，接下来从投资者而不是公司的角度来考察债券和股票。公司关心的是在特定的时间筹集到特定金额的资金，投资者关心的是投资每天的价值。正如下文所述，可以从多种渠道获得关于证券价值的信息。

债券信息

鉴于大型机构债券持有者（与小散户相比）占主导地位，与股票相比，有关企业债券的财务信息更少。然而，关于企业债券信息的一个例子如图A9-1所示。在这个例子中，家得宝在2011年3月下旬发行了价值10亿美元的债券，这些30年期债券在2041年4月到期，以100美元的面值为基础，年利息为5.95美元或每半年计息一次2.975美元。该债券目前的价格是131.50美元。由于大多数（但不是全部）债券以接近面值的价格发行，因此可以推测，在债券最初发行的时候，利率比当前更高——因为随着利率的下降，债券价格上升。相较于目前的报价，家得宝在发行时的信用风险更高。

需要注意的是，债券代表固定支付的承诺。由于利率下降，每年固定付息的债券看起来比现今以较低的年票息支付发行的相似债券（在信用方面）更具吸引力。这就是该债券价格超过了100美元的原因。债券收益率实际上表明当前类似的债券以面值发行的票面利率。鉴于家得宝的债券售价为131.50美元，事实证明，以该价格购买这种债券相当于购买支付4.08%票面利率的100美元债券，这也是债券的到期收益率，如在第7章中讨论的那样。

股票信息

股票信息最常见的来源是因特网。家得宝的股票信息如图表A9-2所示。图表A9-2显示了信息的多种来源，包括雅虎财经、晨星、彭博和纽约证券交易所（家得宝上市的股票交易所）。需要注意的是，不同来源包括不同类型的信息，并且可能由于测度标准的不同而有所差异（例如，交易量）。

正如图表A9-2所示，信息的第一部分侧重于价格。价格信息是重要的，因为它是该公司股票市值的衡量指标（估价在第13章中详细讨论）。由于股票交易是公开的，交易不断发生，当前的价格全天更新。假设在图表A9-2中的信息是从今天开始的，可以看到，价格的变动（以及变化的百分比）是相对于昨天的收盘价而给出的，而昨天的收盘价随着今天的开盘价确定，买卖报价全天更新，“买入报价”表示做市商愿意购买一定数量股票的价格，而“卖出报价”是做市商愿意出售的价格，一年远期估价是该分析师预计该股票从现在起一年后的卖价。图表A9-2中显示了当前和过去52周的股票价格波动区间。

图表A9-1　　家得宝公司的债券信息

2012年7月29日					
发行公司	金额	息票率（%）	到期日	价格	收益率（%）
家得宝公司	10亿美元	5.95	2041年4月1日	131.50美元	4.08

来源：Morningstar.com

图表A9-2　　家得宝公司的股票信息

	雅虎财经	晨星	彭博	纽约证券交易所
价格（美元）	51.65	51.65	51.65	51.65
今日价格变动（美元）（%）	−0.57（1.09%）	−0.57（1.09%）	−0.57（1.09%）	−0.57（1.09%）
之前收盘价	52.22		52.22	52.22
开盘价格	52.21	52.21	52.21	52.21
买价	51.65		51.65	
卖价	51.67		51.67	
一年估计目标（美元）	55.39			
当天波动区间（美元）	51.38 ~ 52.61	51.38 ~ 52.61	51.38 ~ 52.61	51.38 ~ 52.61
52周波动区间（美元）	28.13 ~ 53.28	28.13 ~ 53.28	28.13 ~ 53.28	28.13 ~ 53.28
52周高位日期				2012年6月20日
52周低位日期				2011年8月9日
数量	8 399 954	8 900 000	9 939 011	9 939 011
平均数量（3个月）	11 976 200	11 500 000	11 976 200	
股利金额（美元）	1.16	1.16	1.16	1.16
股利收益率	2.24%	2.24%	2.24%	2.24%
每股收益（美元）（ttm）	2.65		2.65	2.65
下次收益日期	2012年8月14日		2012年8月16日	
流通股数量（百万）			1 531	1 531
企业价值（百万美元）（ttm）		87 570	86 799	
市场容量（百万美元）	79 090	79 000	79 089	79 089
1年回报率			46.12%	
贝塔系数	1.03			0.79
P/E（ttm）	19.50	19.7	19.81	19.72
之前的P/E	15.57	15.3		
P/B（ttm）	4.45	4.4	4.4023	
P/S（ttm）	1.12	1.1	1.1157	
P/CF（ttm）		11.4		
营业毛利%（ttm）	9.74	9.7		
ROE（ttm）	22.7	22.7		
ROA（ttm）	10.1	9.54		
债务资产比率		0.6		
EV/EBIT（ttm）	10.16			

注：ttm=滚动市盈率（回溯12个月）

来源：finance.yahoo.com，Morningstar.com，Bloomberg.com，nyse.com（2012年7月11日获得）

图表A9-2中的第二部分介绍了今天的成交量（股数）。也显示过去3个月的日均成交量。交易量表明股票流动的数量。

第三部分介绍了股息、收益和流通股股数等相关信息。1.16美元的股息是根据最新的季度分红所预期的年度分红：

季度分红：0.29美元

乘以季度：4

等于每年分红：1.16美元

2.24%的股息收益率等于年度分红除以今日价格：

年度分红：1.16美元

除以今日价格：51.65美元

等于股息收益率：2.24%

每股收益（EPS）2.65美元等于家得宝的总收益除以流通股数：

过去4个季度总收益（百万美元）：4 057美元

除以股数（百万）：1 531

等于每股收益（EPS）：2.65美元

企业一般都会定期发布有关季度收益的信息。因此，雅虎财经和彭博社都会发布各自的评估结果（有几天的时间差）以报告下一季度的财报。

在图表A9-2的第四部分，企业价值是整个公司的市场价值，包括股权和债务价值，或该公司的资产价值。市值是该公司的股权价值，等于当前股价乘以流通股股数。一年期收益是投资者1年以前购买的股票的收益，等于资本利得（在价格上涨的情况下）或资本损失（在价格下降的情况下）加上收到的任何股息。

贝塔系数是股票的波动性相对市场整体（如S&P 500）波动性的一个估计值。根据定义，市场的贝塔值为1.00。没有单独估计β值的方法（这就是为什么估计值可能随信息变化），往往是通过历史信息进行估计。对于在纽约证券交易所的估计，家得宝的β值为0.79，表明如果股市整体上升（或下降）1%，那么可以预计家得宝的股价上涨（或下跌）0.79%。

图表A9-2中的最后一部分介绍了有关各种财务比率的信息，其中一些在第4章已经进行了讨论，包括营业毛利、股权收益率（ROE）、资产收益率（ROA）和权益比率，还有其他的一些估值指标（将进一步在第13章中讨论），包括市盈率（P/ E）、市净率（P/ B）、市销率（P / S）、市现率（P / CF），以及企业价值倍数。

第10章 估计资本成本：投资者要求的回报率

学习目标

目标10.1 解释资本成本的概念。

目标10.2 描述资本成本的不同解释方式。

目标10.3 描述不同类型的风险。

目标10.4 解释如何估计债务成本。

目标10.5 解释如何估计优先股成本。

目标10.6 解释如何运用股利折现模型和资本资产定价模型来估计股权成本。

目标10.7 解释在估计资本成本时如何估计各组成部分的权重。

目标10.8 描述估计家得宝公司的资本成本的过程。

目标10.9 解释必要报酬率的含义以及如何使用它。

目标10.10 解释估计资本成本对管理者的重要性。

本章是考察公司长期融资需求的3章中的第2章。第9章介绍了各种类型的金融工具，如债券、优先股和普通股。本章将从公司的角度着重关注与发行各类工具相关的显性成本。之后的第11章将研究企业如何权衡债券与股权的发行。

募集资金的平均成本被称为资本成本。**资本成本（cost of capital）**[①]是公司整体价值的关键驱动因素。如果公司能够降低资本成本，那么它的所有潜在的投资就显得更具吸引力。从另一个角度看，资本成本反映了投资者（和贷款人）的要求回报。本章在开始时举了一个简单的资本成本的例子，随后对资本成本的含义进行了更详细的讨论。然后，我们将定义风险的概念并重点关注资本成本的构成，以及每个组成部分的权重。这些部分强调了每个组成部分或金融工具的风险（从购买者的角度看）。接下来，我们将在资本成本的度量和公司管理层在评估项目的可行性时所使用的必要报酬率之间建立联系。然后用家得宝公司的信息编制一个计算资本成本的实际案例。最后，将讨论这些概念对管理者的重要性。

图表10-1展示了资本成本与财务管理框架以及全书统一主题的关系。需要注意的是，企业内部的三大关键决策领域——运营、投资、融资——都涉及一些风险因素。例如，经营风险会影响一个公司从经营活动中赚取利润的能力。同样，任何投资决策都会受到特定类型的投资风险的影响，无论是简单地更换一件设备需支出资本的决策，还是将业务扩展到新的市场的决策。重要的是，财务风险由财务杠杆所衡量，内生于企业的负债与股权结构。因此，资本成本反映了筹资成本，以及公司可感知的整体风险。

① 资本成本（加权平均资本成本，WACC）：包括债务、优先股和普通股在内的所有形式的长期融资的加权平均资本成本。

图表 10-1　　**财务管理框架：资本成本**

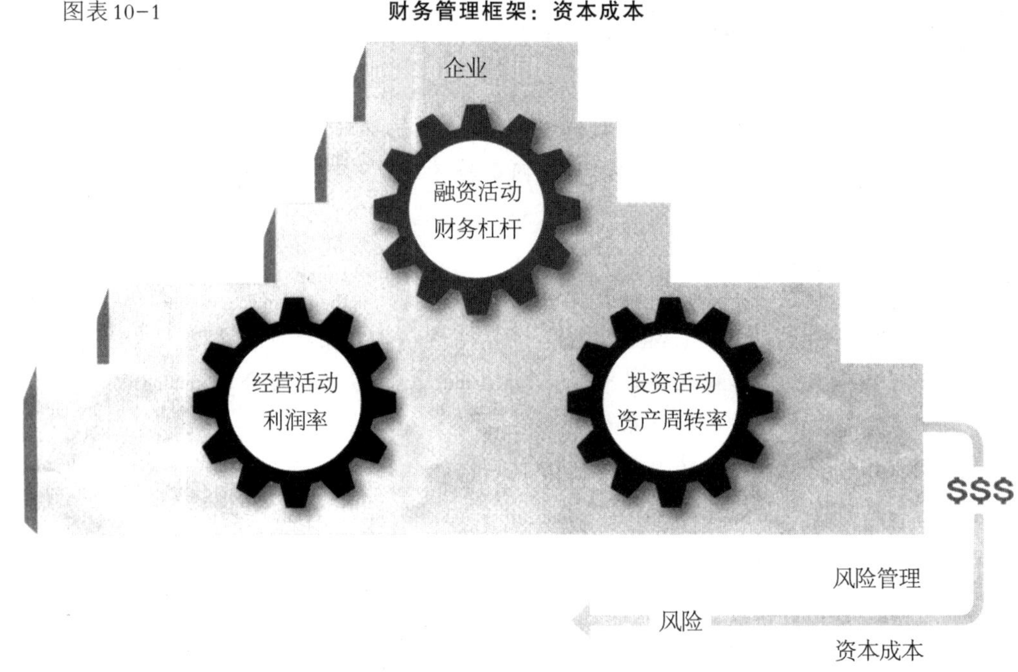

10.1　理解资本成本：一个例子

目标 10.1　解释资本成本的概念。

为了更好地理解资本成本的概念，来考察一个简单的例子。假设一个企业家想要创立一家新的公司，并确定需要100万美元的资本支出。再三考虑之后，企业家判定，分别从以下三个渠道筹集资金：20万美元通过发行债券（债务融资），10万美元通过发行优先股，70万美元通过发行普通股。

要确定每个融资渠道的成本，企业家必须综合考虑成本和收益，或者是同一枚硬币的不同侧面。这是因为公司的成本也可以理解为潜在投资者（或贷款人）的收益。投资者选择投资项目时，考虑的是潜在收益而不是成本。因此，为了衡量公司筹集资金的成本，企业家可以分别考察吸引潜在投资者购买该公司新发行的债券、优先股和普通股的要求回报率。三种类型金融工具的成本和收益之间的一般关系如图表 10-2 所示。

然而，这种方法也存在一个问题，它是由企业所得税造成的：利息费用减少了公司的应纳税所得额。因此，在发行债券的情况下（或由该公司发行的债务），需要进一步区别企业的成本和投资者要求的回报率。从公司的角度来看，对债务成本而言，真正重要的是税后成本。

为了说明这一点，假设企业家决定发行利率为5%的债券，这是债券投资者所要求的回报率。公司可将债务的利息支付在税前抵扣，因为该公司的预期税率为35%，这一负债使公司的有效税后成本率为3.25%（即5%的税前成本乘以1减去税率0.35——因为公司每一美元的利息支出都有效地节省了35美分的税款）。相较而言，企业家决定发行利率为7%的优先股，因为这是优先股投资者要求的回报率（因为公司的优先股股息不能抵税）。最后，企业家认为该公司的股权投资者会期望（或要求）他们的投资可以获得15%的回报。

从这些渠道（债券、优先股和普通股）筹集资金的整体成本可以通过计算三者的加权平均值来确定。相关计算过程如图表10–3所示。资本的加权平均成本，也就是WACC（它有一个好听的发音，像“whack”），税后值是11.85%。本章的后面章节将讨论如何确定各个部分的权重，现在只需注意的是所有部分的权重加起来必须等于1（或100%）。

可以用一些常用的符号来描述计算过程。每个组成部分的权重用w表示，成本用k表示（我真的不知道这个惯例是如何形成的，为什么不用C代表成本，但因为这是惯例，所以我们就索性用它了）。加权平均资本成本的公式的一般形式如图表10–4所示。需要注意的是，k_d表示税后债务成本，因为企业可以出于税收的目的扣除与债券相关的利息费用（如前所述，优先股和普通股的成本无需进行这样的调整）。

当然，如果公司没有任何优先股（且没有计划发行优先股），那么w_p等于零，WACC的计算公式可以简化为：$k_c=(w_d \times k_d)+(w_d \times k_e)$。

图表10–2　**公司成本与投资者要求回报率的关系**

公司		投资者
集资成本	=	投资者要求回报率
债务成本（税前）	=	债务投资的要求回报率
优先股成本	=	优先股要求回报率
普通股成本	=	普通股投资要求回报率

图表10–3　**一个简单的资本成本的例子**

复合	权重	税后成本	权重成本=权重×税后成本
债务	0.2	5%×（1–0.35）=3.25%	0.65%
优先股	0.1	7%	0.7%
普通股	0.7	15%	10.5%
总权重成本			11.85%

图表10–4　**资本成本的一般计算形式**

复合	权重	税后成本	权重成本=权重×税后成本
债务	w_d	k_d	$w_d \times k_d$
优先股	w_p	k_p	$w_p \times k_p$
普通股	w_e	k_e	$w_e \times k_e$
总权重成本		$k_c=(w_d \times k_d)+(w_p \times k_p)+(w_e \times k_e)$	

10.2 资本成本的含义

目标 10.2 描述资本成本的不同解释方式。

既然已经对如何计算资本成本有所了解，那么在学习其每个组成部分之前，让我们先研究一下资本成本的内涵。可以从不同的角度来阐述资金成本。第一，它可以被看作一个关键的价值驱动因素：在企业层面，筹资成本越低，公司价值越大；在项目层面，企业往往面临着许多潜在的投资项目，必须选择投资于哪些项目，其中一个衡量标准就是项目的资本成本，投资项目的成本越低，投资就越有利可图，越有吸引力。例如，假设一个公司有三个风险水平类似的项目：项目A可以提供7%的潜在回报，项目B是11%，项目C是13%。如果公司的资本成本为11.85%，那么只有项目C看起来有吸引力，因为它是唯一一个潜在的回报率大于公司资本成本的项目。然而，如果公司有更低的10%的资本成本，那么项目B也是可行的。

第二，正如企业家的例子描述的那样，资本成本是指公司为其所面临的各个投资项目融资的平均资本成本。在那个例子中，根据三种融资方式——负债、优先股和普通股——以及它们的相对权重，可以确定企业的平均融资成本为11.85%。

第三，从投资者的角度看，资本成本是指为了满足所有投资者的要求而必须赚取的最低回报率。例如，如图表10-3所示，假设我们的例子中计算的公司的税后资本成本为11.85%。在启动新公司需要的100万美元的资本支出的基础上，假设公司的税前收益率（有融资成本之前）是18.23%（即税前权益资本成本11.85%除以1减去税率：0.1185/（1−0.35）=0.182308）。计算结果如图表10-5所示。

图表10-5 **资本成本内涵** 单位：美元

息税前收益（EBIT）	1 000 000×18.23%	182 308
利息（支付给债券持有人）	200 000×5%	10 000
税前收益（EBT）	182 308−10 000	172 308
税（利率为35%）	172 308×0.35	60 308
税后收益（EAT）	172 308−60 308	112 000
优先股股利	100 000×7%	7 000
支付给普通股股东的收益	112 000−7 000	105 000
普通股股东的要求回报率	700 000×15%	105 000
剩余收益	105 000−105 000	0

这个例子强调了一些与理解资本成本相关的重要内涵。在这个例子中，所有的投资者或利益相关者都对他们的投资感到满意。债券持有人收到了预期的利息；国税局收缴了税款；优先股股东收到了预期的优先股股息；最后，刚好有足够的盈余留给普通股股东以满足他们所要求的15%的回报率。

然而，假设普通股股东获得的收益仅为70 000美元，低于预期的105 000美元。虽然从会计的角度来看这项投资仍然是盈利的，但公司没有赚取足够的利润以满足所有投资者，特别是企业的最终所有者普通股股东。换言之，净资产收益率——在该案例中，70万美元的投资收益为7万美元，即10%——低于股权资本成本或预期15%

的股本回报率。相反，如果收益超过105 000美元——如140 000美元——普通股股东将感到非常满意，因为他们的投资回报率将是20%，大于他们所要求或期望的投资回报率。这一结果将使得他们的股权更具价值，从而增加其所持股份的整体价值。因此，该公司的目标应该是普通股价值最大化。这可以部分地通过最小化整体筹资成本（或整体资本成本，即WACC）来实现。

至此，我们已经理解了资本成本在投资决策中的重要性。简言之，资本成本可以被看作公司今天选择的面向未来的投资项目的最低平均回报率。资本成本可用于评估未来或增加的投资项目。因此，公司的整体资本成本影响着公司的投资行为。

在这些简单的例子中，我们有意回避了有关资本成本的一些重要问题。例如，所谓风险是什么？在这些成本的计算中风险起到了什么作用？又该如何估计每个组成部分的成本和权重？接下来的10.3节到10.7节将讨论这些问题。

10.3 定义风险

目标10.3 描述不同类型的风险。

在本章的前面部分，可以看到公司筹集资金的成本相当于其投资者要求的回报。现在，通过定义风险的真正含义来探讨风险因素如何影响资金的成本和所要求的回报率。根据The Free Dictionary的定义，风险是“遭受损伤或损失的机会”。这个定义只关注了可能发生在你身上的不好的事情，如发生了车祸或在火灾中失去房子。这种类型的风险也被称为**纯风险**（pure risk）①。

然而，为了理解本书中风险的内涵，必须从另一种情境进行分析。从公司的角度看，假设一个部门正在生产一种产品，在接下来的八个季度中，每个季度的预期销售额为1 000万美元，这种预期被纳入公司的预算规划。但是，这里是存在风险的，因为每个季度的实际销售额可能大于或小于1 000万美元。实际销售额偏离预算销售额的程度被称为**投机风险**（speculative risk）②或者收益或损失前景的不确定性。

当投资者选择购买债券、股票或其他金融工具时，他们考虑的是投机风险（以下简称“风险”）——投资的可感知风险水平越高，要求预期收益就越高。图表10-6显示了这种关系，其中，政府债券（至少是美国政府债券）可以被认为是无风险的，因此应对应最低的预期收益率；其次是投资级公司债券；然后是众所周知的高质量的“蓝筹”股；最后是投机性股票。所以，理解风险内涵的第一个要点是权衡风险与收益。换言之，随着预期收益的增加，风险也随之增加。

我们也可以用可能出现的结果的分散性来衡量风险。例如，图表10-7介绍了图表10-6中四类投资方式的可能的回报率。需要注意的是，这里默认政府债券为无风险的，换句话说，如果买入政府债券并持有至到期日，可能的结果是并不具有分散性。但是，当进行风险更大的投资时，预期回报的分散性将会提升。

---

① 纯风险：只有损失而无获利机会的风险。
② 投机风险：产生收益或造成损失的风险。

图表 10-6 **期望回报率与风险权衡**

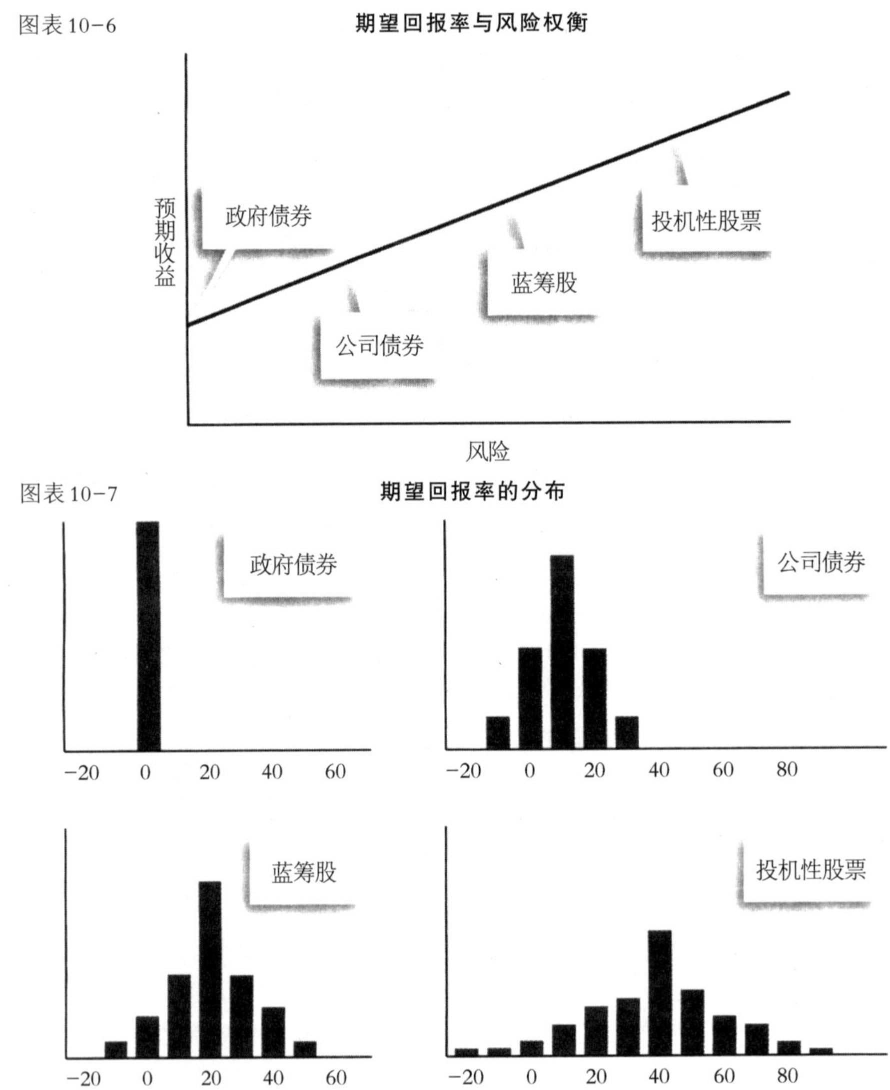

数学上有一种测量分散性的方法，叫作**标准差（Standard deviation）**[①]，它表示实际结果偏离平均值或预期结果的程度。这里不详细介绍如何计算标准差（这是电子数据表格软件的一项功能），但需要知道的是它采用百分比的形式。图表 9-5 给出了各类投资方式的历史收益率的标准差——一般被称作波动率。既然已经理解了如何衡量预期收益的风险或标准差，理解风险内涵的第二个要点是本质上大多数人都不喜欢风险——换言之，人们都是风险规避者。在其他条件相同的情况下，人们更倾向分散性较低的结果。

和风险相关的另一个概念是**多元化（diversification）**[②]，它是指将资产或投资结合起来以降低风险的方法或策略。例如，假设你正计划购买 20 只股票。如果你选择的 20 只股票都来自石油和天然气行业，那么你的投资组合并没有多元化。在你的投资组合中，每只股票都将随着世界石油价格的变化作出同样的反应——石油价格上涨

① 标准差：捕获实际结果偏离平均值或预期结果的程度的一种统计指标。
② 多元化：同时投资在不同的资产类型或不同的证券上以降低风险的战略或过程。

时上涨，石油价格下降时随之下降。但是，如果你选择的20只股票分别来自20个不同的行业，那么你的投资组合的价格就不会如此不稳定，不会对油价的变化如此敏感。有关研究已经证明了在投资组合中增加更多股票（随机选择的）的影响。总体结果如图表10-8所示。纵轴表示“投资组合风险（标准化）”。假设有500只股票的样本，首先计算持有任何一只股票的收益率的标准差，然后取这些标准差的平均数。再然后，将平均数“标准化”，赋值为1.0。

图表10-8　**股权组合和股权多样化**

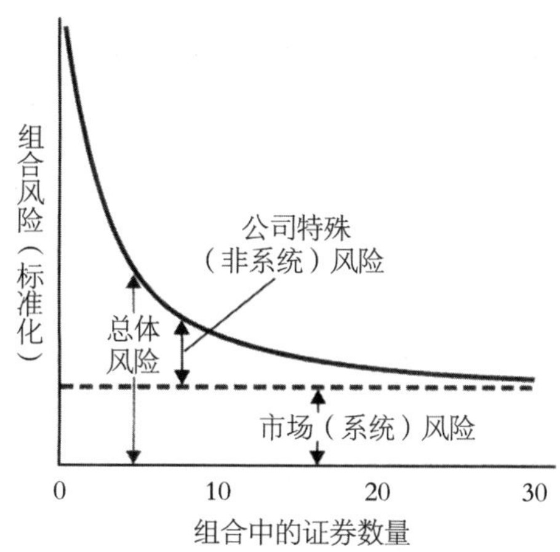

现在考虑一项新的实验，随机选择一个包含两只股票的投资组合，然后是三只股票的投资组合，以此类推。随着投资组合规模的增大，整体投资组合的风险或标准差有下降的趋势。比如，如果存在一个20只股票的投资组合，就能够大幅度地降低投资组合的风险。公司的特有风险，或具体到每一只股票的风险，例如该公司的CEO突发心脏病的风险——在投资的专业术语中也被称为非系统风险——会随着更多股票的加入而降低，因为个股间的涨跌表现有相互抵消的趋势。最终，可以得到一个几乎已经消除了所有非系统风险的充分多元化的投资组合。因此，只剩下系统风险或市场风险——这意味着投资于整体市场的风险。因此，第三个要点是：如果投资组合被充分多元化，唯一重要的风险是系统性风险。在10.6节的案例中，当考察股权资本成本或要求的股权回报率时，将会看到为什么会是这样的情况。

10.4　估计债务成本

目标10.4　解释如何估计债务成本。

既然已经理解了风险的概念，那么计算债务成本将会变得相当简单。从潜在的债券投资者的角度看，我们将从合适的债券（或者更一般地说，债务工具）收益率开始介绍。如果企业存在公开交易的债务，那么目前的到期收益率——如第7章所描述的——代表着税前的债务成本（从严格意义上讲，这是一种粗略的估计，但对本章的内容来说已足够精确）。在某些情况下，该公司可能会发行很多不同的债券，这些债券的到期日和收益率都不尽相同。在这种情况下，一种指导性的做法是将债券的到期期限与该公司正计划进行的新的投资项目的平均权限相匹配。几乎在所有情况下，企业都会投资于长期项目，因此可以用长期债券相匹配（长期债券通常是指10年或10

年以上到期的债券)。

在估计完税前债务成本之后，用估计值乘以1减去估计的（未来的）税率。在大多数情况下，税率可以通过查看相对于当年税前盈利的上一财年纳税金额来进行估计。如果公司在那年遭受非经常性损失而没有缴纳税款，那么可以简单地估计为35%左右（从严格意义上讲，这里估计的是公司的边际税率或是对税前收入增量所征的公司所得税)。例如，如果公司的长期债券的收益率是8%，该公司预计将按35%的税率缴纳税款，那么该项债务的税后成本计算如下：8%×（1-0.35）=5.2%。当然，还会产生与出售债券（如支付给投资银行的费用）相关的一些费用，但这些一般都是次要的考虑因素，通常在债务的成本估计中予以忽略。

如果一个企业现在没有公开交易的债务，那么就需要进行合理的评估。通常的方法是查看当前无风险长期国债的到期收益率，如10年期国债，再加上适当的溢价（回顾第2章，可以通过查看国债收益率曲线来查找10年期国债收益率)。这个溢价反映了公司偿还本金并支付利息的能力的风险水平。一个企业的溢价与它的债券评级（如第9章所讨论）直接相关，如果公司当前还没有发行任何债券，则会与相似公司的债券评级直接相关。因此，AAA公司会有很低的溢价，或许小于0.5%，而一个评级为BB或更低的高风险公司可能会有2%到3%或更高的溢价。

一个企业往往会有大量的债务工具，这些债务工具有不同的到期日，一些是短期的，一些是长期的。估计债务成本的一种方法是估计与每个债务工具相关的成本。另一种方法则既简单又直观，与估计每个相关的债务工具的独立成本不同，估计公司短期和长期的“永久性”负债的数量，并使用一个长期的收益率来估算负债的总成本。这里的“永久”并不是指字面意义上的“永久”，因为在本质上，债务总会到期。更确切地说，我们预期公司将始终拥有债务。换言之，一旦当前的负债到期，我们预计公司会通过发行类似数量的新债以对偿还义务进行“展期”。

对短期和长期债务都使用同一个利率——长期收益率——背后的逻辑是，虽然短期收益率与长期收益率（通常较低）可能会有所不同，但在长期内，短期收益率一般都趋近于长期收益率。这个逻辑与第2章（2.1.3）中运用“无偏预期理论”来解释收益率曲线的形状是一致的。

关于债务成本计算的最后一个问题是如何处理与公司经营活动有关的流动负债，如应付账款等。回顾第5章的内容：放弃享受提前偿还供应商的折扣是存在机会成本（例如，10天内支付通常享受2%的折扣）的。在估计债务成本时应该将这一成本包括在内吗？答案一般是否定的。回顾第5章关于与公司的经营活动有关的营运资本——存货、应收账款、应付账款——之间的关系的讨论，可以从相反的角度来理解应付账款。应收账款属于流动资产。事实上，可从流动资产扣除流动负债而形成净营运资本。因此，我们可以考虑一个修订后的资产负债表（如图表10-9)，我们的成本与资产负债表的右侧相关，都与**长期资本（permanent capital）**[①]（长期负债（假设到期后展期)、优先股和普通股）相关。

① 长期资本：有息债务加上优先股和普通股。

图表 10-9 **长期资本**

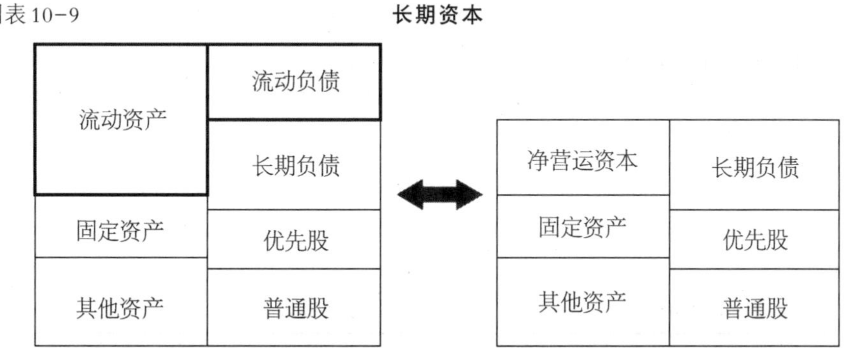

10.5 估计优先股成本

目标 10.5 解释如何估计优先股成本。

优先股通常是由金融机构和公共事业单位发行的。回顾第7章内容：优先股的交易与债券一样，当利率下降时价格上升，反之亦然，除非该公司遭遇了财务困境。例如，图表10-10显示了太平洋天然气&电力公司5%的累计可赎回优先股价格与10年期国债收益率的比较。可以看到在1973年至1981年期间，随着美国国债收益率的上升，价格有下跌的趋势，在1981年后，国债的收益率下降，价格反而上涨。根据最近25.36美元的价格，优先股交易的股息收益率为4.9%（基于1.25美元的年度股息），而国债收益率只有1.5%。

图表 10-10 **1973—2012年太平洋天然气&电力（PG&E）的优先股价格以及10年国债收益**

来源：Preferred share prices from Datastream; 10-year treasury bond yield data from the Federal Reserve Board website, http://www.federalreserve.gov/releases/h15/data.htm (accessed August 21, 2012)

当然，从投资者的角度来看，由于太平洋天然气&电力公司可能会遇到财务困境，并面临破产，甚至有可能停止优先股股息支付，持有优先股存在着一定的风险。

例如，从1999年中期到2001年年初的这段时间里，太平洋天然气&电力公司的普通股价格从每股超过32美元下跌至每股9美元以下。正如图表10-10所示，优先股价格也大幅下跌，这搅乱了利率和优先股价格之间的总体反比关系。因此，我们必须牢记，优先股股息不能得到保证。

优先股成本的计算相对简单。回顾第7章的内容，优先股价格是永续股息流的现值，计算见图表7-13中的公式。现对符号稍加修改，修改后的公式如图表10-11所示。

图表10-11　　**永续年金的现值公式**

$$P_0 = \frac{DIV}{k_p}$$

其中：　P_0 =优先股价格；

DIV =优先股每年的股利；

k_p =优先股投资者的期望或要求回报率。

运用简单的代数方法，可以重新排列图表10-11的等式求解 k_p ，或者普通股投资者的预期收益率，如图表10-12所示。

图表10-12　　**基于永续年金公式计算的优先股期望回报率**

$$k_p = \frac{DIV}{P_0}$$

换言之，如果公司目前有上市的优先股，如太平洋天然气&电力公司，则可以直接用现有优先股的收益率对优先股的成本进行估计。例如，可以看到，太平洋天然气&电力公司最近支付了每股1.25美元的年度优先股股息，优先股售价为每股25.36美元。因此，公司优先股的当前收益率为：

1.25美元	年股息
÷25.36美元	当前价格
=4.93 %	当前收益率

但是，如果类似的公司——也属于天然气和电力行业——当前并没有上市的优先股，但正打算发行优先股，又该如何计算呢？在这种情况下，必须先解决一个关键的问题：如果公司现在发行新的优先股，那么它需要提供的收益率是多少？例如，假设该公司决定今天以每股100美元的面值发行新的（永久的）优先股。因此，新的优先股每年的股利将是4.90美元，与4.9%的收益率相同（相对太平洋天然气&电力公司）。需要注意的是，和债务成本不同，因为优先股股息已经于税后支付，因此不需要进行税后调整。

因此，如果一个公司目前没有上市的优先股，那么可以通过查看类似公司当前的收益率来估计适当的成本，如那些具有类似债务评级的公司。回顾一下，决定优先股收益率的两大因素是当前的利率（因为优先股通常类似于没有到期日的债券）和公司风险。

10.6 估计股权成本

目标 10.6 解释如何运用股利折现模型和资本资产定价模型来估计股权成本。

估计债务成本和优先股的成本相对比较简单——特别是如果一个公司现有已上市的债务和优先股——但普通股的成本估计则没有那么简单。问题在于，与债券和优先股不同，普通股不具备类似的"保证"或对收益率的隐含承诺。相反，普通股股东是剩余索取者，享有满足其他投资者偿付要求后的任何剩余收益。基于图表 10-2，我们将从投资者而不是公司成本的角度来估计权益成本。因此，需要用某种方式来估计当普通股投资者进行投资时预期或要求的收益率是多少。换言之，我们需要一个股票定价模型来确定预期收益率。

研究人员已经发现了一些估算普通股投资者期望报酬率的方法，进而估计股权成本。其中一个最简单的办法是测量普通股的历史平均收益率。然而，这样的方法并不一定能很好地反映期望报酬率，并没有被广泛应用。相反，我们在这里考察两种众所周知的方法：股利折现模型和资本资产定价模型，前者与先前讨论的货币时间价值相关，后者的应用最为广泛。

10.6.1 股利折现模型

第 7 章介绍了股利折现模型。股利折现模型最简单的形式（见图表 7-23）是固定增长股利折现模型，该模型基于一个前提，即股票投资者打算长期持有一家公司的股票（甚至遗赠给他们的孩子）。在这个模型中，投资者真正关注的是现金流，或者在他们持有股票期间期望获得的股利。图表 10-13 重现了第 7 章的模型（采用略作修改的符号 k_e）。

图表 10-13 **固定增长的股利折现模型**

$$P_0 = \frac{DIV_1}{(k_e - g)}$$

其中：P_0 =当前普通股股价（时间=0）；

DIV_1 =在第一阶段的预期分红；

k_e =普通股投资者的期望或要求回报率；

g =股利的恒定增长率。

运用简单的代数运算，可以重新排列图表 10-13 中的等式来求解 k_e，或图表 10-14 所示的普通股投资者的期望报酬率。

图表 10-14 **基于固定增长股利折现模型计算的股权期望回报率**

$$k_e = \frac{DIV_1}{P_0} + g$$

预期回报由预期股利以及股利的预期增长决定。股利的预期增长可以看作是投资者预期的资本利得（如果他们卖出股票）。举个例子，假设一家公司有望在未来每年每股支付现金股利 1.50 美元，当前股价为 37.5 美元，可知预期股利收益率是 4%。此外，据估计，在可预见的未来股利将按平均每年 8%的水平增长。这一股利增长率估计值可能由历史股利的增长水平或当前公司分析师的评估来确定。根据这两个条件，可以得出股票投资者要求的收益率也就是股权成本为12%：

$$k_e = \$1.5/\$37.50 + 0.08$$
$$= 0.04 + 0.08$$
$$= 0.12 \text{或} 12\%$$

当然，股利折现模型也存在缺陷。首先，如果一个公司当前不支付股利，那么很难估计未来预期的股利。此外，即使公司支付股利，如果预期未来的股利并不以固定的速率增长，那么估计股权成本就变得更加复杂。尽管股利收益的组成部分通常很容易估计，但股利的预期增长并不容易估计。幸运的是，还有另一种（应用更广泛）估计方法，将在接下来的小节中介绍。

10.6.2 资本资产定价模型

资本资产定价模型，或被称为CAPM（发音为“cap-M”），是由诺贝尔奖得主金融经济学家比尔·夏普提出的，它是一个直观上就很具有吸引力的模型。夏普的研究成果是他的导师诺贝尔奖得主金融经济学家哈里·马科维茨研究成果的延伸。马科维茨认为，投资于一个充分多元化的股票组合是有好处的，特别是在提高现有风险的潜在收益率方面。从本质上讲，马科维茨的关键观点和你母亲告诉你的一样：“不要把所有的鸡蛋放在一个篮子里（遗憾的是，无论你的母亲多么值得获得诺贝尔奖，但她也没有获得）。”夏普在这个想法的基础上，特别关注投资于多元化的风险证券并有机会投资于无风险证券的投资者的期望报酬率。

虽然CAPM被称为“定价”模型，它实际上指的是期望报酬率。CAPM有三个组成部分：无风险利率、市场风险溢价和β。CAPM模型背后的机理是：如果投资者正在考虑进行权益风险投资，总会存在一种无风险投资作为另一种选择，即政府债券。这是投资者对权益投资的期望报酬率的最低起点。无风险投资报酬率的常用符号是R_f。

一般情况下，我们认为股票的风险比国债高，因此投资者将要求一个高于政府债券的溢价。这个溢价被称为**市场风险溢价**（MRP，market risk premium）[①]。

个股的风险被认为高于或低于市场整体的风险。为了反映个股相对于整体市场的相对风险程度，需要估计一只股票的β（Beta）[②]值。资本资产定价模型假设投资者充分多元化，所以只关注市场风险或系统性风险。根据定义——并作为我们的出发点——市场的β值为1，风险更高的股票β值大于1，而风险更低的股票β值小于1。β作为乘数，使得风险溢价能够上下调整。整体模型如图表10-15所示。

图表10-15 **资本资产定价模型**

$E(R_s) = R_f + \beta_s \times MRP$	
其中：	$E(R_s)$ =股票s的期望回报= k_e =估计的股权资本；
	R_f =无风险利率；
	β_s =股票s的β系数；
	MRP =市场风险溢价。

① 市场风险溢价：在证券市场中股票投资的期望回报与无风险投资的期望回报之间的差额。
② β：衡量公司普通股权益风险相对于市场整体风险的水平的指标。

举个例子，假设目前的无风险利率是4%，某股票的β值估计为1.2，市场风险溢价估计为5%，则期望股权报酬率或资本成本为10%，如下所示：

$$E(R_s)=k_e=4\%+1.2\times5\%=4\%+6\%=10\%$$

深入讨论：投资于“市场”

当谈论股票时，我们说的投资于“市场”是什么意思呢？根据CAPM理论，市场包括全球所有的资产，包括股票、债券、房地产等。然而在实践中，我们认为市场是对国内股票的广泛衡量。在美国的交易所有成千上万的股票上市，对投资者来说，购买每一只股票是不切实际的（且昂贵）。幸运的是，基金通过投资大量公司的股票提供了多元化的好处。

传统的共同基金根据该基金所受委托投资于股票。例如，一个基金经理可能会完全投资于科技股，而另一个可能只投资于支付股利的股票。其他积极型基金可能会尝试获得超过某一特定种类股票市场基准的收益，如S＆P 500指数。与此相反，另一些被动型基金或指数型基金并不试图超过市场，而仅是复制市场表现。此外，近年来，一类新的基金通过提供较低的佣金开始挑战传统的共同基金，这些基金被称为交易所交易基金，或ETF。因此，当我们谈论购进整体“市场”时，可以认为是买进ETF市场指数。

从模型运用的角度，存在一些与CAPM的三个组成部分有关的估计问题。将在下面依次讨论。

1.无风险利率

显然，政府债券收益率代表了无风险利率，因为一般认为发达市场国家的政府一般不会对它们的债务违约。这样，问题的关键就在于应该选择哪种政府债券的收益率？可能的选择包括短期国库券和1年期、5年期、10年期，或30年期的政府债券的收益率。不幸的是，CAPM是基于理论假设提出的，并不提供这个问题的答案。因此，必须依靠直觉、逻辑以及企业和金融分析师的最佳实践经验来作出选择。总体原则是采用与债务成本一致的收益率。所以，对于长期债券，就应该相应地使用长期政府债券的收益率。一个公认的基准是10年期政府债券的收益率，但有时也可以使用其他长期收益率（如30年期国债收益率）作为替代。

2.市场风险溢价

市场风险溢价代表了股市的投资回报率与无风险利率之间的预期差异。市场收益包括资本利得（价格上涨）与所有收到的股利。实践中，市场由包含众多股票的国家指数所代表，如S＆P 500指数。因此，如果用10年期政府债券作为无风险利率，那么市场风险溢价是指股市指数和长期政府债券收益率之间的预期差异。

在继续介绍之前，需要解决一个与估计市场风险溢价相关的潜在难题。具体来说，我们需要估计预期溢价，但是，由于我们无法对所有的短期投资者进行调查，询问他们期望的长期股票和债券的回报率是多少（这些数据每天都在变化），所以，没有办法获取真正的期望报酬率。解决这个难题的一种办法是通过观察过去的数据以便对未来作出可能的最佳预测。为此，研究人员统计了20世纪20年代至今的股票和债券收益率。虽然在统计技术上存有争议，但估计结果表明，股票的年收益率往往比长期国债高4%至6%。图表9-5给出了详细信息。假设投资者过去的预期均已兑现，则平均历史市场风险溢价是未来期望市场风险溢价的一个有用估计。

3.贝塔

如前所述，β是对相对风险的衡量。它反映的是某只股票的收益率相对于市场指数（如S&P 500指数）的收益率的程度。假设一只股票的β值为1.2，则意味着，在没有任何公司特有消息披露的情况下，市场收益率每增长1%，股票价值会相应地增长1.2%；相反，市场收益率下降1%，股票价值也相应地下降1.2%。因此，在该例中，股票的风险比市场大。另一方面，如果β的估计值为0.75，那么股票价格的波动预计不会像市场那样大。

虽然在统计上估计β值很简单（通过回归分析的技术），但仍然存在一个与估计市场风险溢价相类似的问题。也就是说，尽管可以估计一个β的历史值，但问题的关键是如何估计出β的期望值。为了解决这个问题，可以采用知名金融信息公司如VALUE LINE和彭博提供的前瞻性β的估计值。β的历史值也可从雅虎财经免费获得。图表10-16显示了组成道琼斯工业平均指数的30家公司的β估计值。

图表10-16　**道琼斯工业平均指数公司的β系数**

宝洁公司	0.28	家得宝公司	1.03
美国卡夫食品公司	0.3	雪弗龙公司	1.06
麦当劳公司	0.3	美国运通公司	1.12
默克公司	0.38	波音公司	1.13
沃尔玛公司	0.4	微软公司	1.13
威瑞森通讯公司	0.43	沃特 迪斯尼公司	1.15
可口可乐公司	0.44	联合技术公司	1.15
美国电话电报公司	0.44	惠普公司	1.34
美国强生公司	0.48	克斯系统公司	1.43
IBM公司	0.60	杜邦公司	1.43
瑞辉制药公司	0.65	通用电气公司	1.46
旅行者公司	0.73	摩根大通公司	1.61
埃克森美孚石油公司	0.81	美国银行	1.81
英特尔公司	0.98	卡特彼勒公司	1.82
3M公司	1.02	美国铝业公司	1.96

注：2013年9月20日，Nike Inc.Visa Inc.，和 Goldman Sachs Group Inc. 取代了 Alcoa Inc.，Hewlett-Packard Company，和Bank of America Corporation

来源：Yahoo! Finance http：//ca.finance.yahoo.com/q/cp?s=% 5EDJI（accessed September 13，2012）

10.7 估计各组成部分的权重

目标10.7　*解释在估计资本成本时如何估计各组成部分的权重。*

目前我们已经估计了资本各组成部分（负债、优先股和普通股权益）的成本。估计总体资本成本的最后一步是要给资本的每个部分分配适当的权重，再计算加权平均值。再次强调，实践并不像理论那么简单。现在，我们面临着一个普遍的问题：虽然我们已经知道过去发生了什么，但更重要的是预测未来会发生什么，即公司在未来将如何筹集资金。

估计各部分权重最简单的方法不一定是最合适的，但在实践中肯定是最容易操作并且是最常用的。这种方法就是基于最近的财务报表（侧重于资产负债表的右边）考察其账面价值的相对权重。例如，可以采用所有长期负债（以及所有"永久"的短期付息债务）、所有优先股（假设该公司在未来有任何发行优先股的意图），以及所有普通股（普通股加留存收益）的账面价值。在实践中，一般会忽略大多数其他的资产负债表项目，特别是那些规模不大的项目（尽管会存在一些争议：如果公司被认为将持续增长，递延所得税就可能成为普通股的一部分）。例如，假设有息负债的账面价值为6 000万美元，权益的账面价值为4 000万美元（该公司没有任何优先股），那么资本的总面值为10 000万美元，负债的权重为0.60（或6 000万美元除以10 000万美元），权益的权重为0.40（或4 000万美元除以10 000万美元）。

估算各部分权重的另一种类似的方法是估计各部分的市场价值（而非账面价值）。这种方法与前瞻性估计的原则一致，因为市场价值代表了当前投资者的预期。该方法适用于上市公司。在这种情况下，需要包括年度报告在内的更多信息以考察债券、优先股和普通股权益的最新市场价格。市值的计算很简单，等于每种证券的单价乘以在外流通数量。如果某一部分的信息无法获取（例如没有公开交易的债务），那么通常用账面价值近似替代。通常情况下，采用账面价值与市场价值计算资本成本的最大区别在于对普通股成本的计算。

在某些情况下，可以采用更依赖于直接信息的第三种方法。理想情况下，可以询问公司的CEO或CFO计划如何募集资金。有时候，这些信息通过年报中的管理层讨论而公开披露。例如，一家公司可能公布其目标资本结构，这基本上表明了各部分的目标权重。如果有这种直接信息，就可以用它来估计各部分的权重。还要注意的是许多同行业的企业往往具有非常相似的资本结构。因此，一个在行业中具有代表性的公司的信息可能被有效地应用于其他类似的公司。

10.8 家得宝公司的应用案例

目标10.8 描述估计家得宝公司的资本成本的过程。

现在运用上述知识并根据公开的财务信息来预计家得宝的资本成本。

家得宝有各种可变利率和固定利率，短期和长期的债务工具。公司计划通过发行商业票据以满足短期的融资需求，但在2012年1月29日，公司并没有发行在外的商业票据。公司长期债务主要是1~30年期债券。由于公司的项目大多是长期性的，因此将重点放在其长期负债上。这里将使用7.2.1所描述的长期债券代表家得宝的长期项目（作为替代，也可以选择10年期国债或家得宝所有长期债券的平均收益率）。根据7.2.1中的信息，债券于2006年12月以5.875%的利率发行，但其最近的收益率为4.67%。因此，可以用4.67%作为税前债务成本的估计值。

对于税率，可以使用标准美国法定税率35%，或者查看家得宝最近的实际税率。在2012年1月29日，通过查看合并报表发现，家得宝的税前盈利为6 068万美元，支付所得税2 185万美元，对应的税率（2 185美元/6 068美元）=0.36或36%，计算中的利率将以此为准，并且假设这个利率代表了家得宝在未来面临的边际或增量税率。由此，家得宝的税后债务成本计算如下：

k_d = 税前k_d ×（1 − 税率）= 4.67% ×（1 − 0.36）= 3.0%

家得宝没有任何在外发行的优先股，假设该公司未来也没有发行优先股的计划。因此，这里不对优先股的成本进行估计。

接下来，将采用CAPM来估计家得宝的股权成本。作为估计的一部分，需要最近的长期（10年）美国政府债券收益率（1.63%）、家得宝的β估计值（使用雅虎财经的β估计值1.03）[①]和市场风险溢价的估计值等信息。在前面讨论的基础上，可以假设风险溢价为5%。综上，公司的股权成本可计算如下：

$K_e = R_f + \beta \times MRP = 1.63\% + 1.03 \times 5.0\% = 6.8\%$

需要注意的是，与长期历史股票收益率（见图表9-5）相比，这里的股权成本或股票的预期收益率似乎很低。主要的原因是，计算时的长期利率接近于历史的最低点。

接下来，我们将基于市场价值确定债务和权益的权重。假设家得宝债务的市场价值非常接近其债务的账面价值（对于没有遇到任何财务困境的公司，这是一个合理的假设）。出于计算资本成本的目的，长期负债一般是指所有永久性有息负债或长期负债加上被判定为具有永久性质的短期负债（例如，这里的长期负债包括当期到期的长期负债以及所有有息短期负债等，如假定将会不断更新的商业票据）。根据图表3-2，2012年1月29日家得宝的长期负债是1 075 800万美元。当期到期的长期负债（列示于资产负债表的流动负债部分）为3 000万美元，其他长期负债为214 600万美元，其中包括对子公司的债务担保、融资租赁和其他隐含地假设为产生利息的负债。因此，家得宝的总体永久负债等于1 075 800万美元加3 000万美元加214 600万美元，共计1 293 400万美元。

在3.1.3中可以看到，家得宝股权的市场价值为6 993 100万美元。截至2012年1月29日，家得宝在外发行的普通股约为156 200万股，普通股价格为44.77美元。因此，股权的市场价值为156 200万股×每股44.77美元=6 993 100万美元，这比1 789 800万美元的权益账面价值要高很多。因此，资本总市值为1 293 400万美元+6 993 100万美元=8 286 500万美元。基于该市场价值的权重，资本结构为15.6%的负债（1 293 400万美元除以8 286 500万美元）和84.4%的普通股权益（6 993 100万美元除以8 286 500万美元）

因此，家得宝的整体资本成本估计如下：

类型	资本成本（税后）	权重	加权成本
负债	4.67%×（1−0.36）=3.0%	15.6%	0.5%
股本	1.63%+1.03×5.0%=6.8%	84.4%	5.7%
资本成本（k_c）			6.2%

① 我们将用10年期政府债券收益率和截至2012年7月的贝塔值。见：Federal Reserve http://www.federalreserve.gov/econresdata/statisticsdata.htm 。

10.9 必要报酬率

目标10.9 解释必要报酬率的含义以及如何使用它。

至此，我们已经估计了总体资本成本，现在需要研究的是公司管理者如何运用它来作出关键决策。回顾一下，总体资本成本是公司今天所作的面向未来的投资的平均最低回报率。然而，公司目前正在考虑的所有投资或项目并不具有相同的风险。

风险在决策过程中占据至关重要的地位，否则，公司的投资很可能完全集中于潜在高回报的项目——如果这些相同的项目是风险最大的项目——公司最终可能会承担过多的风险。幸运的是，可以通过**必要报酬率（hurdle rate）**[①]将风险合并，必要报酬率是由管理层设定的对于某些类型项目的最低要求回报率。

通常情况下，企业会将内部各个部门或潜在投资项目按照风险大小进行评定和排列。例如，现有设施的扩展比投资一个新类型业务单元的风险小得多。因此，对投资风险更大的项目应当要求更高门槛的资本回报率。这就是设置必要报酬率的目的，如图表10-17所示。第一，给定一个部门或项目的风险水平，指定一个必要报酬率。第二，如果一个潜在投资项目的期望收益率预计将高于必要报酬率，那么该项目则是可以接受的；相反，如果期望收益率预计低于必要报酬率，那么应当拒绝该项目。

图表10-17　　**项目期望回报、风险和必要报酬率**

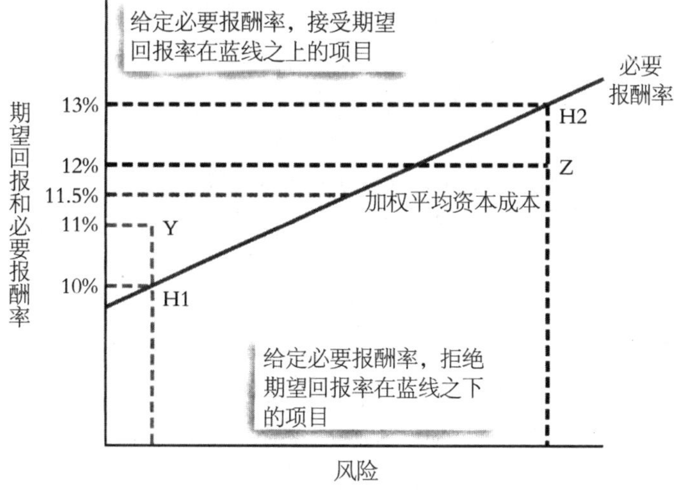

在图表10-17的例子中，假设一个企业的整体资本成本或WACC是11.5%，存在项目Y，其指定的必要报酬率是10%（在线上表示为H1），基于对该项目未来现金流量的评估，该项目的期望收益率是11%。给定这些数据，可以接受项目Y。反之，假设存在项目Z，其指定的必要报酬率是13%（在线上表示为H2），基于对该项目未来现金流量的评估，该项目的期望收益率只有12%。在这种情况下，就应该拒绝项目Z。因此，投资决策的制定基准并不是相对公司总体WACC的绝对期望收益率，而是相对必要报酬率的、反映项目风险水平的期望收益率。

企业所面临的挑战是如何设置必要报酬率。一些企业逐个项目设置，而其他大公

① 必要报酬率：可接受的最低投资回报率，其取决于投资的性质和风险。

司针对每个部门分别设置。许多项目的必要报酬率都是基于公司过去的经验而设置。例如，一个开设新的国内专卖店的快餐连锁店已相当了解涉及的风险，与第一次海外扩张或进入一个不同的产品市场相比，可以对该项目设置一个较低的必要报酬率。对于大型的独立部门，可以将每个部门作为一个独立的公司，以此通过估计公司的资本成本来设置必要报酬率。例如，如果一个企业集团的一个事业部专门经营航空业务，那么它的必要报酬率可用其他航空业的上市企业的必要报酬率的平均值作为估计值。

必要报酬率与总体资本成本的关系又如何呢？在图表10-17的例子中，其中一个必要报酬率（*H*1）低于WACC，另一个（*H*2）则高于WACC。这并不奇怪，因为整体加权平均资本成本应与公司正在考虑实施项目的类型相关。例如，假设该公司有两个必要报酬率，A型项目为8%，B型项目为12%。如果公司预期接受等量的A型和B型项目，则可以预期WACC为10%左右。因此，二者的关系是，一个公司内部的所有必要报酬率的平均值大约等于整体加权平均资本成本。

10.10 对管理者的重要性

目标10.10 解释估计资本成本对管理者的重要性。

不是所有的管理者都有好运气能够在财务部门工作！因此，并非所有的管理者都直接参与制定有关资本成本的决策，如设计债务和股权的相对比例，以确定公司的资本结构。但是，资本成本对非财务管理者来说也是十分重要且相关的。

这些信息对非财务管理者十分重要的原因之一，是他们的行为对资本成本有重要的间接影响。资本成本反映了公司的整体风险程度。其中，一部分风险是财务风险，它取决于公司债权与股权的比例——债务越多，财务风险越大——它也可以抬高股权成本。因此，即使债务成本比股权成本小，拥有比股权更多的债务也并不一定意味着资本成本会更低——更多细节将在第11章讨论。另一部分风险是经营风险。管理者的任何降低风险的行为——如更好地管理存货以确保销售稳定——从长远来看都可以降低企业的整体风险水平，导致总体资本成本更低。

资本成本对运营经理和营销经理——其实是可以申请资金投资项目的任何经理——都十分重要的另一个原因是为了更好地了解如何确定必要报酬率。理解必要报酬率代表什么以及应该如何估计它，则意味着可以更好地规划资本需求。虽然我们并不主张内部变革，这可能使你丢掉工作，但是在某些情况下，与财务部门的员工进行一场坦诚的对话，听他们解释并证明其所设置的必要报酬率可能是值得的。在很多时候，必要报酬率在设置之后就被遗忘，或没有及时更新，即使在环境发生变化的时候也是如此——例如，利率可能已经下降或公司的风险状况可能已经改变。

管理者在实际工作中会应用本章所讨论的内容吗？学者约翰·格雷厄姆和坎贝尔·哈维作了一项针对美国CFO的重要调查，于2001年发表。调查发现，几乎3/4的CFO使用资本资产定价模型来估计公司的权益成本（其他流行的方法包括使用过去的平均股票收益率和在市场回报率之外增加其他因素到CAPM模型中的多β CAPM）。更小部分的CFO——约15%——使用股利折现模型估计权益成本。关于必要报酬率使用的调查结果十分令人吃惊。在一个假设的例子中，当被问及如果评估一个具有不同风险水平的新的海外项目，采用公司整体的必要报酬率还是项目特定的必要报酬率时，出人意料的是，几乎60%的CEO表示他们会使用公司整体的报酬率。几乎一半的CEO还表示，他们总是或几乎总是使用与风险匹配的必要报酬率。如果你的公司是那些不区分不同的风险状况对所有项目都使用全公司必要报酬率的公司，你可能希望与你的CFO分享这本书。

小结

1.资本成本作为一个关键价值驱动因素，是筹集资金的平均成本，也是公司要满足所有的投资者而必须获得的最低的投资回报率。

2.从企业的角度来看，筹集资金的成本相当于投资者要求的回报率。

3.资本成本被用于评估增量项目或投资。

4.投机风险反映了收益和损失的不确定性，并通过标准差来衡量。

5.股票多元化可以降低非系统性风险或公司特有风险，剩下系统风险或市场风险。

6.债务成本的估计需要作税后处理，反映了公司当前发行新债需要提供的利率。

7.优先股的成本反映公司今天发行新的优先股需要提供的利率。

8.股权的成本通常根据股利模型或资本资产定价模型（CAPM）进行估计。

9.CAPM包括无风险利率、市场风险溢价和相对风险度量指标β。

10.各组成部分权重在账面价值、市场价值或与目标资本结构相关的信息基础上进行估计。

11.必要报酬率取决于部门或项目的风险水平，并用于评估不同类型的潜在投资项目。

附加读物与信息

1.关于总结资本成本的计算方法及其争议的文献请见：Bruner，Robert，Kenneth Eades，Robert Harris，and Robert Higging. “Best Practices in Estimating the Cost of Capital：Survey and Synthesis.” *Financial Practices and Education*（Spring/Summer 1998）：13–27.

2.这篇文章的更新请见：Brotherson，Todd，Kenneth Eades，Robert Harris，and Robert Higgings. “Best Practices in Estimating the Cost of Capital：An Update.” *Journal of Applied Finance*（No.1 2013）：15–33.

3.关于本章介绍的有关资本成本的调查详见：Graham，John，and Campbell Harvey. “The Theory and Practice of Corporate Finance：Evidence from the Field.” *Journal of Financial Economics 60*（2001）：187–243.

练习题

1.解释从公司的角度看募集资金的成本和从投资者的角度看债券、优先股和普通股之间的关系。

2.假设一个新创立的公司Fastest公司，最初有5 000万美元的普通股，普通股股东要求或期望的投资回报是14%。第一年后，Fastest公司的税后利润为600万美元（假设现在Fastest公司没有任何优先股），普通股股东对利润的满意度如何？

3.解释多元化的意思，它与企业的特有（非系统）风险和市场（系统）风险有何关系？

4.假设Fastest公司提供“2%，10，N 30”的支付条件，但其供应商事实上允许其在45天内偿还。估计不享受10天内付款2%折扣的年机会成本。

5. Fastest公司有一个评级为A的债务，税率为35%。目前长期政府债券收益率是2%。假设政府长期收益率和A级企业之间的通常价差为2%。估计Fastest公司的税后债务成本。

6.如果Fastest公司的债务评级下降至BBB，长期政府收益和BBB级公司之间的通常价差为3%，你将如何更改对问题5的回答？

7.Fastest公司的优先股在上一年以每股30美元的价格发行，目前交易价为28.50美元。Fastest公司每年支付优先股股息每股2.25美元。估计Fastest公司的优先股成本。

8.如果通胀上升，美联储提高利率，银行争相效仿，你预计Fastest公司优先股的价格将发生什么变化？

9.Fastest公司的普通股目前的股价为30美元。据预计，Fastest公司将在明年支付年普通股股利2美元。预期该股利将永久以每年5%的速度增长。基于固定增长的股利贴现模型，Fastest公司普通股股权的成本是多少？

10.如果预期股利为1.80美元，股利的永续增长率为4%，你将如何更改对问题9的回答？

11.根据图表10-16的β图，如果预期来年投资整体股市的回报率为10%，如果你投资了IBM，你所期望的回报率是多少？

12.根据图表10-16中的β值，如何描述投资美国银行的相对风险？

13.假设当前政府长期债券的收益率是2%，而估计的市场风险溢价为5%。Fastest公司的β估计值为1.15。采用资本资产定价模型估计Fastest公司的普通股成本。

14. 如果目前的长期政府债券收益率是3%，而Fastest公司的β值为1.5，你将如何更改对问题13的回答？

15.假设Fastest公司目前的资产负债表显示，债务账面价值的权重是32%，优先股是11%，普通股是57%。假设债务成本是3%，优先股成本为5%，普通股成本为9%，估计Fastest公司的加权平均资本成本（基于这些账面价值权重）。

16.考虑如问题15中同样的估计成本。Fastest公司在未来不打算发行优先股，但预计的目标资本结构是40%的债务和60%的普通股。重新估计Fastest公司的加权平均资本成本。

17.解释Fastest公司是否会考虑投资任何预期收益率低于估计的WACC的项目。

第11章　融资和分配决策

学习目标

目标11.1　解释为什么企业会有不同的资本结构。

目标11.2　解释为什么企业价值不依赖于特定条件下的资本结构，为什么当企业的债务比例提高时，股权成本会增加。

目标11.3　解释税收、财务困境以及信息不对称对资本结构的影响。

目标11.4　描述股利政策和股票回购，并解释为什么在一定条件下股利政策并不影响企业的价值。

目标11.5　解释融资和分配决策对管理者的重要性。

唯一能够带给我快乐的事情就是看到我未来的股利。

——约翰·D.洛克菲勒

如图表11-1的整体框架所示，企业内部主要有三种类型的决策：营运、投资和融资决策。我们在第5章和第6章已经研究了营运问题，在第7章和第8章研究了投资问题，在第9章，通过描述资本市场的概况介绍了长期融资需求，在第10章研究了资本成本。在第11章，我们将研究转向长期融资的其他方面，即融资和分配决策，以及为什么它们与公司的资本结构或债务和股权的组合相关。在第12章，我们将在建立对资本结构的讨论的基础上讨论如何设计最优资本结构。

如图表11-1所示，企业的融资决策与债权融资、股权融资和分配政策有关（为了简化问题，在本框架中，分配政策特指股利分配政策，而不是更广泛的分配政策——在11.4将作以区分）。回顾一下，公司价值取决于两个关键因素：增长与风险。融资决策将主要影响公司的风险。例如，一个公司的风险水平会随着**财务杠杆**（financial leverage）[①]（或者负债与权益比率）的变化而波动。反过来，公司的风险反映在其资本成本中，如第10章中所述，公司风险水平越高，资本成本就越高。因此，了解企业的融资和分配决策非常重要，因为这些决策会影响资本成本，进而又会影响投资项目的可接受程度。

一个公司的资本结构包含了公司的所有融资方式：长期债务、普通股、优先股和混合证券，如可转换债券。本章将从资本结构的概述开始，然后探讨莫迪利亚尼-米勒的经典学说，它向我们展示了为什么公司的资本结构决策不会影响公司的整体价值，当然该论点是基于一些限制性假设而得出的。然而，一旦将这些严格的假设条件放宽，现实世界中资本结构决策确实会与价值相关。因此，我们需要密切关注企业的税收和财务困境如何对企业的决策过程产生影响**财务困境**（financial distress）[②]指现金流量不足以补偿现有债务）。另外，也将介绍公司的融资决策如何向现有和潜在股东提供有关公司未来前景的信号。

① 财务杠杆：利用债务来增加公司的权益回报，同时也增加了风险。也指资产与权益的比率。
② 财务困境：现金流量不足以补偿现有债务。

图表11-1　**整体框架**

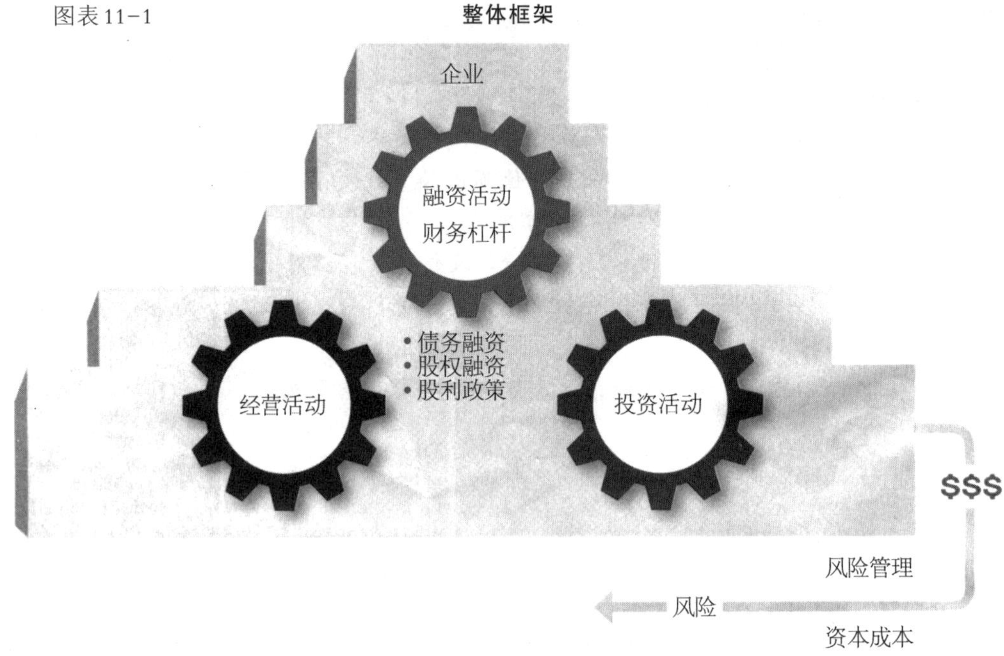

在讨论融资决策的时候，都隐含着一个假设，即企业是由于投资活动而产生了资金需求。但是，如果一个企业拥有的现金超过了其投资需求，或者投资者期望分享公司的利润（例如以股息的形式），又会怎么样呢？本章也会考虑这样的情况并探讨管理者在设计资本结构时应该如何制定股利和派息政策。

11.1　资本结构概述

目标11.1　解释为什么企业会有不同的资本结构。

资本结构之所以非常重要，是因为它可能会影响公司的整体价值。但资本结构究竟会带来何种影响？如图表11-2所示，在行业层面，不同行业公司的资产负债率有很大差异。同一行业内的企业间也可能存在很大差异。例如，像谷歌这样的互联网公司，往往有不到10%的债务，而酒店企业往往有超过60%的债务。可以考虑从银行的角度来解释债务水平差异巨大的原因。相比那些现金流不稳定的企业，银行更愿意贷款给现金流较为稳定的企业。另外，银行倾向于针对固定资产进行贷款，因此更愿意贷款给拥有更多固定资产的企业。例如，酒店行业的企业比互联网行业的企业——尤其是那些不如谷歌出名的公司——拥有更稳定的现金流和更多的固定资产，互联网公司的现金流的波动性较大，并且主要依靠智力资本而不是固定资产。

尽管还有一个原因是银行更愿有稳定的利息偿付以及防止贷款违约的抵押，但公司债务比例的大小也在于公司的自身情况。第12章将更详细地研究这方面的问题。

然而，也存在一些例外情况，即一个公司可能承担过多的债务。例如，投资者（往往是公司的管理者）可能主要借助债务融资收购上市公司，这就是所谓的**杠杆收购**（leveraged buyout，LBO）①。在杠杆收购完成后，公司的债务比例甚至可能超过

① 杠杆收购：投资者（通常是公司的管理者）主要通过借款融资的方式来收购公开交易的公司的过程。

图表 11-2　　**不同行业的资产负债率**

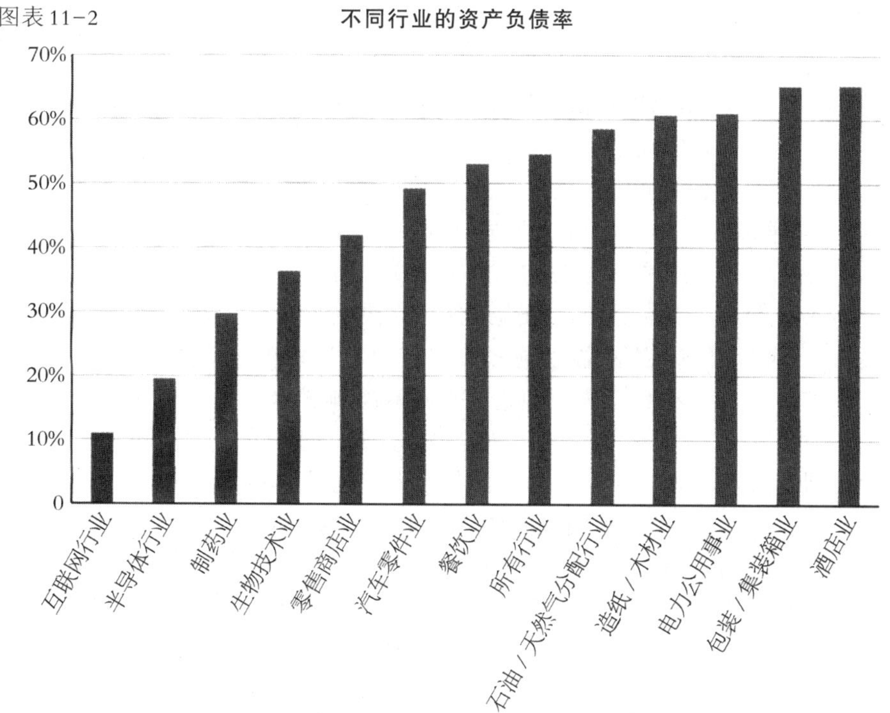

来源：Aswath Damodaran website（data as of December 2009），http：//pages.stern.nyu.edu/~adamodar/New_Home_Page/data.html（accessed May 16，2011）

70%，这些情况都是很常见的。当然，如此之高的债务水平从长远来看并不是最优的，因为它们是有风险的。比如说行业平均水平可能是远低于50%，因此该公司将力争通过削减成本，增加利润或者出售一些公司的资产来偿还债务的方式降低其最初的高债务水平，使其接近行业平均水平。

首席执行官（CEO）一般不直接决定和管理资本结构。然而，CEO需要与财务总监（CFO）进行沟通，来了解为什么资本结构对于作出完善的财务决策来说是十分重要的。从CFO的角度看，资本结构是一个极为重要的问题，因为对公司资本结构的管理是增加公司价值的主要手段。管理资本结构是指确定一个资本目标组合使资本成本最低，从而最大化公司价值。在2006年的一项由Henri Servaes和Peter Tufano为德意志银行作的题为"关于CFO如何看待财务功能的重要性和执行"的调查中，其中一个问题是"财务功能能为你的公司增加或减少市值?"受访者预计通过财务管理他们能够增加10%左右的公司整体价值。事实上，设计资本结构被CFO们列为最有价值的财务功能，紧随其后的是债券的发行和管理以及与银行关系的维护。所以，可以得到一个关键的结论是，CEO应该善待他们的CFO，因为CFO能增加公司的价值。在一个组织里无论你的作用是什么，你甚至可能每过一段时间就想对CFO说声谢谢!

11.2　了解莫迪利亚尼-米勒的观点：为什么资本结构不重要

目标11.2　解释为什么企业价值不依赖于特定条件下的资本结构，为什么当企业

的债务比例提高时，股权成本会增加。

据说，纽约扬基队的棒球选手约吉贝拉在一家意大利餐厅用餐，当服务员问他想要将他的比萨切成几块时，贝拉回答说："你最好切成4块。我认为我吃不了8块。"

如果用比萨的大小代表一个企业的整体价值，那么每块比萨可以代表不同的融资方式，如债券、普通股和优先股。正如比萨可被切分成不同的形式，一个公司的资本也可以通过各种不同的方式组成。举例来说，一家公司为了购买资产，可能会以50%的债务和50%的股权的方式进行融资，而另一家公司可能是20%的债务和80%的股权。但是，各种融资比例的划分真的很重要吗？很明显——除了贝拉之外，也许是有目共睹的——比萨被切成多少块或每块比萨的大小不会改变比萨的整体大小。1958年，两家金融经济学家莫迪利亚尼和默顿·米勒（也称作M&M），研究了资本结构是否影响公司整体价值这一问题，为财务管理领域作出了突出的贡献。数十年后，他们被授予诺贝尔经济学奖（莫迪里阿尼于1985年，米勒于1990年）。

在本节中，我们将回顾莫迪利亚尼和米勒的模型及其观点，以及他们如何证明——在一系列重要的假设前提下——资本结构不影响公司的整体价值。虽然这个模型很有说服力，但它的假设并不适用于现实世界。那么为什么莫迪利亚尼和米勒能获得诺贝尔奖，我们为什么如此重视他们的研究成果呢？答案就在于当我们放宽莫迪利亚尼和米勒的假设时，资本结构确实很重要，所以管理者应该高度重视，这部分内容会在下一节中介绍。

莫迪利亚尼和米勒的论文中提出了两个著名的定理。简言之，定理1是：给定某些重要的假设，资本结构（意味着企业债务和股权的组合）不影响公司的整体价值。这一定理的基本前提是，投资者可以投资一个全权益公司或一个有债务的公司。她可以借进资金投资全权益公司而不是购买有负债公司的股票，因为投资回报率应该是一样的，全权益公司的价值与债务公司的价值应该是相同的。定理2是：当企业承担更大比例的债务时，资本成本或股权投资者的期望回报率增加。下面更详细地解释这些定理。

定理1表明，一个公司的整体价值不依赖于公司股票与债券的组合。换言之：

公司的整体市场价值=股权的市场价值+债权的市场价值

事实上，如图表11-3所示，无论债务的比例是多少，企业的价值都保持不变。

图表11-3　　**债务占公司价值的比重（假设完美资本市场）**

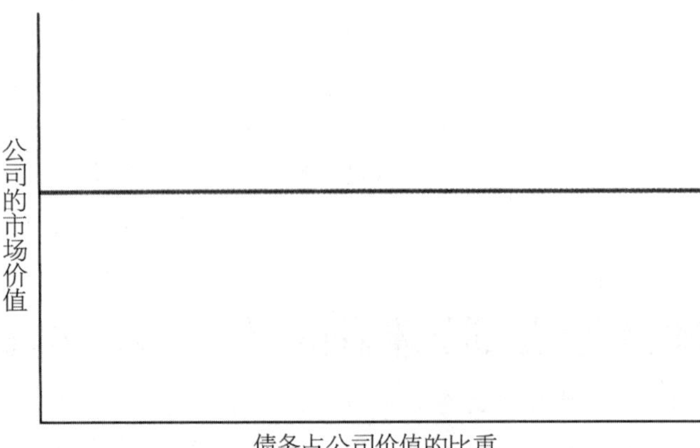

定理1也可以表述如下：**杠杆公司（levered firm）**[①]（以债务作为融资的一种方式）的价值 V_L，等于**无杠杆公司（unlevered firm）**[②]的价值，或全权益企业的价值 V_U。另外，莫迪利亚尼和米勒指出，公司的价值仅由资产产生的现金决定。

然而，定理1要想成立，是以某些假设为前提的。这些假设被称为M&M或**完美资本市场（perfect capital markets）**[③]假设：

◆ 没有税收，公司不会破产或不会面临财务危机。

◆ 个人与公司具有同样的借（或贷）利率。

◆ 管理者和投资者有平等的机会获得关于公司未来前景的信息，并且没有融资成本。

给定这些完美资本市场假设，不管如何融资，公司的价值将保持不变。换句话说，不管你把比萨切成多少块，比萨的大小不会改变。

很明显，M&M假设与现实世界不符。然而，构建这样一个完美资本市场可以帮助更好地理解资本结构的重要性。为了进一步理解，逐渐放宽假设以更好地反映现实世界。例如，考虑ALL-E有限公司，一家全权益[④]的比萨连锁餐厅，有100万流通股，目前的股价为每股10美元。大托尼是ALL-E的CEO，而小托尼是众多个人股东之一。ALL-E股权（ALL-E的整体价值）的市场价值为1 000万美元（100万×10美元）。ALL-E将其营业收入全部作为股利支付给股东，这代表了股东回报。根据大托尼的预计，明年以及随后的几年的营业收入为150万美元。需要注意的是，这不是一个确定的金额，而只是对于营业收入的一个猜测。大托尼并不指望营业收入增长，因为所有的营业收入都用于支付股利，全体股东的报酬率都是相同的，他们将收到的股利收益率是：150万美元除以1 000万美元股权的市场价值，即15%。

现在，假设大托尼决定发行利率为10%的债务500万美元，然后用它来回购500万美元的股权，从而使得债务和股权的金额相等，以改变ALL-E的资本结构。如图表11-4所示，在这种情况下，如果大托尼实现了预期的营业收入，股东们——包括小托尼——相对于他们的股权投资将获得更高的回报。

图表11-4　**All-E公司：全股权资本VS股权资本和债务资本**

	全股权资本	股权资本和债务资本
股票数量	$1 000 000	$500 000
每股价格	$10	$10
股票市场价格	$10 000 000	$5 000 000
债券市场价格	—	$5 000 000
预计经营收入	$1 500 000	$1 500 000
利息	—	$500 000
收益（付息后）	$1 500 000	$1 000 000
每股收益	$1.50	$2.00
股票回报	15%	20%

① 杠杆公司：在资本结构中有一部分有息负债的公司。

② 无杠杆公司：在资本结构中没有任何有息负债的企业，也称作全权益企业。

③ 完美资本市场：是对资本市场的一种假设或条件，其假设市场的运行可以为所有人提供完整的信息，并且没有诸如税收和破产成本等摩擦。

④ 公开上市的公司中存在全权益公司么？答案是肯定的。截至2010年，谷歌公司的资产为570亿美元，却没有任何长期债务。同样地，截至2011年，Evolution Petroleum公司拥有超过400亿美元的资产，但同样没有长期债务。

尽管似乎所有股东都在大托尼的行动中受益了，但这忽略了一个重要的假设。在这个例子中，小托尼可以和ALL－E以相同的利率借款。因此，即使没有ALL－E的股票回购，小托尼（比如说，他拥有一股股票）也可以借入10美元购买额外的一股股票，如图表11－5所示。需要注意的是，通过借贷，小托尼（以及ALL－E）承担了更多的风险。

图表11－5　**小托尼公司借款并投资All－E公司**

股权投资（一股）	\$10
每股收益（全股权公司）	\$1.5
两股的总收益	\$3.00
减10美元借款的利息	\$1.00
投资的净收益	\$2.00
股权投资的回报	20%

正如图表11－5所示，只要小托尼可以和ALL－E以同样的利率借款，ALL－E借入资金而不是自己借款并没有给小托尼带来额外的好处。因此，企业有关财务杠杆的决策所带来的变化可以由投资者的个人借款抵消，而公司的价值保持不变。这就是定理1所阐述的，在M＆M的假设条件下，资本结构的变化并不影响公司价值。

在定理2中，莫迪利亚尼和米勒指出，杠杆公司的股权成本 K_e（这也是杠杆公司股东的期望股权回报率）随着债务比例的增加而上升，包括一个超出无杠杆股权投资者期望回报率的风险溢价：

$$K_e = K_u + (K_u - K_d)(D/E)$$

其中：K_u 是全权益或无杠杆公司的期望回报率；K_d 是债务成本；（D/E）是公司市场价值的债务权益比率。

随着债务的增加，债务成本和股权成本都增加，因为债务和股权的风险都变得更大。然而，由于债务成本比股权成本低，将更多的权重放在成本较低的债务上，就产生了一种抵消效应，最终使得总体资本成本保持不变。

通过回顾图表11－4的例子，可以看到权益成本与资本成本、债务成本与权益比率之间的关系。ALL－E一开始作为一个全权益公司，资本成本 K_u 是15％。当公司同时拥有股权和债务时（如在右栏介绍的），债务成本 K_d 是10％。因此杠杆公司的股权成本等于无杠杆公司的股权成本，加上无杠杆公司股权成本和债务成本之间的差额乘以一个债务权益比率（或50万美元的债务除以50万美元的股权）。因此，股权成本为：

$$K_e = K_u + (K_u - K_d)(D/E) = 0.15 + (0.15 - 0.10)(1.0) = 0.20\text{或}20\%$$

这里 P 是如图表11－5所示的股权回报率。

在全权益公司中，股权的权重 w_e 是100％（即1.00），债务的权重 w_d 为零。因此，总体资本成本等于股权成本15％。当公司有50％（或0.50）的股权权重 w_e，以及50％的债务权重 w_d 时，总体资本成本与全权益情况仍然是相同的：

$$K_e = w_d K_d + w_e K_e = (0.50)(0.10) + (0.50)(0.20) = 0.15\text{或}15\%$$

图表11－16直观地给出了这些关系。

图表 11-6　**股权成本、债务成本和资本成本**

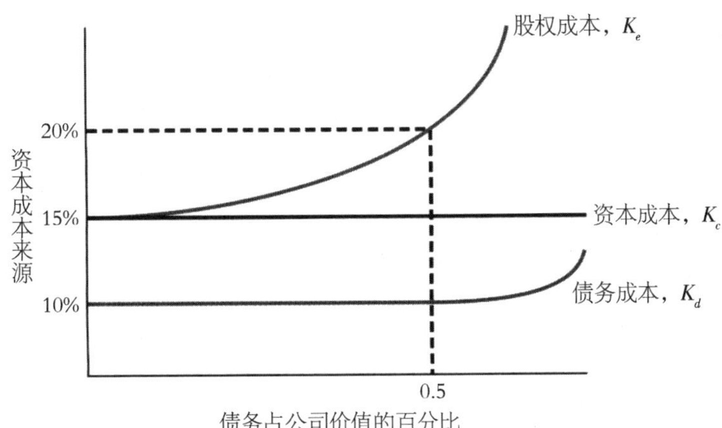

11.3　放宽假设：为什么资本结构确实很重要

目标 11.3　解释税收、财务困境以及信息不对称对资本结构的影响。

现实世界与M&M所构建的完美资本市场相距甚远。在现实世界中，由于政府的存在以及企业受到周围环境不确定性和波动性的影响，M&M的假设不再适用。然而，莫迪利亚尼和米勒肯定都值得获得诺贝尔奖，因为构建这样的世界能帮助更好地理解放宽假设时资本结构的重要性。

两个主要的驱动因素表明了资本结构的重要性：公司税负和陷入财务困难的可能性。分开来看，出于公司税负的考虑将导致公司承担巨额债务，而避免陷入财务困境的考虑将导致公司承担很少的债务。但是，综合考虑这两个因素就产生了保持适量债务比例的最优资本结构的观点。接下来，仔细研究公司税负和财务困境这两个因素。

11.3.1　公司税负的影响

在与M&M假设不同的现实世界中，债务的主要好处是利息费用可以在税前抵扣，从而减少公司的应纳税所得额。为了更好地理解这一优势，考虑图表11-7的例子。假设ALL-E的公司税率为35%，该公司一开始没有任何债务，但最终以10%的利率借入了500万美元。

图表 11-7　**公司税负对公司价值的影响**

	全权益	股权+债务
预期营运收入	\$1 500 000	\$1 500 000
利息	—	500 000
税前收益	1 500 000	1 000 000
35%的税率	525 000	350 000
税后收益	975 000	650 000
债务和股权结合起来的收入（利息加税后收益）	\$975 000	\$1 150 000

需要注意的是，债务和股权收益的总和始终比全权益的收益大。此外，在这个例子中全权益收益（975 000美元）和股权-债务收益（1 150 000美元）之间有175 000美元的差额，等于利息乘以税率（或500 000美元× 0.35），这一数额也被称为**利息税盾**（interest tax shield）[①]。由于利息支付可在税前抵扣，从而减少了公司应纳税所得额，这部分从税收抵扣中获得的收益就是利息税盾。因为公司的债务持有人总是可以从债务投资中赚取10%的收益（不多也不少），所以利息税盾的收益应该直接归于股东。如果该公司继续保持每年500万美元的债务，那么公司也将每年都获得175 000美元的利息税盾。因此，杠杆公司（或有负债企业）的价值 V_L，等于全权益公司的价值 V_u，加上利息税盾的价值，利息税盾的价值等于永久性债务的金额 D，乘以企业所得税税率 t：

$$V_L = V_u + Dt$$

回顾图表11-4中的内容，ALL-E作为一家全权益公司，V_u 是1 000万美元。ALL-E作为一个杠杆公司的价值比非杠杆公司额外多出了相当于 Dt 的价值，即175万美元的金额（债务 D =500万美元，乘以税率 t =0.35）。因此，杠杆公司的价值 V_L 是1 175万美元（1 000万美元+175美元）。其中一个重要的假设是，任何公司每年都需要保持盈利以享受利息抵税带来的收益，即利息税盾——否则 Dt 不会像估计得那么大。

在有公司税负的情况下（先不考虑公式的推导），权益成本的计算公式应当修改为：

$$K_e = K_u + (K_u - K_d)(1 - t)(D/E)$$

因此，股权成本随着公司承担债务的增多而增加，但是一旦考虑企业税负的影响，涨幅就没有那么大。例如，重新回到ALL-E的例子，K_u 为15%，K_d 为10%，税率 t 为0.35，债务权益比率 D/E 是1。正如11.2所述，如果忽略税负，K_e 为20%。一旦考虑税负，K_e 将变为18.25%。

此外，需要注意的是，在存在个人税和企业税的情况下，个人投资者可能无法通过个人借款来充分利用债务的好处。企业的借款利率、个人借款利率和税率可能会有所不同。然而，为简单起见，这里忽略个人税方面的影响。

根据前述讨论可以看到，利息税盾的价值取决于企业所得税税率。如图表11-8所示，法定的企业税率（包括国家/地区和地方税率）在不同国家间的差异不是很大，在发达国家中美国的税率最高。

现在，回顾另一个关键的M & M假设：公司不存在破产或出现财务困境的可能性。在不会破产的前提下，本部分的例子表明企业应该继续借入债务以增强利息税盾的作用。因此，当企业需要缴纳企业所得税但没有破产威胁时，其最优资本结构是没有股权而全是债务，如图表11-9所示。当然，正如图表11-2所示，现实世界中并没有很多保持70%以上债务比例的公司。这主要是出于对财务困境的担忧，下一节将讨论这一问题。

---

① 利息税盾：由利息支出的抵税金额产生的节税的价值。

图表 11-8　　**各国的公司所得税税率（百分比）**

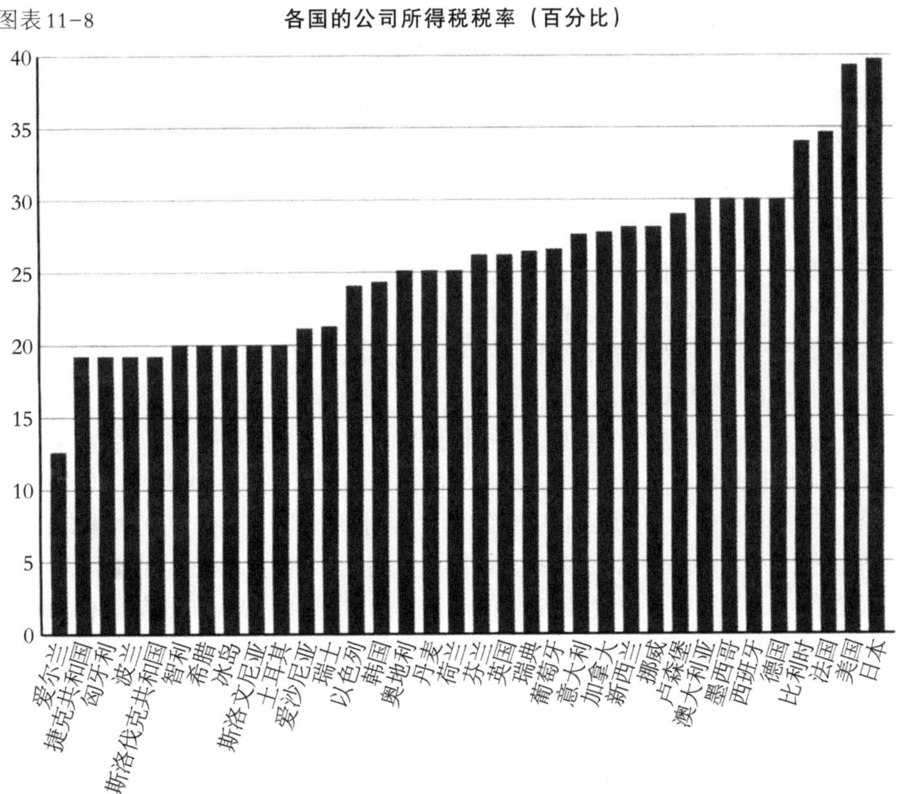

来源：OECD Tax Database（data as of 2011），www.oecd.org/ctp/taxdatabase（accessed June 3，2011）

图表 11-9　　**债务占公司价值的比重（假设存在公司税且没有财务困境）**

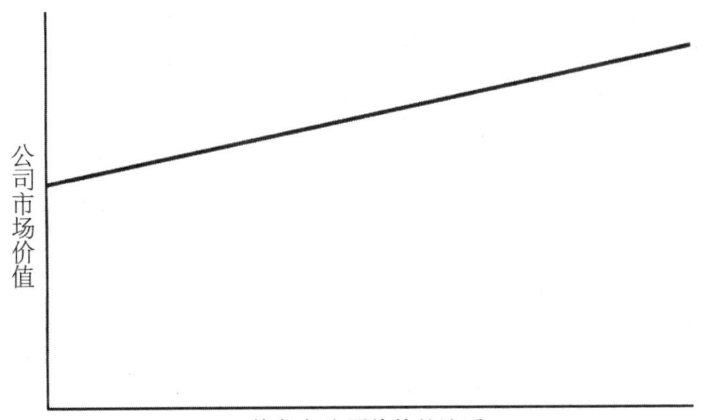

11.3.2　财务困境的影响

至此已经了解了企业税负对公司价值的影响，现将放宽另一个关键的M&M假设，即不存在破产或陷入财务困境的可能性。当一家公司不能履行偿付利息或本金的义务时，其就陷入了财务困境。在某些情况下，企业必须依靠破产的法律机制与其债权人商议确定其还债义务和偿付条款，以避免被清算。

破产（bankruptcy）[①]描述了企业不能偿还债务要求的利息和本金时的法律状态。债权人可能把钱借给企业的银行、投资公司债券的债券持有人，或向企业提供原材料或服务的供应商（即公司的应付账款）。破产可能是非自愿的，这意味着公司的债权人启动了诉讼程序；也可能是自愿的，即企业承认欠款难以偿还，从而提起诉讼。当一家公司宣布破产时，它通常会尝试与债权人重新谈判以重组其债务，以要求赦免拖欠的部分债务和/或改变偿付条款。重组程序是为了让公司存续并继续运营。在美国，这个重组过程通常被称为“Chapter 11”，因为它是在美国《破产法》的第11章中所规定的。在“Chapter 11”中，法院任命一位受托人经营企业，给破产公司一些喘息的空间以试图重组其债务。“Chapter 11”中还会给予愿意介入的新的贷款人优先权，以暂时保护公司免遭诉讼。

关于破产，替代重组的另一种方式是清算。在美国，清算往往被称为“Chapter 7”，同样也是出于《破产法》。在企业清算的情况下，抵押债权人（以资产，如厂房、设备、库存和应收账款为抵押的借款人）一般拥有对清算资产的优先索赔权，其次是无抵押债权人（如供应商）。在大多数情况下，满足了债权人的偿付要求后，一般都没有剩余的钱留给优先股或普通股股东。《破产法》随着企业、个人和国家的不同而有所差别。

破产和财务困境成本有两种形式：直接成本和间接成本。直接成本包括与实际破产程序相关的法律和行政费用，以及支付给律师、会计师、咨询顾问和其他专业人士的费用。企业由于破产或陷入财务困境而导致的损失，就是间接成本。举例来说，如果一个航空公司被公开报道正面临着无法偿还信用义务的困难，潜在的乘客可能会避免预订该航空公司的航班，以免航空公司的飞机再也不能起飞。这样会导致客户减少，进而收入也会减少，使得航空公司已经很糟糕的经济状况雪上加霜。其他间接成本包括管理者应对财务困境，而不是生产性活动所花费的时间和精力。企业还可能失去一些多疑的供应商和员工。随着破产可能性的增加，管理层被迫赌博的可能性也会增加，无论成功的几率多么小，带着重新恢复财务实力的希望，管理者可能会投资极其危险的项目。

时事新闻：美国最大的破产案

2008年9月，雷曼兄弟控股有限公司申请破产。据市场观察，雷曼有6 390亿美元的总资产，这使其成为当时美国最大的破产案，超过了2002年7月美元世通公司破产时的1040亿资产。在宣布破产时，雷曼兄弟已经拥有超过10万个债权人并已经存在了158年。

见：http://www.marketwatch.com/story/lehman-folds-with-record-613-billion-debt?siteid=rss（accessed June3，2011）

11.3.3 企业税负和财务困境成本的综合考察

现在，可以将债务的优势（即利息税盾）和债务的成本（即财务困境成本）结合在一个简单的模型中综合考察，模型表示资本结构对企业整体价值的影响。具体来说，可以把公司的价值表示如下：

① 破产：债务人因不能偿债或者资不抵债时，由债权人或债务人诉请法院宣告破产并依破产程序偿还债务的一种法律制度。

公司的整体市场价值=全权益公司的市场价值
+利息税盾价值
-财务困境成本

这个公式被称为**资本结构的权衡模型**（trade-off model of capital structure）[①]。也可以用图表11-10表示公司的价值。在其中可以看到，当一个全权益公司开始借入债务时，该公司的价值因为利息抵税的收益而增加。然而，由于公司承担了更多的债务，公司陷入财务困境并承担相关破产成本的可能性增加。在最优债务比例下，这些财务困境成本恰好抵消了公司的抵税收益。也可以将债务的最佳水平解释为企业的偿债能力，或者公司价值开始下降前可以借入的最高金额。在第4章中，我们介绍了很多种衡量杠杆水平的方法，包括长期债务-权益比率——该比率规定了公司没有财务困境并能够运营的最高借款数额，这是评估公司偿债能力的一种方式。了解公司是否处于最佳债务水平对CEO来说是十分重要的，因为他们应该总是努力最大化公司的价值。

图表11-10　**企业税负和财务困境下的最优资本结构**

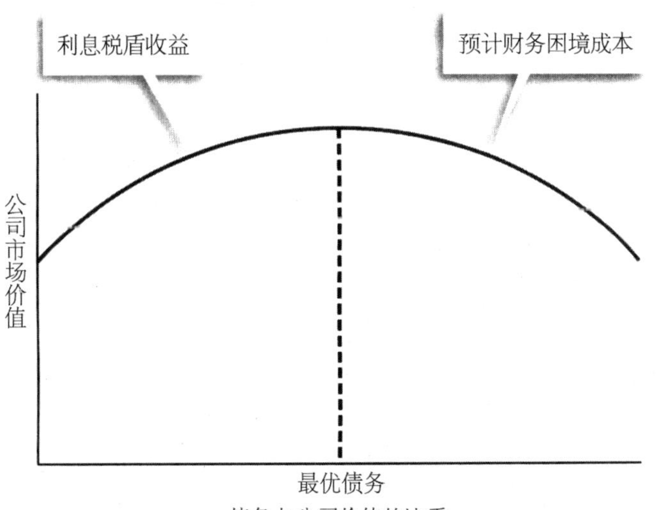

尽管利息抵税的收益和财务困境成本是资本结构的两个主要影响因素，公司在确定最优资本结构时还需要考虑一些额外的因素。其中一个因素就是公司对投资者发出的关于公司资本结构的信号，下一节将介绍这部分内容。

11.3.4　信息不对称的影响

回顾11.2中M＆M的第三个假设，管理者和投资者获得有关企业前景的信息的机会是平等的。这与现实情况不符。相反，管理者和投资者之间存在着**信息不对称**（asymmetric information）[②]。换言之，两类人可掌握的信息不同，管理者通常比投资者掌握更多的信息。信息不对称有助于解释为什么公司都倾向于发行债券，或者说，为什么公司不倾向于发行股票。这也有助于解释为什么公司可能更愿意首先使

① 资本结构的权衡模型：管理者在选择合适的债务与权益比率时同时考虑利息税盾价值和财务困境成本。
② 信息不对称：交易中一方比另一方拥有更多、更有含金量的信息。如公司内部的管理者和外部的投资人。

用那些不需要事前披露信息的筹资方法，随后才考虑需要事前披露信息的其他方法。

首先，考察公司倾向于发行债券的原因。假设你是一家通信设备公司ComDev的CEO。经过多年的努力，ComDev即将完成下一代通信设备的研发，这将彻底改革你所在的行业。虽然因为担心会有竞争对手模仿，你还没有准备好公开你的产品，但你更担心的是市场低估了公司价值，没有预料到公司未来现金流有可能增加。当然，作为CEO，你的首要目标是最大化公司的价值。此外，如果你的股票价值被低估，那么通过发行股票筹集资金的成本将更加高昂。这时你能做些什么?

在这种情况下，你可以用公司的资本结构作为给现有和潜在股东的一个信号，通过承担更多的债务，并承诺公司在未来将支付更多的利息，从而发出公司未来前景光明的信号，因为你有信心用增加的现金流偿还更多的债务。你需要发出信号的原因是存在信息不对称问题：你比你的股东们更了解ComDev的未来前景。在没有暴露任何商业机密的前提下，你在告诉市场参与者，你预计在未来可以创造更多的现金流来偿还更多的债务，并且他们应该明白ComDev实际上比目前股价水平所反映的价值更有价值。承担更多的债务可以传递有关公司质量的信号，并和其他低质量公司[①]区分开来。如果每个人都能获取相同的信息，并采取理性的方式，那么股票价格总是能够反映股票的内在价值，但如果管理者拥有投资者没有的信息，股价可能不会反映股票的内在价值。需要注意的是，虽然在这种情况下，发行更多的债务并没有真正改变公司基本价值的本质，它确实影响了对公司真实价值的看法。这个信号应当有助于价值被低估的公司更接近其内在价值。

现在，考察公司不愿意发行股票的原因。例如，假设一个公司的股票价格最近大幅上涨，从10美元上涨到20美元，增加了一倍。如果管理层认为20元的市场价格高于股票的内在价值，那么这可能是一个发行股票的好时机。通过发行一定数量的股票，相较于10美元的价格，该公司用20美元的价格可能会筹集到两倍多的资金。但是，如果企业发行了股票，市场可能会从负面的角度将这一行为解释为公司管理层认为股价被高估了。换言之，市场可能会认为该公司的管理层正在利用市场的错误感知而寻求套现。宣布股票发行计划可能会导致公司股票价格的下降。事实上，回顾第9章的内容可以看到，基于事件研究的结果表明，股权再融资（SEO）计划公布之后，股价往往会下降。

最后，既然公司有多种融资选择方案，如使用留存收益，发行债券或股票，就让我们来考察为什么公司可能更愿意首先使用某些方法进行筹资，然后才考虑其他方法。举个例子，假设一个公司的管理层认为其股价被低估，因此这不是发行股票的好时机。为了避免可能的误解，公司可通过不发行任何债券或股票来避免发送任何信号。这一决定反映了**资本结构的优序融资模型**（pecking-order

① 当然，低质量公司可能会通过故意承担更多债务来欺骗市场，但市场最终还是能够识破其意图。

model of capital structure）[①]，该模型描述了企业融资的一般顺序：首先是不向市场提供任何信号的融资形式（通过使用留存收益），其次是发行债券，最后是发行股票。

换言之，如果一个公司的净利润是5 000万美元，并且公司需要花费5 000万美元投资于前景好的资本项目，那么就可以将当前的收益留存在公司，再将其投资于资本项目。在这里，可以通过查看现金流量表中的投资现金流出量是否超出了经营活动现金流入量来跟踪公司的融资需求。之后，一旦今年的留存收益用完了，公司还可以在其偿债能力的范围内借入更多的债务。最后，还可以将发行股票作为最后的手段，因为发行股票的成本比债券高，需要耗费更多的精力（如聘请一家投资银行作为承销商）。公司是否一直严格地以这样的方式进行考虑，有关这方面的具体证据还没有得出一致的结论，但公司在制定资本结构决策时的确经常将优序融资理论作为次要因素考虑（需要注意的是，企业在作出融资决策并确定最优资本结构时，还有一些其他因素需要考虑，这些内容将在第12章介绍）。

11.4 股利政策

目标11.4 描述股利政策和股票回购，并解释为什么在一定条件下股利政策并不影响企业的价值。

如果一个企业的现金存量超过其投资需求量，那么投资者就可以期望获得该公司的利润份额作为现金分红。**分配政策（payout policies）**[②]是指公司支付现金股利或回购股票的政策。在企业寻求利用其运营活动产生的现金时，可以看到支付股利和股票回购的一些相同点和不同点。

11.4.1 股利支付

股利，或公司分配给股东的利润份额，在任何关于资本结构的讨论中都是一个重要的因素，因为如果公司选择支付更少的利润作为股利发放，而是将这些收益留存进行再投资，那么就是在增加其股权融资。**股利政策（dividend policy）**[③]可以理解为：（1）公司决定支付给股东的股利金额；（2）公司决定支付的股利占收益的比率，又称**股利支付率（dividend payout ratio）**[④]。例如，一个公司的目标支付率可能是40%，这意味着，从长远来看，每1美元的收益往往会支付0.40美元的股利。

正如图表11-11所示，自1940年以来美国的平均股利支付率已经超过50%。在2008年底到2009年底的全球金融危机期间，许多公司支付了超过总收入的股利，导致了对支付率总体下降趋势的逆转。

① 资本结构的优序融资模型：是管理者在选择融资形式时的一种思维模式，即其更倾向于使用留存收益，然后是负债融资，最后是股权融资的先后顺序。
② 分配政策：公司支付其普通股股东的方式，通过发放股利或通过股票回购。
③ 股利政策：公司决定向普通股股东发放多少股利的政策。
④ 股利支付率：支付的股利与净收益的比率。

图表11-11 **平均普尔指数股利支付率（5年平均走势）**

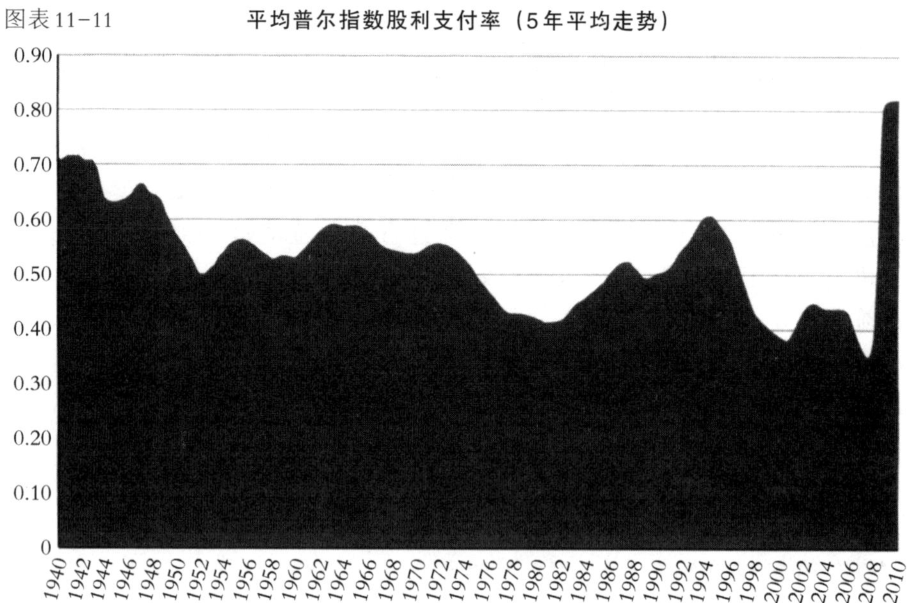

来源：Robert Shiller，http：//www.econ.yale.edu/~shiller/data.htm（accessed June 8，2011）

当然，平均数掩盖了公司个体层面的情况。一个企业的股利政策很大程度上依赖于它所处的生命周期阶段。当一个企业很年轻并处于快速增长期时，它通常需要大量的资金，投资者期望所有的利润将被再投资到企业中以满足这些资金需求（回顾第6章关于可持续增长的讨论，在可持续增长的情境下，企业不增加财务杠杆比率而依靠其留存收益实现销售增长，留存收益率正是股利支付率的对立面，二者之和为1）。当企业进入成熟期时，它的增长速度下降，并且它可能有比投资需求更多的现金。此时，公司可能会制定分配政策，将多余的现金以现金股利的形式分配给投资者。

11.4.2 股票回购

当一家公司购回自己的一些普通股时便叫作**股票回购**（share repurchases）①。股票回购最常见的形式是公开市场回购——这意味着公司就像其他任何投资者从某一证券交易所购买上市股票那样回购自己的股票。公司往往提前宣布在未来回购一定数量股份的计划，尽管它没有义务回购全部金额。在极少数情况下，公司也可能从大股东手中以协商价格回购股票。

考虑为什么股利支付与股票回购相关。假设一个公司有10名股东，每个股东都持有100股普通股（共计1 000股），每股价值为1美元。该公司目前正在权衡两种选择。第一，它可以支付每股0.05美元的股利，这样每个投资者将获得5美元。第二，它可以回购5%的股份或50股（在这个例子中，从10名股东等额回购）。在这种情况下，每个股东都将出售5股，并收到5美元——和公司支付股利的金额相同。请注意，在第二种选择中，每个股东现持有95股，而公司股本总共950股，所以每个股东仍然像以前一样各自持有流通股的10%。这个例子说明，股利支付和股票回购在概念上是等同的，因此，很多关于股利政策的讨论也包括与股票回购相关

① 股票回购：公司将其自己的普通股购回的过程。

的内容。

然而，在公司决定支付股利还是回购股票时可能需要考虑另外一个因素：税收。从应纳税投资者的角度看，更低的税负显然更好。2003年以前，股利税率高于资本利得税，所以从税收的角度看，股票回购更有利。最近，尽管税率总是在变化，但资本利得税已经等同于股利税率。然而需要注意的是，在公开市场中回购股票只影响那些选择出售股票的股东。因此，尽管股利总是使全体股东作出应纳税的行为，但股票回购并不会。那些选择不出售股份的股东可能会获得更高的股票价格回报，对于他们而言，直到他们选择出售股票时才会发生应纳税行为。

11.4.3 股利政策对公司重要吗?

股利政策会影响公司的整体价值吗？通常情况下，答案是“看情况”。关于这个问题的最早的突破性研究正是由米勒和莫迪利亚尼①两人完成的。他们再次构造了一个完美资本市场的M&M世界，即没有税收，没有交易成本，管理层和投资者都拥有充分完整的相同信息。他们的研究表明，在这些假设前提下，不管其股利政策如何，企业的价值保持不变。本章附录对这一论点进行了举例分析。

但是，这在现实世界中成立吗？与资本结构的讨论一样，我们可以放宽假设条件，先从放宽没有税负这一M&M假设条件开始。与利息不同，股利并不能抵税，因此无助于减轻公司的税收负担。但是，股利对缴税的个人来说很重要。在其他条件都相同的情况下，即使两者利率相等，相对于股利，个人投资者更愿意选择资本利得，因为资本利得可以被延迟。不过，也有很多种不受税负限制的机构投资者，如养老基金等。因此，不同分配政策的公司可能会吸引不同类型的投资者，即**客户群**(clienteles)②。具体来说，低税率的个人投资者会投资于支付高股利的公司，高税率的投资者会投资于支付低（或零）股利的公司。还可能出现非税负原因引起的类客户群效应：有些人可能仅愿意投资于提供稳定股利的公司。

与资本结构的讨论一样，公司可能利用其股利政策向市场传递关于其预期现金流质量的信号。面临财务困境的企业可能会考虑减少现金股利的发放以保持现金水平，但也可能不愿意减少股利（投资者可能会由于已经习惯了源源不断的股利支付而反对）。通过增加股利的支付，公司可以向市场传递对未来现金流的高质量预期的信号。

那么，现实世界里实际的分配政策又是怎么样的情况呢？根据Henri Servaes和Peter Tufano在2006年为德意志银行所作的全球性调查，在过去的5年里，对于制定分配政策的企业，93%定期支付股息，39%进行股票回购。换言之，许多公司选择同时使用两种分配政策。企业对分配方式的选择受多方面因素的影响，包括信号传递、改变分配的水平和方式的灵活性、税收效率（因为在大多数国家，股票回购对应纳税投资者而言比股利更具吸引力）、对不同投资者（客户群效应）的吸引力。在具体的政策内容方面，德意志银行的调查显示，76%的公司有一个股利支付目标，其中低于32%的公司依赖于每股股利目标、股利随时间增长或股利收益率（股利除以股价）。多数受访企业表示不愿意减少股利支付，它们认为这种做法可能会向市场传递一个负

① 尽管默顿·米勒因为这篇论文而被更多地提及，但幸运的是我们仍然将他们合称为M&M。
② 客户群：具有一定特征的一组客户。例如，倾向于发放或不发放现金股利的投资者。

面信号。当企业被问到若遇到没有足够的钱支付股利时会如何处理，超过40%的企业表示，它们将削减股利发放，但超过1/4的企业表示它们会减少延期投资或按照目前的信用评级借入最大限额的借款。这些调查的结果表明，股利政策的确很重要，会影响公司的资本结构。

11.5 对管理者的重要性

目标11.5 解释融资和分配决策对管理者的重要性。

对财务和非财务管理者来说，所有这些融资和分配信息意味着什么呢？虽然CFO的主要职责之一是管理公司的资本结构，融资决策会影响公司的增长能力，也会影响分配给投资者的金额，从而影响到可能会需要资金投资于项目的非财务管理者。

管理者如何看待本章所讨论的问题呢？两位学者约翰·格雷厄姆和坎贝尔·哈维①进行了一项关于美国CFO的重要调查。调查发现，公司债务的税收优势是资本结构决策中最重要的影响因素之一，特别是对于那些连续盈利的企业而言，如保持稳定规模的债务的较大规模公司或受监管行业的企业（如公用事业的企业）。超过20%的CFO将财务困境作为其债务决策的重要因素，这支持了权衡公司综合考虑利息税盾的收益和财务困境的成本的理念。与优序融资模型的理论一致，接受调查的CFO们几乎有一半表示内部资金不足是影响发行债券决策的一个重要因素。近30%的人表示，他们发行股票是因为公司近期的利润不足以支撑其融资活动，另有15%的人表示是因为没有其他可用的资金来源。还有2/3的管理者不愿意发行被高估的股票。这项调查为资本结构理论指导管理者实际操作提供了启示。

小结

1.资本结构是公司债务和普通股权益的组合（以及优先股）。不同行业的债务比例存在很大差异。

2.在完美资本市场中——没有税收，没有财务困境风险，管理者和投资者掌握相同的信息，企业和个人有相同的借贷机会——企业的价值与资本结构无关。

3.杠杆股权投资者的预期收益取决于无杠杆股权投资的预期回报加上与债务权益比率成比例的风险溢价。

4.在有企业税、财务困境以及信息不对称的世界，最优资本结构就是利息费用抵税的收益与财务困境的潜在成本权衡后的结果。这被称为资本结构的权衡模型。

5.根据优序融资模型，企业首先采用留存收益为项目融资，其次是债务，最后是股权，因为发行股票可能传递公司认为其股价被高估的信号。

6.分配政策包括公司支付股利和回购股票的决策。

7.在完美资本市场中，股利政策并不影响公司价值。

---

① 详见：Graam, John, and Campbell Harvey. "How Do CFOs Make Capital Budgeting and Capital Structure Decisions?" *Journal of Applied Corporate Finance 15* (Spring 2002):8–23.

附加读物与信息

1. 关于资本结构的开创性研究——莫迪利亚尼和米勒的经典文献请见：Modigliani，Franco，and Merton Miller. "The Cost of Capital，Corporate Finance and the Theory of Investment." *American Economic Review 48*（June 1958）：261–297.

2. 关于将公司税负纳入资本结构的讨论——莫迪利亚尼和米勒的后续论文请见：Modigliani，Franco，and Merton Miller. "Corporate Income Taxes and the Cost of Capital：A Correction." *American Economic Review 5*（June 1963）：433–443.

3. 关于个人所得税对资本结构的影响的文献请见：Miller，Merton. "Debt and Taxes." *Journal of Finance 32*（May 1977）：261–275.

4. 关于公司理财中的信号理论由斯蒂芬·罗斯最先提出：Ross，Stephen. "The Determination of Financial Structure：The Incentive Signalling Approach." *Bell Journal of Economics*（1977）：23–40.

5. 关于本章介绍的资本结构的调查详见：Graham，John，and Campbell Harvey. "How Do CFOs Make Capital Budgeting and Capital Structure Decisions?" *Journal of Applied Corporate Finance 15*（Spring 2002）：8–23.

Electronic copy available at http://faculty.fuqua.duke.edu/~jgraham/website/SurveyJACF.pdf

6. 关于股利无关论的经典文献请见：Miller，Merton，and Franco Modigliani.："Dividend Policy，Growth and the Valuation of Shares." *Journal of Business 34*（1961）：411–433.

7. 关于股利政策性质变化的实证研究请见：Fama，Eugene，and Ken French. "Disappearing Dividends：Changing Firm Characteristics or Lower Propensity to Pay?" *Journal of Financial Economics 60*（2001）：3–43.

8. 关于本章介绍的股利调查详见：Servaes，Henri，and Peter Tufano. "The Theory and Practice of Corporate Dividend and Share Repurchase Policy." *Deutsche Bank Working Paper*（February 2006）.

Electronic copy availble at http：//faculty.london.edu/hservaes/Corporate% 20 Dividend%20Policy%20%20Full%20Paper.pdf

9. 上市公司的财务信息可获取于：http：//finance.yahoo.com/

练习题

1. 解释为什么一个酒店公司的资本结构可能比制药公司的债务比例高。

2. 下列哪一项不是完美资本市场的假设？

a. 没有税收

b. 没有企业面临财务困境或破产

c. 个人可以与企业以同样的利率借贷

d. 作为内部人员，管理者有机会获得比投资者更多的关于公司未来发展前景的信息

3.根据莫迪利亚尼和米勒（M & M）所提出的理论，在完美资本市场的世界里，一个公司的资本成本是10%，债务成本是6%，负债价值为120万美元，股票价值为100万美元，那么公司的预期净资产收益率（或股本成本）是多少？

4.如果我们现在放宽M & M的完美资本市场的假设，并且企业的税率为35%，你将如何更改对问题3的回答？

5.假设一个公司有1 000万美元的债务，预计将永久持有。如果利息率为7%，公司所得税税率为35%，利息税盾的价值是多少？

6.如果利息率为5%，你将如何更改对问题5的回答？

7.根据资本结构的权衡模型，一个特定的公司为什么会有最优资本结构？

8.根据资本结构的优序融资模型，企业将倾向于按哪种顺序筹资？

a.股权、债券、内部融资

b.内部融资、债权、股权

c.股权、内部融资、债务

d.债务、内部融资、股权

9.具有以下条件的全权益公司的价值是多少？

a.100%的股利支付率

b.预计每年（永远）将产生100万美元的净收入

c.要求有16%的净资产收益率（ROE）

10.现在假设问题9中的公司的股利支付率为30%。给定留存收益，其明年的股利是多少？公司能够达到的股利增长率是多少？公司的价值是多少？将你对这个问题的答案与问题9的答案进行比较。

附录：为什么股利政策不重要：案例

下面的案例表明，在完美资本市场中，股利政策（例如，支付股利或留存收益的选择）并不影响企业价值。与资本结构的讨论一样，这样的例子有助于理解为什么在不具备完美资本市场条件的现实世界里股利政策确实很重要。

考虑一个全权益公司，在明年和以后年度预计每年将创造2 000美元的净利润。根据他们对公司预期产生现金流能力的评估，投资者要求的回报率（或ROE），k_e，是20%。假设公司决定将所有的盈利都作为股利支付（也就是说，股利支付率是100%）。那么企业的价值是多少？考虑下面的时间轴：

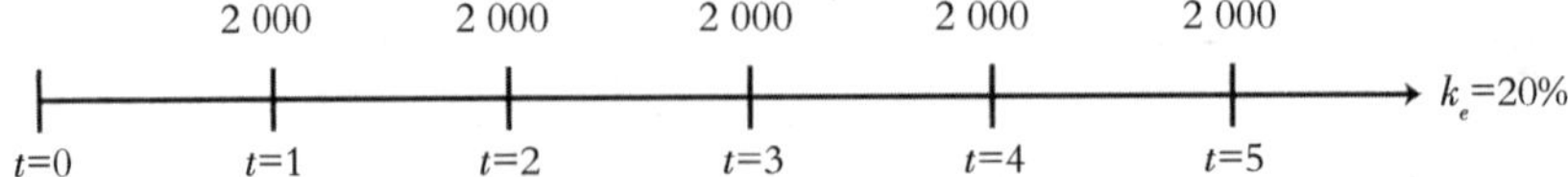

公司价值，V，等于预期股利 DIV 除以 k_e 的贴现率折现到现在的现值：

$$V=\frac{DIV_1}{(1+k_e)^1}+\frac{DIV_2}{(1+k_e)^2}+\frac{DIV_3}{(1+k_e)^3}+\frac{DIV_4}{(1+k_e)^4}+\cdots$$

需要注意的是，因为每年的股利都是一样的，所以可以构造一个永续年金的现金流——回顾之前关于货币时间价值的知识，永续年金的现值等于预期现金流除以折现率，即 DIV_1/k_e = 2 000美元/0.20=10 000美元。因此，这个全权益公司的价值是10 000

美元。

下一步，假设公司明年的股利支付率将削减至40%（$DIV_1 = 2\ 000$ 美元×0.4=800美元），留存收益率为60%（2 000美元×0.6=1 200美元）。这一留存收益的额度就相当于一个每年（永远）拥有20%回报率（ROE）的投资。增长量等于留存收益乘以回报率（每年1 200美元×0.20=240美元），即在前面讨论的可持续增长的概念。假设该公司在以后继续执行100%的股利支付政策。除了第一年，每年的股利将是2 240美元（$DIV_2 = DIV_3 = DIV_4 = DIV_5 = \cdots =$2 000美元+240美元=2 240美元）。考虑此时的时间轴：

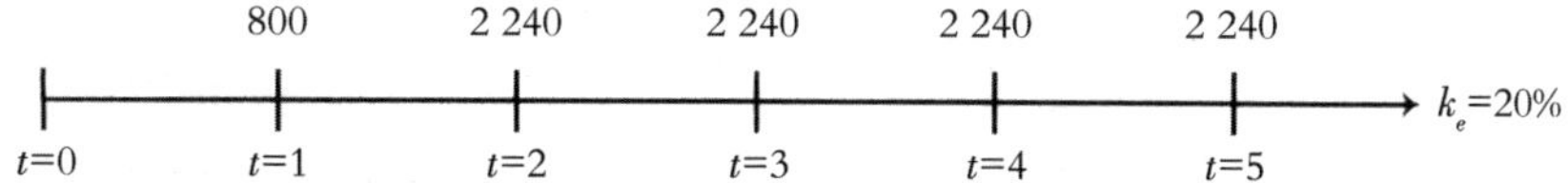

公司价值 V，等于预期股利 DIV 除以 k_e 的贴现率折现到现在的现值，它由两部分组成：第一年单独股利的现值和从一年后开始的永续年金现金流的现值。在 $t=1$ 之后开始的永续年金，意味着第一个永续年金2 240美元发生在 $t=2$：

$$P_0 = \frac{DIV}{(1+k_e)} + \frac{[\frac{DIV_2}{k_e}]}{(1+k_e)}$$

企业的最终价值等于800美元/（1.20）+[2 240美元/0.20]/（1.20）=666.67美元+9 333.33美元=10 000美元。可以看出，两种情况下的公司价值是一样的。

最后，考虑股利支付率永久设定为40%的情况。如前例所述，此时的 DIV_1 等于800美元，收益留存等于1 200美元。另外，这个1 200美元被投资于回报率为20%的项目，每年可以提供240美元的收益，并假设收益是永久持续下去的（1 200美元×0.20=240美元）。针对这每年240美元的收益，企业每年能够按照40%的股利支付率支付96美元（240美元×0.40=96美元）的股利。因此，第二阶段的股利为896美元（DIV_2 =800美元+96美元=896美元）。需要注意的是，这意味着股利之后每年将以12%的速度增长（800美元至896美元）。由于每年都有额外1 200美元的收益留存，所以分红将永远以固定比率增长下去。因此可以运用可持续增长公式：股利增长率=留存收益率×ROE=0.60×20%=12%。因此，此时的时间轴可显示为：

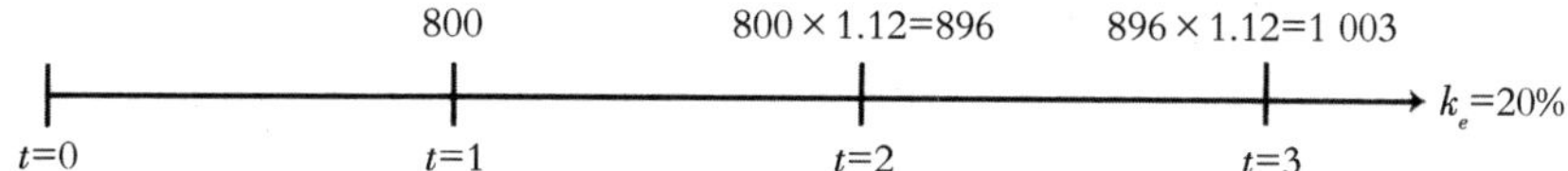

所有这一切都可以简化为固定增长股利折现模型（对于成长型永续年金）：

$$P_0 = \frac{DIV_1}{(k_e - g)}$$

按照这一公式计算公司的价值为800美元/（0.20−0.12）=800美元/0.08=10 000美元，与前两种情况下的价值相等。至此，本案例的这三种情况共同说明：在完美资本市场中，股利政策并不影响公司价值。

第12章 设计最优资本结构

学习目标

目标 12.1 解释影响最优资本结构的关键因素。

目标 12.2 解释在确定最优资本结构时应该如何权衡各类因素，并描述什么是杠杆 β。

目标 12.3 解释设计最优资本结构对管理者的重要性并阐释2007—2009年金融危机的经验教训。

在上一章中，我们重点了解了融资和分配决策，以及公司资本结构的重要性。我们研究了影响资本结构决策的主要因素：债务的税盾收益、财务困境成本和信息不对称。正如图表12-1中的整体框架所示，在本章中，我们将转向最优资本结构的设计方面，继续研究融资决策。

最优资本结构（optimal capital structure）[①]是管理者对可以最小化公司总体资本成本的偿债能力以及债券和股权组合比例的决策安排。管理者决策的关键在于对一些因素的权衡：未来融资方式的灵活性，对每股收益的影响，低于预期的利润可能削弱支付利息能力的风险，对现有股东的控制权的影响，以及对整体时机的把握。我们将逐一考察每个因素，然后再综合讨论如何权衡各个因素。

12.1 影响融资决策的因素：FIRST法

目标 12.1 解释影响最优资本结构的关键因素。

与上一章讨论的权衡模型一样，在确定合适的债务权益比率时，CFO必须考虑五个具体因素。这五个因素可以用FIRST法来概括（五个因素重要词汇的首字母组合即为FIRST）：未来融资方式的灵活性（flexibility）、对每股收益的影响和成本（impact）、风险（risk）、股东的控制权（shareholder）和时机（timing）。在下一节中，我们将讨论如何权衡这些因素的影响。

12.1.1 融资弹性最大化

增长型企业往往具有持续的资金需求，以至于超过了内部产生的收益，因此需要借助于外源融资。**融资弹性**（financial flexibility）[②]是指公司能够获取不同资本来源的难易程度。发行债券或股票的决策往往会影响未来的融资决策。根据公司之前的资本结构和依据现在作出的融资决策所形成的资本结构，公司可能已经隐含地对未来的融资作出决策了。

例如，假设Noflex有限公司是一个汽车零部件制造商，目前长期的债务权益比率为55%，高于汽车零部件行业的平均水平45%。如果Noflex为了获取资金而发行额外的债务，这个比率将提高到65%，而发行股票将降低该比率至行业平均水平。如果Noflex现在选择发行债务，那么当它下次再需要资本时肯定需要发行股票（除非它能够留存大量的收益）。发行债务后，不仅债务比例将远远超过行业平均水平，

① 最优资本结构：由管理者作出的、能够最小化总体资本成本的债务与权益的组合。
② 融资弹性：公司获得资金来源的难易程度。

图表12-1 **整体框架**

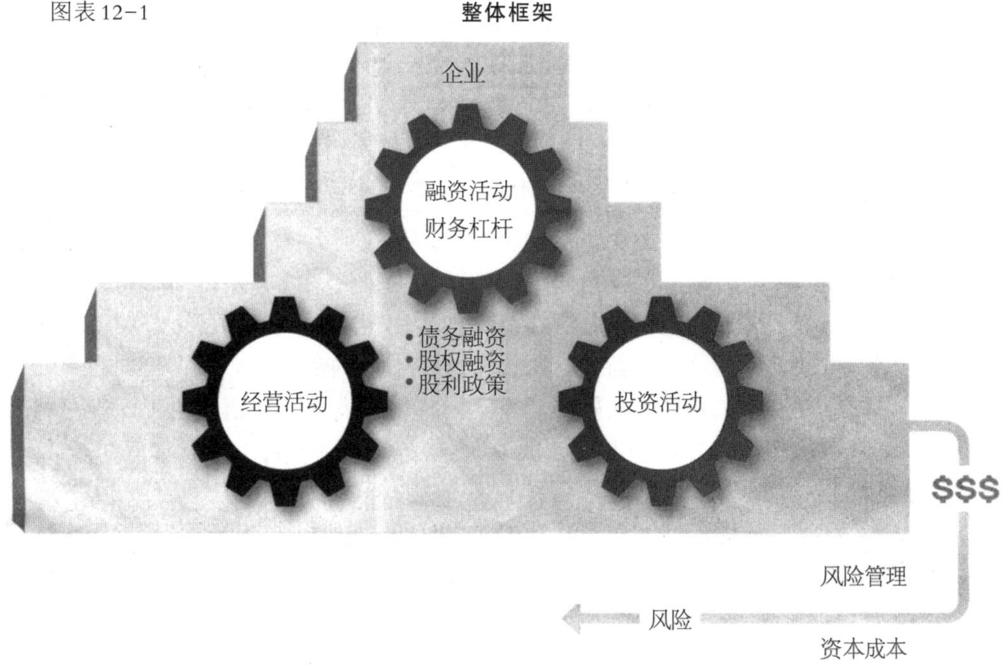

而且债务契约可能会对进一步借款形成限制。另外，倘若Noflex现在选择发行股票，它在未来仍然拥有发行债务或股票的选择权。换言之，通过发行股票的决策，Noflex可以最大化其未来融资选择的灵活性。

融资弹性取决于公司拥有的超额现金与日常营运资金需求的差额，以及在保持其当前的信用评级的前提下发行更多债务的能力。对于持有的超额现金需要进行权衡利弊：虽然超额现金是筹资的一种来源，但它不能为公司赚取任何收益。

在第9章我们曾讨论信用评级机构，信用评级是许多企业设计最优资本结构时需要考虑的重要因素。如果一家公司承担了过多的增量债务，就可能会被评级机构降级，从而导致更高的利息支付。管理者应该对在信用评级不降级的前提下企业可承担增量债务的额度做到心中有数，评级机构也可以提供一些指导。比如，评级机构在制定信用评级标准的时候，可能会将债务权益比率小于等于50%作为额外维持A信用等级的一个标准。因此，如果A等级的公司希望保持这种评级，它们就应该努力使资本结构中债务比例不超过50%。

案例分析：福特汽车公司和金融危机之前的融资弹性

2006年末，福特汽车公司采取了一系列措施以增强其融资弹性和变现能力。公司在2006年12月共获得235亿美元的流动资金，其中包括发行的价值49.5亿美元的可转换债券、70亿美元的定期抵押贷款以及115亿美元有担保的循环信贷额度。年末公司拥有包括现金和可用信贷在内的流动资金共计约465亿美元。此外，长期负债减少了，部分非核心资产被出售。根据公司2007年的年度报告（第16页），管理层认为这一数额“应该可以为我们进行重组调整和产品开发提供充裕的资金……并为我们在短期内应对经济衰退或其他突发事件提供缓冲”。这一流动资金的数额是巨大的：将近占2 800亿美元资产总额的17%，并相当于销售额的30%还多。

> 为不可预知的突发事件作准备对公司的生存和成功来讲是至关重要的。当然，现在我们已经知道，在福特公司获得流动资金的2006年末，正是大萧条以来的最严重的金融危机和经济衰退即将发生的时刻，它们迫使福特汽车在美国的主要竞争对手——通用汽车和克莱斯勒——进入破产保护程序，并不得不求助于数额庞大的政府救助。越是在这样突发事件的时刻，财务的灵活性和流动性就显得越发重要。

股票可以提供比债务更大的融资弹性，但在债务的灵活性中有一些不太明确的因素。例如，一家公司可以发行短期债券或长期债券，或者发行固定利息债券或浮动利息债券。公司需要在短期与长期债务之间作出权衡。例如，发行长期债务意味着公司作出了长期承诺，这是有益的，因为它减少了不确定性。然而，长期利率通常比短期利率更高，这意味着更高的融资成本。同样地，发行短期债券也可以是有利的，因为它提供了更频繁的再融资机会。然而，如果爆发流动性危机（如2008—2009年的金融危机），并且贷款人都不愿延缓付款，这种表面的灵活性可能变得十分昂贵。另外，发行固定或浮动利率债券也需要进行权衡：尽管固定利率带来了确定性，但在一个特定的时间点可能会比浮动利率高。

当权衡这些选择时，企业应该尝试将项目的性质与它所需要的融资期限相匹配。例如，长期项目应当采用长期负债融资，这样在项目存续中途就不再需要融资。此外，管理者在固定或浮动利率债务之间作选择时，也应该考虑经营现金流的性质：如果现金流趋于频繁波动，固定债务可能是更合适的选择。

12.1.2 对每股收益的影响：成本最小化

如果一个公司只关心增量融资成本的最小化，那么发行债务就是一个简单的选择。正如在第10章和图表11-6中讨论的，从税后的角度看，债务融资成本比普通股融资成本要低得多（就交易成本而言，发行新的债务比发行新股要便宜得多，发行新股往往需要向承销商支付筹集资金总额的6%）。如此一来，公司可能都会选择更“便宜”的债务。但是，这种做法过于狭隘，因为它没有考虑风险因素，这部分内容将在12.1.3中讨论。

我们可以直接从普通股股东的角度来考察资本结构决策。同时也不能过度考虑股权投资者的立场，但他们的确是重要的利益相关者。为了介绍资本结构决策，我们需要预先介绍一个将在第13章详细讨论的估值模型。

1.一个简单的估值模型

这个简单的估值模型被称为**市盈率（P/E）估值模型**（price-earnings（P/E）valuation model）[①]，它是在预计盈利的基础上估计公司的股权价值。詹妮弗是一位投资银行的股票分析师。Peco有限公司是她追踪的股票之一，公司明年的每股收益预计为1美元（EPS_1）。根据她的分析，Peco股票的公允价格应该是预期收益的16倍。实际上，詹妮弗对Peco的股价运用了基于预期收益的市盈率（P/E）乘数法，也就是说，她认为Peco股票值得每股16美元的价格（P_0）：

$$P_0 = （适当的预期P/E乘数）\times EPS_1 = 16\times 1美元 = 16（美元）$$

詹妮弗为什么选择预期收益的16倍，而不是10或20倍呢？这个乘数是通过考查同

① 市盈率估值模型：基于预期收益估计股票内在价值的模型。

行业中相似公司相对于收益的交易价格——乘数16恰好是美国的一个长期的P / E平均值——得出的。这个乘数也反映了两个关键因素：收益的预期增长率（假设Peco处于增长型行业）和风险因素或者是与预期收益相关的不确定性。因此，在其他条件都相同的情况下（即风险水平没有变化），虽然更高的预期收益应该导致更高的股票价格，但如果更高的预期收益只有依靠大幅增加的风险才能实现，那么股价可能不会上涨。例如，如果Peco宣布将进行一项新的冒险计划，詹妮弗可能将Peco的预期每股收益修改为1.20美元，但由于风险同时加大，她可能认为公司仅能保证12倍的P/E倍数，因而Peco的股价为12×1.20美元=14.40美元。本部分主要讨论EPS的内容，风险部分在下一节讨论。

2.息税前利润与盈亏平衡点：杠杆的真正含义

在了解简单的估值模型的基础上，考察Peco两种可能的资本结构。假设Peco是一个全权益公司，需要为一个新的重大项目筹集资金而增加资本。我们将在两种情境下讨论可能的选择。在第一种情境下，Peco额外发行3万美元的股权（以每股10美元的价格发行3 000股）。在第二种情境下，Peco以10%的利率发行3万美元的债务。这里的假设前提是不同融资方式的选择不会影响企业的经营活动。因此，两种情境下的预期息税前利润（EBIT）是相同的10 000美元。图表12-2显示了每种情境下的每股收益和权益回报率。

在发行新的债务还是股权之间的抉择并不是一个简单的决定。发行债务会导致更高的预期EPS水平以及更高的预期股权回报率（ROE）。发行债务每次都会导致这两种结果？或者说只有在发行债务的情境下才会导致这两种结果么？

为了回答这个问题，需要研究实际EBIT与预期的EBIT不同时的情况。首先需要计算“盈亏平衡点”的EBIT，盈亏平衡点也指债务情境下的EPS与全权益情境下的EPS的等值点。需要注意的是，EPS也可以改写为：

$$EPS=\frac{(EBIT-\text{利息})(1-\text{税率})}{\text{流通中的股票数量}}$$

图表12-2 **债务公司VS全权益公司**

	债务公司	全权益公司
息税前利润（EBIT）	$10 000	$10 000
利息	3 000	0
税前收益	7 000	10 000
35%的税率	2 450	3 500
税后收益	$4 550	$6 500
普通股		
之前发行	$3 000	$3 000
新增	0	3 000
普通股总计	$3 000	$6 000
每股收益（EPS）	$1.52	$1.08
普通股权		
之前发行	$30 000	$30 000
新增	0	30 000
普通股总计	$30 000	$60 000
权益回报率（ROE）	15.2%	10.8%

基于该公式，盈亏平衡点的EBIT的计算如图表12-3所示。通过运用简单的代数原则可得最终的EBIT是6 000美元。

图表12-3　**计算盈亏平衡点的EBIT**

债务公司		全权益公司
（EBIT−3 000美元）（0.65）/3 000	=	(EBIT−0美元)（0.65）/6 000
(EBIT−3 000美元)/3 000	=	EBIT/6 000
(EBIT−3 000)(6 000)/3 000	=	EBIT
(EBIT−3 000美元)/2	=	EBIT
2 EBIT−6 000美元	=	EBIT
2 EBIT− EBIT	=	6 000美元
EBIT	=	6 000美元

这些计算表明，如果实际EBIT为6 000美元，而不是预期的10 000美元，则两种融资方案下的EPS应当是相同的。盈亏平衡点的EPS的计算在图表12-4中得到证实。如果EBIT为6000美元，两种情境下的EPS都是0.65美元。还需要注意的是，如果EBIT为3 000美元，则债务公司的EPS是零。最后，如果EBIT为零，则全权益公司的EPS也将是零。

图表12-4　**债务公司VS全权益公司的盈亏平衡点EBIT**

	债务公司	全权益公司
息税前收益（EBIT）	$6 000	$6 000
利息	3 000	0
税前收益	$3 000	$6 000
35%的税率	1 050	2 100
税后收益	$1 950	$3 900
普通股		
之前发行	$3 000	$3 000
新增	0	3 000
普通股总计	$3 000	$6 000
每股收益（EPS）	$0.65	$0.65
普通股权		
之前发行	$30 000	$30 000
新增	0	30 000
普通股总计	$30 000	$60 000
净资产收益率（ROE）	6.5%	6.5%

图表12-5将债务公司和全权益公司在不同EPS和EBIT水平下的情况综合考虑，为我们提供了强有力的信息。该图表可以帮助我们理解杠杆的真正含义。需要注意的是，杠杆的收益来自于公司应纳税所得额的减少量，因为利息费用可以在税前抵扣。还要注意的是，如果已知EBIT将高于6 000美元，将会选择发行债券（假设明年的预期EBIT代表未来实际的EBIT）。相反，如果EBIT低于6 000美元，则会选择发行股票。

图表12-5　**盈亏平衡点的EBIT：杠杆的真正含义**

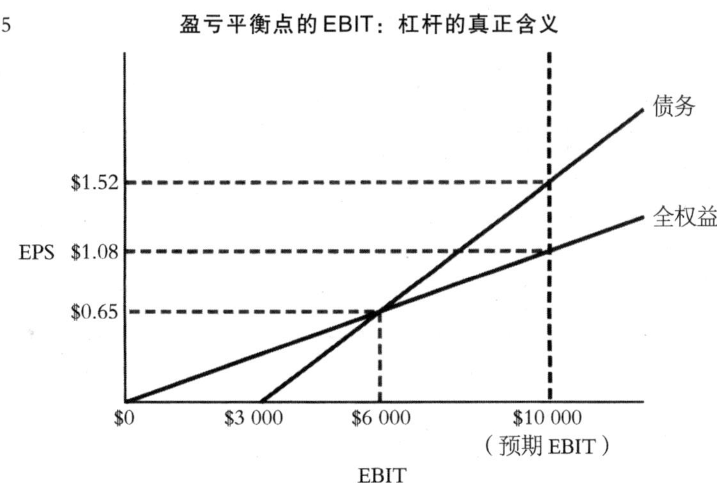

现在，回到简单的估值模型。发行债券起初看起来比发行股权更具吸引力，正如图表12-2所示，我们预期发行债务时的EPS更高。但是，我们忽略了估值模型的另一个重要组成部分。回想一下，合理的预期市盈率乘数取决于风险：风险越大（例如，通过财务杠杆，风险会加大），乘数越低。因此，具有较高预期EPS的公司将具有较高的股票价格这种情况不是随意发生的，它部分取决于我们对风险的评估。换言之，倘若我们对预期EBIT的估计是错误的，那么将对EPS产生何种影响？因此，较高的预期EPS所导致的更高的杠杆和风险可以与较低的预期市盈率乘数相互抵消。

将图表12-5想象成在儿童游乐场中常见的跷跷板的图片。如果把图表中EBIT为6 000美元的盈亏平衡点想象成跷跷板的支点（或平衡点），你就可以理解杠杆的真正含义是什么了。随着公司承担债务的增多，它能够撬动或增加预期的EPS。然而，增加杠杆也有相反的向下的一面。因此，这个强有力的信息就是，跷跷板撬得越高——或杠杆增大——风险就越大，从跷跷板上掉下所承受的痛苦也就越大。因此，我们的讨论将自然地转向风险，即在资本结构决策中的下一个重要因素。

3.发行股票会稀释现有股票的价值吗？

有谬论称发行股票将会损害现有股东的利益。这种观点认为，一旦发行新股，公司现有的现金流必须分配给更多的流通股。然而，只要新股是以一个公平的价格发行，就不会对现有股东造成任何负面影响。换言之，如果一个公司是为新项目的融资而发行股票，并且市场也认同该项目的净现值（假定该公司不会投资预期NPV为负的项目），公司筹集的资金应当可抵消任何对股票的稀释，新项目带来的预期现金流的流入将会成为对这些新股所要求的回报。

考察一个例子。考虑一家来自加州的冰淇淋零售商Ⅰ-Scream有限公司，它是一家全权益公司，拥有1 000万流通股，每股交易价为10美元。当前的股权（资产）的市场价值为1亿美元。Ⅰ-Scream最近宣布它要将业务扩张到佛罗里达州，因而需要1 000万美元的投资，它将发行股票为扩张融资。如果公司以目前10美元的价格发行100万股，就能够实现融资目的。需要注意的是，10美元的股价已经包含了扩张和关于NPV的信息。因此，新股将按这个公平的价格发行。还要注意的是，一旦Ⅰ-Scream通过发行新股得到1 000万美元的资金，公司的价值将变为1.1亿美元。用这个金额除以发行在外的流通股股数1 100万，可以看到，股票价格保持不变，仍为10美元。图表12-6描述了这种情况。

图表12-6 **发行新股**

	期初资产（百万美元）	新增现金（百万美元）	总资产（百万美元）	股票数量（百万）	每股价值
股票发行前	100		100	10	$10.00
股票发行后	100	10	110	11	$10.00

这个例子的关键是，新股以公平的价格发行。如果股票价格被低估——例如，如果交易价仅为9美元，那么Ⅰ-Scream需要发行1 111 111股为才能达到融资目的。

12.1.3 风险最小化

从公司的角度看，风险衡量了履行债务和利息支付义务的能力。正如图表12-5所示，可以将风险看作是结果偏离预期EBIT并因此不能够履行债务偿付义务的可能性。仅仅基于风险的考虑，全权益公司并不需要担心任何与债权人相关的财务义务（尽管管理者应该关心满足股权所有者的利益）。对于全权益公司，股权成本等于总体资本成本。当企业承担债务时，资本成本将会降低。尽管全权益公司的资本成本比债务公司高，但是从公司的角度看的话，它降低了风险。让我们基于这种以平衡为基础的观点来简要回顾一下之前研究的两类风险——经营风险和财务风险。

经营风险（business risk）[①]，体现在无论公司采用何种融资方式（股权或债权），公司预期收益的变动性上。包括科技行业在内的某些行业的公司的经营风险比公用事业公司的经营风险更高。例如，如太平洋天然气和电力公司的大型公用事业公司，比惠普等技术行业的公司具有更低的经营风险水平（更低的预期收益的变动性）。

在讨论经营风险的评估之前，让我们回顾一下第2章关于商业评估分析的内容。回想一下，在第2章我们考察了行业的关键成功因素、机会与风险，然后考察与关键成功因素相关的公司的优势和劣势。此外，我们还使用了历史财务比率。在本章中为了评估经营风险，我们可以研究收入和经营利润率（EBIT占收入的百分比）随着时间推移的变化趋势。更大幅度的收入变化和经营利润的下降意味着更大的经营风险。以此可以考察这些风险在未来是否有增加的可能性。

① 经营风险：与企业经营活动相关的风险。

财务风险（**financial risk**）[①]用公司资本结构中的债务比例来衡量。正如在第11章提到的，不同行业的财务风险存在很大的差异性。除了公司的经营风险，财务风险也是公司必须考虑的一个因素。我们在第4章中曾研究了多个与财务风险相关的财务比率：债务权益比率、长期债务权益比率和利息保障倍数（利息保障倍数反映了EBIT与利息费用之间的关系）。

我们在第4章也介绍了**偿债保障倍数**（**debt service coverage**（**cash flow coverage ratio**））[②]，其也被称为**现金流保障比率**，其计算如下：

$$\text{现金流偿债保障倍数}=\frac{EBITDA}{\text{支付的利息}+\text{税前债务偿还成本}}$$

分子EBITDA（而不是EBIT）代表的是现金流（利息、税收、折旧和摊销前的利润，与EBIT相比还加回了折旧和摊销等非现金费用支出）。分母不仅包括利息，还包括任何需要偿还的本金。税前债务偿还成本的计算如下：

$$\text{税前债务偿还成本}=\frac{\text{偿还的本金}}{(1-\text{税率})}$$

这个术语所表明的事实是，公司必须赚取足够的税前收入，以满足税后利润偿还本金的需求。如果一家公司正在筹集资金，并想要比较这两种资本结构，那么它可以计算出每个情境下的杠杆水平和偿债保障倍数并评估它们各自的财务风险。在债务更高的情境下，偿债保障倍数总是会更小，因此解决问题的关键就在于，企业是否愿意为了获得潜在的节税收益接受增加杠杆的额外风险。

公司经常追踪其**债务-EBITDA比率**（**debt-to-EBITDA**）[③]的动向，因为贷款人往往十分关注这个比率，其中债务通常用公司的贷款、债券以及所有短期借款等有息负债来衡量。如果公司的债务与EBITDA比率超过了贷款人允许的最高水平，公司将很难借到贷款。例如，根据目前的信贷条件，银行可能不愿意借钱给一个债务与EBITDA比率高于3的企业。因此，如果公司想要保守一些，应将债务与EBITDA比率降低到3以下。

另外需要注意的是，财务经理应该在经营风险较高时考虑承担较低的财务风险，而在经营风险较低时尝试承担更高的财务风险。

12.1.4 保持股东控制权

企业最终的**股东控制权**（**shareholder control**）[④]取决于谁拥有较多的普通股股份，从而可以通过投票权控制企业的发展方向。小企业在创建初期所有者和管理者往往是同一人，他拥有公司100%的控制权。随着私有企业的公开上市，原始所有者的股权被削减。只要原始所有者维持50%以上的普通股投票权，他就能通过投票选举董事会来控制公司的决策，而管理者要对董事会负责。在某些情况下，原始所有者也可能直接进入董事会，或任命与其想法类似的人，从而保持对公司的有效控制。

① 财务风险：由企业融资所带来损失的可能性。
② 偿债保障倍数（现金流保障比率）：经营活动产生的现金流（通常用EBITDA衡量）与一年内到期的本息和之比。
③ 债务-EBITDA比率：衡量企业偿债能力的指标，债务与EBITDA（衡量经营活动现金流）之比。
④ 股东控制权：公司多数投票表决权。

公司由于不断成长而需要更多股权形式的外部资金，除了原始的所有者兼管理者CEO[①]，公司将由更广泛的股东所共同拥有。在众多股权分散的公司，可能存在拥有不到一半的普通股股权仍然可以保持有效的控制的情况。例如，假设原始的所有者兼管理者CEO现在拥有公司1 000万股普通股的40%（400万股），第二大股东只持有12%的普通股（120万股）。此时，原始的所有者兼管理者CEO仍将确保对公司的有效控制，因为超过80%的其余股东联合起来一起行动并影响董事会决策的情况不太可能发生。

考虑另一种情况。假设原始的所有者兼管理者CEO拥有已发行普通股的40%，但计划发行600万股新的普通股，这将使他持有的股权比例减少至发行后的25%（1 600万普通股中的400万）。新的或现有的投资者可能会买到更多的流通股，从而获得对公司的有效控制。换言之，该公司可能会被另一家公司或新的投资者接管。原始的所有者兼管理者可能会被要求放弃对公司的管理权。因此，发行新的普通股可能会改变对公司的控制力度，并最终改变经营活动的方向。

从所有者兼管理者的角度看，仅基于股东控制权的考虑，在发行债券或股票之间作出选择是容易的：发行债务不改变其控制地位。这一标准的重要性关键取决于控制权发生变化的可能性大小。

案例分析：保持控制权：谷歌公司和双级股票

私有企业的创始人为了充分利用发展机遇，如何在从IPO筹集大量资金的同时仍然保持控制地位？谷歌公司的联合创始人拉里·佩奇和谢尔盖·布林在2004年就曾问过自己这个问题。他们的解决方案是建立包括A级股和B级股的双级股票制度。

A级股份由公众持有，每股对应一票投票权。B级股份由两位联合创始人以及高管埃里克·施密特共同持有，每股对应10票投票权。如此一来，三个高管能够在只持有大约1/3流通股的情况下控制多数投票权。虽然这种制度在美国并不普及，但双级股票结构在媒体业等行业中比较常见，在加拿大等其他国家则更为常见。赞成这种双级结构的观点认为，它使得关键所有者兼管理者可以把重点放在长期计划上而不用担心潜在的收购威胁。其缺点是，它集中了所有者的权力，尤其是当这些所有者兼管理者过于强势或不再进行高效的管理时，可能会引发控股股东兼任管理者的壕沟防御效应，侵害中小股东的利益。

12.1.5 最佳时机[②]

如果公司有持续的外部融资需求，需要发行债券或股权，那么考察当前和预期的债券市场和股票市场的前景是十分重要的。回顾一下第7章关于有效市场的讨论。如果债券市场和股票市场是有效的，那么选择发行债券或股票的时机应该是无关紧要的。然而，如果市场是无效的，那么就有可能存在一个发行证券的最佳时机。例如，如果公司感到当前的股价被高估，那么就应该考虑发行股票。假设该公

① Ronald Anderson和David Reeb的一项研究发现，在403家非金融、非公用事业的标普500上市公司中，仅有141家为家族持股，且持股比例最多不超过18%。详见：“Board Composition: Balancing Family Influence in S&P 500 Firms,” *Administrative Science Quarterly 49*（2004）：209−237.

② 关于管理堑壕的一个经典案例详见：Bryan Burrough and John Helyar, *Barbarians at the Gate: The Fall of RJR Nabisco*（New York: Harper & Row），1990.

司希望筹集1亿美元，目前的股价（或市场价值）为每股25美元，但该公司认为股票的内在价值仅为20美元（这里有两点是非常重要的：[1]我们从来没有真正观察过股票的内在价值；[①][2]如果市场总是有效的，市场价格应该总是等于股票的内在价值）。如果公司今天以25美元的价格发行股票，只需要发行400万股。但是，如果在不久的将来股价跌至其内在价值，公司将需要发行500万股。此外，如果近期的股市上扬，可能对新股有更多的需求。当市场已经显著下降时，对任何价格的新股的需求可能都很少。

就债务或债券而言，公司发行的意愿依赖于当前和预期的利率。如果长期利率较低，那么发行债券可能是有吸引力的。但是，如果目前的利率水平较高，公司可能要等到利率下降时再发行。当一个企业必须作出关于其当前和未来融资需求的市场投资的决策时，它必须将所有的市场因素都考虑在内。

12.2 对权衡因素的评估：评价FIRST标准

目标12.2 ***解释在确定最优资本结构时应该如何权衡各类因素，并描述什么是杠杆β。***

在之前的部分，我们研究了当企业制定最优资本结构决策时应当采用的5个FIRST标准（灵活性、对EPS [或成本]的影响、风险、股东控制权和时机），总结如图表12-7所示。

图表12-7　**FIRST准则下最优资本结构的选项总结**

标准	债务		股权		理想	
Flexibility	低		高	√	高	
Impact on EPS（cost）	低	√	高		低	
Risk	高		低	√	低	
Shareholder control	高	√	低		高	
Timing	依赖		依赖		依赖	

从图表12-7中可以看到，在确定最优资本结构时会涉及对各种权衡因素的评估。如果对EPS（成本）的影响和股东控制权是最重要的标准，那么更多的债务是较好的选择。然而，如果风险和灵活性是最重要的标准，则更多的股权是较好的选择。管理者需要权衡所有这些因素。

管理者在评估这些标准时还需要从其他角度进行考虑：

◆ 投资者的角度：从投资者的角度看，管理者应该明确设计的资本结构能否使公司价值最大化——这也意味着股价最大化——或使资本成本最小化，正如在下面的例子中将会看到的。投资者主要关注对税盾收益和财务困境成本的权衡。

◆ 公司内部角度：从公司内部角度看，管理者应该明确公司的愿景和战略方

① 公司的管理层应该能够很好地预测公司未来产生的现金流。他们可能会使用第13章的估值模型来评估公司内在价值。

向，预期现金流入和流出的性质和时间，以及在预计融资需求方面资本结构对公司愿景和战略的可能的影响。

◆竞争的角度：从竞争的角度看，研究同行业公司的资本结构是很重要的。正如先前讨论的那样，鉴于资产的性质和行业风险，某些行业往往具有更高或更低的债务比例。如果你的公司的财务比率显著偏离行业平均值，它可能给你的公司带来竞争优势，也可能是劣势。例如，如果你的竞争对手的债务比例远低于你，那么它们将来面对投资机会的时候会更加从容；如果收入和EBIT意料之外地出现负值，那么高负债企业的情况将变得更加糟糕。

精确地制定最优债务股权比例往往是很难的，但是基于现有的债务和股权数量，管理者应当能够有效地把握方向。例如，管理者应该有能力在发行更多债务、更多的股权抑或是保持现有比例之间作出正确的选择。需要注意的是，影响因素是不断变化的（回顾第2章的评估分析），因而决策并不是一劳永逸的，而是一个持续的过程。

深入讨论：企业的最优债务量：以六旗公司为例

在两个相关的论文中，朱尔斯·万博瑞、约翰·格雷厄姆和杨婕等三位学者提出了一个制定企业最优债务量的实用模型。该模型基于一个经典的经济学理论：当边际收益恰好等于边际成本时即为最优或平衡状态。对于公司的资本结构，边际收益就是每增加1美元债务所带来的收益，它就等于利息税盾。最初，对于全权益公司而言，1美元利息（假设企业所得税税率为35%）的边际收益为0.35美元。

然而，该收益取决于公司能够保持盈利进而能够使用税盾的可能性。假设公司实现盈利的概率是5/7，在这样的情况下，边际收益为0.25（0.35×（5/7）+0×（2/7））。但是如果公司承担过多的债务，支付过多的利息，盈利的概率可能会趋近于零，边际收益最终也将趋近于零。因此，如下所示，边际收益曲线将向下倾斜。

该模型的第二部分估计了每增加1美元债务的边际成本，这是一个难点。万博瑞，格雷厄姆和杨婕根据以往的研究结果定义了一些与债务成本相关的变量。

1.当公司的抵押品较少时，债务成本较高。

2.公司权益的账面市值比率越低，债务成本越高，因为这类公司往往具有较高的成长性。这样的企业面临较高的债务成本是因为债务会限制企业实现成长机会（例如，严格的资本支出契约）。

3.这项研究提到的其他与债务成本相关的因素包括总资产、无形资产和现金流，以及是否支付股利。因此，如图表所示，边际成本曲线将向上倾斜。

万博瑞、格雷厄姆和杨婕考察了具体公司以确定次优资本结构的净成本（图表所示的是2006年六旗公司的例子）。通过与拥有最优资本结构的类似公司（有类似的抵押资产、现金流等的公司）的债务估计量相比，他们发现六旗公司的债务比例过高。他们指出：（1）六旗曾在20世纪90年代迅速扩张，到2006年已累积了60亿美元的债务；（2）2007年公司将不得不出售资产以减少债务数量。

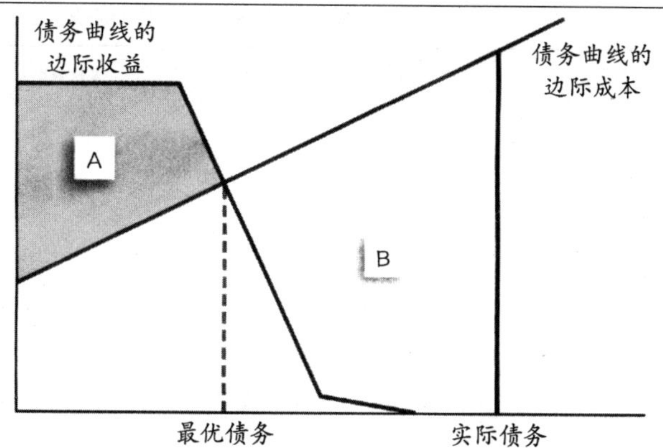

他们首先估计了债务带来的预计未来净收益的现值，如图表中区域A所示，是公司价值的6.8%。换言之，如果六旗没有使用任何债务，公司的价值将降低6.8%。然而，在实际的债务水平上，六旗的公司价值降低了9.6%，即区域A的面积减区域B的面积。

他们还指出，债务的总收益是公司价值的10.8%，但债务的成本要大得多，是公司价值的20.4%，导致了−9.6%的净收益。他们的分析的基本结果是，资本结构的确很重要，可能会影响公司的价值。

虽然他们的模型是一个试图量化制定最优资本结构决策的尝试（其他类似的电子数据表格也可以做到），大多数管理者对于公司的债务比例过高或过低有一个直觉，并基于本书中的FIRST标准评估出最佳杠杆水平。

12.2.1 案例：最优资本结构和资本成本最小化

确定最优资本结构等同于最小化资本成本，继而等同于最大化企业价值。确定最优资本结构包括定性分析，即前面介绍的FIRST法，以及将在本节所述的定量分析。鉴于定量方法存在缺陷，因此我们将关注定量分析与定性分析相结合的方法。回顾一下，资本结构决策的终极目标是企业价值最大化，这可以通过增加预期现金流来实现。这个目标还可以通过最小化融资成本或资本成本来实现，资本成本是用于贴现预期现金流的利率。资本成本和受其影响的企业价值在不同的债务–股权情境下是不同的。因此，我们的目标是选择预期使得企业价值最大化的方案。考虑图表12–8给出的例子。

Stella Tau拥有一家鞋子连锁店，称为Heels公司。它建立时是全权益公司，资产为100万美元。假设公司无论采取何种资本结构，都能够赚取占资产30%的营业利润。它的债务和股权成本如图表12–8所示，固定税率为35%。伴随着更多的债务，债务成本增加，特别是当债务金额超过了股权金额时。随着企业承担更多的债务，股权成本也将增加。扣除利息费用之后，可以计算出税后收益。给定资产基础，假设这些收益将保持永久不变。假设每年所有的收益都将用于支付股利。因此，股权的市场价值等于税后收益除以股权成本（如第7章描述的永续年金的计算方法）。例如，在资产为1 400千美元的情况下，税后收益为246千美元，股权的市场价值为：

$$\text{股权的市场价值}=\frac{\text{税后收益}}{\text{股权资本成本}}=\frac{246\text{千美元}}{0.19}=1\ 297\text{千美元}$$

图表 12-8 **Heels公司最优资本结构的例子***

资产	$1 000	$1 400	$1 800	$2 200
股权（账面价值）	$1 000	$1 000	$1 000	$1 000
债务（账面价值和市场价值）	$0	$400	$800	$1 200
债务/资产	0%	29%	44%	55%
EBIT/资产	30%	30%	30%	30%
k_d (税前)	10.00%	10.20%	10.30%	11.7%
k_d (税后)	6.5%	6.63%	6.70%	7.61%
k_e	18.00%	19.00%	20.00%	24.00%
EBIT	$300	$420	$540	$660
利息	0	41	82	140
税前收益	300	379	450	520
税率为35%	105	133	160	182
税后收益	$195	$246	$297	$338
股权（市场价值）	$1 083	$1 297	$1 487	$1 407
股票数量（千）	100	100	100	100
每股价格	$10.83	$12.97	$14.87	$14.07
EPS	$1.95	$2.46	$2.97	$3.38
收益乘数（倍数）	5.56	5.26	5.00	4.17
k_c（基于账面价值的权重）	18.00%	15.47%	14.09%	15.06%

*除非另有说明，否则一律用千美元表示

给定固定的股数（100），可以计算出每股价格（股权市值除以100股）、每股收益（税后收益除以100股）和市盈率（每股价格除以每股收益）。最后，如在第10章中介绍的，可以计算出资本成本（在本例中，为了简单起见，我们采用账面价值的权重。本章末的一个问题将要求您按照市场价值的权重重新计算资本成本）。

作为一个全权益公司，Heels公司的资本成本仅仅是权益的成本，即18%。假设该公司的资产规模增长至140万美元，并决定增加40万美元的债务。需要注意的是，假设债务成本和权益成本都增加，但债务成本比股权成本低。总体而言，资本成本下降到15.47%，而该公司的股票市值却增加至1 297美元。当资产达到180万美元并增加更多的债务时，资本成本将继续下降至14.09%，而股票的市场价值将相应增加至1 487美元。然而，当资产达到220万美元并且债务达到120万美元时，资本成本从以前的水平增加至15.06%，股票的市场价值下降到1 407美元。尽管还应该研究其他债务水平，但我们可以断定，最优资本结构应该接近44%的债务权益比，而不是29%（没有足够的债务）或55%（过多的债务）。

Heels公司在最初借入债务时，获得了利息费用抵税的收益，公司的价值增加。然而，随着Heels公司承担了大量的债务，借款人都关心其陷入财务困境的可能性。其结果是，借款人要求一个很高的风险溢价，股票持有人也要求更高的回报率以补偿他们所面临的增加的财务风险。在120万美元的债务水平下，扣除利息的税盾收益被财务困境的潜在成本抵消。因此，Heels公司的最优资本结构是44%左右的债务-权益比（基于账面价值）——在该债务水平下，债务的成本和收益将达到平衡。

定量分析的关键是预测各种情境下的债务和股权的成本。在大多数情况下，债务成本的预测可以通过评估对公司信用评级的影响和查找类似信用等级公司可能面临的债务成本来完成。股权成本的估计一般比债务成本更加困难。如果管理者决定使用CAPM方法，正如在第10章中讨论的，他需要估计公司承担更多的债务对β的影响。全权益公司（没有债务）也被称为无杠杆公司，这类公司的β是一个无杠杆β，或表示为β_U。承担债务的公司就变成了杠杆公司，这类公司的β是一个杠杆β，或表示为是β_L。这里不再对细节作过多解释，研究人员已经发现了无杠杆β和杠杆β之间的关系，可由债务-权益比率D/E和公司税率t来表示：

$$\beta_L = [1 + (D/E)(1 - t)]\beta_U$$

换言之，随着债务权益比率的增加，直觉上公司的β值也应该增加。尽管我们并没有把这个公式精确地体现到案例之中（给定各种简化的假设），但仍然可以反映出高杠杆公司具有较高β值这一基本关系。

案例分析：改变资本结构：家得宝的例子

家得宝公司主要在北美地区经营提供全面服务的仓储式商店，并销售家装和建筑用品，是美国最大的零售店之一。截至2005年底（2006年1月30日），该公司的债务权益比率为15.2%。在2006年期间，家得宝增加了76亿美元的净借款，并用其回购了价值81亿的股权（它在2002年启动了一项股票回购计划）。在2007年，它出售了HD供应部，其主要为专业承包商提供产品和销售服务。截至2007年，其债务权益比率大幅增长至75.8%，更接近行业平均水平。

在2007年，该公司解释了改变资本结构的决策。HD供应部的出售简化了家得宝的商业模式，为其重新评估最优资本结构创造了机会。1996年到2006年期间，该公司处于快速增长的阶段，销售年增长率为17%，每股收益的增长率为21%。根据它的价值创造战略，公司将投资于新店面的扩张。公司的财务战略是促进增长，主要的手段是采用保守的债务权益比率、适度的股利支付、用流动资金作为缓冲，并使用任何多余的现金回购股票。但公司现在认为业务更加成熟，并且由于公司期望保持一个更加温和的增长率——5%左右——公司开始寻求制定一个能够促进更多资本分配（如股利支付和股票回购）的资本结构。公司的策略是采用成本低的债务替代成本高的股票，同时保持较高的投资评级级别，并增强流动性。

公司确定了四个关键的资本结构目标：(1) 支持业务战略的流动性；(2) 战略灵活性；(3) 对经济衰退和信贷的保护；(4) 资本成本的最优化。公司计划与信用评级机构合作，以评估新的资本结构对信用评级的影响。它提出了一个2.5倍的目标债务/EBITDA（扣除利息、税收、折旧和摊销前的利润）比率，将其债务水平和经营活动产生的现金流之间的比例固定。据估计，公司的资本成本已从9.5%降到9%。公司将其资本结构的调整描述为“转型”。

家得宝作出了正确的决策吗？公司在2007—2009年的全球金融危机中曾遭遇困难，但随后已经恢复。到2011年，家得宝继续它的股票回购计划，并被市场广泛接受。

来源：Based on annual reports and documents filed with the Securities and Exchange Commission on July 10,2007;see http://www.secinfo.com/dsVsf.u6a6.x.htm

深入讨论：权益成本、杠杆 β 和目标资本结构

当公司目前不处于其目标资本结构的水平时，应该如何估计权益成本？假设A公司的债务很少——比如只占总体资本的20%—— β 值估计为0.8。现在假设该公司宣布计划未来承担更高比例的债务——比如60%债务和40%股权的目标资本结构。在这种情况下，我们低估了公司的风险，从而低估了 β 值。

以下为估计目标 β 值的方法。先从 β 的计算公式开始：

$\beta_L = [1+(D/E)(1-t)]\ \beta_U$

其中，假设公司所得税税率为35%或0.35。为了估计全权益时期的 β 值，首先必须对 β “去杠杆化”。其次，通过对 β “再杠杆化”来估计目标资本结构下的 β 值。

通过重新排列之前的公式可以将“去杠杆化”的 β 计算如下：

$\beta_U = \beta_L / [1+(D/E)(1-t)]$

然后，带入杠杆 β 、债权权益比率、无杠杆 β 的税负信息，可得：

$\beta_U = 0.8/[1+(0.2/0.8)(1-0.35)] = 0.69$

换言之，如果企业没有债务，其 β 的估计值本应是0.69。

接下来，在目标 (D/E)*为 (0.6/0.4) 或1.5时，计算“再杠杆化”的 β 值：

$\beta_L^* = [1+(D/E)^* \times (1-t)]\ \beta_U$

$\beta_L^* = [1+1.5(1-0.35)] \times 0.69 = 1.36$

换言之，如果公司保持60%债务和40%股权的目标资本结构，可以预期此时的β值是1.36。那么就可以将这个“再杠杆化” β 带入CAPM公式中来估算股权成本：$k_e = R_f + \beta_L \times MRP$ 。

无杠杆 β 有另一个重要应用。回顾一下，在第11章我们曾提到，杠杆公司的价值 V_L 等于无杠杆公司的价值 V_u 加上利息税盾的价值再减去财务困境成本。在实践中，财务困境成本很难估计，但可以用等式 $V_L = V_u + Dt$ 来说明其他部分，其中 D 是债务量，t 是公司所得税税率。这种评估方法被称为调整现值法（APV，Adjusted present value）①。我们将在第13章讨论估值方法。我们现在可以用无杠杆 β 来确定无杠杆的权益成本，而它又可以作为计算预期现金流的现值的折现率，而这个现值就是无杠杆公司的价值。APV法的好处是可以分别求出全权益公司的价值和债务税收收益。

12.3 对管理者的重要性

目标 12.3 解释设计最优资本结构对管理者的重要性并阐释2007—2009年金融危机的经验教训。[①]

前述所有关于资本结构的讨论对非财务管理者意味着什么呢？管理公司的资本结构一般是CFO的主要职责之一，但资本结构对所有管理者和投资者都很重要。CFO在评价资本结构时面临着对各种因素的权衡，如果你的CFO正在尽职尽力地做这项工作，那么他已经能够找到那个最佳的均衡点，他能够权衡新增债务的成本与收益，从而使资本成本更低，从而使得项目更具吸引力。如果项目更具吸引力，那么企业的价值也将增加。如果你在上市公司工作，并持有该公司的股票，那么CFO已经帮助你增加了你手中股票的价值。

管理者如何看待资本结构的问题？两个重要的调查询问了管理者对资本结构的看法。在第一个调查中，两位为德意志银行作咨询的学者Henri Servaes和Peter Tufano发现超过2/3的公司声称它们设计了一个目标资本结构，这一比例在北美达到85%。在确定目标资本结构需要考虑的因素中，排名前三的是EBITDA 与利息比率、债务与 EBITDA比率，以及债务的账面市价比率。信用评级目标也是很重要的。在确定债务的适当水平时，最重要的因素是信用评级、继续进行投资的能力、税盾和保持分红的能力。

调查中还有一个问题是为什么不发行股权作为其资本结构的一部分。导致这种结果的最重要的三个因素（如大约一半的CFO所说）是EPS的稀释、担心股权的融资成本高、担心股价可能会下跌。虽然发行额外股票会对EPS的下降有直接影响，但如果新的股权筹资被投资于净现值为正的项目，那么它并不一定减少公司的价值。然而，企业担心投资者可能不会意识到长远利益，而只关注立即减少的EPS。近40%的CFO表示保证主要股东的控制权或所有权也是不发行更多股票的一个重要考虑因素。

关于美国CFO的另一个重要调查是由另外两位学者约翰·格雷厄姆和坎贝尔·哈维完成的。调查发现，60%的人表示将灵活性和信用评级（它们是提到的最重要的两个因素）作为资本结构决策的重要因素。超过80%的公司存在目标资本结构，这些目标从严格到灵活皆有。规模较大的公司和信用评级较高的公司往往设定更严格的目标。超过2/3的CFO担心发行股票会稀释每股收益。格雷厄姆和哈维认为，这表明CFO们过于注重对EPS的管理而多少忽略了对经济价值的管理，或者也可以解释为，CFO认为他们的股票价值会被低估，因此如果发行股票将稀释收益。

全球金融危机（或经济大萧条）通常被认为是自20世纪30年代的大萧条以来最严重的金融危机，并为资本结构的设计提供了一些重要的经验教训。美国在2007年12月进入衰退期，直到2009年6月才恢复过来，此次金融危机的根本原因通常被认为与美国房地产市场的崩盘有关。2006年，大幅的价格上涨正好与总体利率水平（尤其是抵押贷款利率）偏低的趋势同时发生。美国并不是个例，许多其他国家也经历了房地产泡沫。

① 调整现值法：在该法下，项目的现金流量分为两部分：一是全权益的现金流量；二是与项目融资相联系的现金流量。首先假设项目是全权益融资，算出一个基本现值，再根据财务策略引起的价值增减进行调整，得出最后APV。

美国银行在办理次级抵押贷款业务时给信用记录差的客户提供了高风险贷款，从而引发了房地产泡沫的崩溃。高风险和其他贷款或信用形式通常捆绑在一起，一并出售给在低利率环境下寻找更高利息支付投资项目的全球投资者。由于房主拖欠抵押贷款和住房价格暴跌，并且银行不愿借钱给对方，导致了信贷市场的冻结，从而造成了流动性危机，最终演变成全球性的经济衰退。在这期间，金融业的面貌发生了显著改变，如图表12-9所示。

图表12-9 **2008年发生的关键事件**

3月17日	摩根大通（JPMorgan Chase）以跳楼价收购了投资公司贝尔斯登（Bear Stearns）
9月7日	美国政府援助了Fannie Mae和Freddie Mac，它们属于政府赞助的企业，其创建初衷是为低收入家庭提供抵押贷款
9月15日	投资银行Lehman Brothers宣布破产
9月15日	另一个主要的投资银行Merrill Lynch与美国银行进行了关于紧急出售的谈判
9月16日	美国联邦储备系统持有最大保险公司AIG的大部分股份，将其从破产危机中拯救出来

经济大萧条给我们的与目前的讨论相关的最大教训之一就是资本结构的确十分重要。担负过多债务的个人和机构遭受了重大损失。公司的股东和管理者发现现实世界并不是由M＆M模型中的完美资本市场构成的。例如，许多企业依赖于商业票据等短期融资，并期望存在一个现成、流动的市场以供其每隔数个月就可以滚动其到期的债务，但它们都未能如愿。

另一个教训涉及**道德风险（moral hazard）**[①]的概念，它指的是与被完全暴露在风险中的表现相比，当公司感到自己免遭风险时会如何表现。当管理者与投资者之间存在信息不对称时，就会产生道德风险。在全球金融危机中，很多大型金融机构暴露出与次级贷款投资相关的巨大风险——远比投资者所知的风险更大。如果房价继续上涨，那么金融机构将继续盈利。但是，正如发生的那样，如果投资失利，那么金融机构可能希望被视为“规模太大以至于不可能倒闭的企业”，并且美国联邦储备委员会将帮助它们摆脱困境，而这也发生了。呼吁减少未来危机中的道德风险的改革都集中在如何确保金融机构不会再产生上述想法（“规模太大以至于不可能倒闭”）。破产的威胁应确保这些公司在未来不再承担过度的风险，但改革仍需要时间来实现。

小结

1.最优资本结构，或负债能力，是能够最大化公司普通股价值的债务-权益组合。

2.评估最优资本结构的FIRST法，包括灵活性、对EPS的影响（成本）、风险、股东控制权和时机。在制定资本结构决策时必须权衡每个标准。

3.EBIT盈亏平衡分析确定了两种不同的债务股权结构下的EPS相等时的预期EBIT水平。这种分析有助于我们理解杠杆的真正含义，并帮助我们在考虑风险的前

① 道德风险：是从事经济活动的人在最大限度地增进自身效用的同时作出不利于他人的行动，或者当签约一方不完全承担风险后果时所采取的使自身效用最大化的自私行为。

提下，明确债务与股权两种融资方式任意一方更可取时的临界条件。

附加读物与信息

1.关于CFO对财务工作的观点的调查请见：Servaes，Henri，and Peter Tufano. "CFO Views on the Importance and Execution of the Finance Function." *Deutsche Bank Working Paper*（January 2006）.

Electronic copy available at http://faculty.london.edu/hservaes/CFO%20Views%20-%20Full%20Paper.pdf

2.关于确定公司层面最优资本结构的研究报告请见：van Binsbergen，Jules H.，John Graham，and Jie Yang. "The Cost of Debt." *Journal of Finance 65*（December 2010）：2089-2136.

van Binsbergen,Jules H.,John Graham,and Jie Yang. "An Empirical Model of Optimal Capital Structure." *Journal of Applied Corporate Finance 23*（Fall 2011）:34-60.

3.关于设计资本结构考虑因素的讨论请见：Shivdassani，Anil，and Marc Zenner. "How to Choose a Capital Structure：Navigating the Debt-Equity Decision." *Journal of Applied Corporate Finance 17*（Winter 2005）：18-36.

4.关于本章介绍的有关资本结构的调查请见：Servaes，Henri，and Peter Tufano. "The Theory and Practice of Corporate Capital Structure." *Deutsche Bank Working Paper*（January 2006）.

Electronic copy available at http：//faculty.london.edu/hservaes/Corporate%20Capital%20Structure%20-%20Full%20Paper.pdf

Craham，John，and Campbell Harvey. "How Do CFOs Make Capital Budgeting and Capital Structure Decisions?" *Journal of Applied Corporate Finance 15*（Spring 2002）：8-23.

Electronic copy available at http：//faculty.fuqua.duke.edu/~jgraham/website/SurveyJACF.pdf

5.关于制定融资政策考虑因素的讨论，其中包括应该考虑的多种角度在达顿笔记中有所介绍：Bruner，Robert.Structuring *Corporate Financial Policy：Diagnosis of Problems and Evaluation of Strategies*.University of Virginia：Darden Business Publishing，1993（revised December 2005）.UVA-F-1054，Version 1.6.

6.关于最优资本结构的电子数据表和附带的视频教学请见：Professor Aswath Damodaran's website（New York University，Stern School of Business）http：//pages stern.nyu.edu/~adamodar/New_Home_Page/spreadsh.htm#cf

7.关于估计美国公司（已公开发行交易债务的公司）的税前债务成本请见：http：//ca.marketwatch.com/finra/BondCenter/Default.aspx

练习题

1.假设公司预计明年的每股收益（EPS）是2.00美元，分析师确定的一个适当的预期乘数是预期收益的15倍。股票价格应该是多少？

2.假设问题1中的公司计划增加债务比例。预计EPS随后将为2.50美元。在没有财务困境成本的前提下，股票的价格应该是多少？解释为什么现实世界中的股票价格低于该金额。

3.基于以下信息计算债务公司（DF）和全权益公司（EF）的盈亏平衡EBIT：DF利息=40 000美元；DF普通股数量=60 00；EF普通股数量=10 000；税率=35%。通过计算盈亏平衡EBIT点时DF和EF的EPS来检验你的答案。

4.基于以下信息计算现金流偿债保障比率：EBIT=540 000美元；折旧和摊销=65 000美元；利息=180 000美元；本金偿还=75 000美元，税率=35%。

5.假设一个公司有500万美元的EBIT，200万美元的利息费用，100万美元的折旧费用，税率为35%。银行同意借给其4倍于EBITDA的借款。公司能从银行借到多少贷款？

6.假设全权益公司的β估计值为1.2。如果企业改变其资本结构，其债务权益比率变为0.4，保持35%的税率，修订后的β估计值应该是多少？

7.用市场价值权重代替账面价值权重，重新计算图表12-8中的资本成本。

8.假设BetLev公司的资本结构是65%的债务和35%的股权，（杠杆）β值是1.3，企业所得税税率为35%。估计BetLev的无杠杆β值。

9.现在假设BetLev希望有50%债务和50%股权的目标资本结构，那么其目标资本结构的β值是多少？

10.下列哪一项不是倾向于较高债务比例的公司的特点：

a.盈利能力稳定

b.大量的固定资产

c.许多增长机会

d.在一个规范的行业

第四部分

价值创造

第13章　价值的衡量与创造

学习目标

目标13.1　描述价值评估的四项基本原则。

目标13.2　解释调整账面价值法。

目标13.3　解释现金流量折现法。

目标13.4　解释市盈率法和EV/EBITDA估值法。

目标13.5　解释经济增加值法对价值的衡量与管理的过程。

目标13.6　描述发生并购的动因，解释可比交易法。

目标13.7　解释价值的衡量与创造对管理者的重要性。

当一个价值评估师被问及二加二等于多少时，他回答道，“答案不一定，那取决于你是购买还是出售。”[①]

——朱利安·巴里

在第7章，我们考察了货币的时间价值；在第8章，我们探讨了管理者所面对的资本预算决策问题，介绍了资本预算的方法。这些方法——比如净现值分析法——可以帮助管理者判定一个项目能否增加公司价值。在第13章，我们将从一个更广阔的范畴来考察投资决策问题。本章将特别关注公司整体价值（而不是单独项目）的衡量和创造。在这个过程中，我们将整合本书中的诸多概念。在阅读本章时请牢记一点：公司其实就是一个由若干投资项目组成的项目组合。

本章首先将对价值的衡量与创造进行概述。然后将介绍几种常见的企业价值评估方法，包括现金流量折现法、折现价格-收益分析法（市盈率法）以及EV-EBITDA分析法。对上述方法的介绍是为了表明价值评估既是一门科学，也是一门艺术。接下来，我们将介绍价值管理和经济增加值（EVA）的概念，这些方法用于衡量管理层为股东创造价值的能力。此外，管理者经常通过兼并和收购来增加公司价值，我们也将对此进行介绍。然而，需要注意的是，公司重组的其他方法也可以为公司创造价值。

图表13-1表明，我们正在接近财务之旅的顶点。在阅读该图表时，回顾一下，在制定经营、投资和筹资等内部决策时，与总体经济和行业相关的，会影响公司发展前景和风险的外部因素。通过本章学习，我们将学习增长（尤其是现金流的增长）和风险（由资本成本率来反映）是如何影响公司价值的。

---

① 引用自朱利安·巴里的“一个老套的笑话”，详见：http//www.4networking.biz/Forum/ViewTopic/7529（2012年9月20日）。

图表 13-1　　**财务管理框架：价值创造**

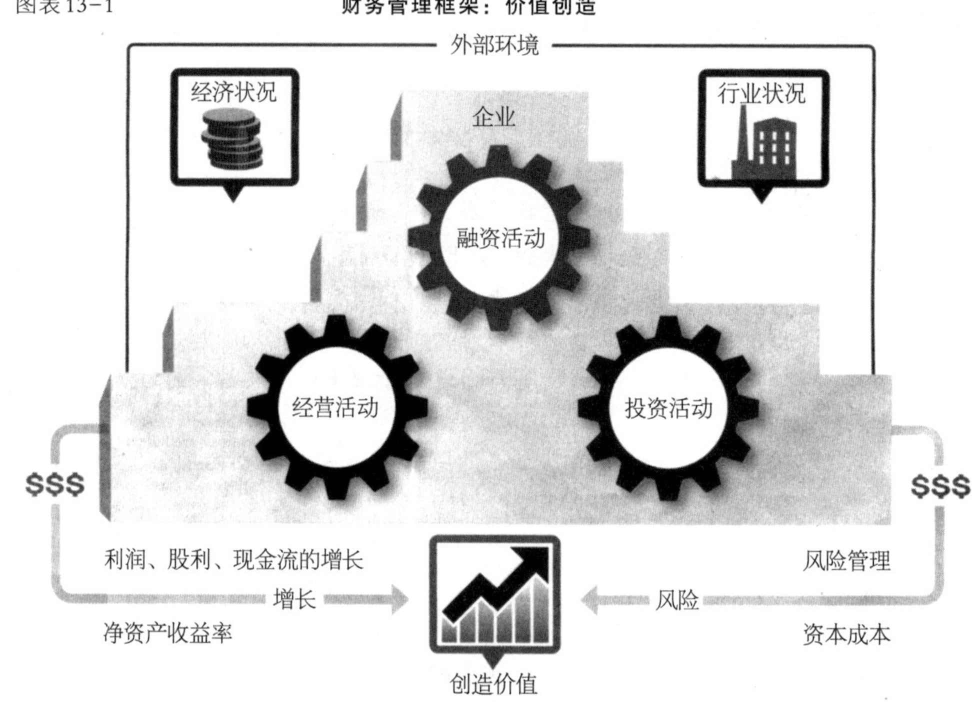

13.1　价值的衡量与创造概述

目标 13.1　描述价值评估的四项基本原则。

由于价值评估的问题在商业环境中普遍存在，因此理解如何衡量公司价值是非常重要的。比如，一家非上市公司可能正在考虑是否通过IPO程序上市。公司需要和投资银行共同确定一个适当的股票发行价，该价格决定了公司最初的整体市场价值。或者，一家已上市公司的管理层可能正在考虑通过管理层收购（MBO）或杠杆收购（LBO）等方式将公司私有化——这意味着必须为公司确定一个公平的价格。另外，一家公司也可能在考虑整体出售还是将其中一个分部剥离出售，抑或是收购或兼并另一家公司。在上述情况下，都必须对公司的整体价值（或者是部分价值）进行衡量以便管理层能够确定一个公平的交易价格。

那么，如何衡量一家公司的价值呢？对于上市公司而言，它的价值（或者具体地说，股权的市场价值）就是目前的股价乘以流通股数量。尽管这显然是衡量公司价值的一种重要而简单的方法，但是这种方法的适当性要取决于你是否相信市场是有效的。并且，这种衡量公司价值的方法对非上市公司而言是一种挑战，因为它们并没有所谓的市场价值，它们的股票也不具有上市公司股票那样的流通性——这也暗示了它们的股票价值不如上市公司。因此，对于非上市公司，如果采用与上市公司同样的价值衡量方法，那么有必要对因持有无法公开交易的非上市股票而增加的风险加以调整。事实上，一些简单的经验法则也表明，与类似的上市公司相比，非上市公司的价值应有20%或30%甚至更多的折扣。

衡量公司的价值只是本章的一部分内容。一旦我们对现有公司的价值有了大致把握，就可以更好地评估如何创造额外的价值。例如，假设一家公司的CFO（首席财务官）认为公司可以比目前承担更多的债务。由于债务成本比股权成本低，那么公司可以通过增加借款而不是发行股票来筹资以降低资本成本率。较低的资本成本率又意味着以前的项目现在看来更具吸引力。因此，公司通过优化资本结构，可以为其资本投入者创造价值。抑或是，公司可能会通过提高效率或寻求合作伙伴来降低成本，从而增加现金流和公司整体价值。另外，对于潜在的收购目标，如果新的所有者采用当前不同的利用资产的方式，那么隐藏的价值可能会被释放，从而带来现金流的增加。比如，新的所有者为了提高产量，可能会在制造车间增加夜班的工作时间。

在深入学习价值的衡量与创造的内容之前，牢记价值评估的基本原则是非常重要的：

◆ 第一，明确评估的对象：是企业整体价值还是股权价值？可以认为，一家公司的整体价值等于其股权价值与债务价值之和（假设该公司有负债）。因此，可能会有这种说法：在一次收购中，一家公司的整体价值是30亿美元，但是实际上收购者只支付了20亿美元就收购了该公司的股权，但同时还承担了10亿美元的债务。在本章，我们主要关注股权价值的衡量。但在一些方法中——比如公司自由现金流折现法——我们会从衡量公司整体价值入手，然后减去其债务价值，从而得到股权价值。

◆ 第二，投资于净现值（NPV）为正的项目可以为公司创造价值。如果市场参与者——包括潜在的股权投资者——预期公司管理层投资于一个净现值为正的项目，那么该公司的股价会上涨。因此，可以认为，股权价值包括公司最初的所有者/投资者提供的原始资本以及通过IPO和SEO筹集的资本，再加上预计未来项目的净现值。

◆ 第三，价值最终体现为买方为获得公司或其资产所愿意付出的代价。因此，主观意念很重要，这也就是为什么说价值评估既是一门科学，也是一门艺术的原因。购买方的动机同样重要。购买方有两种典型的动机，一种是清算公司资产，停止公司原有的业务；另一种是将公司视为一项持续经营的业务来购买，这两种情况下的估值是完全不同的。

◆ 第四，股东的控制权是至关重要的。换句话说，对公司的控制权是有价值的。例如，如果你是大股东，那么你可以控制公司的经营决策——意味着你可以雇佣和解雇公司的管理人员。在这种情况下，如果一个潜在的收购者想收购你的股票，除了这些股票的当前市场价格外，他可能还需要支付一定的额外费用。

13.2 价值的衡量：调整账面价值法

目标13.2 解释调整账面价值法。

假设你有一个好主意——怎样制造更好的捕鼠器——然后你决定成立一家新的公司，名为Top Traps Inc.。在公司注册成立那一天，你将250 000美元（加上你为注册费用所预留的一些钱）的储蓄存款存入了公司账户。那么这家公司的价值是多少呢？

评估价值的一种方法是计算该公司的股权账面价值（回顾第3章的内容）。你仅拥有一种资产（250 000美元的现金），没有借款（也就是零负债），因此公司的股权账面价值就等于资产的账面价值（250 000美元）减去负债的账面价值（0美元），也就是250 000美元。

另外一种方法是计算股权的市场价值或是某人愿意为购买该公司股权所支付的合理价格。同样地，该公司的价值是250 000美元（小额的注册成本忽略不计），这代表公司银行账户的余额。这个例子的目的（到目前为止）在于说明任何公司在成立的第一天，其股权的账面价值都与市场价值相等。

现在，考察该公司在成立后几年的资产负债表，如图表13–2所示。可以看到，股权的账面价值是280 000美元，不过那是否就是你想出售该公司的合理价格呢？考虑一下可能存在的隐形资产——或者说是那些在资产负债表上不能反映或被低估的资产——当然，也有可能存在被高估的资产。

图表13–2　　**Top Traps Inc.资产负债表**

资产		**负债**	
现金	\$5 000	应付账款	\$20 000
存货	80 000		
专利权	15 000	**所有者权益**	\$280 000
土地（以成本计）	120 000		
厂房和设备（净值）	80 000		
资产总计	\$300 000	**负债和所有者权益总计**	\$300 000

假如你在土地投资的时机选择上很幸运，公司的土地现在值200 000美元，有80 000美元的增值（也就是200 000美元的当前价值与120 000美元的成本之间的差额）。你可能认为你所创造的公司品牌的价值要远远超过资产负债表上所反映的专利成本。比如，一个投资者愿意为该专利支付50 000美元。另一方面，公司的一些存货可能会因产品的改进和升级而过时，它们现在可能只值60 000美元。

正如上述情形所表明的，调整股权账面价值法（**book value of equity plus adjustments approach**）[①]以股权的账面价值为起点（在本例中，是280 000美元）。然后，再加上隐形资产的价值（本例中是该公司土地现行价值与账面成本的差额以及专利的现行价值与成本的差额）。最后，再作一些适当的调整（在本例中，应减去存货的账面成本与过时存货的真实价值之间的差额）。因此，调整账面价值法的一般公式可表示为：

股权价值（V_E）=股权账面价值+调整项

对Top Traps Inc.而言，其股权价值可以计算如下：

V_E=280 000美元（股权账面价值）+80 000美元（土地的价值增值）+35 000美元（专利的超额价值）−20 000美元（存货过时的贬值损失）

V_E=375 000美元

13.2.1　调整账面价值法的优缺点

调整账面价值法的优点是显而易见的：易于操作，部分原因是我们不需要任何计算就可以直接得到股权的账面价值。这种方法的主要缺点是它隐含地假设公司即将破产，其资产将被变卖以偿还债务，剩余的资金代表股权价值。换言之，运用这种方法的假设前提是公司不是持续经营的。对于持续经营的公司而言，良好的客户基础无疑

① 调整股权账面价值法：以公司股权的账面价值为基础估算公司股权价值的方法。

将带来切实的利益，因为这些客户会是未来收入的来源，但是这种好处并不会反映在其资产的清算价值中。

尽管这种方法有明显的缺陷，我们通常还是把它作为估值的起点。比如，在金融服务行业，收购价往往是股权账面价值的一定倍数，如“股权账面价值的两倍”。这种特殊的方法将公司的股权账面价值作为起点，并用它乘以一定的倍数，以此来反映公司隐藏的价值和项目的未来盈利前景。幸运的是，接下来要介绍的估值方法更具合理性并且与现实情况更加相符。

13.3　价值的衡量：现金流量折现法

目标13.3　解释现金流量折现法。

现金流量折现法（discounted cash flow （DCF） method）[①]——也被称为自由现金流折现法——是在第7章介绍的货币时间价值概念的基础上延伸出来的一种估值方法。具体而言，折现DCF法有两种形式，它们都涉及对现金流的预测，需要对这些现金流的现值进行估计并相加起来以评估价值。图表13-3给出了这两种形式。一种是股权自由现金流法，即直接估算属于公司股东的自由现金流量的价值——或者称之为股权价值 V_E[②]。另一种是公司自由现金流法，这是一种间接方法，该方法先评估公司的整体价值 V_F，然后减去债务的价值 V_D，以及其他对资产的索取权的价值 V_O，最终得到公司的股权价值。在该方法下，我们把公司的股权价值定义为公司的整体价值减去债权人、优先股股东等其他投资者的求索权的价值。这种方法应用更广，也是本部分介绍的重点。

图表13-3　　**股权价值衡量的直接法与间接法**

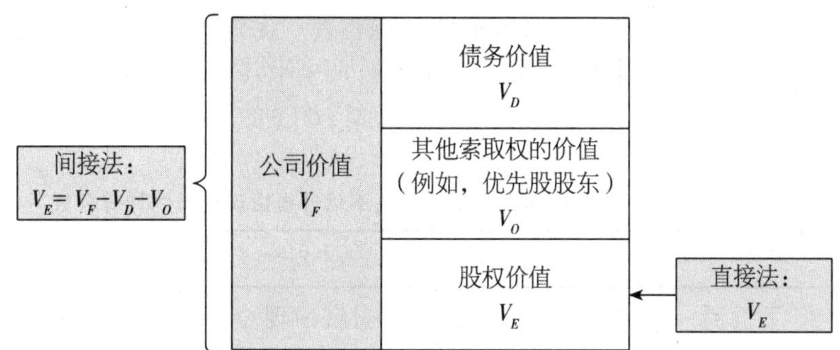

为了更好地理解**公司自由现金流法**（free cash flow to the firm method）[③]，我们首先将对其进行简要介绍，并对应用该方法进行估值的五个步骤加以概括，如图表13-4所示。然后，通过一个具体的例子来进一步地解释每一个步骤（包括一些新术语，如自由现金流量和终值）。这种方法的假设前提是将公司价值视为未来预期现金流量的现值。股权价值应等于公司整体价值与债务价值及其他对公司资产索取权价值的差额。

① 现金流量折现法：是对企业未来的现金流量及其风险进行预期，然后选择合理的折现率，将未来的现金流量折合成现值。

② 该方法与公司自由现金流估值法的比较可在MyFinanceLab上查阅。

③ 公司自由现金流法：一种基于预期自由现金流的估算公司股权价值的方法。

图表 13-4　**公司自由现金流折现法的估值步骤**

1.预测接下来几年每年的自由现金流（估值的对象）

2.估计资本成本率（作为计算现值时的折现率）

3.用第二步中的折现率来计算接下来几年（根据第一步预测的）自由现金流的现值

4.预测终值（即超过预测期的现金流的价值），计算该终值的现值，并将其与第三步中的现金流的现值相加（来确定公司的整体价值）

5.在步骤四的基础上，减去有息债务及其他非来源于普通股股东资本的价值（确定公司的股权价值）

为了更好地理解公司自由现金流法是如何运用的，考察一个例子。假设你成立了另外一家公司，名为 Even Better Traps Inc.，你预测接下来 3 年的息税前利润（EBIT）分别是 40 000 美元、50 000 美元和 60 000 美元。同时，折旧分别为 4 000 美元、5 000 美元和 6 000 美元；资本支出预计为 6 000 美元，7 000 美元和 8 000 美元；营运资本需求增量预计为 2 000 美元，3 000 美元和 4 000 美元。公司税率估计为 35%，资本成本率假定为 10%。3 年以后，每年的自由现金流（在下节定义）以 3%的固定增长率增长。另外，公司现有债务的当前价值 V_D 是 100 000 美元。基于这些数据，如何估计公司的股权价值呢？

13.3.1　估计自由现金流

为了回答这个问题，首先从**自由现金流（FCF）（free cash flow）**[①]这个概念开始（这里具体指的是公司自由现金流，简称 FCFF）。自由现金流是指在满足公司经营费用支出、税费支出、必要的资本投资支出以及必要的新增营运资本支出后剩余的、可供公司所有资本投入者（包括债券持有者、优先股股东和普通股股东）分配的现金流。在本节的后面部分，我们将预测公司未来几年的自由现金流，但这里只预测下一年的情况。图表 13-5 给出了计算每年 FCFF 的一般公式，图表后有对公式的详细解释。

图表 13-5　**公司自由现金流法下估计自由现金流的计算公式**

公司自由现金流=息税前利润×（1-税率）+非现金费用-资本支出-营运资本的净增加额

下面看一下图表 13-5 所示的公司自由现金流计算公式中的各个组成部分。首先，息税前利润是指扣除利息和税费之前的利润，可以用收入减去生产产品或提供劳务的成本来计算——但不考虑税费或融资费用，比如借款的利息。用息税前利润乘以（1-税率）来计算这些营业利润或收益所承担的税费。例如，如果税率是 35%（或 0.35），那么公司的税后收益就等于其税前收益的 65%。简单来讲，如果公司没有债务，那么可以把这个金额作为公司的净收益。我们将在下一步估计资本成本率时解释债务融资的问题。

① 自由现金流：是企业产生的、在满足了再投资需要之后剩余的现金流量，等于税后净营业利润加上折旧及摊销等非现金项目，再减去资本支出和营运资本的增加额。

深入讨论：为何要加回非现金项目?

现在来细致考察“通过加回非现金项目将会计利润调整为公司实际的现金流”究竟所指为何。下表比较了“标准”的会计处理方法（权责发生制）与“收付实现制”方法，以此来表明，加回非现金项目实际上是对这两种方法进行调节的过程。下面我们以最常见的非现金项目——折旧为例进行解释。

	权责发生制	收付实现制	注释
销售净额	\$70 000	\$70 000	假定全为现金
销售成本	\$46 000	\$46 000	假定全为现金
毛利	\$24 000	\$24 000	
营业费用： 销售、一般及管理费用	\$16 000	\$16 000	假定全为现金
折旧	\$2 000		
营业费用总计	\$18 000	\$16 000	
息税前利润	\$6 000	\$8 000	
税费（税率 35%）	\$2 100	\$2 100	现金税（实际支付）
净收益	\$3 900	\$5 900	
息税前利润×（1−税率）＋折旧	\$5 900		和收付实现制一样

在此例中，全部的现金交易业务共产生 24 000 美元的毛利。在权责发生制下，需要减去所有的营业费用——包括折旧这一非现金项目——来计算息税前利润，从而形成计算税费的基础（需要注意的是，在这个简单的例子中，该公司没有任何有息债务，所以没有减去利息支出）。折旧是一种“好”费用，因为它并不代表任何的现金流出，但却有助于减少税费的支付。

如图所示，在权责发生制下，净收益为 3 900 美元，而在收付实现制下的净收益是 5 900 美元。可以通过简单地加回非现金费用（折旧）来协调这两种方法。具体而言，为了计算收付实现制下的税后收益，可用息税前利润乘以（1−税率），然后再加回非现金费用，即为：6 000×（1−0.35）+2 000=5 900 美元。

现在，继续考察公司自由现金流计算公式中的非现金费用项目。因为本方法关注的是现金流（也就是现金流量折现法中的现金流），因此需要在息税前利润×（1−税率）的基础上加回非现金项目（如折旧和摊销）来调整其税后营业利润。

如图表 13−5 所示，公司自由现金流计算公式的下一个组成部分是“−资本支出”。在大多数情况下，我们都假定公司处于成长过程中。如此一来，大多数公司都将需要通过投资来实现增长——这也意味着公司需要为这些投资预留现金。例如，如果一家公司存在贬值的资产，比如厂房和设备，那么该公司至少需要留出现金来更新这些贬值资产。如果该公司不处于成长期，那么预期它的资本支出额与其折旧额大约相抵。但如果公司随时间成长，那么预期其资本支出将超出折旧额。这样就需要预留现金以备公司成长所需，因此把资本支出作为公司自由现金流计算的一个减项。对很多公司来说，尤其是制造业或是资源开发行业，管理层会对重大的主要资本支出和维持性资本支出进行长期计划，以便应对项目资本支出所需。

最后，考察公司自由现金流计算公式中的“-营运资本净增量”部分。回顾第5章关于营运资本需求的检验。如果一家公司正处于增长期，其营运资本可能会增加，或者它的流动资产（如应收账款和存货）和流动负债（如应付账款）存在营运资本周转缺口（以美元计算），那么它必须为增加的营运资本需求预留现金，正如其必须为增加的资本支出需求预留现金一样（如果公司的收入减少，实际上它可能会减少营运资本需求，因此可能需要加上营运资本的净减少额。由于这种情况并不多见，我们在一般公式中还是以减去该项来表示，但应注意这个减项可能是负数）。需要注意的是，这里只考虑了增加的或是变化的营运资本需求。例如，这里考虑的并不是已有存货占用了多少资金的问题，而是下一年需要为新增存货预留多少资金的问题。要计算营运资本的变化量，需要考察公司销售净额的变化和营运资本的变化之间的关系。比如一种可能的情况是，销售额每增加100美元，营运资本将增加4美元或者说营运资本的增量是销售额增量的4%。

既然我们已经理解了公司自由现金流一般计算公式的每个组成部分，现在用前文所述的税率、折旧、资本成本和营运资本等数值来预测Even Better Traps公司接下来3年的自由现金流。

公司自由现金流	=息税前利润	×（1-税率）	+非现金费用	-资本支出	-营运资本的净增加额	
$FCFF_1$	=\$40 000	×（1-0.35）	+\$4 000	-\$6 000	-\$2 000	=\$22 000
$FCFF_2$	=\$50 000	×（1-0.35）	+\$5 000	-\$7 000	-\$3 000	=\$27 500
$FCFF_3$	=\$60 000	×（1-0.35）	+\$6 000	-\$8 000	-\$4 000	=\$33 000

13.3.2 估计资本成本率

既然我们已经估计了Even Better Traps公司未来3年的公司自由现金流，接下来考虑图13-4中所描述的公司自由现金流法估值的第二步。需要注意的是，当我们考察一家公司的自由现金流时，似乎忽略了融资成本，比如借款的利息费用。实际上，我们并不是忽略融资问题，而是将其纳入未来现金流折现的折现率中。换言之，我们是通过折现而求得现值。折现率等于第10章中的资本成本率，它包含债券、优先股和普通股等各种融资方式的成本。

回顾一下，加权平均资本成本的计算公式为 $k_C = w_d \times k_d + w_p \times k_p + w_e \times k_e$ ，在这个公式中， w_d 、 w_p 和 w_e 分别代表债务、优先股和普通股各自的权重（相加等于1）， k_d 、 k_p 和 k_e 分别代表债务、优先股和普通股的资本成本率。债务资本成本率（ k_d ）是当前发行新债（如债券）的税后成本。优先股资本成本率（ k_p ）为公司或类似公司的现有优先股的当前股息收益率。普通股资本成本率（ k_e ），通常采用资本资产定价模型（CAPM）来估计，即用无风险利率或长期政府债券收益率加上 β 乘以市场风险溢价。这里的权重指的是目标权重，代表的是我们预期公司将要发行的债务和股权的比例。如步骤一所描述的那样，资本成本率 k_c 是计算公司未来自由现金流现值时的折现率。在本例中，我们已经假定 Even Better Traps 公司的资本成本率为10%。

13.3.3 估计自由现金流的现值

既然我们已经估计了自由现金流，确定了折现率，接下来考察公司自由现金流法估值的第三步。正如图表13-4所描述的，该步骤涉及使用资本成本率作为折现率来计算公司预测期（通常是5到10年）的自由现金流的现值。回顾第7章所描述的，折现是用预期的自由现金流（或未来值）除以（1+资本成本率）^{t}，这里的 t 表示折现期。

第t年的公司自由现金流的现值 = 第t年的公司自由现金流/（1+资本成本率）^{t}

这里，假设资本成本率在整个估值期间保持不变。

可以通过绘制时间线来更加直观地展现这一计算过程（如图表13-6所示）。需要注意的是，该时间线假定所有的现金流都发生在年末。由于还没有考虑超出预测期（在 Even Better Traps 公司的例子中，预测期为3年）之后的现金流，暂且把这个时间线称为第1部分。

图表13-6　**自由现金流时间线（预测期的现金流）**

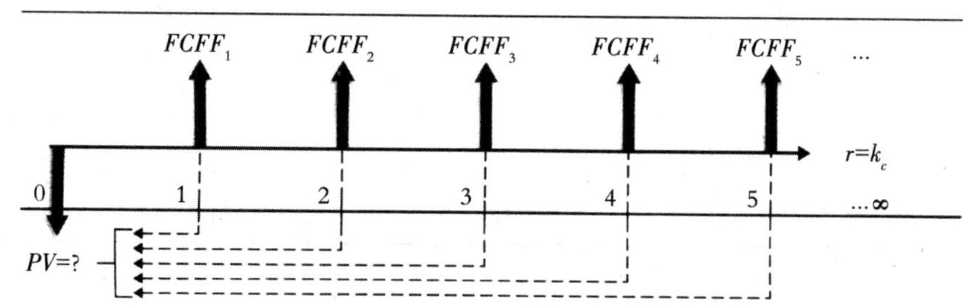

该步骤涉及对未来几年自由现金流的预测，但预测期应为多少年并没有硬性规定。一般来说，5～10年是一个合适的时间段，因为大多数公司在未来5～10年内都会对收入和重大资本支出作出一个合理预期。一个指导性的原则是预测的年数一直达到假定公司的自由现金流将以固定的增长率增长为止（我们将在下一部分中用到这个关键假设）。

运用第7章的公式和本章前面确定的现金流，可以将 Even Better Traps 公司3个预测期自由现金流的现值以及现值之和计算如下（数字可能由于四舍五入而稍有出入）：

第t年的公司自由现金流的现值=第t年的公司自由现金流／（1+资本成本率）^{t}

PV of $FCFF_1$=\$22 000/（1.10）^{1}=\$20 000

PV of $FCFF_2$=\$27 500/（1.10）^{2}=\$22 727

PV of $FCFF_3$=\$33 000/（1.10）^{3}=\$24 793

PV of $FCFF_{1-3}$=\$ 67 521

13.3.4 估计终值

如图表13-4所示，公司自由现金流法估值的第四步是估算终值，并计算其现值，然后把该现值与预测期内的自由现金流的现值相加。**终值**（terminal value）[①]所在的时点是预测期的最后一年，代表的是所有超过预测期以后的自由现金流的价值。换言之，终值代表的是永续现金流的价值。

计算终值的方法很多。一种是直接预测公司在未来某个时点（比如第5年）可能的价值。另一种方法是用一个倍数乘以EBITDA，这将在后面介绍。还有一种方法是假定超过预测期后，自由现金流将以固定的增长率增长，并运用第7章所介绍的永续年金公式来计算其终值。本节主要介绍最后一种方法。

假定我们已经详细预测了5年的自由现金流，并计算了现值，如图表13-6所示。现在，考虑一个以 $t=5$ 而不是 $t=0$ 开始的延伸的时间线，这样做的目的是确定在 $t=5$ 时，所有 $t=5$ 以后的（$t=6$，$t=7$，等等）自由现金流的现值。之前曾假定从 $t=5$ 这个时点开始，以后期间的现金流将以固定的增长率永续增长。延伸的时间线如图表13-7所示。

图表13-7　**自由现金流的时间线（预测期的现金流）**

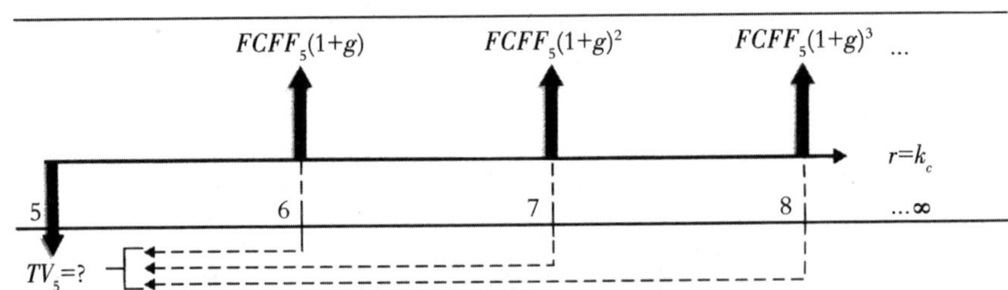

从第7章可以知道，公司在 $t=5$ 时点的未来现金流的价值（或是 $t=5$ 时的终值 TV_5）可以用图表13-8所示的固定增长的永续年金公式来计算。

图表13-8　**终值计算（以 $t=5$ 时点为例）**

$$TV_5=\frac{FCFF_5(1+g)}{(k_c-g)}$$

其中：$TV_5=t=5$ 时自由现金流的终值

$FCFF_5=t=5$ 时的预测自由现金流

$g=t=5$ 以后的自由现金流的预期固定增长率

k_c =资本成本

深入讨论：现金流量折现法估值的常见错误

我时常考虑在有关估值问题的考试前对全班同学宣布："如果每位同学都能准确地计算终值，我将请全班同学吃比萨！"尽管我并没有这么做，不过也许你们的财务学老师会这样做——但别指望会吃到任何免费的比萨。

在计算终值时，人们通常会犯两种常见的错误。第一种是在固定增长的永续年金计算中错误地把自由现金流指定为当期自由现金流而不是下一期的自由现金流。举个例子，假如我们要估计第5年的终值，那么需要预测第6年的自由现金流，并将其代入固定增长的永续年金公式中，而不是用第5年的代入。第二种常见错误是对终值的折现（就是确定现值计算公式中分母的指数）使用了下一期的折

① 终值：资产在经济生命结束时的价值，或在未来任意时间的价值。

现期，而不是和最后一次预测自由现金流的折现期一致。例如，假定我们已经预测了5期的自由现金流——最后一期是第5年——那么终值也是在第5年计算，并用5年的折现期进行折现，而不是在第6年用6年的折现期计算。

以我的经验，在超过50人的班级中，不出现终值计算错误的几率低于2%。你的班级就是那为数不多的可以吃到免费比萨的班级吗？

既然我们已经估计了终值（*TV*）。第四步骤的第二部分就涉及以资本成本率（k_c）作为折现率来计算该终值的现值（*PV*），该计算过程比较简单。

$PV\ of\ TV_5 = TV_5 / (1+k_c)^5$

第四步的最后一部分是把终值的现值和预测期的自由现金流的现值相加。

现在可以把图表13-6和图表13-7的自由现金流时间线合并，如图表13-9所示。因为我们已经估计了预测期内的自由现金流的现值（第1部分）以及超出预测期的自由现金流的现值（第2部分），现在就可以评估公司的整体价值 V_F 或者说是公司资产的价值。也可以将公司资产的价值作为**企业价值**（enterprise value，EV）[①]——但后文提到更多的是后者。

图表13-9　**合并的自由现金流时间线**

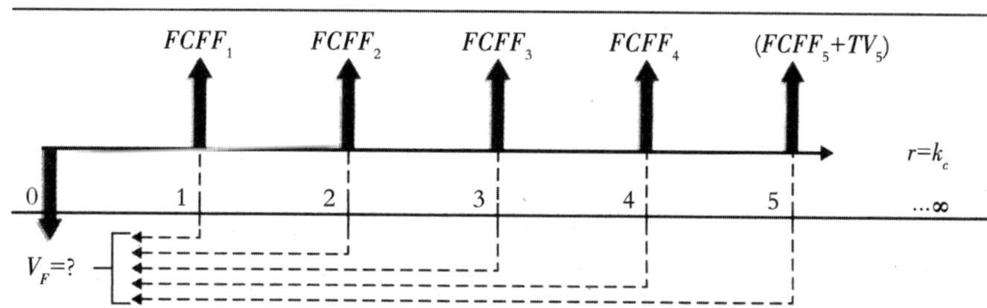

Even Better Traps公司的终值的计算、终值的现值计算，以及该现值与预测期现值的合计如下（已假定资本成本率为10%，预测期后的自由现金流每年的增长率为3%）：

$TV_t = FCFF_t \times (1+g) / (k_c - g)$

$PV\ of\ TV_t = TV_t / (1+k_c)^t$

TV_3 = 33 000美元 × (1.03) / (0.10 − 0.03) = 485 571美元

$PV\ of\ TV_3$ = 485 571美元 / $(1.10)^3$ = 364 817美元

$VF = sum\ of\ FCFFs$ = 67 521美元 + 364 817美元 = 432 338美元

13.3.5　估计股权价值

至此，我们已经计算了公司自由现金流的价值，但根据图表13-3可知，我们的最终目标是估计公司的股权价值。为此，需要从公司整体价值中减去公司的债务价值以及其他索取权（例如，优先股股东权益）的价值。因此，公司自由现金流法估值的第五步（如图表13-4所述的）就是减去所有有息债务 V_D 和其他索取权的价值，从而得到公司的股权价值。

股权价值=公司整体价值−债务价值

因此，Even Better Traps公司的股权价值可以计算如下：

① 企业价值：整个公司的估计价值，或该公司资产的价值。

股权价值=432 338美元-100 000美元=332 338美元

图表13-10中总结了所有的计算过程。

图表13-10　　**Even Better Traps 公司的现金流量折现法估值（金额单位：美元）**

税率（t）=35.0%
资本成本（K_c）= 10.0%
增长率（g）=3.0%

FCFF法	0	1	2	3	4	注释
息税前利润		40 000	50 000	60 000		已知
－税费		14 000	17 500	21 000		息税前利润×税率
息税前利润×（1−税率）		26 000	32 500	39 000		息税前利润－税费
+折旧费		4 000	5 000	6 000		已知
－资本支出		6 000	7 000	8 000		已知
−增加的营运资本		2 000	3 000	4 000		已知
公司自由现金流		22 000	27 500	33 000	33 990	第四年公司自由现金流=第三年的公司自由现金流×（1+增长率）
终值				485 571		第四年公司自由现金流／（资本成本－增长率）
公司自由现金流+终值		22 000	27 500	518 571		
公司自由现金流现值（和终值）		20 000	22 727	389 610		以资本成本为折现率
公司价值	=432 338					公司所有自由现金流的现值之和
债务价值	=100 000					已知
股权价值	=332 338					股权价值=公司价值－债务价值

13.3.6　公司自由现金流法的优缺点

公司自由现金流法（以及一般的现金流量折现法）的主要优点是考虑了货币的时间价值，具备完善的理论基础。这种方法也清楚地显示了价值的关键驱动因素是增长与风险。例如，Even Better Traps公司的自由现金流增长越多，公司的价值就会越大——但如果风险水平越高（结果是β值越大，导致股权成本越高，从而资本成本率越高），公司的价值就越小。

公司自由现金流法的主要缺点是计算繁琐因而相较于其他方法，更耗时间，更难于操作。这种方法还经常涉及一系列的预测，这在现实工作中也是一大挑战。例如，在兼并和收购的情况下，为了确定一个适当的资本成本率，公司必须谨慎地评估并购所带来的商业风险。如果资本结构发生变化，那么资本成本率也将随之改变。同时，要想对资本支出和营运资本的变化作出合理的预测也是比较困难的。另外，对税率的预测也有一定难度，因为它不一定是以以前年度的税率为基础的（尤其当这一年不是一个典型的纳税年度时），而有可能以预计的税率为基础。最后，在确定终值时，如果采用持续经营假设，那么需要预测从哪一时点开始自由现金流将以固定的增长率增长。

13.4 价值的衡量：相对价值法与可比分析

目标 13.4 解释市盈率法和EV/EBITDA估值法。

现金流量折现法估值是较为精确与严密的，需要花费大量的时间，那么是否存在一种耗时较少的方法呢？**相对价值法**（relative valuation methods）[①]就是一种比较简单易行的方法，它是将公司与同类竞争者进行比较，从而得到目标公司的股权价值。然而，任何捷径都有其收益和成本。相对价值法比现金流量折现法更快捷，但是估值的精确度也会有所降低。

13.4.1 市盈率法

回顾在第12章，我们简要地介绍了市盈率估值模型。根据该模型，当前的股价（P_0）主要取决于两个因素：一个是公司的预期每股收益（EPS_1）；另一个是所谓的合理预期的市盈率（P/E）乘数，即市场对公司股票的价格与预期每股收益的比值所达成的共识，通常可以利用对同行业内类似公司的可比分析获得。一旦估算出普通股的内在价值，该公司普通股的股权价值就可以用普通股的每股价格乘以流通在外的普通股股数来计算。与公司自由现金折现流法不同，这种方法能够直接评估公司普通股的股权价值。

图表13-11给出了市盈率估值模型的公式。接下来详细地探讨公式的组成部分——每股收益（EPS）和市盈率（P/E）。市盈率估值模型中的预期每股收益通常是基于后一年度估计的，并假定该年都为“正常”的收益，即不存在非经常损益或其他对收入产生异常影响的事项。对上市公司而言，由于分析师和金融信息服务机构都会对之进行预测，所以相关信息更容易获取。在某些情况下，公司的管理团队也会为公众对收益的预期提供引导。如果这些信息不可获得，或者公司是非上市公司，那么可以用第6章的预测利润表分析来简单地预测收益。

图表13-11 **市盈率估值模型**

本期股价（P_0）=合理预期的市盈率乘数（P/E）×预计每股收益（EPS_1）

其中：本期股价（P_0）是指当前市场上股票的每股价格；合理预期的市盈率乘数（P/E）是基于可比分析析估算的；预计每股收益（EPS_1）是指下一年的每股收益。

确定一个合理的预期市盈率乘数则更具挑战性。这个过程通常涉及对同行业类似

① 相对价值法：通过与可比公司的价值进行比较来估计企业的股权价值的方法。

公司的**可比分析**（comparable analysis）[①]——也就是说，需要计算类似公司的平均市盈率（或者更准确地说，是它们当前价格与预期每股收益的比率）。一个理想的可比公司应具有以下特征：

- 处在类似行业。
- 类似的规模。
- 类似的现金流增长预期。
- 类似的风险，可用 β 值衡量。
- 类似的资本结构或财务杠杆。
- 类似的股利支付。

由于市盈率反映了公司的增长潜力和风险，所以一种可行办法是先简单估计一个全行业市盈率的平均水平，然后根据该公司的增长潜力和风险将该平均值调增或调减。例如，如果该公司与行业平均水平相比，有更好的增长潜力，那么（在其他条件等同的情况下）它应该设定一个更高的市盈率（因为增长属于有利条件）；相反，如果该公司的风险超出同行业平均水平，那么它应该设定一个较低的市盈率（因为风险属于不利条件）。

多数时候，出于平衡增长与风险的考虑，估计市盈率不仅是一门科学，更是一门艺术。另外还需要注意的是，不同行业的平均市盈率存在很大差异。同样地，即使在同一个行业内，平均市盈率也会随着行业总体情况和市场环境的变化而变化。图表13-12显示，全市场市盈率的历史平均值大约在16～17之间，这个数据可以作为估计市盈率的一个粗略的参考。

图表13-12　**历史市盈率乘数，基于1881—2011年美国股票市场平均价格和10年期滚动的历史收益**

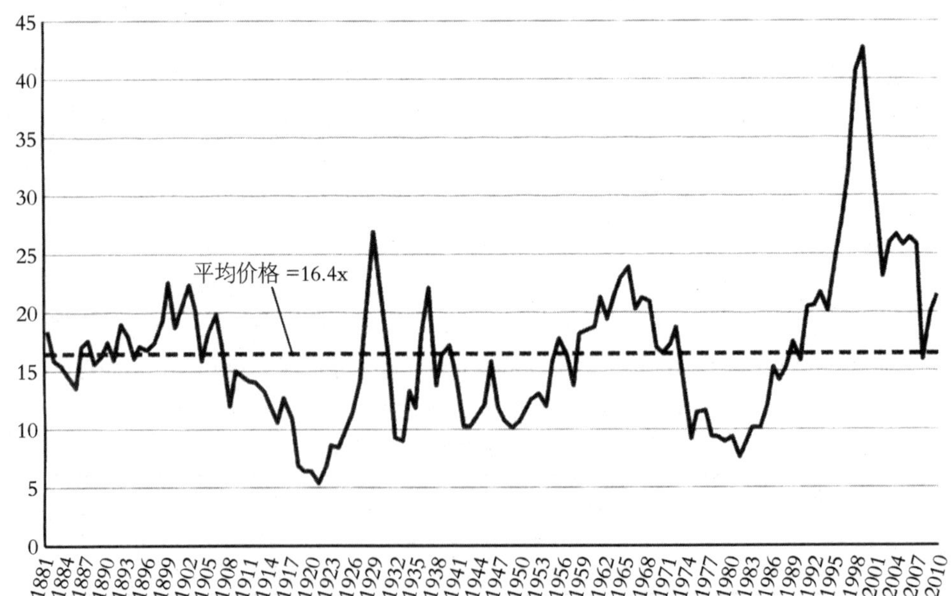

来源：Robert Shiller's website,http://www.econ.yale.edu/~shiller/data.htm(accessed March 1,2012)

① 可比分析：为了确定某项资产的市场公允价值，将选定公司的资产或业务与其他公司进行对比。

回到Even Better Traps公司的例子，我们将运用市盈率法对公司的价值进行评估，然后把所得结果与运用现金流量折现法得到的结果相比较。在图表13-10中，我们预计公司第一年的息税前利润是40 000美元，假定利息支出为8 000美元（即有息债务100 000美元的8%），并且假定Even Better Traps公司有20 000股流通在外的普通股。从图表13-13中可以看出，公司预计的每股收益为1.04美元。

现在假设我们通过可比分析确定了一个合理的预期市盈率乘数为16，该值反映了与同行业公司相比，我们对Even Better Traps公司的增长潜力和风险的评估。如此可得，公司股票的内在价值（P_0）为1.04美元的16倍，即16.64美元。再用这个股价乘以普通股股数，可以得到股权价值为332 800美元，这与采用现金流量折现法估计的结果相近。

图表13-13 **市盈率法**

息税前利润	$40 000
-利息	8 000
税前利润	32 000
-税费	11 200
税后利润	$20 800
流通股股数	20 000
每股收益	$1.04
合理预期的市盈率乘数	16.00
每股市价	$16.64
股权价值	$332 800

13.4.2 市盈率法的优缺点

这种方法的优点是易于操作，它是基于与市场相关的衡量方法并且具有前瞻性。但它的一个重要缺陷是该方法的运用前提是事先假定了所选择的可比公司是被公允定价的。这是一个值得商榷的假设——例如，在20世纪90年代末，科技股就曾被过高估值。市盈率法的另一个缺点是其使用的是收益而不是现金流，而收益可能会受会计规则的影响，比如折旧方法的选择。另外，市盈率模型在负收益的情况下不适用；同时在跨行业经营的情况下也难以使用；如果可比公司的资本结构差异很大也难以使用。最后，运用这种方法很难体现对价值创造的影响——例如，如果公司改善其营运资本管理，公司价值可能发生变化。

深入讨论：市盈率模型和固定增长的股利折现模型

市盈率模型和第8章所讲的固定增长的股利折现模型虽然看起来有所不同，但事实上两者是密切相关的。如果假定股利支付率是一个常数K，则可以通过替换

DIV_1，将公式变换成包含预期每股收益的形式，如下所示：

公司的内在股价 P_0 = 常数 K × 每股收益 EPS_1/（资本成本率 r − 增长率 g）

两边同时除以预期每股收益，可以得到预期市盈率乘数：

公司的内在股价 P_0/ 每股收益 EPS_1 = 常数 K/（资本成本率 r − 增长率 g）

可以看到，在其他条件不变的情况下，预期市盈率与增长率正相关——因为 g 越大，P_0/EPS_1 的值就越大——同时风险与预期市盈率负相关——因为 r（股东预期报酬率或股东必要报酬率）越大，P_0/EPS_1 的值就越小。

13.4.3 *EV/EBITDA*估值法

市盈率估值模型的一个缺点是使用收益，而*EV/EBITDA*估值模型（enterprise value-to-EBITDA model）[①]则可以克服这一缺点，该方法将公司（或企业）整体价值估计为EBITDA的一个倍数。与市盈率法一样，*EV/EBITDA*模型也是一种相对价值评估法。

运用*EV/EBITDA*模型估值包括两个步骤：首先预测公司价值*EV*，然后减去其他索取权（如债务）的价值，进而得到股权价值——这与公司自由现金流法的最后一步类似。图表13-14给出了完整的步骤。

图表13-14　　*EV/EBITDA*模型的估值步骤

第一步：

EV_0 = 合理预期的*EV/EBITDA*乘数 × $EBITDA_1$

其中：EV_0 = 当前的企业价值

合理预期的 *EV / EBITDA* 乘数是基于可比分析估算的。

$EBITDA_1$ = 预计下一年的利息、税收、折旧及摊销前利润

第二步：

股权的价值=当前企业价值−债务价值−其他索取权价值

*EBITDA*是指扣除利息、税费、折旧和摊销前的利润。因为非现金项目——折旧和摊销——被加回到公司的息税前利润或营业利润中，因此*EBITDA*可以看作是对经营活动产生的现金流量的一个简单替代。我们可以通过分析师或金融服务机构的预测、管理层的指引，或是自己的预测而得到预计的*EBITDA*。而确定合理预期的*EV/EBITDA*则涉及与市盈率模型中类似的可比分析——根据类似的可比公司估计一个适当的乘数，再根据该公司自身的增长潜力和风险加以调整。

用预计的*EBITDA*乘以预期*EV/EBITDA*乘数，就可以得到企业的整体价值 EV_0 ——也就是图表13-14中的第一步。然后，第二步是指减去债务价值 V_D 以及其他对该公司资产的索取权的价值——比如减去优先股的价值——进而得到股权价值 V_E。

回到Even Better Traps公司的例子。图表13-15给出了计算过程的总结。根据前

① *EV/EBITDA*模型：以预期*EBITDA*为基础计算的公司内在价值的模型。

文第一年的息税前利润预计为 40 000美元，折旧预计为4 000美元。

现在假定我们通过可比分析确定了一个适当的预期*EV/EBITDA*乘数为10，这一比值反映了与同行业公司相比，对Even Better Traps公司增长潜力与风险的评估。因此，企业价值 EV_0 为44 000美元的10倍，也就是440 000美元。在此基础上减去债务的价值 V_D ，就可以得到股权价值 V_E 为340 000美元——这与运用现金流量折现法得到的结果相近。

图表13-15 **EV/EBITDA 估值法**

息税前利润	\$40 000
+ 折旧	4 000
息税、折旧、摊销前利润	\$44 000
合理预期的*EV/EBITDA*	10.00
企业价值 =	\$440 000
债务价值 =	100 000
股权价值 =	\$340 000

13.4.4 *EV/EBITDA*估值法的优缺点

与市盈率估值法相比，*EV/EBITDA*估值法有一些优点。由于*EBITDA*是扣减利息费用和折旧费之前的利润，因此在运用可比分析时，该方法能够最大限度地减小不同公司的资本结构差异以及固定资产差异带来的潜在扭曲。举个例子，假定有两家公司，名为Alpha和Bravo，公司规模类似，但是与Bravo相比，Alpha的负债更多，利息费用更高，因而收益可能相对较低。另外，Bravo比Alpha拥有更多的固定资产，这样它就可能有更多的折旧费用，因而收益也较低。同时，由于*EV/EBITDA*估值法是一种以现金流为导向的方法，减少了会计操纵的空间。当然，与其他相对价值方法一样，这种方法也确实存在一些缺点，比如它只是基于公司一年的预期。因此，尽管*EV/EBITDA*估值法使用起来相对简单，但是它缺乏像现金流量折现模型那样的丰富性。

此外，尽管还有一些相对价值估值模型——例如基于营业收入或现金流乘数的模型——但必须注意的是，不管是简单的计算式还是复杂的试算表，只有在符合其基本假设的前提下才能够有效地运用相对价值估值模型。

深入讨论：比较行业中市净率、市盈率以及*EV/EBITDA*

如何比较指定行业的相对价值指标——市净率、市盈率以及*EV/EBITDA*？金融学教授Aswath Damodaran是价值评估方面的专家，他建立了一个大型的免费在线数据库。下表是不同行业的指定指标的汇总。

行业	市净率	市盈率	*EV/EBITDA*
广告业	2.0	18.2	7.8
航空航天/国防	3.1	15.5	7.4

续表

行业	市净率	市盈率	*EV/EBITDA*
服装业	3.4	17.7	11.7
汽车行业	1.3	10.0	7.5
银行	1.0	14.4	4.9
饮料业	4.5	17.1	12.7
生物工艺学	4.6	47.4	22.5
建筑材料业	1.7	67.3	14.5
计算机软件	3.9	37.6	9.7
医药业	3.0	22.2	8.9
电子业	1.9	15.9	6.6
娱乐业	2.4	12.3	9.5
殡丧业	2.1	15.0	9.7
住宅建筑业	2.5	83.5	21.1
酒店业/博彩业	3.1	23.0	10.7
家居产品业	3.8	14.8	11.1
产业服务业	2.3	17.7	8.9
信息服务业	3.9	39.9	10.9
信息技术服务业	4.4	25.4	12.2
机械制造业	2.8	16.4	9.9
医疗服务业	2.0	20.8	6. 0
金属和采矿业	2.3	16.3	5.3
天然气公用事业	2.0	21.1	9.9
报业	2.7	11.8	8.7
办公设备/办公用品制造业	1.1	15.5	4.8
石油/天然气业	3.6	27.8	12.0

续表

行业	市净率	市盈率	*EV/EBITDA*
纸业/林产品业	1.9	19.2	7.2
贵金属业	1.6	18.0	7.2
物业管理业	1.7	18.3	16.0
出版业	3.4	11．7	8.8
铁路业	3.0	14.6	9.1
餐饮业	6.7	19.5	11.5
零售商店	2.9	14.8	8.4
零售/批发食品业	3.2	14.0	8.3
证券经纪业	0.9	13.7	8.8
半导体业	2.7	30.2	7.0
钢材业	0.9	15.7	5.6
化妆品/化妆行业	6.0	15.9	10.1
全部市场	2.1	23.8	7.4

来源：http://pages.stern.nyu.edu/~adamodar/(accessed February 27,2013)

13.5 价值创造和基于价值的管理

目标 13.5　解释经济增加值法对价值的衡量与管理的过程。

到目前为止，我们主要关注的是对公司价值的衡量。现在将重点转向管理层为公司创造价值的方式上。许多公司都试图通过实施**基于价值的管理（value-based management）**[①]来实现股东价值最大化，这是一种旨在培养专注于价值创造的企业文化的战略管理方法。其中最著名的项目就是Stern Stewart咨询集团创立的经济增加值法。**经济增加值（economic value added，EVA）**[②]既是一种对价值创造的衡量方法，又是一个基于价值进行管理的过程。经济增加值的理念在于，除非管理层明白在哪里和怎样创造价值，否则他们就无法为公司增加价值。因此，经济增加值经常被视为既是一种衡量价值的工具，又是一个基于价值的管理过程。如果一家公司在某一年的经济增加值为正，那么它就增加了股东价值；相反地，如果经济增加值为负，那么它正在缩减股东价值。如果一家公司的经济增加值为0，那么该公司只是对投资者所承担的风险作出了补偿，它既没

① 基于价值的管理：一种战略管理方法，它能够帮助企业创建以价值创造为重点的企业文化。
② 经济增加值：公司或业务部门的税后营业利润减去所使用的资本成本。

有创造价值，也没有缩减价值。因此，经济增加值法就是寻求创造正的经济增加值的途径。

经济增加值这个概念相当简单，它表明在作出某项商业决策时，必须考虑与该决策相关联的所有成本。依据典型的财务报表进行商业决策有一定弊端。财务报表并不能反映与产生的收入相匹配的经济成本的所有相关信息。尤其是股权成本——股东要求的必要回报率——并不能在一家公司的利润表上有所体现，但是股权资本并不是免费的。经济增加值法考虑了与创造利润相关的所有形式的资本成本，计算的是真正的经济利润。因此，经济增加值的支持者声称，与诸如每股收益的变化等会计利润指标相比，经济增加值指标与股东价值的变化（即股票价格的变化）的联系更为紧密。

与现金流量折现法一样，经济增加值也假定一个企业的价值是以资本成本率作为折现率折现预计净现金流，再减去为了产生现金流的投入资本。因而，其涉及三个关键价值驱动因素：

◆ 税后净营业利润（NOPAT），这与自由现金流的相对应部分类似，等于息税前利润×（1 - 税率）。

◆ 投入资本。

◆ 资本成本。

经济增加值法有助于明确前两个价值驱动因素。它以会计报表为起点，经过适当的调整，来反映真正的利润和投入成本。然后通过扣除包括股权资本成本在内的所有融资形式的成本，将第三个价值驱动因素——资本成本也包含在内。

正如税后收益是对某一期间会计利润的衡量一样，经济增加值是对某一期间真实的经济业绩的衡量。因此，经济增加值和税后收益一样，以一个特定的期间来确定，比如一年。计算经济增加值的方法有两种。第一种方法的计算公式如图表 13-16 所示。

图表 13-16 **经济增加值法 1**

$$EVA = EBIT \times (1-t) - \text{invested capital} \times k_c$$

$$= NOPAT - \text{invested capital} \times k_c$$

$$= NOPAT - \text{capital charge}$$

其中：

EVA	=	经济增加值
EBIT	=	息税前利润
t	=	税率
invested capital	=	长期资本（债务和股权）
k_c	=	资本成本率
NOPAT	=	税后净营业利润=息税前利润×（1−税率）

经济增加值等于公司的税后净营业利润减去所有投入资本的机会成本。在第10章我们首次提到了一个理念，即利润（或税后净营业利润）应该满足资本投资者要求的投资回报（正如术语资本要求所阐述的那样）。传统的财务报表只包括与债务相关的利息成本，不包括股东的必要回报或预期回报，但这些均包含在经济增加值中。经济增加值也可以解释为利润超出（或低于）投资者投资于具有相当风险的其他证券时所要求的最低回报的数额。

也可以用另一种稍微不同的方式（但是等价的）来表示经济增加值，如图表13-17所示。在第二个公式里，我们把税后净营业利润表示为**已占用资本回报率（return on capital employed，ROCE）**[①]乘以投入资本或已占用资本。已占用资本的回报率用税后净营业利润与投入资本的比值来衡量，也称为净**资产回报率（return on net assets，RONA）**[②]。

图表13-17 **经济增加值法2**

$$
\begin{aligned}
EVA &= NOPAT - \text{invested capital} \times k_C \\
&= ROCE \times (\text{invested capital}) - \text{invested capital} \times k_C \\
&= (ROCE - k_C) \times \text{invested capital}
\end{aligned}
$$

其中：

EVA	=	经济增加值
NOPAT	=	税后净营业利润
invested capital	=	长期资本（债务和股权）
k_C	=	资本成本率
ROCE	=	已占用资本的回报率=税后净营业利润 / 投入资本

由图表13-17可以看到，经济增加值既取决于已占用资本的数额，又取决于已占用资本的回报率与资本成本率之间的差额。因此，创造价值的一个关键就是识别公司存在竞争优势的机会或细分市场，能够获得一个已占用资本回报率与资本成本率的正的差额——也就是说，该公司可以获得超出资本成本的收益——或整个部门是盈利的。如何识别这样的机会或市场那就要回到第2章中讨论的商业评估问题了。

考察家得宝公司的例子，估计其2011财年（截至2012年1月31日）的经济增加值，如图表13-18所示。

家得宝通过为其股东提供一个超出股东必要回报率的收益率来创造价值。为了简单起见，我们已经假定家得宝的会计计量能够真正反映公司的经济现状。然而在某些情况下，事实并非如此。因此可能需要对税后净营业利润和投入资本两项加以调整。然而，惯例一般是仅报告最优的经济增加值，如图表13-18所示。

对经济增加值的一种批判是它仅仅是单期的反映历史绩效的指标，为了回应这种批判，Stern Stewart提出了一个相关的衡量指标，称为**市场增加值（market value added，MVA）**[③]，定义为公司市场价值与投资资本的差额。图表13-19给出了家得宝公司的市场增加值的计算过程。

公司的市场价值被定义为该公司的债务价值加上普通股和优先股（或其他索取

① 已占用资本回报率：衡量企业对已投入资本的利用效率的指标，税后净营业利润与投入资本的比率。
② 净资产回报率：见"return on invested capital"。
③ 市场增加值：普通股的市场价值与账面价值之间的差额。

图表13-18 **家得宝公司的经济增加值** 金额单位：百万美元

营业利润（息税前利润）	6 661
税率(t)	36.01%
息税前利润×（1-税率）=税后净营业利润	4 262
投入资本	30 832
资本成本率	6.19%
资本成本=投入资本×资本成本率	1 908
经济增加值=税后净营业利润-资本成本	2 355
已占用资本回报率=税后净营业利润 / 投入资本	13.82%
已占用资本回报率-资本成本率	7.64%
投入资本	30 832
经济增加值=（已占用资本回报率-资本成本率）×投入资本	2 355

权，如果有的话）的价值。因为债务的市场价值在实践中很难预测，可用有息债务的账面价值作为替代。投入资本是各资本投入者投入的初始投资总额。正的市场增加值表明市场相信该公司为其资本投入者创造了价值。市场增加值的另一种解释是以适当的资本成本率作为折现率折现计算的公司未来经济增加值的现值。因此，对于一个上年经济增加值为负值的公司，如果市场预期其未来的经济增加值为正值，那么它的市场增加值仍然有可能为正值。在家得宝的例子中，其不仅在前一年有正的经济增加值，而且市场增加值也为正，这表明市场预期家得宝未来将继续投资于净现值为正的项目，并创造正的经济增加值。

那么公司如何才能够创造价值呢？一种方法是在现有投入资本的基础上提高回报率，即保持现有资本占用额不变而增加税后净营业利润，可以通过增加收入或者减少成本来实现。另一种方法是尽量投资于净现值为正的项目，这些项目要么能够提供已占用资本的回报率与资本成本率的正的差额，要么其投资回报率超过了资本成本率。另外，公司还可以撤回对回报率低于资本成本率的项目的投资。

经济增加值可以用来设定目标和衡量业绩。它可以用于资本预算决策——这意味着公司只会选择投资于那些预期会产生正的经济增加值的项目。它也可以作为完善薪酬激励的一种措施。经济增加值的好处在于其概念比较简单，适用对象既可以是公司整体，也可以是某个业务单元，并且（正如一些研究所表明的那样）与股价相关。但经济增加值也存在许多局限性。要想有效地运用经济增加值，需要对组织的各级员工进行培训，以及高层管理者的倡导和承诺。同时，一个适当的成本衡量系统也是必不可少的。此外，薪酬计划也可能需要修改。例如，为了避免仅关注短期EVA增长的短期行为，需要建立“红利银行”制度。在该制度下，奖金并不是全部都当期支付，而是将其中一部分存入“红利银行”，并随着未来EVA业绩的好坏情况而累积或抵减，从而引导管理者注重长期EVA业绩的提升。最后，由于经济增加值本质上属于财务指标，反映已经发生的经济活动具有滞后性，所以在运用该指标时需要鼓励员工保持前瞻性的、长远的眼光和心态。

图表 13-19	**家得宝公司的市场增加值**	金额单位：百万美元
股权市场价值		69 931
债务价值		12 934
公司市场价值		82 865
投入资本		30 832
市场增加值=公司市场价值-投入资本		52 033

13.6 并购的价值评估

目标 13.6 描述发生并购的动因，解释可比交易法。

兼并与收购，通常简称为并购（M&As），与资产拆分等其他企业重组形式一样，是公司试图增加股东价值时常用的措施。长期以来，并购在公司的成长中都扮演着重要角色。公司可以通过依靠内部留存收益或外部融资以及并购来实现增长。**兼并（merger）**[①]涉及两个或者两个以上经济单位经过合并而形成一个新的经济单位的过程。兼并通常指类似规模公司的融合。**收购（acquisition）**[②]虽然会产生类似的结果，但是通常都是一家规模较大的公司获得一家规模较小公司的控制权。事实上，几乎所有的并购都涉及一家大公司收购一家小公司，但是为了安抚被收购公司管理团队受伤的自尊心，让他们认为只是合并，而非被收购。

发生收购的一个动机是降低成本——例如，收购常常会带来更强的购买力或者更高的管理效率，也就是所谓的**协同效应（synergies）**[③]。由于协同效应的产生，合并后主体的价值会超过合并前单个主体的价值之和。这就是收购的“2+2=5”原理。

除了为创造如规模经济、交叉销售增盈等纯粹的协同效应之外，当公司管理团队认为另一家公司目前的管理是无效率的或者有提升空间时，也可能进行收购。当代理人（如经理）必须站在委托人（如股东）的利益角度行事时，就出现了“代理问题”。举例来说，当管理层花费成本是为满足他们的个人需求——如奢华的办公室和公司用车——而不是为股东创造价值时，代理问题就产生了。如果管理层更关注他们自己的安逸或在职消费，那么最终遭殃的将是股东。而收购可以通过更换这些管理人员来缓解代理问题。

并购的发生通常具有周期性，并且在不同的时期常集中于某些特定的行业。图表13-20展示了一个多世纪里发生的兼并浪潮（交易数量）。

为了获得成功，一家公司应当具备适当的企业战略、充裕的资金、积极的经济环境以及可以被识别的新的价值。如果从兼并之前和兼并之后股东收益变化的角度来定义成功，那么并非所有的兼并都是成功的。有时，公司由于过于乐观的预期，支付的价格会超出被兼并公司的实际价值。比如，预期的经济状况和协同收益可能并不合理。整合后可能会比预期出现更多的问题。当然，在公司的兼并“战役”中，投标公司也可能支付过多。

---

① 兼并：两个实体合并成为一个实体，这两个实体通常具有相似的规模。
② 收购：一个公司通过产权交易取得其他公司的控制权，使得被收购公司并入收购公司。
③ 协同效应：两个实体合并成一个后通过增加收入或降低成本产生的附加价值。

图表 13-20　　兼并浪潮

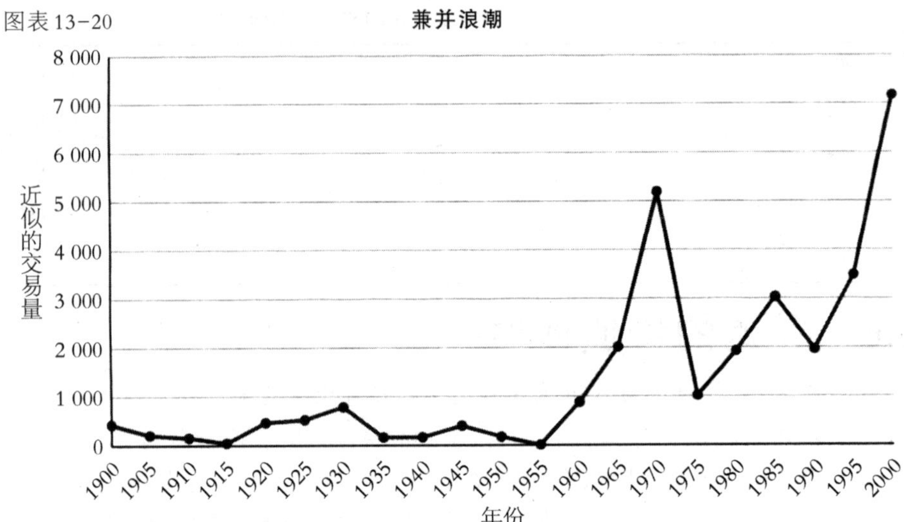

来源：Adapted from Marina Martynova and Luc Renneboog. "A Century of Corporate Takeovers: What Have We Learned and Where Do We Stand?" *Journal of Banking & Finance 32*,10(2008): 2148-2177.

并购案例中的价值评估与其他情况下的估值在很多方面都是相似的。例如，现金流量折现法和可比分析法仍是适用的。但是也有一些需要特别考虑的地方。比如，潜在的买家对目标公司的估值结果可能不同于目标公司对自己的估值结果。目标公司是从当前经营的角度来评估业务价值的，而潜在的买家则着眼于协同效应和管理效率提升可能带来的价值增值而进行估值。

图表 13-21 所示的框架解决了目标买家愿意支付多少的问题。框架中的第一个要素是（潜在）卖家的价值，它表示对该公司现在的所有者来说，该公司当前的价值。这是公司当前的所有者在现有或计划经营的业务的基础上得到的价值。这个数值可以通过现金流量折现法或者前面所讲的相对价值法来进行评估。

第二个要素是（潜在）买家增加的价值，这包括几个部分：（1）预期协同效应的现值；（2）收购后，潜在的收购者通过实施新的战略带来的增值，比如，利用现在所有者无法获得的新的市场机遇；（3）收购后出售多余资产带来的价值，如出售兼并后的实体不需要的土地或建筑物等；（4）由于信用等级提升或是可用资金增加带来的融资收益的现值。

将这两个要素结合起来——对卖家而言的价值，以及买方的增值——可以对买方愿意支付的最高价进行估算。显然地，这个数值会高于目标公司当前的价值。这个差额表明了为何收购会导致目标公司的股价出现 20%～30%的溢价。

图表 13-21　　**收购的估值模型**

对买方来说目标公司的最大价值=卖方的价值+买方的增值

13.6.1　可比交易分析法

除了采用现金流量折现法和相对价值法进行并购估值外，还可以利用**可比交易**

（comparable transactions）[①]分析法，即利用近期发生在相似行业内的并购案例，把它们作为目标公司定价的一种参考。例如，假设新的收购可能会在类似的企业价值水平上完成，可以列出一个最近发生的收购案的清单，并确定收购案例中EV/EBITDA的平均值。另一种方法是计算类似交易的平均溢价，这里的溢价是指支付价格超过公司在成为被收购目标之前的交易价格的部分，同样地，这里也假设新的收购将在类似的溢价水平上完成。当然，这种可比交易分析法并不严谨，因为没有两起收购案是完全相同的——比如，增长前景和评估风险可能会相差甚远——但这种分析可以为目标公司的定价提供一些简单和粗略的指导。

13.7 对管理者的重要性

目标13.7 解释价值的衡量与创造对管理者的重要性。

价值的衡量与创造对于财务和非财务管理者同样重要。理解价值的内涵对于非上市公司和上市公司同样重要。为了确定一个购买或者出售的公平价格，CFO需要评估涉及潜在收购或潜在处置的资产的价值。类似地，如果你在一家上市公司工作（或有志于在上市公司工作），你需要明白为什么公司的股票以这个价格出售。通过评估其内在价值，你可以确定股票价格是被高估还是被低估。

当一个项目被列入考虑范围时——例如购买设备，扩展车间，提供一项新的服务，进入一个新的市场，或收购另一家公司——公司的管理层就需要决定这个项目是否值得投资。为此，他们必须理解价值评估的关键要素。例如，他们需要了解未来将创造的现金流、资本成本率、现金流的预期增长以及某些资产的未来价值等。

公司的管理层必须清楚，相对于竞争者而言，他们的公司在市场上是如何被看待的。例如，如果你在一家上市公司工作，你可能想知道，与同行业公司相比，为什么投资者会给予这家公司更高的EV/EBITDA预期，或者为什么这家公司的EV/EBITDA乘数较低。这些问题的答案与两个重要的价值驱动因素相关：增长潜力和风险。具有洞察力是十分重要的。如果一家公司可以使市场参与者相信该公司的发展前景良好或者该公司有能力在承担合理风险的情况下创造未来现金流流入，那么人们会预期该公司有更高的EV/EBITDA乘数，因此其股价会更高。

不管是上市公司还是非上市公司，其主要目标都应该是创造价值——使公司更有价值。创造价值的途径包括增加收入，降低成本，改善营运资本管理和提升投资效率——例如，在保持收入的前提下减少资产占用。你的薪酬，包括奖金，可能取决于你为公司创造的价值。投资于净现值为正的项目可以创造价值，任何能给公司增长前景带来积极影响或减轻风险的事项都将有助于创造价值。

小结

1.投资于净现值为正的项目能够创造价值。

2.调整账面价值法以股权的账面价值为起点，对诸如产权等当前价值超过其账面价值等所带来的“隐藏的价值”进行调整。这种方法操作简单，但没有考虑企业经营

① 可比交易：近期在同行业发生的交易，常被用来对目标公司的定价提供参考。

的持续性。

3.现金流量折现法，通过预测营业利润、资本支出以及营运资金需求来估计自由现金流。再用计算出的现值减去债务以及其他求索权的价值就可以得到股权价值。

4.市盈率法通过预期每股收益，并用预期每股收益乘以一个合理预期的市盈率来直接估算股权价值。这个预期市盈率通常基于对可比公司的分析得到，既反映了增长潜力，又反映了该公司相对于行业内其他公司的风险水平。

5.EV/EBITDA模型首先预测利息、税费、折旧及摊销前利润，然后用它乘以一个合理预期的EV/EBITDA来估计公司或企业的整体价值。

6.经济增加值（EVA）是一种基于价值的管理工具，既是一种衡量价值的工具，又是一个基于价值的管理过程。它所衡量的是真正的经济利润，反映了一个公司的利润超出（或低于）投资者投资于具有相当风险的其他证券时所要求的最低回报的数额。市场增加值（MVA）是一个公司的市场价值与投入资本之间的差额。

7.并购是指一家公司获得了另一家公司的资产，估值在并购过程中十分重要。在这个过程中，两家公司之间的协同效应创造了价值。可比交易分析为同行业过去交易的相对价值乘数指标和支付溢价的确定提供了指导。

附加读物与信息

1.关于全面介绍价值的书籍请见：Copeland，Tom，Tim Koller,and Jack Murrin. *Valuation:Measuring and Managing the Value of Companies,*5th ed.New York:Wiley,2010.

Damodaran,Aswath,*Damodaran on Valuation:Security Analysis for Investment and Corporate Finance*，2nd ed.New York:wiley,2006.

2.关于非上市公司价值评估的经典书籍请见：Pratt,Shannon,and Alina Niculita. *Valuing a Business:The Analysis and Appraisal of Closely Held Companies,*5th ed.New York: McGraw-Hill,2007.

3.关于Stern Stewart的经济增加值的书籍请见：Stewart,G.Bennett III.*The Quest for Value:The EVA™ Management Guide.*New York:HarperCollins,1991.Ehrbar,Al.*Stern Stewart's EVA:The Real Key to Creating Wealth.*New York:Wiley,1998.

4.关于并购活动的介绍请见：Bruner,Robert.*Deals from Hell:M&A Lessons That Rise Above the Ashes.*New York:wiley,2005.

练习题

1.PrivCo公司是一家小型的非上市公司，其资产和负债的账面价值分别为550 000美元和250 000美元。它的资产包括固定资产，历史成本为80 000美元，但最近评估的市场价值为125 000美元。此外，PrivCo公司有价值60 000美元的存货，但这些存货完全是废弃的，没有任何的清算价值。其他资产的清算价值都接近于其账面价值。运用调整账面价值法估算PrivCo公司的股权价值。

2.Free Cash公司预计接下来3年的息税前利润分别为30 000美元、40 000美元和50 000美元。相对应的折旧预计为3 000美元、3 500美元和4 000美元。相对应的资本支出预计为8 000美元、9 000美元和10 000美元。相对应的营运资本增量需求预计为2 500美元、3 000美元和3 500美元。Free Cash公司的税率为35%。估算Free Cash公司未来3年每年的公司自由现金流。

3.承接上题，Free Cash公司的资本成本率预计为9%，3年后的自由现金流预计以每年4%的增长率增长。运用固定增长的永续年金公式估计在第3年该公司的终值。

4.承接上题，Free Cash公司的债务的当前价值为58 996美元。运用公司自由现金流折现法来估算该公司的股权价值。

5.承接第2题，假设EV/EBITDA乘数为8.5，计算该公司在第3年的终值。

6.Relever公司的D/E比率为0.3，它的目标比值为1.6。该公司目前预计的β值为1.1，预计税率为35%。当D/E比率为目标比值时，该公司的β值预计为多少?

7.Pepper公司预计下一年的息税前利润为2 500 000美元，税率为35%。公司有2 000 000股流通在外的普通股。同行业内的可比公司的市盈率估计在10~16之间。用市盈率法估算Pepper公司股票的内在价值。

8.Extra Value公司预计下一年的息税前利润为20 000 000美元，预计折旧与摊销为3 000 000美元。该公司有40 000 000美元的债务。可比公司预期的EV/EBITDA平均值为5，用EV/EBITDA模型估算该公司的股权价值。

9.Eeeva公司的息税前利润为1 500 000美元，税率为35%，负债为2 500 000美元，普通股权益为5 000 000美元，该公司的资本成本率为11%。计算该公司的经济增加值。

10.承接上题，Eeeva公司有1 000 000流通股，当前的股价为6美元，债务的账面价值与市场价值相近，估计Eeeva公司的市场增加值。

11.Bigco公司正在考虑收购一家同行业的上市公司Smallo公司。Smallo公司目前的股价为12美元，共有2 000万股，该价格是交易的公允价值。Bigco公司认为潜在的协同效应收益的现值为5 000万美元。Bigco公司收购Smallo公司股票的最高支付价格是多少?

第14章　综合案例：沃尔玛公司

学习目标

目标 14.1　描述沃尔玛所处的整体经济和行业环境，从运营、营销、管理和战略等方面对沃尔玛的优劣势进行分析，评估沃尔玛财务状况。

目标 14.2　描述对沃尔玛的利润表和资产负债表进行预测的过程。

目标 14.3　描述对沃尔玛的资本成本率进行估计的过程。

目标 14.4　描述运用现金流量折现法和可比分析法估算沃尔玛的经济增加值和内在价值的过程，解释沃尔玛创造价值的途径。

目标 14.5　解释本书介绍的分析工具。

现在我们已经接近这个精彩的财务世界之旅的终点了。此时可以汇总财务管理框架的全部内容，如图表 14-1 所示。

图表 14-1　**财务管理框架**

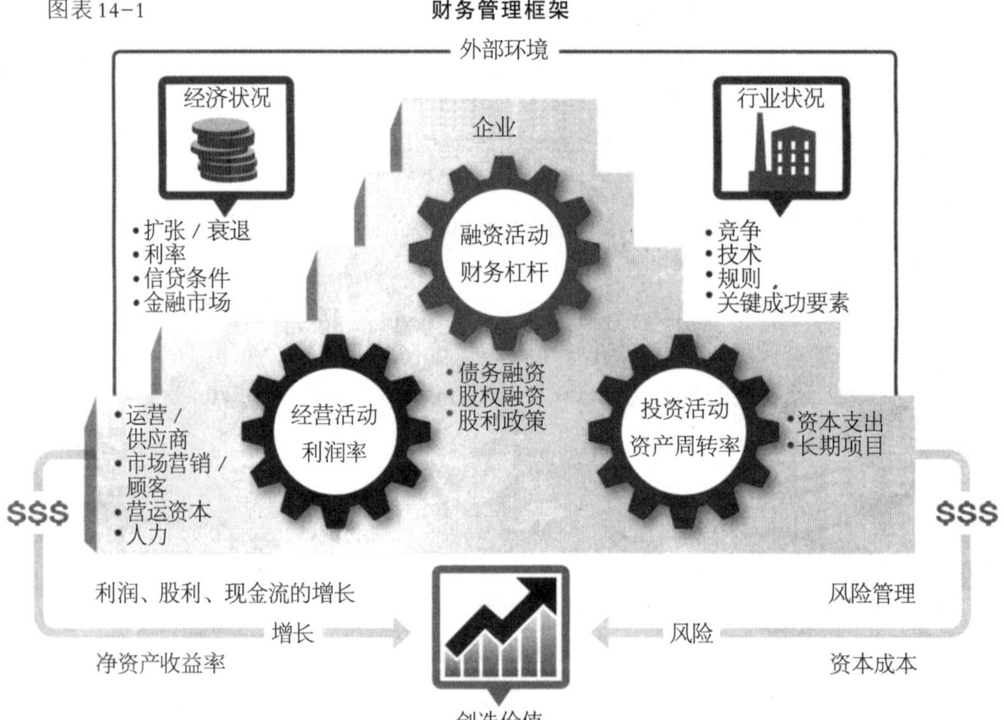

简要回顾一下每章内容与财务管理框架之间的关系：

◆ 第 1 章介绍了财务管理框架，并对财务以及财务管理进行了概述。

◆ 第 2 章主要关注企业所处的外部环境，考察总体经济状况和关键行业因素如何影响公司的财务状况。

◆ 接下来的 4 章从企业内部视角出发，专注于企业的经营活动和增长前景。具体地，第 3 章探讨了财务报表；第 4 章研究了绩效评价指标；第 5 章讨论了营运资本管理；第 6 章提出了一种预测公司的未来收益和融资需求的方法。

◆ 第 7 章和第 8 章专注于投资活动。具体地，第 7 章介绍了货币时间价值的概念；第8章研究了如何评价公司的投资决策。

◆ 接下来的4章将重点转向融资活动和风险。具体地，第9章介绍了资本市场的概况；第10章研究了如何衡量公司的资本成本率；第11章考察了融资和分配决策，第12章则侧重于设计最佳资本结构。

◆ 最后，第13章介绍了衡量和创造价值的方法，以此完成了对整个财务管理框架的介绍。

我们现在将第1～13章所介绍的框架和方法应用到一个综合案例之中。案例公司是世界上最大的零售商（以收入衡量）沃尔玛百货有限公司（简称沃尔玛）。沃尔玛由美国传奇式人物山姆•沃尔顿创立，总部设在阿肯色州，在全球拥有10 000多个零售单位，遍布全美50个州以及其他26个国家，拥有200多万员工和2亿多顾客。沃尔玛最著名的是它的折扣店（沃尔玛商店），但同时也经营折扣与杂货相结合的店面（沃尔玛超级购物中心）、会员制仓储商店（山姆会员店）以及规模相对较小的杂货店（沃尔玛社区店）。沃尔玛的宗旨是："为顾客省钱，让他们生活得更好。"公司分为三个业务部门：

◆ 沃尔玛美国业务分部，包括公司美国区的折扣和杂货业务，以及在线零售业务（walmart.com）。2011财年（截至2012年1月31日）沃尔玛美国分部的销售净额占公司总额的60%。

◆ 沃尔玛国际业务分部由各种形式的零售业务组成，包括零售商店、餐馆、山姆俱乐部以及除美国以外的在线零售业务。2011财年它的销售净额占公司总额的28%。

◆ 山姆俱乐部包括在47个州和波多黎各的会员制仓储式业务，以及山姆俱乐部的在线业务（samsclub.com）。2011财年它的销售净额占公司总额的12%。

沃尔玛于2012年的春季发布了2011财年的年度报告，公司在2012年1月31日的股价为61.36美元。本章我们将运用前面章节所介绍的框架和方法完成下列任务：

◆ 评估当前的经济状况。

◆ 了解沃尔玛的行业地位，并识别行业的关键成功要素。

◆ 从运营、营销和管理等方面评价沃尔玛的优劣势，并评估公司的战略重点。

◆ 从盈利能力、营运能力、流动性及偿债能力等方面评价沃尔玛近期的财务业绩和整体财务状况。

◆ 估计沃尔玛未来一年的盈利前景和融资需求。

◆ 估算沃尔玛在过去一年的经济增加值；相对于当前的市场价值，评估沃尔玛股票的内在价值。

◆ 识别沃尔玛为其股东创造价值的可能途径。

如第2章所讨论的，第一步是收集信息，第二步是对所收集的信息进行分析，这也是接下来各个小节的内容。

14.1 沃尔玛的整体评估

目标14.1 描述沃尔玛所处的整体经济和行业环境，从运营、营销、管理和战略等方面对沃尔玛的优劣势进行分析，评估沃尔玛财务状况。

本章的分析从评估沃尔玛目前所处的商业环境（截至2012年春季）开始，这主要通过对宏观经济和行业等外部因素的评估（或SWOT分析）来实现。然后，我们将从经营、营销、管理和战略等方面分析沃尔玛内部的优劣势。通过这个过程，我们将识别沃尔玛面临的各种机遇和风险，并研究它们所涉及的财务影响。最后，我们将通过财务比率分析来评估公司的财务状况。通过这些步骤，我们将更好地解读沃尔玛的财务信息和业绩。

14.1.1 宏观经济分析

正如前文提到的，商业分析的最重要部分之一就是对外部因素的考察，其中就包括沃尔玛所处的宏观经济环境。当然，为了更好地理解2012年初期的经济状况，必须先回顾一下前几年的情况。美国总体经济在2007年12月至2009年6月期间经历了大萧条。从2009年6月直至2012年的春季，总体经济进入了初步的复苏阶段，2010年的实际国内生产总值（GDP）的增长率为3%，2011年为1.7%。GDP的总体增长主要受个人消费和出口的增长驱动。不过，联邦政府开支的减少意味着2011年增长率低于2010年。根据国际货币基金组织发布的《全球经济展望》报告关于美国经济的部分，2012年春季，就业形势有扩大的迹象，但住房市场持续疲软，欧洲经济问题带来的潜在负面溢出效应等仍然存在。通货膨胀已经趋缓，但由于石油价格上涨，通货膨胀仍有可能加剧。美国2012年和2013年的实际GDP增长率分别预计为2.0%和2.5%，这是相对历史GDP增长率所预计的GDP平均增长率。在全球范围内，2012年和2013年的实际GDP增长率预计将与2010年相近，在4%左右。

2012年初也是一个政治形势不稳定的时期，因为11月的总统大选将近，而共和党和民主党由于在重大财政问题中意见不合，在国会上陷入僵局。从财政政策来看，长期政府债券收益率自从2011年初开始已经下降了大约1.5个百分点。借款人受益于低利率，其收益率曲线向上倾斜幅度较大。除了长期利率较低外，短期国债利率也接近历史低点。美国联邦储备委员会（美联储）积极追求较低的短期利率，希望刺激经济增长，并进而促进就业。消费者的信心在过去几年内持续增强。2012年2月公布的汤森路透/密西根大学消费者信心指数显示，[①]尽管消费者信心仍远低于历史平均水平，但在过去12个月已经出现显著提升。

（宏观经济分析）要点总结

从2012年初的宏观经济状况来看，美国经济的预期增长率适中，通货膨胀适度。持续的低利率将有助于拉动消费和保持公司的低借贷成本。鉴于消费对总体GDP的重要性，任何潜在的消费者信心增强的信号对零售行业，尤其是像沃尔玛这样的公司的前景和零售业务都会产生积极影响。事实上，全球经济前景呈现谨慎乐观的态势——这对沃尔玛等全球化公司来说是一个利好消息。

---

① 详见：Richard Curtin，"Job Growth Maintains Consumer Confidence，" Survey of Consumers，Thomson Reuters University of Michigan，February 24，2012，http://thomsonreuters.com/content/financial/pdf/i_and_a/438965/2012_2_24_job_growth_maintains_consumer_confidence.pdf（accessed May 30，2013）.

14.1.2 行业分析

既然已对2012年春季的总体经济状况有了基本了解，接下来考虑影响沃尔玛的其他重要外部因素：行业状况。沃尔玛属于零售业，既有百货商店业务，也要与食品杂货店竞争，同时其互联网零售业务也呈增长态势。那么分析专家对这些行业观察到了哪些趋势呢，他们对下一年的预期又是什么呢？

为了回答这些问题，先看一份2011年的报告，这份报告的内容是毕马威咨询公司（KPMG）就当前的商业环境、成长机遇和障碍等问题对零售业高管进行的调查访问。这份报告的标题总结了这次调查得到的结果："零售行业前景调查：适度上涨，保持谨慎乐观。"[①]报告显示，尽管2/3的高管都期望2012年的经济状况能得到改善，但他们并不指望美国经济在2014年之前能够有实质性的复苏。顾客的增加将是收入增长的最大驱动力，其次是维护现有顾客和进行市场扩张。高管们最担忧的事情之一是消费者的信心可能会下降。商品成本和折扣的增加是对利润的最大威胁，而销售费用和管理费用的减少则是应对这些威胁的最好策略。这次调查中的零售公司倾向于在它们的资产负债表中留有大量现金，并且大多数都计划增加信息技术（包括数据分析）、新产品和新服务以及地域扩张等方面的支出。此外，网上购物的趋势显然也在高管们的关注范围内。

作为分析的一部分，我们也可以从生命周期的角度来考察零售业。如果考察2002年以来的收入增长，可以清楚地看到，2012年初整个零售行业处于稳定/成熟期，而互联网零售业则正处于快速成长期。以此可以预测，零售业收入的长期增长倾向于与总体经济的增长保持相近的速度——传统零售业收入增长的速度预期会低于总体经济增长的速度，而互联网零售业预期会以高于整体经济的速度增长。

行业分析的下一步是考察沃尔玛的竞争地位。尽管沃尔玛开展业务的每一个国家都具有独特的经济、政治和社会因素，但大体的竞争环境是相似的。回顾第2章介绍的"波特五力模型"，它定义了左右竞争强度的五种主要力量：新进入者的威胁、替代品的威胁、供应商的议价能力、购买者的议价能力以及现有企业间的竞争强度。这些因素决定了一个行业的整体盈利能力——那么它们会如何影响零售行业，尤其是沃尔玛呢？图表14-2给出了对波特五力分析的总结。

图表14-2表明，新进入者对零售业的威胁很小，主要是由于在厂房和设备方面的大型资本支出以及对分销渠道的投资所形成的进入壁垒。人们对食品杂货及非食品零售产品的需求稳定，不可能出现主要的替代产品。供应商数量较多，因此，供应商的议价能力难以威胁到公司的盈利能力。类似的，购买者是个人消费者，难以形成巨大力量，因此购买者的议价能力形成的威胁也很小。如此一来，对沃尔玛的利润率可能施加较大潜在影响的是现有企业间的竞争强度。

沃尔玛在各细分市场都面临众多的竞争对手。在日用百货领域，沃尔玛的竞争对手主要包括西尔斯、塔吉特和凯马特等，也包括像Gap和Limited这样的专业服装零售商；百货商店领域的竞争对手主要包括梅西百货和J.C.潘尼；食品杂货店领域的竞

① 详见：http://www.kpmg.com/US/en/IssuesAndInsights/ArticlesPublications/Documents/retail_industry_outlook-survey.pdf（accessed May 30，2013）.

图表 14-2　　零售行业的波特五力分析

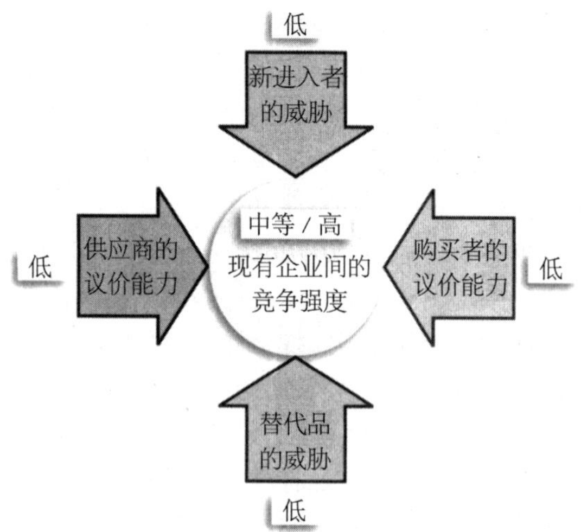

争对手主要包括克罗格和西夫韦；会员制仓储商店领域主要是好市多；药品零售业主要是沃尔格林。尽管这些竞争对手都很强大，但沃尔玛凭借善于抓住行业成功关键因素（在“行业要点”中所描述的）的能力，在这些业务领域取得了主导地位，但其在在线销售业务领域可能面临较大威胁。

（行业分析）要点总结

鉴于零售业的大多数细分市场都已发展成熟，该行业的长期增长率预期接近总体经济增长率（在线零售业务除外，其预计将以更快的速度增长）。因此，整个行业的前景可以说是适中的。换言之，零售业并不是一个成长型的行业，但近期内也不会明显下滑。总体而言，该行业预期会保持盈利。然而，由于现有企业间的竞争强度以及在线销售业务竞争威胁的增大，个别公司（包括沃尔玛）可能会面临在长期内利润增长率接近于总体经济增长率这一挑战。

根据已有的关于行业的一般知识和分析师的评论，可以编制零售行业的关键成功要素列表。要想在零售行业取得成功，像沃尔玛这样的公司需要努力成为成本最低的生产商，或者使其产品具有差异性。对食品杂货领域而言，考虑到其商品性质，产品差异化是很困难的。在其他零售领域，尽管产品的差异化是可能的，但价格（及低成本）是一个关键成功要素。另一个关键成功要素是生产优质产品的能力。价格和质量都会影响价值。服务是另一个重要的因素，包括产品的可获得性以及售后服务的满意程度。通过市场营销建立强大的品牌效应也是很重要的。所有这些关键成功要素都具有重要的财务影响。例如，公司的定价策略会影响其盈利能力，现金流量的良好管理是高效运营的关键。此外，维护设备和增长需求要求增加资本支出和市场营销支出。

14.1.3　分析沃尔玛在运营、营销、管理和战略方面的优势与劣势

接下来，我们将从运营、营销、管理和战略方面对沃尔玛内部的优劣势进行分析，以衡量沃尔玛获取行业关键成功要素的能力。这也将帮助我们更好地理解后面的

财务分析。

1.沃尔玛的运营分析

就运营而言，沃尔玛有其清晰的策略，那就是成为行业内成本最低、定价最低的企业。通过降低成本，沃尔玛在更低的价格上仍然能够保持一定的利润率，因而能够提高市场份额，提升整体盈利能力。事实上，沃尔玛正是以其高效的集中配送和库存控制而闻名。公司力求用最少的费用获得最大的销量和库存周转率。沃尔玛依赖供应商为其提供优质商品。但在2010—2012年间，公司召回了大量的产品和食品。

2.沃尔玛的营销分析

沃尔玛在其大部分市场中都占据着主导地位，并提供种类繁多的品牌和产品。公司试图在顾客走入店门直至完成购物的期间，与顾客建立一种特殊的关系。但在2012年初，沃尔玛取消了其夜班接待员提供的著名的笑脸问候服务："欢迎光临沃尔玛!"而是把它们从大堂转移到了收银台——这是一个引发热议的举动，一些人认为这是一项淡化服务重要性的成本节约措施，另一些人则认为是摒弃过时理念的现代化举措。

沃尔玛十分依赖广告创造其强势的、具有高识别度的品牌。2011财年（截至2012年1月31日），公司的广告支出是2 500 000美元，占销售净额的0.5%。而塔吉特在相似时期的广告支出占其销售净额的2%。沃尔玛强调天天低价的原则，试图在提供一站式购物服务时与社区的顾客建立一种本地联系。为了应对激烈的竞争压力，沃尔玛实施了许多让利于顾客的计划，包括"天天低价"和"特惠价"。

3.沃尔玛的管理和战略分析

尽管沃尔玛的创始人山姆·沃尔顿已在1992年去世，但他的家族仍然对公司保持很强的影响力。沃尔顿的家族成员共计拥有或控制沃尔玛接近50%的流通股股权。此外，沃尔顿的儿子罗布森·沃尔顿现任公司的董事会主席。由于董事会主席代表家族利益，因此这是管理、监督和股东控制之间明显的结合。

沃尔玛的一大优势是它的企业文化，这是受山姆·沃尔顿的核心使命——为顾客省钱，让他们生活得更好——的激发。沃尔玛的管理团队一直都努力完成这一使命，并获得了肯定。例如，在《财富》杂志2012年评选的"最受尊敬公司"中，沃尔玛在1 400家公司中排名24，部分要归功于其优秀的管理团队。[①]

根据该公司2011年年报，沃尔玛提高股权价值的策略强调三个重点：增长、杠杆和回报。增长是指在每个"可比"（即相同规模）商店达到比过去更高的销量来增加销售额，以及通过增加建筑面积来扩大规模。杠杆是指保持营业、销售和管理费用的增长率低于销售净额增长率，从而使得营业利润的增长率超过销售额的增长率——也就是说，要减少费用占销售净额的比重。事实上，沃尔玛设定的目标是在接下来的5年，营业费用占销售净额的百分比（目前是19.2%）至少要降低一个百分点。最后，沃尔玛将回报定义为对公司资产的有效利用。沃尔玛的内部投资回报率是以EBITDAR（在EBITDA的基础上增加一个R，代表租金）与投入资本的比值来衡量的。管理层通过更高效的自由现金流管理（从而增加EBITDAR）和营运资本管理

① 具体排名见：http://money.cnn.com/magazines/fortune/most-admired/2012/full_list/（accessed May 30，2013）。

（从而降低投入资本的数额）来提高公司的投资回报率。

当然，一个公司的价值不仅仅由增长驱动——它也受风险影响。那么沃尔玛面临着哪些种类的风险呢？与其他零售业公司一样，沃尔玛可能受到总体经济因素带来的负面影响，包括通货膨胀、消费者债务水平、货币汇率、贸易限制、失业率和利率等。公司的10-k报表列出了其他几个可能对财务业绩有重大影响的威胁，包括商品成本的变化，费用的增加（如更高的交通、燃料、电力和劳动力成本），以及迫使沃尔玛牺牲利润的竞争压力。此外，管理层还识别了许多公司的特有风险，包括扩张的障碍（如将折扣店转换为超级购物中心的问题），未能留住优秀的员工，来自网络零售商的竞争，供应风险和产品安全问题，可能会影响国际业务的法律、政治及经济风险，未能识别和有效应对消费趋势的变化等。沃尔玛还卷入了一些赔偿诉讼和性别歧视诉讼，同时还曾接受过一项有关违反《反国外行贿法》的内部调查。

（运营、营销、管理和战略分析）要点总结

根据沃尔玛的年报和公司的10-k报表以及分析师的评论，可以针对该公司的优势得出几个结论。就整体机遇而言，相对于其他竞争者，沃尔玛的规模和主导地位赋予它极大的影响力，使其能够成功地实施低成本和低价战略。在美国，相对于其他竞争对手，沃尔玛有机会在一些关键细分市场增加市场份额。在国际上，沃尔玛在全球许多地区都取得了很大的进展，但仍有成长空间。

沃尔玛也面临着几个重大威胁。一个是公司正在进行的法律诉讼，结果可能是罚款或和解，虽然这些结果带来的成本都相对较低，但诉讼可能带来的名誉损害和潜在的顾客损失，可能会对未来收入的增长构成不良影响，这是更大的威胁。另一个潜在的风险是公司在线零售业务的扩张可能会影响其线下商店的销售。

14.1.4 沃尔玛的财务状况分析

现在，通过考察沃尔玛2010年和2011年的合并财务报表来评估沃尔玛的财务状况。沃尔玛的合并利润表如图表14-3所示，合并资产负债表如图表14-4所示，合并现金流量表如图表14-5所示。

从合并利润表（图表14-3）可以看到，沃尔玛2011财年（截至2012年1月31日）的销售净额比上一财年增长了近6%，略高于美国同期名义国内生产总值增长率。持续经营收入有小幅增长，约为3%。但由于存在非持续性经营损失，合并净利润减少了超过4%。由于沃尔玛的股票回购计划减少了流通股的数量，每股收益也有小幅增长，略高于1%。事实上，在2011财年沃尔玛用63亿美元回购了超过1.15亿的股份。

从沃尔玛的合并资产负债表（图表14-4）可以看到，公司的资产以接近7%的增长率增长。具体地，流动资产增长率接近6%，固定资产净值增长率大约为4%。同时，公司的流动负债和所有者权益均以略高于6%的增长率增长，但长期债务的增长率超过了7%。

图表 14-3　**沃尔玛的合并利润表***

	截至2012年1月31日的财政年度	
	2011	2010
收入		
销售净额	$443 854	$ 418 952
会员和其他收入	3 096	2 897
收入合计	446 950	421 849
成本和费用		
销售成本	335 127	314 946
营业、销售、一般和管理费用	85 265	81 361
营业收入	26 558	25 542
利息（净额）	2 160	2 004
持续经营的税前收益	24 398	23 538
备付所得税	7 944	7 579
持续经营收益	16 454	15 959
非持续性经营的税后收支	(67)	1 034
合并净利润	16 387	16 993
减去归属于非控股股东的合并净利润	(688)	(604)
归属于沃尔玛的合并净利润	$15 699	$16 389
普通股流通股数的加权平均数	3 460	3 656
基本每股收益	$4.54	$4.48

*除了每股收益数据外，其他数据以百万美元为单位

来源：改编自沃尔玛2011年年度报告

图表 14-4　**沃尔玛的合并资产负债表***

	截至2012年1月31日的财政年度	
	2011	2010
资产		
流动资产		
现金及现金等价物	$6 550	$7 395
应收账款净额	5 937	5 089
存货	40 714	36 437
预付费用及其他	1 685	2 960
用于非持续性经营的流动资产	89	131
流动资产合计	54 975	52 012
固定资产		
固定资产原值	160 938	154 489

续表

	截至2012年1月31日的财政年度	
	2011	2010
减去累计摊销	(48 614)	(46 611)
固定资产净值	112 324	107 878
商誉	20 651	16 763
其他资产和递延费用	5 456	4 129
资产总计	**$193 406**	**$180 782**
负债和所有者权益		
流动负债		
短期借款	$4 047	$1 031
应付账款	36 608	33 676
应计负债和所得税	19 318	18 858
一年内到期的长期债务	2 301	4 991
用于非持续性经营的流动负债	26	47
流动负债合计	62 300	58 603
长期负债	47 079	43 842
递延所得税及其他	7 862	6 682
可赎回的少数股东权益	404	408
所有者权益		
沃尔玛股东的权益	71 315	68 542
少数股东权益	4 446	2 705
所有者权益合计	75 761	71 247
负债和所有者权益总计	**$193 406**	**$180 782**

*单位：百万美元

来源：改编自沃尔玛2011年年度报告

从沃尔玛的合并现金流量表（图表14-5）可以看到，该公司经营活动产生的现金增长了2.6%。由于沃尔玛在资本支出（比如土地、厂房和设备）和收购方面的大力投入，沃尔玛用于投资活动的净现金增长了36%。因为沃尔玛经营活动产生的现金超出其投资活动的现金需求，可以将超额现金用于支付股利和回购股份——总共花费超过110亿美元。另外，由于沃尔玛用于投资和筹资活动的净现金超出其经营活动产生的净现金近10亿美元，因此2011年该公司的留存现金比2010年减少了约10亿美元。

图表14-5　**沃尔玛合并现金流量表***

	截至2012年1月31日的财政年度	
	2011	2010
经营活动产生的现金流量		
合并净收益	$16 387	$16 993
减去非持续性经营的税后净损益	67	(1 034)
持续经营收入	16 454	15 959
经营活动产生的净现金的调整项：	—	—
折旧和摊销	8 130	7 641
递延所得税	1 050	651
其他经营活动	398	1 087
资产和负债的变化	(1 777)	(1 695)
经营活动产生的净现金	24 255	23 643
投资活动产生的现金流量		
购置固定资产支出	(13 510)	(12 699)
处置固定资产收入	580	489
投资和收购业务所需的净现金	(3 548)	(202)
其他投资活动	(131)	219
投资活动产生的净现金	(16 609)	(12 193)
筹资活动产生的现金流量		
短期借款净变动	3 019	503
发行长期债券收入	5 050	11 396
偿还长期负债	(4 939)	(4 443)
支付股利	(5 048)	(4 437)
回购公司股票	(6 298)	(14 776)
其他筹资活动	(242)	(271)
筹资活动产生的净现金	(8 458)	(12 028)
汇率变动对现金及现金等价物的影响	(33)	(66)
现金及现金等价物的净增加（减少）	(845)	(512)
年初现金及现金等价物	7 395	7 907
年末现金及现金等价物	$6 550	$7 395

*单位：百万美元

来源：改编自沃尔玛2011年年度报告

对沃尔玛的三大财务报表有了总体把握之后，我们通过比率分析来评估其财务状况。图表14-6总结了四类重要的绩效评价指标：盈利能力、营运能力、流动性和偿债能力。图表14-7给出了沃尔玛2010年和2011年的财务比率的结果（部分数字可能由于四舍五入而稍有出入）。

图表14-6 **绩效评价指标汇总**

绩效评价指标	分子	分母
净资产收益率	净利润	净资产
盈利能力		
毛利率	毛利	收入
息税前利润率	息税前利润	收入
营业费用率	营业费用	收入
投入资本回报率	息税前利润×（1-税率）	有息债务+所有者权益
营运能力		
固定资产周转率	收入	固定资产净值
存货周转期	存货	日均存货成本
应收账款周转期	应收账款	日均销售收入
应付账款周转期	应付账款	日均采购成本
流动性		
流动比率	流动资产	流动负债
速动比率	现金+应收账款	流动负债
偿债能力/杠杆		
资产负债率	负债总额	资产总额
产权比率（债务权益比率）	负债总额	所有者权益
长期债务资本率	长期负债	长期负债+所有者权益
利息保障倍数	息税前利润	利息费用
债务还本付息保障倍数	利息、税费、折旧及摊销前利润	利息+“偿还的”本金

图表 14-7 **沃尔玛的财务比率***

	2011			2010		
	分子	分母	数值	分子	分母	数值
绩效衡量						
净资产收益率	15 699	71 315	22.0%	16 389	68 542	23.9%
盈利能力						
毛利率[1]	108 727	443 854	24.5%	104 006	418 952	24.8%
息税前利润率[1]	26 558	443 854	6.0%	25 542	418 952	6.1%
营业费用率[1]	85 265	443 854	19.2%	81 361	418 952	19.4%
投入资本回报率[2]	17 911	124 742	14.4%	17 318	118 406	14.6%
营运能力						
固定资产周转率	446 950	112 324	4.0	421 849	107 878	3.9
存货周转期	40 714	918	44.3	36 437	863	42.2
应收账款周转期[1]	5 937	1 216	4.9	5 089	1 148	4.4
应付账款周转期[3]	36 608	918	39.9	33 676	863	39.0
现金周期			9.4			7.6
流动性						
流动比率	54 975	62 300	0.88	52 012	58 603	0.89
速动比率	12 487	62 300	0.20	12 484	58 603	0.21
偿债能力/杠杆						
资产负债率[4]	109 379	193 406	0.57	102 445	180 782	0.57
产权比率[4]	109 379	71 315	1.53	102 445	68 542	1.49
长期债务资本比率[5]	53 427	124 742	0.43	49 864	118 406	0.42
利息保障倍数	26 558	2 160	12.30	25 542	2 004	12.75
债务还本付息保障倍数[6]	34 688	5 572	6.23	33 183	9 365	3.54

*分子、分母的单位是百万美元

注：[1]分母以销售净额为基础计算

[2]税率根据备付所得税/持续经营的税前收益为基础计算，有息债务包括短期借款加长期债务（包括一年内到期的）

[3]分母以商品销售成本为基础计算

[4]负债包括流动负债加长期债务

[5]包括所有的有息债务：短期借款+一年内到期的长期债务

[6]本金以一年内到期的长期债务为基础计算

如图表 14-7 所示，2011 年沃尔玛的净资产收益率为 22.0%，略低于 2010 年的 23.9%。至于其他盈利能力指标，2011 年的毛利率为 24.5%，稍低于前一年；息税前利润率为 6.0%，也比前一年稍有下降。营业费用比率为 19.2%，也略低前一年（前一年为 19.4%），部分反映了前文描述的沃尔玛的关键“杠杆”战略。公司的销售净额增长了5.9%（从4 189.52亿美元到4 438.54亿美元），但其营业、销售和管理费用也增加了4.8%（从813.61亿到852.65亿美元）。另外，尽管沃尔玛的税后EBIT提高了，但其投入资本也有所增加，最终导致投入资本回报率比上年略低。

让我们看一下关于反映营运能力的比率。由于沃尔玛的收入增长略高于固定资产增长，因此其固定资产周转率有小幅提高。存货周转放慢——表现为存货周转期变长。应收账款周转期也略长于上年。虽然沃尔玛能够向供应商略微延期支付款项，但现金周转期——以存货周转期加上应收账款周转期减去应付账款周转期计算——还是略有增加。因此，沃尔玛正在增加其营运资本投资，并需要为此筹集资金。

然后是关于反映流动性的比率。从计算结果来看，流动比率和速动比率和前一年都基本一致，表明流动性状况稳定。但令人担忧的是这些比率均小于1，这意味着在强制清算状态下，沃尔玛将难以通过将其流动资产变现来偿还其流动负债。但沃尔玛出现流动性问题的可能性微乎其微，因此不必过于担心。事实上，这也可能表明沃尔玛正在试图最小化超额现金。

最后，从反映偿债能力的比率看，与前一年相比变化很小。公司的资产负债率保持不变，但产权比率略有上升。长期债务资本率也稍有增长——从42%增至43%——部分是由于股权回购，但也由于沃尔玛为利用低利率的有利因素所导致的短期借款和长期借款的增加。管理层在2011年年度报告中指出，债务资本比率是管理层重点监控的一个比率，因为它会影响公司的信用评级和长期融资决策。利息保障倍数略有下降，但仍保持较高水平。另一方面，公司的债务还本付息保障倍数也有大幅提升。

沃尔玛的净资产收益率从23.9%下滑至22.0%，其原因可以通过对净资产收益率指标的分解来解释。如图表14-8所示，沃尔玛的净利率下降，资产周转率保持稳定，财务杠杆略有提升，这是因为公司回购股份时承担了更多债务。净利率的显著下降最终导致了净资产收益率的下滑。尽管如此，22%的ROE水平表明公司的整体状况还是良好的，也表明沃尔玛为其股东创造了利润。

图表14-8 **沃尔玛的ROE的指标分解***

	2011	2010
归属于沃尔玛的合并净利润	\$ 15 699	\$16 389
收入总额	\$ 446 950	\$ 421 849
净利率=净利润/收入	3.5%	3.9%
收入总额	\$ 446 950	\$ 421 849
资产总额	\$ 193 406	\$ 180 782
资产周转率=收入总额/资产总额	2.31	2.33
资产总额	\$ 193 406	\$ 180 782
沃尔玛股东的权益	\$ 71 315	\$ 68 542
财务杠杆系数=总资产/净资产	2.71	2.64
净资产收益率=净利率×资产周转率×财务杠杆系数	22.0%	23.9%

*单位：百万美元

深入讨论：塔吉特公司的ROIC

本章为我们提供一个比较沃尔玛和塔吉特公司的机会，尽管塔吉特的规模要小得多，但它仍是沃尔玛的主要竞争对手之一。塔吉特将自己描述成“一个高档折扣商店，它在干净、宽敞和好客的商店以有吸引力的价格提供高质量的时尚商品。”塔吉特拥有超过350 000名员工，在全美经营超过1 700家门店。该公司最近将触角延伸到了加拿大，而且——和沃尔玛一样——它也拥有在线销售业务。此外，塔吉特还提供品牌专有的借贷记卡。

在2011财年（截至2012年1月31日），塔基特的息税前利润是5 322百万美元*，税率是34.3%，短期借款是3 786百万美元，长期借款是13 697百万美元。此外，该公司的股权账面价值是15 821百万美元。计算塔吉特的投入资本回报率，并与沃尔玛进行比较。你对差异感到吃惊吗？

*除非特别标明，本章有关塔吉特的所有数据的单位都是百万美元

（财务分析）要点总结

总体而言，沃尔玛的财务状况良好。尽管其盈利能力比率——毛利率、息税前利润率和投资资本回报率——偏低，但公司有能力降低营业费用，使得公司仍然保持盈利。另外，虽然应付账款周转期的延长使得现金周转期有所延长，但现金周转期仍然很短，这表明公司的营运管理是有效的。沃尔玛的流动性状况（如流动比率和速动比率所体现的）稳定，融资能力较强（长期债务资本率还有增长的空间），偿债能力良好（利息保障倍数很高）。

深入讨论：塔吉特公司的ROE

在2011财年（2010财年），塔吉特的总收入是698.65亿美元（673.90亿美元），净收益为29.29亿美元（29.20亿美元）。资产总额为466.30亿美元（437.05亿美元），净资产为158.21亿美元（154.87亿美元）。使用杜邦分析法可以得到塔吉特这两年的净资产收益率、净利率、资产周转率和财务杠杆系数。为什么净资产收益率发生了变化？如何比较沃尔玛和塔吉特ROE的驱动因素？

14.2 沃尔玛的未来业绩预测

目标14.2 描述对沃尔玛的利润表和资产负债表进行预测的过程。

既然已经对沃尔玛所处的宏观经济环境、行业状况和竞争地位以及公司的优劣势有所理解，接下来我们可以通过对财务报表的预测来估算沃尔玛未来的融资需求。正如第6章所提到的，了解公司目前的财务状况是预测其未来融资需求的基础。

根据沃尔玛2011年的年度报告，管理层认为经营活动能够产生足够的现金流，并且存货的季节性增长和其他现金需求都能够通过短期借款来满足。即使经营活动产生的现金流不足以支付股利和计划的资本支出，管理层也有信心依靠短期借款和长期债务来补充。下面通过编制预计财务报表来确定沃尔玛的预期利润和预期的融资需求。

14.2.1 编制沃尔玛的预计利润表

现在，编制沃尔玛的预计利润表。在相关假设的前提下，公司2012财年（截至2013年1月31日）的预计利润表如图表14-9所示。鉴于前一年的收入增长率为6%，同时考虑之前所作的行业分析和公司整体评估，沃尔玛的销售净额预计会以相似但略低于5%的增长率增长。对其会员和其他收入也作同样的估计。运用这些信息，可以通过估计其成本和费用而预测沃尔玛的营业利润。这里，假定毛利率与前一年相同，为销售净额的24.5%，这意味着销售成本占销售净额的75.5%；同时假定公司的营业、销售、一般和管理费用也与前一年相同，为销售净额的19.2%。

图表14-9　**沃尔玛的预计合并利润表***

	截至2013年1月31日的财政年度	
	假设	**2012**
收入		
销售净额	增长率5%（与上年相近）	$466 047
会员和其他收入	增长率5%（与上年相近）	3 251
收入合计		469 298
成本和费用		
销售成本	销售净额的75.5%（同上年）	351 883
营业、销售、一般和管理费用	销售净额的19.2%（同上年）	89 528
营业收入		**27 886**
利息（净额）	**年初有息债务的4.5%**	**2 404**
持续经营的税前收益		**25 482**
备付所得税	**32.6%（同上年）**	**8 297**
持续经营收益		**17 185**
非持续性经营的税后收支		**0**
合并净利润		**17 185**
减去归属于非控股股东的合并净利润	**净利润的4.0%（同上年）**	**(687)**
归属于沃尔玛的合并净利润	**预计净利润**	**$16 497**
股利	1.59元/股×上年股份数	5 501
留存收益变化	预计净利润减去分配的股利	$10 996
基本每股收益		$4.77

*除了每股收益的数据外，其他数额单位均为百万美元

至此预测的是沃尔玛的营业利润，或者说是息税前利润。接下来考虑利息和税费。以公司2011年的年度报告为依据，利息费用预计约为年初有息债务（即短期借款和长期债务，包括一年内到期的长期债务）的4.5%，税费预计和去年保持一致，为税前利润的32.6%。假定没有其他非持续经营业务，并且归属于非控股股东的合并净利润也与去年的比率相同，为合并净利润的4%。这样，从合并净利润中减去归属

于非控股股东的部分，就可以得到归属于沃尔玛的合并净利润，为164.97亿美元。

最后，估计沃尔玛的留存收益将如何变化，因为在编制预计资产负债表时需要用到这些信息。根据管理层宣布的股利支付计划，2012财年的股利为每股1.59美元。如果用这个数字乘以2012年普通股流通股数的加权平均数 34.60亿，就可以得到预计股利为55.01亿美元。从归属于沃尔玛的合并净利润中减去这个数值，可以得到预期的留存收益增加额为109.96亿美元。以当前流通股股数为基础，预计每股收益为4.77美元。鉴于所有的这些假定，预计归属于沃尔玛的合并净利润将在2012财年增长5.1%。

（编制预计利润表）要点总结

从预计利润表的分析中可以得出的重要结论是，假定公司能够在多数财务比率上与前一年度的水平保持一致，可以预测沃尔玛将继续盈利，并且利润的增长与收入的增长将保持一致。

14.2.2 编制沃尔玛的预计资产负债表

接着，编制沃尔玛的预计资产负债表。图表14－10为其在2013年1月31日的预计资产负债表。如图表14－10所示，预测现金水平将与去年相同。同样地，应收账款周转期也与去年相似，为4.9天（以销售净额为基础计算），存货周转期将保持在44.3天的水平（以销售成本为基础计算）。此外，假设预付费用将与去年保持相似水平，非持续经营的流动资产为0。固定资产反映了管理层在资本支出方面预计的增加额，大约为135亿美元（如在2011年年度报告中所提到的），从而使得总额增加到1 744.38亿美元。为了预测累计摊销，我们从前一年的累计摊销486.14亿美元开始，加上预计的摊销额。去年的折旧和摊销额为81.30亿美元（从现金流量表中获得）。假设下一年的折旧和摊销额将增长5%，也就是85.37亿美元。因此预计累计摊销为571.51美元（486.14亿美元加上85.37亿美元）。这样，预测沃尔玛的固定资产净值为1 172.88亿美元，资产总额为2 006.13亿美元。

现在对资产负债表中的负债和所有者权益部分进行预测。因为资产负债表必须是平衡的，因此负债和所有者权益总额必须等于资产总额2 006.13亿美元。预测的目标是确定沃尔玛未来的借款需求。因此， 在预计所有其他资产负债表项目之后，我们将使用“短期借款”项目作为平衡项目。在分析短期借款需求之前，先“向上”考察其他项目。

假定沃尔玛的少数股东权益和上年一样为44.46亿美元。然后就可以计算股东权益：用期初的713.15亿美元加上之前预计的留存收益增加额109.96亿美元，得出总额为823.11亿美元。用这个数额加上少数股东权益（它也被认为是股权，因为它代表了沃尔玛在其他公司的少数股权），得到所有者权益总额为867.57亿美元。又因为公司的负债和所有者权益总额为2 006.13亿美元，这两个数额之间的差额代表了负债总额为1 138.56亿美元。

接下来，继续“向上”考察负债类项目，以求出流动负债总额。为此，首先从负债总额中减去4.04亿美元的可赎回的少数股东权益（沃尔玛在其他公司的少数股权，它可以从其他公司以固定价格赎回），假设这一数额与上年相同。然后再减去78.62亿美元的递延所得税费用，假定它也与前一年的数额相同。最后，减去447.78亿美元的长期债务（前一年470.79亿美元的长期债务减去一年内到期的23.01亿美元）。然后就可以得到预计为608.12亿美元的流动负债。

图表14-10　　**沃尔玛的预计资产负债表***

	截至2013年1月31日的财政年度	
资产	**假设**	**2012**
流动资产		
现金和现金等价物	同上年	$6 550
应收账款净额	周转期为4.9天（同上年）	6 234
存货	周转期为44.3天（同上年）	42 750
预付费用及其他	同上年	1 685
用于非持续经营的流动资产	假定为0	0
流动资产合计		57 219
固定资产		
固定资产原值	13 500 新增资产（折旧前）	174 438
减去累计摊销	8 537（假定折旧增长率为5%）	(57 151)
固定资产净值		117 288
商誉	同上年（因为无摊销）	20 651
其他资产和递延费用	同上年	5 456
资产总计		$ 200 613
负债和所有者权益		
流动负债		
短期借款	平衡数目	$755
应付账款	周转期为39.9天（同上年）	38 438
应计负债和所得税	同上年	19 318
一年内到期的长期负债	同上年	2 301
用于非持续经营的流动负债	假定为0	0
流动负债合计	从负债和所有者权益总额中减去所有者权益和三个与负债相关的项目	60 812
长期债务	上年数减去一年内到期的长期债务数	44 778
递延所得税及其他	同上年	7 862
可赎回的少数股东权益	同上年（因为无摊销）	404
所有者权益		
沃尔玛股东的权益	期初权益+留存收益的变化	82 311
少数股东权益	同上年	4 446
所有者权益合计		86 757
负债和所有者权益总额	与资产总额相等	$ 200 613

*除特别注明外，单位是百万美元

最后，预测五个流动负债项目中四个，然后把短期借款留作平衡项目。首先假设沃尔玛用于非持续经营的流动负债为0。然后假定公司一年内到期的长期债务与去年相同，为23.01亿美元。应计负债和所得税也假定与去年相同，为193.18亿美元。应付账款周转期预计和前一年的39.9天一样，以此可以计算出应付账款为384.38亿美元。最后从流动负债总额中减去这四项，就可以得到短期借款为7.55亿美元。

（编制预计资产负债表）要点总结

从预计资产负债表的分析中可以得出的主要结论是，相对于目前的40.47亿美元的短期借款，预测沃尔玛对短期借款的需求将减少，这是一个利好消息。如果选择这样做，沃尔玛将有能力偿还短期借款和长期债务。当然，沃尔玛的管理层可能决定在我们预计的数额上增加股利支付，也可能继续回购股份或进行收购活动。关键是沃尔玛在下一年预计将保持良好的财务状况——假定我们的假设是正确的。因此，公司没有借入更多贷款或寻找其他融资来源的压力。

14.2.3 备选方案分析

现在，我们可以通过在沃尔玛的财务报表中对某些关键变量进行敏感性分析来考虑一些备选方案。首先考察销售净额对净收益和短期借款的影响。假设，沃尔玛销售净额的预计增长率为10%，而不是前文分析中的5%。由于更高的销售净额预计增长率，归属于沃尔玛的合并净利润在前面预测分析的基础上将增长5.2%，从164.97亿美元增长到173.57亿美元。扣除预计股利后，留存收益的增长会导致短期借款需求的减少，从7.55亿美元降至3.97亿美元。相反地，如果沃尔玛的销售净额没有增长，那么归属于沃尔玛的合并净利润会在前面预测的基础上下滑5.2%，从164.97亿美元减至156.38亿美元。进而，较低的留存收益增长率会导致短期借款需求的增加，从7.55亿美元增加到11.12亿美元。不过，沃尔玛预期仍有足够的能力来增加其借款。

接下来，假定沃尔玛的营业费用能减少0.2%，从销售净额的19.2%降至销售净额的19.0%。这种在一年内的下降幅度与沃尔玛的5年计划（即将营业费用占销售净额的百分比减少整整一个百分点）是相一致的。这样一个看似微小的变化，对结果影响却是重大的。具体地，归属于沃尔玛的合并净利润将在前面预计的基础上又增长3.8%，从164.97亿美元增至171.32亿美元。留存收益的增长也将导致短期借款需求的减少，从7.55亿美元降到了1.21亿美元。

最后，假定沃尔玛能够改进存货管理，使得存货周转期缩短至42.2天——与2011年的水平相同——而不是44.3天。这个改变对利润表并没有直接的影响。它唯一的影响是对短期借款需求，不仅可以消除短期借款需求，还会增加13.12亿美元的可用资金，可用于偿还长期负债。

图表14-11总结了上述单个项目的变化结果。当然，在敏感性分析中还可以考虑许多其他可能的情景。这些结果的可能性和我们选择关注的特定变量，都和之前所作的评估分析有关。例如，如果我们对收入的预测不自信——可能是由于总体经济的不确定性——那么收入将会是一个可能调整的关键变量。类似地，由于沃尔玛的目标之

一是降低营业费用，那么营业费用也会是另一个需要关注的关键变量。

图表14-11　**预计敏感性分析***

项目	假设		归属于沃尔玛的净利润			短期借款		
	基数	修正的	基数	修正的	差额	基数	修正的	差额
收入增长率1	5%	10%	$16 497	$17 357	$860	$755	$397	-$358
收入增长率2	5%	0%	$16 497	$15 638	-$859	$755	$1 112	$357
营业费用	0.192	0.190	$16 497	$17 132	$635	$755	$121	-$634
存货周转期	44.3	42.2	$16 497	$16 497	$0	$755	-$1 312	-$2 067

*单位：百万美元

14.3 沃尔玛的长期投资与融资评估

目标14.3　描述对沃尔玛的资本成本率进行估计的过程。

现在考察沃尔玛筹集长期资本的需求问题。正如公司管理层在2011年年报中指出的，沃尔玛期望能够通过结合经营活动现金流量和借款来为其国际扩张融资。显然，沃尔玛需要通过资本支出和收购来持续投资于各项业务。如果我们的假设合理(合理的假设是预测分析的关键)，那么我们预计沃尔玛在下一财年将产生大量的盈余，其中2/3将留存于企业，但它仍需要外援融资。从长远来看，沃尔玛必定需要继续投资，并经常透过资本市场进行融资。因此，我们需要评估沃尔玛预期的投资规模以及公司的筹资能力。

14.3.1　沃尔玛的投资评估

目前，沃尔玛有许多固定资产方面的投资，包括新的商店、扩张与搬迁、改造、信息系统及配送等。公司还通过收购活动进行投资。从金额上看，沃尔玛2009年、2010年和2011年在固定资产上的投资额分别为122亿美元、127亿美元和135亿美元，预计其2012年将保持近似的投资水平。收购金额在2011年达到了35亿美元，但在2010年仅为2亿美元。

固定资产投资比收购投资更具可预测性，收购投资更具投机性。因此，继续投资于厂房和设备对沃尔玛而言十分重要，它不仅是为了更新贬值资产，更是为了实现增长。例如，公司2012财年的投资计划是增加超过4 500万平方英尺的零售店面。这样的投资显然是可以合理预测的。另一方面，鉴于收购的投机性质，沃尔玛需要保持财务的灵活性，以便在这样的机会出现时能够发行债券，这也是至关重要的。

14.3.2　沃尔玛的融资方式和资本成本率评估

鉴于沃尔玛每年都必须进行大量投资，我们需要从内部和外部来源来考察这些投资的融资方式和融资成本。这就需要估计沃尔玛的资本成本率。回顾第10章的内容，资本成本率反映了投资者（和贷出方）要求的最低回报率，它是公司整体价值的关键驱动因素。为了估计总体资本成本率，需要估计沃尔玛的债务成本、股权成本和各自的权重。

基于沃尔玛2011年年报提供的信息，公司的借款成本预计在4.50%左右，这是低利率环境导致的。税率预计与上年类似，为税前利润的32.56%。利用这些信息，可以估算沃尔玛的税后债务成本（K_d）：

税后债务成本 K_d =税前债务成本×（1−税率）=4.50%×（1−0.3256）=3.03%

需要注意的是，沃尔玛未来的借款成本取决于许多因素。如果经济环境发生变化——尤其是通货膨胀率变动，那么可以预期借款成本也会随之变化（例如，更高的通货膨胀率将导致更高的利率）。美联储的货币政策也会对利率产生较大影响，紧缩的货币政策会导致更高的利率。正如第9章提到的，除了这些外部因素，沃尔玛的借款成本也取决于其公开交易债务的信用评级。其CFO在2011年年报中表示，沃尔玛对它的AA级信用评级感到十分满意，这在零售行业是最高的。这一评级也是对沃尔玛充足的现金流、高效的营运资本管理和良好的财务工作的反映。年报还指出，沃尔玛的信用评级将影响其继续发行商业票据和以合理的利率与条款获得长期借款的能力。我们在这里把对沃尔玛的风险评估作为评估分析过程的一部分——信用评级机构也采用类似的方法。

虽然估计股权资本成本率（k_e）有包括资本资产定价模型（CAPM）等很多种方法，但在这里我们将直接采用一家研究公司的数据。根据该公司的调研结果，沃尔玛的股权资本成本率为9.70%。从投资者的角度看，股权资本成本率反映了其投资于沃尔玛股票的预期回报——股利和资本利得。第9章曾提到，长期以来（1926年以来），美国资本市场股票的平均回报率一直在10%左右。当然，我们预期的股票收益还取决于投资时点的无风险政府债券的预期回报，再加上要求的风险溢价。

既然已经估计了沃尔玛的债务成本和股权成本，接下来需要确定其各自的权重，这反映了沃尔玛计划未来的资本结构情况。这里将采取第10章中家得宝案例中的方法，以沃尔玛2012年春季市场价值权重为基础，来估计其假定的目标资本结构。从沃尔玛的资产负债表中可以知道公司的有息债务总额（短期借款加上长期债务的金额，包括一年内到期的长期债务）为534.27亿美元（虽然这实际上是账面价值，但假定它与债务的市场价值相近）。2012年春季沃尔玛的股票价格为61.36美元，流通股股数为34.60亿，那么其股权市值为2 123.06亿美元。把债务价值和股权价值相加，得到公司的整体市值为2 657.33亿美元。

深入讨论：塔吉特公司的资本成本率

根据其2011年的年度报告，塔吉特的平均借款成本为4.6%，税率为34.27%。一份研究报告估计，塔吉特的股权资本成本率为10.5%。该公司的有息债务为17 483美元，每股市价为50.81美元，流通股股数为6.791亿。

现在，假设塔吉特的债务账面价值与债务市场价值相近。同时也假定目前的债务和股权结构是塔吉特的最优资本结构。据此估计，塔吉特的资本成本率是多少？它与沃尔玛相比如何？怎样解释它们的差异？

已知债务和股权的绝对数额，可以得到债务权重（ w_d ）为0.20（或53 427美元/265 753美元），股权权重（ w_e ）为0.80（或212 306美元/265 753美元）。最后，可以预计沃尔玛的加权平均资本成本率（ k_c ）或WACC如下：

$$WACC = k_C = w_d \times k_d + w_e \times k_e = 0.20 \times 3.03\% + 0.80 \times 9.70\% = 8.36\%$$

14.4 沃尔玛的价值评估

目标14.4 描述运用现金流量折现法和可比分析法估算沃尔玛的经济增加值和内在价值的过程，解释沃尔玛创造价值的途径。

基于前面的信息，我们现在可以估计沃尔玛的企业价值，评价沃尔玛为其股东创造价值的能力。我们可以通过计算沃尔玛最近一年的经济增加值来评估价值。利用第13章中的现金流量折现法，辅以相对价值法和可比分析法，我们可以对沃尔玛进行总体的价值评估，包括对未来的预期。

14.4.1 计算沃尔玛的经济增加值

经济增加值是一个周期性指标，用于衡量公司在满足其他利益相关者的需求后为股东创造价值的能力。我们可以采用经济增加值法来计算沃尔玛2011年的经济利润。具体地，用息税前利润乘以（1−税率）来估算税后净营业利润（NOPAT）。需要注意的是，这里的前提假设是财务报表的“会计”成本是真实的“经济”成本。2011年，沃尔玛的息税前利润为265.58亿美元，税率为32.56%，因此沃尔玛的税后净营业利润是179.11亿美元。

经济增加值是税后净营业利润与资本成本之间的差额。因此，需要用投入资本（即债务和股权的账面价值）乘以资本成本率，从而得到资本成本（虽然可以使用平均值，但为了简单起见，我们对投资额和资本成本均采用期末值计算）。沃尔玛的有息债务（如14.3.2中计算的）是534.27亿美元。股权账面价值为757.61亿美元，投入总资本为1 291.88亿美元，资本成本率为8.36%，可以得到资本成本为108亿美元。最后计算税后净营业利润和资本成本之间的差额，是71.11亿美元。因此，2011财年（截至2012年1月31日）沃尔玛为其股东创造了相当大的价值，远远超过其要求的或预期的回报。

图表14−12给出了计算结果，也列示了第13章讨论的计算经济增加值法的另一种方法。另外，我们还列出了沃尔玛的市场增加值（MVA），等于市场价值2 657.33亿美元减去1 291.88亿美元的投入资本，为1 365.45亿美元，表明市场参与者认为沃尔玛的价值远大于其投资额。这意味着，投资者预期沃尔玛将继续投资于净现值为正的项目并不断创造价值。

深入讨论：塔吉特公司的经济增加值

在前面，我们提供了估计塔吉特税后净营业利润（NOPAT）所需的信息：投入资本（股权和有息负债的账面价值）、资本成本以及股权的市场价值。基于这些信息，估计塔吉特2011财年的经济增加值。塔吉特是在创造价值吗？塔吉特是否有正的市场增加值？如何就塔吉特的经济增加值和市场增加值与沃尔玛进行比较？

图表 14-12　**沃尔玛的经济增加值和市场增加值***

截至2012年1月31日的财政年度	
营业利润（息税前利润）	26 558
税率	32.56%
息税前利润×（1-税率）=税后净营业利润	17 911
投入资本	129 188
资本成本率（k_C）	8.36%
资本成本=投入资本×资本成本率（k_C）	10 800
经济增加值=税后净营业利润- 资本成本	7 111
已占用资本回报率=税后净营业利润/投资资本	13.86%
已占用资本回报率-资本成本率	5.50%
投入资本	129 188
经济增加值-（已占用资本回报率-资本成本率）×投资资本	7 111
股权市场价值	212 306
债务价值	53 427
公司市场价值	265 733
投入资本	129 188
市场增加值=该公司的市场价值-投入资本	136 545

*单位：百万美元（百分比除外）

14.4.2　评估沃尔玛的内在价值：现金流量折现法

已知沃尔玛有正的市场增加值，这表明市场参与者认为沃尔玛正在通过投资于增值性项目来增加其价值，据此可以确定当前股价是否反映了沃尔玛股票的内在价值。具体地，可以运用第13章中的现金流量折现法中的公司自由现金流法，并结合我们的评估假设，来确定沃尔玛股票的每股价值。需要注意的是，如果我们的估值假设与隐含的市场一般假设相一致，那么我们估计的股票内在价值应该等于现行市价。如果估计的股票内在价值大于市价，则表明股价被低估。我们的分析如图表14-13所示。

图表14-13 **沃尔玛的现金流量折现法分析**

1.折现率或加权平均资本成本（资本成本率） **8.36%**

2.现金流假设	**解释**
收入[1]	2011年（4 470亿美元）后的年增长率为5.0%
收入的息税前利润率	6%（与2011年相同）
折旧	2011年（81.3亿美元）年后的增长率为5.0%
营运资本的变化（收入变化的一定百分比）	2.0%（以前5年为基础确定）
资本支出	2012年（管理层指导数额为135亿美元）后的年增长率为3%
税率	32.6% （与2012年相同）

3.终值假设：

自由现金流的终值增长率	假定为3.0%

现金流（10亿美元）

年份[2]	时间	收入	EBIT	EBIT(1−t)	+折旧	−资本支出	−营运资本变化	自由现金流	终值*	自由现金流+终值	现值
2013	1	469.3	28.1	18.9	8.5	13.5	0.4	13.5		13.5	12.5
2014	2	492.8	29.5	19.9	9.0	13.9	0.5	14.5		14.5	12.3
2015	3	517.4	31.0	20.9	9.4	14.3	0.5	15.5		15.5	12.2
2016	4	543.3	32.5	21.9	9.9	14.8	0.5	16.5		16.5	12.0
2017	5	570.4	34.1	23.0	10.4	15.2	0.5	17.7	339.3	357.0	238.9

资产的现值=287.9

资产现值	287.9	*终值：永续增长计算的假设	
−债务[3]	53.4	加权平均资本成本	k_C=8.36%
股权的现值	234.5	现金流的终值增长率	g=3.0%
流通股股数	3.46	$FCF_{2018}=FCF_{2017}(1+g)$	FCF_{2018}=18.2
每股股价	$67.77	→终值=FCF_{2018}/（k_C-g）	

注：[1]收入=销售净额+其他收入

[2]截至1月31日的财政年度

[3]截至2012年1月31日，包括短期借款和所有的长期债务

我们用之前估计的资本成本率作为计算预期现金流现值的折现率。然后估计未来5年的现金流，使用的假设与一年期预计财务报表分析的假设相同：收入增长率为5%，息税前利润率为6%（与上年类似），折旧增长率为5%（一个合理的假设），营运资本的变化是收入变化的2%（类似于过去5年的变化），税率为32.6%（与前一年

相同)，在2012财年的资本支出为135亿美元（如沃尔玛管理层所指出的)，其后资本支出的增长率为3%。值得注意的是，我们有意使每年的资本支出大于折旧额，对于一家正在增长的公司而言，这是一个关键的假设。

最后一个假设是，5年以后，自由现金流将以3%的速度保持固定增长，用来计算终值（代表第5年后所有自由现金流量的价值)。这个终值的增长率相对于5年期的增长率和美国长期名义GDP的增长率而言是一个保守的估计。结合2017年的预期自由现金流（记为FCF_{17}，用2016年自由现金流乘以（1+3%））、资本成本率和终值增长率，应用永续增长公式估算终值。

接下来，计算每期自由现金流的现值——包括终值的现值，得到的结果为2 879亿美元，这是对公司整体内在价值的估计。又鉴于目前有息债务的价值为534亿美元，可以得到股权价值是2 345亿美元，其中流通股股数为34.6亿，最终可以得到每股内在价值为67.77美元，略高于2012年春季的价格61.36美元。根据我们的假设，这表明其股价被低估了。当然，如果有新信息，就需要重新评估假设，这样一来，可以预期沃尔玛的股票价值也会相应变化。在这次练习中，评估内在价值可以加深我们对价值的关键驱动因素的理解。

14.4.3 评估沃尔玛的内在价值：可比分析

也可以通过可比分析来估计沃尔玛股票的内在价值，作为对现金流量折现法（DCF）的验证。第13章介绍了一些可供选择的相对价值估值法。这里重点分析*EV/EBITDA*模型。第一步，估计公司整体内在价值（EV_0）：

整体价值=合理预期的$EV/EBITDA\times EBITDA_1$

这里，合理预期的*EV/EBITDA*乘数是基于对同行业内具有相似的增长潜力和风险的可比公司的估计；$EBITDA_1$指的是预计下一年的息税、折旧、摊销前利润。第二步，估计股权价值：

股权价值=公司整体价值-债务价值-其他求索权

这里，债务价值指的是有息债务。然后，以估计的股权价值除以流通股的数量得到股票的内在价值。我们的分析如图表14-14所示。

关于对*EBITDA*的估计，可以利用图表14-12中现金流量折现法的数据：用2012年预计的息税前利润281亿美元加上85亿美元的预计折旧和摊销。关于对合理预期的*EV/EBITDA*乘数的估计，我们获得了一些有关沃尔玛的投资研究报告，以及一些可比公司的预期*EV/EBITDA*报告。从这些报告中可以得出平均值，假定为7.3（如果你得不到那些报告，那么可以选择一些沃尔玛的关键竞争者，计算它们的*EBITDA*，然后基于它们的当前股价和债务价值，计算企业价值与下一年*EBITDA*的比值，并计算它们的平均值)。接下来我们把这个平均值上调至7.6，以反映前面的商业分析的结论：沃尔玛强势的市场地位代表着与竞争者相比更好的增长潜力和更少的风险，表明其应该获得一个高于行业平均水平的乘数。债务的价值和股票的数量与现金流量折现法分析中一样。由此得到的股票内在价值为64.99美元，验证了现金流量折现法的结果，表明该股价目前可能被低估。我们不期望*EV/EBITDA*模型的估值结果与现金流量折现法完全相同，而是在一定的范围之内。否则，就需要质疑两个模型的假设的一致性。

图表14-14　　**沃尔玛的*EV/EBITDA*估值法***

下一年的*EBITDA*	$36.6
合理预期的*EV/EBITDA*	7.6
企业价值=	$278.3
减去：债务价值=	$53.4
股权价值=	$224.9
流通股股数	3.46
内在价值/流通股股数	$64.99

*单位：十亿美元（股价与比值除外）

14.4.4　价值创造和对沃尔玛的整体评估

既然我们已经构建了现金流量折现法和相对价值法的估值模型，那么就可以完成最终任务——识别沃尔玛为其股东创造价值的可能途径。为此，可以回到现金流量折现模型。我们来关注沃尔玛在其2011年度报告中强调的一个具体目标：在未来4年里，将营业费用占销售净额的百分比每年降低0.2%。为此，我们对图表14-11中的现金流进行了重新估算，不再假定未来5年的息税前利润率均为6.0%，而是逐年预计其息税前利润率：2012年为6.2%，2013为6.4%，2014年为6.6%，2015年和2016年均为6.8%，以此作为上述目标对内在价值评估影响的一个简化估计。结果得到的股价为81.69美元——与我们之前估计的67.77美元相比有明显增长。从这一变化的显著影响中可以看到，由于沃尔玛处在低利润行业，一个小幅的利润增长就能产生巨大的作用。由此可以理解，为什么沃尔玛强调成本管理效率的重要性以及它为什么能够成为一个关键成功因素。

从贯穿全书的主题可以知道，除了成本控制，沃尔玛和其他任何公司都可以通过另外两种方法创造价值。回顾一下我们的口号："增长是有利的!"及"风险是有害的!"任何在短期（未来5年）及长期内均能增加公司预计自由现金流的事项都将为公司创造价值。这包含任何增加收入和减少成本的组合措施。这样，沃尔玛的经营风险就会降低，从而获得相对较低的资本成本率——也就是投资者对相对较低的回报仍然感到满意，这降低了股票的成本，同时贷款机构对较低的利率也仍感到满意，而这导致了较低的债务成本。

深入讨论：塔吉特公司的*EV/EBITDA*分析

假设塔吉特公司2012财年（截至2013年1月31日）的EBIT为5 352百万美元，折旧与摊销为2 361百万美元。分析师预测的*EV/EBITDA*乘数为6.9倍。基于上述信息，计算塔吉特公司的价值。接下来，再利用公司的债务价值来计算其股权价值。最后，假设公司的流通股数为679.1百万股，计算公司的股价，并与其在2012年1月31日的股价50.81美元相比较，分析公司的股票价格是被高估还低估了。

14.5　对管理者的重要性和结束语

目标14.5　解释本书介绍的分析工具。

至此，我们已经完成了这段精彩的财务世界之旅了。现在，你已经掌握了以下方面的知识：

◆ 评估当前的经济状况。

◆ 识别行业关键成功要素。

◆ 评估一家公司在经营、营销和管理方面的优势与劣势。

◆ 从流动性、营运能力、偿债能力和盈利能力方面评价一家公司的整体财务状况。

◆ 确定一家公司的盈利能力和融资需求等财务前景。

◆ 测算经济增加值。

◆ 评估一家公司的内在价值。

◆ 识别创造价值的途径。

现在你从财务视角对商业运作有了更好的理解。即使你在公司担任非财务职务，这也能够让你更好地与财务经理沟通，并帮助你创造价值。希望你喜爱这段旅程！

附加读物与信息

1. 关于总体经济状况的信息可以从美国经济分析局、美联储以及国际货币基金组织的官网获取：http://www.bea.gov/national/

http://www.federalreserve.gov/econresdata/statisticsdata.htm

http://www. imf.org/external/

2. 关于汤姆森路透社/密歇根大学的消费者信心指数可以从以下网站获取：http://www.sca.isr.umich.edu/

3. 关于毕马威的零售行业调查报告可以从以下网站获取：http://www.kpmg.com/us/en/issuesandinsights/articlespublications/pages/retail-outlook-survey.aspx

4. 美国证券交易委员会的10-K报表可以从EDGAR中获取：http://www.sec.gov/edgar./shtml

练习题

1. 分析总体经济状况和评估总体经济前景时有哪些要点？

2. 选择一家上市公司，对其所处行业进行深入分析，并评估其竞争环境，识别行业关键成功要素。

3. 你所选择的公司在经营、营销以及人力资源管理方面的优势和劣势分别是什么？评价该公司的战略。

4. 对你所选公司过去3年的财务比率进行分析。如果可能的话，试评估全行业的财务比率。基于你对其流动性、营运能力、偿债能力和盈利能力的分析，以及对净资产收益率的分解，评价该公司的总体财务状况。

5. 根据你对收入增长的估计，对关键财务比率的预测以及其他的关键假设（确保假设均合理），预测公司下一年度的利润表。你对净利润的预估是多少？与过去年度相比如何变化？根据你估计的预期股利，你预测的留存收益如何变化？

6. 根据你对留存收益变化的估计，对关键财务比率的预测以及其他的关键假设（确保假设均合理），预测公司下一年的资产负债表。利用外部借款来平衡资产负债表。那么你预计的融资需求是多少?

7.根据你对融资需求的预测，你会对该公司提出什么建议——比如，如何满足日益增长的融资需求或如何处理过剩的融资能力?

8.检查该公司目前的资本结构（即债务和股权的混合)。它是已经接近最优资本结构还是应该按比例承担更多的债务或股权?

9.估计该公司的资本成本率。

10.估算该公司最近财年的经济增加值，并解释你所得到的结果。另外，估算并解释其市场增加值。

11.根据一些关键的相对价值指标及类似公司的比较分析，估计该公司的内在价值。例如，运用市盈率模型，你需要预测公司的收益（根据你的预计利润表)，并确定一个合理预期的市盈率。简述该公司的增长潜力和风险是如何影响你对预期市盈率的估计的?

12.利用现金流量折现法估算该公司的内在价值。将估算结果与当前市价相比较，并解释其差异。

13.根据你的分析，你会建议投资该公司的股票吗?概括你支持投资的主要原因。

14.请对该公司高管提出三个为其股东创造价值的关键建议。